巴蜀文化 光垂萬世

巴蜀全書 澤被學林

李學勤

二〇一二年六月九日

於清華

主编 王小红

副主编 汪璐 王芳

巴蜀文献

第七辑

国家社科基金重大项目《巴蜀全书》(10@zh005)系列成果
四川省重大文化工程《巴蜀全书》(川宣〔2012〕110号)系列成果
四川大学中国语言文学与中华文化全球传播学科群重点资助出版项目
四川大学古籍整理与经典文献研究中心培育基地重点资助出版项目
四川大学国际儒学研究院系列成果
四川省哲学社会科学重点研究基地儒学研究中心系列成果
四川省社会科学重点研究基地杨慎研究中心系列成果

巴蜀书社

主　编：王小红

副主编：汪　璐　王　芳

编　委：（以姓氏笔画为序）

　　　　王智勇　尹　波　杨世文　李文泽

　　　　吴洪泽　郭　齐　粟品孝　舒大刚

顾　问：

　　　　项　楚　谭继和　胡昭曦　赵振铎

　　　　林　向　李远国　罗仲平

目 录

略论苏轼《李太白碑阴记》及其他 ……………	王定璋	1
从《蜀藻幽胜录》看傅振商研究地方文献的方法 ……	李思婧	14
湘军川籍名将鲍超往还函札五通系年考 …………	刘兴亮	22
吴之英书札论略 ……………………………………	霍省瑞	35
张森楷与殷墟文字研究 ……………………………	马明宗	53
杨靖中及其《自述历史》 …………………………	彭 华	68
民国时期巴蜀学人对校雠学的贡献		
——以向宗鲁与刘咸炘校雠学研究为中心 ……	马 旭	93
《法帖神品目》勘误举证 ………… 王万洪	冉婷婷	107
《三国志集注》札记 ………………………………	杨小平	132
《今注本二十四史·三国志》评介 ………………	张 箭	150
《周易集注》版本源流述略 ………… 陈祎舒	王小红	159
何志高《易经本意》、吕调阳《易一贯》叙录两种 ……	田 君	190
清代《周易集注》注疏二种整理前言 ……………	陈冬冬	199
刘沅《周易》《尚书》二经《恒解》提要 …… 舒大刚	舒 星	218
巴蜀史料六种提要 …………………………………	杨世文	235
蜀人别集提要举隅 …………………………………	郭 齐	248
《巴蜀全书》别集类提要二则 ……………………	黄锦君	265

新石器时代巴蜀地区的神灵信仰 ………… 李远国 李黎鹤 273
新都杨氏家族及其勤俭清白家训家风 ………… 王小红 302
尹昌衡的道德哲学三要义略释 ……………… 闫孟祥 323

成都的两个河南人 …………………………… 向以鲜 347
马一浮与四川 ………………………………… 张宏敏 365
从"耕读之家"走出来的抗日英烈
　　——读陈修文烈士父亲遗训感怀 ………… 俞荣根 391
笔底天音画外功
　　——陈子庄与音乐 ………………………… 胡　蔚 400
巴蜀国医大师李仲愚 ………………………… 邓又新 416

《巴蜀文献》征稿启事 ……………《巴蜀文献》编辑部 430

略论苏轼《李太白碑阴记》及其他

王定璋[*]

摘　要　苏轼的《李太白碑阴记》是一篇对唐代诗人李白的认知与评价的文章。此文可探析苏轼对李一生重要行实与出处行藏的客观剖析与中肯评论，进而寻索李白与苏轼"萧条异代不同时"的人生际遇，也折射了两位巴蜀历史文化名人的政治理念、人生襟抱、文学思想、文化价值，以及二人在文化史、文学史上的地位、影响。本文实为巴蜀文化中颇具意义的研究课题。

关键词　苏轼　碑阴记　李白　认知

李白与苏轼，同为四川之文化名人。一为川北之江油人氏；一为偏南的眉山著姓（乃初唐显宦苏味道之后裔）。若从时代着眼，李白乃盛唐文化之骄子，苏轼是宋代文坛之巨擘。李白（701—762）生活的时代与苏轼（1037—1101）相距三百多年，似无必要将二人进行并列研讨。本文拟就苏轼所著之《李太白碑阴记》切入，通过对此文的辨析解读，探讨苏轼对李白的认知与

---

[*] 作者简介：王定璋，生于1942年，成都市人，四川省文史研究馆馆员。主要研究方向：唐宋文学及传统文化。

评骘，进而寻索两位"萧条异代不同时"的巴蜀历史文化名人的政治理念，文化价值，文学思想以及在文化史、文学史方面的地位与影响，据此窥探苏轼对李白一生行实与政治才能，文学成就的见解。

一

苏轼《李太白碑阴记》是苏轼悼念李白时所作的文章，全文不长，过录于兹，便于检索：①

> 李太白，狂士也，又尝失节于永王璘，此岂济世之人哉？而毕文简公以王佐期之，不亦过乎？曰：士固有大言而无实，虚名不适于用者，然不可以此料天下士。
>
> 士以气为主。方高力士用事，公卿大夫争事之，而太白使脱靴殿上，固已气盖天下矣。使之得志，必不肯附权幸以取容，其肯从君于昏乎？
>
> 夏侯湛赞东方生云："开济明豁，包含弘大。陵轹卿相，嘲哂豪杰。笼罩靡前，跆籍贵势。出不休显，贱不忧戚。戏万乘若僚友，视俦列如草芥。雄节迈伦，高气盖世。可谓拔乎其萃，游方之外者也。"吾于太白亦云。
>
> 太白之从永王璘，当由迫胁，不然璘之狂肆寝陋，虽庸人知其必败也。太白识郭子仪之为人杰，而不能知璘之无成，此理之必不然也。吾不可以不辨。
>
> 端明殿学士兼翰林侍读学士眉山苏轼撰。

这篇碑阴记文字不长，不足四百字，内容却极为丰富，涉及李太白的出处行藏，为人行事，人生大节，才华气势诸方面，值

---

① （宋）苏轼：《苏文忠公全集》卷一一，明嘉靖十三年（1534）江西布政司刻本。

得深入探究。李白的文学成就与社会声誉，盛唐以降为世人所公认。他以布衣之身为开元之治的李隆基（玄宗）所礼遇，固然与吴筠及贺知章等人的称赏进誉有关，但其超迈群伦的文学成就是其所本，自身价值与人格魅力是毋庸置疑的。台湾诗人余光中就曾夸誉其"绣口一吐就是半个盛唐"。所以，苏轼开篇即云"李太白，狂士也"的论断。这是基于对李白豪放浪漫的气质与诗文创作中前无人，后乏来者文学成就的肯定。唐人殷璠在《河岳英灵集》中说："（李白）性嗜酒，志不拘检。常林栖十数载。故其为文章，率皆纵逸。至如《蜀道难》等篇，可谓奇之又奇。然自骚人以还，鲜有此体调也。"①"志不拘检"展衍开来，必然蔑视权贵，不拘礼仪，放纵恣肆，给人以"狂士"的印象。李白的崇拜者可以开列出一大堆来，与他兄弟相称，狂歌纵酒的杜甫，在《寄李十二白二十韵》开篇即云："昔年有狂客，号尔谪仙人。笔落惊风雨，诗成泣鬼神……"当年才华纵逸的四明狂客贺知章，在阅读李白的诗篇之后，为之动容，认为像李白这样的人中凤凰，乃"谪仙人"也。

李白在《对酒忆贺监二首》序云："太子宾客贺公，于长安紫极宫一见余，呼余为'谪仙人'，因解金龟，换酒为乐……"盛唐狂客贺知章自叹"狂客"都不足以概括李白之狂，只有"谪仙人"差可谓其貌。足见苏轼称李白为"狂士"是有充分根据的。所谓"狂士""狂客"，乃行为举止异于常人的豪逸之辈，又才华盖世，摆脱约束的超人。这就是杜甫敬佩的"文采承殊渥，流传必绝伦"的荣耀，是其"才高心不展，道屈善无邻"的必然外化，"文章憎命达"的延伸，"冠盖满京华，斯人独憔悴"的反驳，是有其充分的合理性与存在价值的，尤其在封建社会更具有

---

① （唐）殷璠：《河岳英灵集》卷上，宋刻本。

反抗流俗、蔑视礼法的积极意义。

如果说苏轼对李白之狂还未露褒贬的话，面对太白"失节于永王（李）璘"他是持否定态度的。认为李白入幕永王的行为是"失节"。而毕文简公则不这样看，并且肯定李白从军参加李璘的队伍是要辅李璘平叛，以中兴唐室。这是关系到如何评价李白晚节的大事，不可不辨。《新唐书·玄宗纪》载，天宝十五载（756），玄宗为了组织力量平定安禄山、史思明的叛乱，"七月甲子，次普安郡。宪部侍郎房琯为文部尚书，同中书侍郎平章事。丁卯，皇太子为天下兵马元帅，都统朔方、河东、河北、平卢节度使。御史中丞裴冕，陇西郡司刘秩副之。江陵大都督永王璘为山南东路，黔中江南西路节度使，盛王琦为广陵郡都督，江南东路淮南道节度使，丰王珙为武威郡都督，河西陇右安西北庭节度使"①。

这即表明，永王璘组织力量，经营长江流域，抗击叛军是皇帝的"制置"，合理合法，师出正当的行为。李白入幕永王璘也是出于平定安史乱军的光明正大之举，怎能以从逆论之？谓予不信，尚有《资治通鉴》唐纪三十四肃宗至德元载（756）所记为证："丁卯，上皇制：'以太子李亨充天下兵马元帅，领朔方、河东、河北、平卢节度都使，南取长安、洛阳。以御史中丞裴冕兼左庶子，陇西郡司马刘秩试守右庶子，永王璘充山南东道、岭南、黔中、江南西道节度都使，以少府监窦绍为之傅。'"② 以下内容与《新唐书》所载略同，不具录。

值得注意的是，唐玄宗在逃往成都的途中下达"制置"是天宝十五年（756）七月十五日，而由于受通讯条件所限和道路阻

---

① （宋）欧阳修、宋祁等撰：《新唐书》卷五，北京：中华书局，1975年，第153页。

② （宋）司马光编著，（元）胡三省音注：《资治通鉴》卷二一八，北京：中华书局，2013年，第7192页。

隔，早在七月十二日太子李亨已即位登基于灵武，是为名正言顺的帝王，将唐玄宗闲置为太上皇了。这就是《通鉴》注所云："甲子，太子即位于灵武。丁卯，上皇下此制，盖道里相去辽远，蜀中未之知也。"① 这样，先前名正言顺的玄宗"制置"便失了合理性和存在价值，永王的行为与经营江左，聚集兵力财富的军事谋划便失去了合法性，被视图谋不轨之举。

据《新唐书·永王璘传》载："永王璘，少失母，肃宗自养视之。"② 也就是说，李璘年少失母，是肃宗李亨把他抚养成人的。但是，由于兄弟之间的权力之争，最后永王璘被杀。李白当年入永王璘幕是实现其平定安史之乱的爱国之举，不料却落入李亨兄弟之间权力争夺的漩涡，被判长流夜郎之罪。若以理性而客观的眼光来审视，超越正统观念，李亨违背父命，称帝于前，李璘的叛逆于后，作为幕僚的李白真有些冤枉！因此，"失节于永王璘"情有可原。李亨称帝，玄宗的"制置"即被废止，其间是非曲直是应当辨析清楚的。而毕文简公以王佐期许李白，应当说其见解是超脱于李亨兄弟之间争斗的客观判断。李白《永王东巡歌》③ 也道出了李璘依"制置"而出兵的合法性："永王正月东出征，天子遥分龙虎旗。楼船一举风波静，江汉翻为雁鹜池。""三川北虏乱如麻，四海南奔似永嘉。但用东山谢安石，为君谈笑静胡沙。""诸侯不救河南地，更喜贤王远道来。""南风一扫胡尘静，西入长安到日边。"莫不展示其出师行为的光明正大。

李白这组诗共十一首，表明了李白从永王璘的心曲和动机，

---

① （宋）司马光编著，（元）胡三省音注：《资治通鉴》卷二一八，北京：中华书局，2013年，第7192页。
② （宋）欧阳修、宋祁等撰：《新唐书》卷八二，北京：中华书局，1975年，第3611页。
③ （唐）李白著：《李太白集》卷七，见《李太白集杜工部集》，长沙：岳麓书社，1989年，第64—65页。

是靖难勤王，拥戴朝纲。以王佐谢安自许的李白，期望静胡沙、平戎虏，最终要"西入长安到日边"班师还朝。以失节论之，不亦谬乎？李亨与李璘之间争斗的详情，作为幕僚的李白，未必详悉，这是应辨析清楚的。

《碑阴记》中所云"士固有大言而无实，虚名不适于用者，然不可以料天下士"是极具眼光的。所谓大言而无实，就李白而言，当谓其诗文作品中夸张与浪漫，虽然未必适于用，却是文学艺术必不可少的手法及技巧。对此，作为文学家的苏轼极表赞同。不能以是否适于用来量裁其价值。唐代诗人李远因"青山不厌千杯酒，长日惟销一局棋"诗句，差点误了前途。张固《幽闲鼓吹》云："宣宗坐朝，令狐相进李远为杭州，宣宗曰：'比闻李远诗云长日惟销一局棋。岂可以临郡哉？'对曰：'诗人之言，不足有实也。'仍荐远廉察可任。"①

文学语言，岂可坐实。苏轼深谙此道。强调的是"士以气为主"。指出李白的为人行事迥异于流俗。权倾朝野的宦竖高力士，公卿大夫对之毕恭毕敬，而豪放逸纵的李白却根本不把他放在眼里，这是何等气势？何等襟怀！苏轼设身处地为之着想，像李白这样具有充分自信的人，其主体意识异常强烈，岂可阿附权幸，又何能"从君于昏"？《酉阳杂俎》记载："李白名播海内，玄宗于便殿召见。神气高朗，轩轩然若霞举。上不觉亡万乘之尊，因命纳履。白遂展足与高力士，曰：'去靴。'力士失势，遽为脱之。"②

李白不以布衣而自卑，而以充实的自我而自负，以其浩然之气势与轩昂的气质展现于玄宗之前，令玄宗忘却万乘的身份，的

---

① （唐）崔令钦等撰，曹中孚等校点：《历代笔记小说大观·教坊记》，上海：上海古籍出版社，2012年，第165页。
② （唐）段成式撰，许逸民校笺：《酉阳杂俎校笺》前集卷一二《语资》，北京：中华书局，2015年，第900页。

确十分可贵。黑格尔说中国人生下来就是给皇帝拉车的,李白的独立人格与精神气质,更显得珍贵了。苏轼有感于此,将夏侯湛对东方朔的赞语迻录来称赞李白,是其对太白的充分认同与肯定。

夏侯湛(243—291)是三国魏国文人。《文心雕龙》云:"赞者,明也,助也。"赞是赞美、赞助之意,是补充或概括前文的言词。夏侯湛称赞的东方生,是西汉时的名人。《史记·滑稽列传》谓其为"狂人",称其"好古传书,爱经术,多所博观外家之语"。汉武帝即位之初,广征天下方正贤良文学材力之士,东方朔上书自荐。待诏公车,后为常侍郎,又为中大夫、给事中,后被弹劾不敬,免官,复为中郎。东方朔学识渊博而机敏诙谐、辩洽多智,在《答客难》中抒发了其怀才不遇的愤懑之情。指出人才的重要价值,"得士者强,失士者亡"。强调:"遵天之道,顺地之理,物无不得其所。故绥之则安,动之则苦;尊之则为将,卑之则为虏;抗之则在青云之上,抑之则在深渊之下;用之则虎,不用则为鼠……"[①] 揭示了机遇对才智之士的重要意义。

东方朔侧身庙堂,出入于武帝周围,巧妙周旋,敏辩应对,体现了其"开济明豁,包含宏大。陵轹卿相,嘲哂豪杰"的气度与行止。这里,略举一二,以见其余:[②]

> 久之,朔绐驺朱儒曰:"上以若曹无益于县官,耕田力作固不及人,临众处官不能治民,从军击虏不任兵事,无益于国用,徒索衣食,今欲尽杀若曹。"朱儒大恐,啼泣。朔教曰:"上即过,叩头请罪。"

[①] 张文治编:《国学治要·集部》,北京:北京理工大学出版社,2014年,第1549—1550页。

[②] (汉)班固撰,(唐)颜师古注:《汉书》卷六五《东方朔传》,北京:中华书局,1962年,第2843页。

居有顷，闻上过，朱儒皆号泣顿首。上问："何为？"对曰："东方朔言上欲尽诛臣等。"上知朔多端，召问朔："何恐朱儒为？"对曰："臣朔生亦言，死亦言。朱儒长三尺余，奉一囊粟，钱二百四十。臣朔长九尺余，亦奉一囊粟，钱二百四十。朱儒饱欲死，臣朔饥欲死。臣言可用，幸异其礼；不可用，罢之，无令但索长安米。"上大笑，因使待诏金马门，稍得亲近。

东方朔从此改变了当初"奉禄薄，未得省见"的待遇，以其机敏巧辩获得武帝的亲近。同书中还有一则趣事引人关注①：

久之，伏日，诏赐从官肉。大官丞日晏不来，朔独拔剑割肉，谓其同官曰："伏日当蚤归，请受赐。"即怀肉去。大官奏之。朔入，上曰："昨赐肉，不待诏，以剑割肉而去之，何也？"朔免冠谢。上曰："先生起自责也。"朔再拜曰："朔来！朔来！受赐不待诏，何无礼也！拔剑割肉，一何壮也！割之不多，又何廉也！归遗细君，又何仁也！"上笑曰："使先生自责，乃反自誉！"复赐酒一石，肉百斤，归遗细君。

这类例证颇多。东方朔不仅以调侃的方式引发武帝会心大笑，还获了实惠，其机敏谐趣如此。当然，他也利用其在宫廷中独特的身份，进一些有利于民生的谏言。当武帝于建元三年（前138）"微行始出，北至池阳，西至黄山（宫名，在槐里），南猎长杨，东游宜春……"其时，引起民怨，东方朔为之进言："臣闻谦逊静悫，天表之应，应之以福；骄溢靡丽，天表之应，应之以异。今陛下累郎台，恐其不高也；弋猎之处，恐其不广也。如天下不为变，则三辅之地尽可以为苑，何必盩厔、鄠、杜乎？奢

---

① （汉）班固撰，（唐）颜师古注：《汉书》卷六五《东方朔传》，北京：中华书局，1962年，第2846页。

侈越制,天为之变,上林虽小,臣以为大也。"① 尽管没有起到阻止武帝崇宫室,广苑囿的作用,但为民生疾苦谏言是值得肯定的。

透过东方朔在汉廷的言论行为,不难理解苏轼对夏侯湛评价东方朔的首肯,因此,将夏侯湛赞言,移作苏轼对李白的认知与评价。即所谓"吾于太白亦云"。

苏轼对李白入永王璘幕是持否定态度的。他在《碑阴记》里指出"当由迫胁",这倒未必。为此苏轼道出其理由是李璘之"狂肆寝陋,虽庸人知之必败也"。进而论道:"太白识郭子仪之为人杰,而不能知璘之无成,此理之必不然者也。"

关于李白与郭子仪的关系,《新唐书·李白传》载:"初,白游并州,见郭子仪奇之。子仪尝犯法,白为救免。至是,子仪请解官以赎,有诏长流夜郎。"② 当年李白识郭子仪为微时,当其犯法之际,李白曾救助过子仪。因此,当李白入永王幕,永王兵败被杀,当朝拟以从逆治罪时,郭子仪以其解官为之救赎,以报当初李白救自己之恩。

近来,有人对李、郭二人的交往互救之事有新的见解,然而与《新唐书》说法相同的材料出现在裴敬《翰林学士李公墓碑》之中:"又尝有知鉴,客并州,识郭汾阳于行伍间,为免脱其刑责而奖重之。后汾阳以功成官爵,请赎翰林,上许之,因免诛,其报也。"③ 乐史《李翰林别集序》里也有类似的记载。可见,苏轼的根据显然是有道理的。

---

① (汉)班固撰,(唐)颜师古注:《汉书》卷六五《东方朔传》,北京:中华书局,1962年,第2849页。
② (宋)欧阳修、宋祁等撰:《新唐书》卷二〇二《文艺中》,北京:中华书局,1975年,第5763页。
③ 周绍良主编:《全唐文新编》卷七六四,长春:吉林文史出版社,2002年,第9091页。

二

苏轼称李白为狂士，其实并非轻贱贬损。所谓"狂士"是不循常轨，超迈流俗的知识精英。知识分子是任何社会中不可或缺的群体，无论是刚跨入文明社会的上古时代，抑或生产力和科技水平高度发展的现代社会，知识阶层莫不承担巨大的社会责任，扮演了非常重要的社会角色。所谓"士"，是中国古代社会知识分子的传统称谓。

《说文解字》云："士，事也。数始于一，终于十，从一，从十。"段玉裁注讲得更明白：

> 引申之，凡能事其事者称士……故《传》曰：通古今，辨然否谓之士。[①]

可见，士是通古今，辨然否的知识分子，其社会地位按照孟子的见解是："君一位，卿一位，大夫一位，上士一位，中士一位，下士一位，凡六等。"（《孟子·万章》）也就是说靠其知识文化可以在社会阶层中取得仅次于大夫的社会地位。而所谓"狂士"者，则是蔑视礼法和道德规范的狂狷之士。东方朔"人主左右诸郎半呼之'狂人'。人主闻之曰：'令朔在事无为是行者，若等安能及之哉！'"（《史记·东方朔传》）尽管东方朔被诸郎称为"狂人"，武帝却认为宫中诸郎是远不及他的才干和能力的。观其在汉廷的做派，在武帝面前游刃有余的机敏论辩，敢于向武帝奢靡行猎，崇宫室，扩苑囿的谏言……诸郎是无法望其项背的。东方朔《答客难》中汪洋恣肆，口若悬河的论辩；援古证今，出入历代先贤圣哲之宏论；挥洒自如，雄浑通脱的精神气韵，又岂是

[①] （清）段玉裁注：《说文解字注》，上海：上海古籍出版社，1981年，第20页。

浑浑噩噩如辕下驹之诸郎所可比拟者。《史记索隐》述赞也称"伟哉方朔"，是恰如其分的。

李白在诗中毫不掩饰地自称狂人："我本楚狂人，凤歌笑孔丘。手持绿玉杖，朝别黄鹤楼。五岳寻仙不辞远，一生好入名山游。"（《庐山谣寄卢侍御虚舟》），足见苏轼目太白为"狂人"，并无贬义，正如李白称贺知章为"四明狂客"一样，似乎还隐含着爱怜之情，苏轼还在词中自称"老夫聊发少年狂"可为证。

苏轼以特立独行的东方朔期许李白，则是融合敬意与推崇。李白在自己的作品中多次以东方朔自况："岁星入汉年，方朔见明主。调笑当时人，中天谢云雨。"（《书怀赠南陵常赞府》）东方为岁星事，见载于《太平广记》卷六引《洞冥记》及《东方朔别传》："朔未死时，谓同舍郎曰：'天下人无能知朔，知悉者唯太王公尔。'朔卒后，武帝得此语，即召太王公问之曰：'尔知东方朔乎？'公对曰：'不知。''公何所能？'曰：'颇善星历。'帝问：'诸星皆具在否？'曰：'诸星具，独不见岁星十八年，今复见尔。'帝仰天叹曰：'东方朔生在朕旁十八年，而不知是岁星哉！'"

李白屡次比之于东方朔，足见其对东方朔之尊崇。《玉壶吟》云："世人不识东方朔，大隐金门是谪仙。"《史记·滑稽列传》："朔行殿中，郎谓之曰：'人皆以先生为狂。'朔曰：'如朔等，所谓避世于朝廷间者也。古之人，乃避世于深山中。'时坐席中，酒酣，据地歌曰：'陆沉于俗，避世金马门，宫殿中可以避世全身，何必深山之中，蒿庐之下。'"

称李白的"狂士"，比李白行实举止于东方朔，展示了作为诗人、文学家的苏轼对李白文学家精神气韵的深刻认知。东方朔、李白以及苏轼的共同之处是他们政治襟抱、文学才华、精神追求不被社会理解，因而其人生理想，自身价值未予充分展现、实施。可谓"萧条异代不同时"的彷徨与愤懑之典型，是封建时代"怀抱利器而无所适"的潦倒者,狂狷之士也。《论语·子路》:"不得中行而与之,必也狂狷乎?狂者进取,狷者有所不为。"《集解》云:"包(咸)曰:狂者进取于善道,狷者守节无为。"

应当注意的是,苏轼的境遇与东方朔、李白有所不同。他不仅是朝廷命官,皇帝左右器重赏识的人,还出任多处刺史,只是受佞臣谗谤而屡遭贬黜,遭文字狱迫害,政敌排斥,小人打击,被贬于当时蛮荒绝遥的海角天涯。因此,评论李白时,将正统观念作为重要的量裁标准,对李白从永王璘之事视为"失节",无视肃宗未经玄宗决定而抢班称帝,也就不足为奇了。这大抵是宋人重传统、轻创新,重正统、轻个性观念使然,发展到南宋,竟有"饿死事小,失节事大"与"存天理,灭人欲"的倡导。

《鹤林玉露》云:"李太白当王室多难,海宇横溃之日,作为歌诗,不过豪侠使气,狂醉于花月之间耳。社稷苍生,曾不系其心胸。……朱文公云:'李白见永王璘反,便从恿之,诗人没头脑至于如此!"① 显然,也认为李白入李璘幕的行为是没头脑的愚昧之举。其中专门提及苏轼,"东坡云:古今诗人多矣,而惟称杜子美为首,岂非以其饥寒流落而一饭未尝忘君也欤!又曰:'《北征》诗识君臣大体,忠义之气与秋色争高,可贵也'"②。赵次公也说:"李、杜号诗人之雄,而白之诗多在于风月草木之间,神仙虚无之说,亦何补于教化哉!"③ 其浅陋若此!

本文并非全面探讨苏轼对李白诗文的评价,仅就《碑阴记》的研讨来审视苏轼对李白的认知。其实,苏轼非常喜爱李白诗文

---

① (宋)罗大经:《新刊鹤林玉露》卷一八,日本庆长元和间古活字印本。
② (宋)罗大经:《新刊鹤林玉露》卷一八,日本庆长元和间古活字印本。
③ (唐)杜甫著,(清)仇兆鳌注:《杜甫全集》,珠海:珠海出版社,1996年,第1841页。

及为人。《渔隐丛话》载："东坡送人《守嘉州古诗》,其中云:'峨眉山月半轮秋,影入平羌江水流。谪仙此语谁解道?请君见月时登楼。'上两句全是李谪仙诗,故继之以'谪仙此语谁解道?请君见月时登楼'之句。此格本出于李谪仙,其诗云:'解道澄江净如练,令人还忆谢玄晖。'盖'澄江净如练',即谢玄晖全句也。后人袭用此格,愈变愈工。"①

苏东坡《书黄子思诗集后》,也表明他对李白的喜爱:"予尝论书,以钟、王之迹,萧散简远,妙在笔墨之外。至颜、柳,始集古今笔法而尽发之,极书之变,天下翕然以为宗师,而钟、王之法益微。至于诗亦然,苏、李之天成,曹、刘之自得,陶、谢之超然,盖亦至矣。而李太白、杜子美以英玮绝世之姿,凌跨百代,古今诗人尽废。然魏、晋以来,高风绝尘亦少衰矣。"② 由论书法艺术的嬗变发展转而论诗,以书法家、诗人的双重身份独特的眼光和艺术敏感审视之,认为李、杜诗歌对传统诗歌的继承、汲取、发皇展衍,形成自己的风格特征和艺术特征,成为诗歌发展史上难以逾越的高峰。苏轼的艺术眼光和审美趣味极为中肯。

苏轼的眼光和审美艺术趣尚,得到不少诗评家的认同,吕本中《江西宗派图序》谓:"唐自李、杜之出,焜耀一世,后之言诗者,皆莫能及!"③ 可谓不易之论。关于苏轼受李白的影响及对李白的详细论述,容另文论之。

---

① (宋)胡仔:《苕溪渔隐丛话》前集卷四二,清乾隆五年至六年(1879—1880)海盐杨佑启耘经楼依宋板重刊本。

② (宋)苏轼:《东坡后集》卷九,清光绪至宣统间端方宝华盦重刊明成化本。

③ (宋)吕本中:《江西宗派图序》,引自(宋)胡仔《苕溪渔隐丛话》前集卷四八,清乾隆五年至六年(1879—1880)海盐杨佑启耘经楼依宋板重刊本。

从《蜀藻幽胜录》看傅振商研究地方文献的方法

李思婧[*]

摘 要 《蜀藻幽胜录》是明末名臣傅振商所辑的一本收录巴蜀地方性散文的选集。傅氏精于文集编纂,以杨慎《全蜀艺文志》为底本参考多种文学总集和当地碑刻藏书才编成此书。《蜀藻幽胜录》一书的编修,是傅振商对巴蜀地方文献深入研究的成果,也贯彻了他研究地方文献的两种方法,即整理研读既有的文献和实地考察保存整理地方文献。以此我们也可管窥《蜀藻幽胜录》一书的文学和文献学价值。

关键词 傅振商 《蜀藻幽胜录》 地方文献 巴蜀文献

一

《蜀藻幽胜录》是明末名臣傅振商所辑的一本收录巴蜀地方

---

[*] 作者简介:李思婧,生于1996年,四川成都人,四川大学2018级历史文献学专业在读硕士研究生。

从《蜀藻幽胜录》看傅振商研究地方文献的方法

性散文的选集。作者傅振商,字君雨,河南汝阳人,万历至崇祯朝为官三十余载,官至兵部尚书,颇有声名。他亦博学多才,著有《爱鼎堂全集》《爱鼎堂遗集》《地理洗心录》等书。他尤其长于总集的选编,一生选编《古论玄箸》《珠渊异宝》《秦蜀幽胜录》等多部诗文集。《蜀藻幽胜录》和《秦藻幽胜录》作于万历四十五年(1617)傅巡视陕西茶马期间,至万历四十七年(1619)己未十月编成付梓。《蜀藻幽胜录》的内容虽然脱胎于杨慎《全蜀艺文志》,但是通过傅振商的选编,该书一是整理了已经部分损坏遗失的《全蜀艺文志》,二是保存了一些稀见的巴蜀本地文章和其独特的文献学信息。

而《四库全书总目》对此书评价不高,言:"蜀虽偏处一隅,而自汉晋以来,文章为盛。宋庆元中有程遇孙等《成都文类》,明嘉靖中又有周复俊《全蜀艺文志》,搜罗赅备,业已巨细兼登,菁华毕萃。振商此集,采掇十一,分为二十五类,去取颇无条理,盖当时书帕之本。"[①] 四库馆臣认为此书没有超出川蜀地区先有的文学总集的范围,文章选择缺乏文学性和文献学原则,并且推测《蜀藻幽胜录》只是一部当时流行于官场用于贿赂赠礼的的书帕本。

但近年的文献整理研究者对此书的评价则不同,巴蜀书社版《蜀藻幽胜录·前言》云:"《蜀藻幽胜录》选文二百余篇,是一本知识性、趣味性兼而有之的优秀读物……此书对于研究四川历史文化、政治经济、编写地方志书,修复文物古迹,有相当高的参考价值。"[②] 薛新力所著《巴渝古代要籍叙录》持有类似的观点,通过分析书中几个具体的例子,认为《蜀藻幽胜录》不仅有

---

① 《四库全书存目丛书》编纂委员会:《四库全书存目丛书》,济南:齐鲁书社,1997年,集部第335册,第552页。

② 傅振商:《蜀藻幽胜录》,成都:巴蜀书社,1985年。

文学价值,更有史料价值①。而李文泽、霞绍晖、邓秋良所著《山川毓秀文章荟萃——历代巴蜀作家文学总集编纂评述》一文中不仅提及了《蜀藻幽胜录》文章内容的价值,也注意到傅振商所留跋语,评价曰:"大多画龙点睛,精到典要……以上按语颇能体现上述特色,也反映傅氏的文学观念。"②

以上评价的分歧,源于不同时代学术观点的变迁。虽然四库馆臣认为《蜀藻幽胜录》一书"去取颇无条理",但仔细品读,就能发现馆臣所言不免武断。傅振商《题蜀藻幽胜录》言他选择整理蜀中文章犹如"披沙搜宝,止存菁华"③,他的工作志在使"蜀之奇藻幽逸之概,大观具是矣"④。《蜀藻幽胜录》一书的整理和选编,是傅振商对巴蜀地方文献研究学习的成果。而傅振商研究地方文献的方法,主要有两个,即整理研读既有的文献总集和实地考察保存整理地方文献。

二

《蜀藻幽胜录》大体脱胎于杨慎的《全蜀艺文志》,傅振商编纂时又参考了不少文集。《蜀藻幽胜录》的底本《全蜀艺文志》就是名家名著,傅振商认为它"博奥尽览",但傅振商当时所见杨慎的《全蜀艺文志》"脱遗而荒仓,复以芜秽参入"⑤。傅振商

---

① 薛新力:《巴渝古代要籍叙录》,郑州:中州古籍出版,2008年,第61页。
② 李文泽,霞绍晖,邓秋良:《山川毓秀 文章汇萃——历代巴蜀作家文学总集编纂评述》,《湖南行政学院学报》,2017年,第100页。
③ 《四库全书存目丛书》编纂委员会:《四库全书存目丛书》,济南:齐鲁书社,1997年,集部第120册,第382页。
④ 《四库全书存目丛书》编纂委员会:《四库全书存目丛书》,济南:齐鲁书社,1997年,集部第120册,第382页。
⑤ 《四库全书存目丛书》编纂委员会:《四库全书存目丛书》,济南:齐鲁书社,1997年,集部第120册,第382页。

所编选的《蜀藻幽胜录》正好是他对残缺漫漶的《全蜀艺文志》研究学习的成果。傅振商近乎全部继承了《全蜀艺文志》的编纂体例，稍加更改分类合并，便将文章分为二十五个类。卷一分为赋、策、诏、表、书笺，卷二分为序、记，卷三全为记，卷四分为檄、难、铭、赞、颂、箴、碑、论、杂著、诔、哀辞、祭文、传、谱、跋、赤牍、行纪题名。《蜀藻幽胜录》文章排列顺序和主要内容也与《全蜀艺文志》相同。但因傅氏所见《全蜀艺文志》有所残缺，他的编修还参考了当时可见的其他著名文集和当地碑刻藏书。以《蜀藻幽胜录》首篇《击瓯楼赋》为例，作"有马处士携至善击瓯者"[①]，《蜀中广记》载《击瓯楼赋》则作"有马处士携善击瓯者至"[②]，《全蜀艺文志》作"有马处士来至善击瓯者"[③]。《蜀中广记》和《蜀藻幽胜录》作"携至"与《全蜀艺文志》差距较大，依上下文意，《蜀中广记》本最为通顺，明言马处士与善击瓯者之关系，而《全蜀艺文志》等版本则不易理解马处士和善击瓯者是何关系，《蜀藻幽胜录》版本则似是抄写《蜀中广记》版本时出现了语句颠倒。并且傅振商在《蜀藻幽胜录》中留下了一些自己简单的校勘，以小字附在一些篇章之后。如《送张都督赴嘉州序》一文，《蜀藻幽胜录》言作者是"任华"，而《文苑英华》《全蜀艺文志》中该文所署作者都是"于邵"。《蜀藻幽胜录》文章内容文字与前两部总集并无差别，但文末傅振商认为全文疑有缺误。

除了这些文献整理编排和校勘，傅振商对于巴蜀文献的研究也

---

① 《四库全书存目丛书》编纂委员会：《四库全书存目丛书》，济南：齐鲁书社，1997年，集部第335册，第388页。

② （明）曹学佺撰，杨世文校点：《蜀中广记》卷二五《蜀中名胜记第二十五》，上海：上海古籍出版社，2020年，上册，第263页。

③ （明）杨慎编，刘琳、王小波点校：《全蜀艺文志》，北京：线装书局，2003年，下册，第20页。

有他个人的文学旨趣。他编选《蜀藻幽胜录》一大原因就是他自己的文学爱好,《秦蜀幽胜录引》言:"山川之灵气如在,即文人之灵气如在也。山川发文人乎?文人发山川乎?泐者全,幽者显,而奇韵乃尽归吾橐中玩也。"①他把文学记录之乐与山林游览之乐相比,所以标题"幽胜"二字正是其文学兴趣的体现。故他说:"乃窃自多真能游秦蜀矣?今谈艺家动则欲置身作西京上气韵,试饱味此幽胜大观,则知陆羽之清品何必灭于玄酒之远味也?"②这些名人名作的收录正能体现傅振商自己对于巴蜀山水之美的理解。在傅氏看来,文人吟咏记录地方幽胜人风,可以将发生在地方具象的文化和审美与文学上抽象的艺术关联。所以发掘地方文献的文学特色,通过文学记载表现地方文化和艺术,也是研究地方文献《秦蜀幽胜录》的宗旨。在这种思想的引导下,《蜀藻幽胜录》文后记载了很多傅振商自己评价文章内容和地方山川的跋语。

三

《蜀藻幽胜录》作于傅振商在四川为官之时。他对巴蜀文献的研究和学习有了地理上的便利。所以实地考察川蜀碑刻藏书,进行研究和整理这些一手材料也是傅氏研究地方文献的一大内容。他在《题秦文幽胜录》中感叹自然磨灭勒石之文,而战争农桑变迁等人为活动也对图书保存造成威胁,忧心"则奇文将日不可复瞩矣"③。所以傅振商亲自"搜蠹简断石,断者续之,疑者

---

① 沈乃文:《明别集丛刊》,合肥:黄山书社,2015年,第5辑第12册,第542页。
② 沈乃文:《明别集丛刊》,合肥:黄山书社,2015年,第5辑第12册,第542页。
③ 沈乃文:《明别集丛刊》,合肥:黄山书社,2015年,第5辑第12册,第525页。

从《蜀藻幽胜录》看傅振商研究地方文献的方法

正之,期于遗胜永存"①。傅振商有感于文献存难,编撰文集也是他保存地方文献的方式。他将文献校勘与实地考察相结合,一定程度上保存了地方文献特有的校勘和版本信息。《全蜀艺文志》载诸葛亮《黄陵庙记》,而《蜀藻幽胜录》作《黄牛庙记》。黄陵庙位于今湖北省宜昌市,也称为黄牛庙。《黄陵庙记》传闻是诸葛亮为祭祀大禹,在黄牛峡立黄牛庙时写作。这篇文章历来有所争议,明末清初的张自烈在其《芑山文集》中《书黄牛庙记后》就对此文提出质疑,认为其中歌颂黄牛的思想内容不符诸葛亮的思想,是后人伪作。②而《四库全书总目》则认为此文是明代人伪作,依据是宋代陆游《入蜀记》及袁说友人《成都文类》都不载此文。北京线装书局《全蜀艺文志》校勘记赞同了《四库全书总目》的看法,但是又提出黄牛庙在湖北省宜昌市,《成都文类》不载此文必可以作为证据。③在《蜀藻幽胜录》中,傅振商选录此文,标题为"黄牛庙记",而非"黄陵庙记",并配有一段自己的评论,言:"据陈寿所上,知武侯集其筹务诏人者甚夥,今并将苑不传。然父子并工丹青,以赐南夷,无不悦服,亦无可睹其神品。自《出师》二表,日月为昭,外止得此《黄牛》半碣。虽半鳞残甲,未足竟吐纳风云之全彩。然人灵英笔,江神借生气不朽矣。"④可见傅振商所取版本是黄牛庙的碑刻。这篇碑刻,应该是真实存在的。明代周复俊《泾林杂记》记载:"嘉靖辛丑,余奉命督学西蜀,冬十一月由荆州沂流而上,至黄牛峡。余操文

---

① 沈乃文:《明别集丛刊》第5辑,合肥:黄山书社,2015年,第12册,第525页。

② (明)张自烈:《芑山文集·书黄牛庙记后》,见《清代诗文集汇编》编纂委员会编《清代诗文集汇编》,上海:上海古籍出版社,2010年,第11册,第562页。

③ (明)杨慎编,刘琳、王小波点校:《全蜀艺文志》,北京:线装书局,2003年,下册,第1029页。

④ 《四库全书存目丛书》编纂委员会:《四库全书存目丛书》,济南:齐鲁书社,1997年,集部第335册,第438页。

以祭黄牛庙神。其庙碑文则孔明所撰也。"[1] 至清代姚莹所撰《后湘诗集》载《四神咏》曰："询寺僧觅古碑记无有，引至庙右，则忠武侯祠在焉。庭中石幢镌武侯所撰《黄牛庙记》，盖康熙壬寅年官立者。"[2] 今黄陵庙亦存一"黄牛庙记"碑，碑上内容即《蜀藻幽胜录》所录《黄牛庙记》。此碑于同治九年遭长江特大洪水所毁坏，光绪十三年（1887）宜昌总镇罗缙绅带头集资重新修建黄陵庙后武侯祠，将被损的《黄牛庙碑》进行了拓印保存，使碑文得以传世[3]。如今尚存罗缙绅的拓片以及其亲手所录碑文。虽然《黄陵庙记》或是明人伪作，但傅振商所取《黄牛庙记》版本则有可能不是世间流传的"黄陵庙"的版本，而是黄陵庙内碑文所写"黄牛庙碑"的版本。

实地考察研究地方文献，也让傅振商的编纂一定程度上区别和超越了《全蜀艺文志》和旧有文献的范畴。《蜀藻幽胜录》与《全蜀艺文志》内容上的一大区别就在于《蜀藻幽胜录》在《全蜀艺文志》的基础上增补了二十五篇文章，又有三篇文章的内容较《全蜀艺文志》更加完整。这些文章，大抵可分为两类，其一是名家名作，如符载、常璩、扬雄、陈子昂、苏辙、孙樵、黄裳的作品；其二是巴蜀本地知名文章。这些名人名作主要内容是歌咏巴蜀名胜或记录巴蜀本地人事，它们在一定程度上补充了《全蜀艺文志》的缺损，也凸显出傅振商自己对于巴蜀地方文献的收集和研究。

而少部分巴蜀本地文章的作者如何朝隐、罗有中、冉谦益等大多不显于世。其文多亡佚或少见于其他文集，赖傅振商的整理

---

[1] （明）周复俊：《泾林杂记》，明万历刻本。
[2] （清）姚莹：《后湘续集·四神咏》，见《清代诗文集汇编》编纂委员会编《清代诗文集汇编》，上海：上海古籍出版社，2010年，第542册，第682页。
[3] 刘彦：《黄陵庙：特大洪水的历史记录》，《中国三峡》2012年第6期。

从《蜀藻幽胜录》看傅振商研究地方文献的方法

才得以保存,如:《普成县玉虚观僧伽堂记》《洞真观衡翠阁记》《普成县增修灵济庙记》《灵云洞环胜记》《剑阁铭》《赵隐君墓志铭》。《普成县玉虚观僧伽堂记》《洞真观衡翠阁记》的作者何朝隐之名仅见于《四川通志》。《四川通志》略提及其作《洞真观衡翠阁记》。而《普成县增修灵济庙记》的作者罗有中,《蜀藻幽胜录》载其文后云是当地主簿,它处再无更多记载。这些文章未见于其他文集,它们的收录因由,或可从该书对黄裳《赵隐君墓志铭》的收录中窥探一二。《赵隐君墓志铭》未见黄裳本人文集有载,《蜀藻幽胜录》文后洪野陈叔美识文曰:"右墓志铭宋兼山黄文忠公杰作也。嘉靖辛丑,罗生福弟辍耕获之石刻,铁束无恙。越十年庚戌,予假守兼山之乡第,增修书院以凿,景仰而复得是文。"① 黄裳是普成县人,即今天剑阁县西南部。《普成县玉虚观僧伽堂记》《洞真观衡翠阁记》《普成县增修灵济庙记》《灵云洞环胜记》《剑阁铭》几篇文章都是记载剑阁本地风貌的文章。我们可以推测傅振商在川陕等地为官之时,亲自前往剑阁见到了这些不显于世的文献,将他们保存在《蜀藻幽胜录》之中。

综上所述,傅振商对《蜀藻幽胜录》的编纂,既是他自己作为文人和文献学者对于固有巴蜀地方文献的研究成果,也结合了他本人实地考察巴蜀碑刻藏书后的研究心得。《蜀藻幽胜录》并非四库馆臣所言"去取颇无条理",而是傅振商结合自己的文学旨趣,综合不同版本的巴蜀地方文献,并用心编修校勘而成,保存了六篇古文孤品,自有其文学和文献学价值。

---

① 《四库全书存目丛书》编纂委员会:《四库全书存目丛书》,济南:齐鲁书社,1997年,集部第335册,第520页。

湘军川籍名将鲍超往还函札五通系年考

刘兴亮*

摘　要　重庆中国三峡博物馆藏有晚清湘军川籍名将鲍超往还函札五通，撰受者涉及鲍超、潘焕、许世福、吴文炯、刘海鳌、张荫清、沈守廉等，所述为鲍氏还蜀时友朋交往及所部霆军政治风波等。这些行迹未见它书有载，可补霆军研究史料之缺。

关键字：鲍超　刘海鳌　张荫清　沈守廉

鲍超是同、光时期湘军重要将领，字春霆，四川奉节人（今属重庆），官至提督，封子爵。曾国藩称其"威名久著，为贼所惮"[①]，胡林翼赞其"勇敢冠军、晓畅兵略"[②]，而所率霆军更被时人誉为湘军第一。目前学界对鲍超及霆军的研究甚少，除1986年陈宝辉、马诤撰写《鲍超与霆军》[③] 以及尹广明硕士学位

---

* 作者简介：刘兴亮，生于1983年，甘肃张掖人，重庆中国三峡博物馆（重庆博物馆）研究员。主要研究方向：历史文献、巴蜀文献。

① （清）曾国藩：《曾国藩全集·奏稿下》，石家庄：河北人民出版社，2016年，第118页。

② 赵尔巽：《清史稿》卷四〇九，北京：中华书局，1977年，第11982页。

③ 陈宝辉、马诤：《鲍超与霆军》，《社会科学研究》1986年第2期。

论文《鲍超与霆军——一个历史的考察》[①] 两文曾作专题学术考察外,其名仅见于湘军题材传奇小说、通俗读物以及部分曾国藩研究著述中,因此,对其进行专门的学术整理及研究实属必要。

重庆中国三峡博物馆藏有其往还函札五通,其中鲍超致刘海鳌函札三通,张荫清、沈守廉致鲍超函札各一通。所言内容主要为光绪八年后鲍超还乡奉节后之人际交往、言论及霆军政治风波等。然上述诸事文献记载或语焉不详,或略而不录。特别是赵尔巽《清史稿》鲍超本传及近人所编《鲍忠壮公年谱》《霆军纪略》诸书对鲍超暮年之事记载尤缺。因此,这批函札当可补上述之万一。基于以上考虑,笔者今对其略作整理,并加以系年考证,冀对鲍超及湘军研究有所帮助。

一

晓翁仁兄大人阁下:

　　日前专信奉迓,当即接读还云,允许不日来郡,兹特再专弁恭迎,务祈移玉速临,是所切祷。缘弟等实有机密事件,刻须面商也。专此,即请道安,诸惟原鉴,不备。

　　愚弟鲍超、潘焕顿首

按:此处上款所称晓翁即刘海鳌,字晓澜,故称。刘海鳌,《(光绪)奉节县志·人物志》中未见其名,仅见卷三十六《艺文·诗汇》一门录其文。重庆中国三峡博物馆藏刘海鳌师友札册中收有咸丰六年(1856)进士、四川隆昌人范运鹏书札一通,其

---

① 尹广明:《鲍超与霆军——一个历史的考察》,硕士学位论文,东北师范大学,2011年。

云："足下（刘海鳌）与春翁联姻，故偶及之。"① 这里所说的春翁即鲍超，由此知刘海鳌与鲍超间存有姻亲关系。今人谭光武所撰《翰林刘海鳌拾零》一文称，刘海鳌为清同、光年间奉节甲高乡人，光绪二十一年（1895）进士，除翰林院编修。此说显然有误，光绪八年（1882）左宗棠提出于新疆建省，时刘海鳌已为翰林院编修，并上《新疆善后事宜请权缓急折》②，明确提出反对意见。据此知，其登科定在此之前。实际上，据朱保炯等编《明清进士题名碑录索引》，刘氏登科第在同治七年（1868）戊辰，中二甲第四十二名进士，此于它书中亦得印证。李朝正编著《清代四川进士征略》曾考其仕履，"同治丁卯（1867）年以刑部主事充顺天乡试誊录官，成进士后，甲戌（1874）年进国史馆充协修官，又充乡、会试磨勘，保送御史。光绪四年（1878）畿辅、山西、河南等地遭受旱灾，岁大歉，游民乞食于京师，刘海鳌与同官捐钱赈济。庚辰（1880）年充功臣馆纂修官，次年充总纂官，补文渊阁校理。壬午（1882）年引见，上许交军机处存记，以道府简用，再擢国史馆纂修，寻转日讲起转注官，补詹事府右詹事。癸未（1882）年授云南储粮道，在道任六年，卒于任"③。又据新编《奉节县志》载，初授翰林院编修，后被授予云南盐茶道，因稽查贪污案，被毒害致死。④ 如李朝正所云，在道任六年，则其卒年当在光绪十三年（1887），故此札当在是年之前。此外据清宫档，光绪八年（1882）十月二十九日，上谕有云：云

---

① 《范运鹏致刘海鳌札》，《刘晓澜书札册》，重庆中国三峡博物馆，藏品编号：33627。

② 贺灵主编：《中国新疆历史文化古籍文献资料译编·24》，乌鲁木齐：克孜勒苏柯尔克孜文出版社，2016年，第653页。

③ 李朝正：《清代四川进士征略》，成都：四川大学出版社，1986年，第46页。

④ 四川省奉节县志编纂委员会：《奉节县志》，北京：方志出版社，1995年，第865页。

南粮储道员缺著刘海鳌补授。十一月初二日，刘海鳌随即具折《奏为奉旨补授云南粮储道谢恩事》①，虑及本札言鲍超言，"（刘海鳌）允许不日来郡""缘弟等实有机密事件，刻须面商也"，而后札称"日前在夔畅聆麈教"，并于札尾题"八月初三日灯下泐"，则此时刘海鳌已入蜀，因蜀地与京师相隔万里之遥，则此札所作当更可能在送呈谢表之次年，亦即光绪九年（1883）。

又，据《清史稿》鲍超本传所记，鲍超从军后，返奉节有三次，一次为同治六年（1867），时鲍超因战事与刘铭传生隙，"超自以转败为胜有功，而铭传咎其后至，李鸿章右铭传，超大愤，称病。迭诏慰勉，曾国藩及鸿章驰书相继。超终乞罢去军，所部三十营，令部将宋国永、唐仁廉分领"②。至同治十三年（1874），"召来京，因病未复，仍续假"③。第二次为光绪六年（1880），起授湖南提督，八年复以病请职。第三次为光绪十一年（1885）中法之争起，命率师驻云南马白关外，"合议成，撤防回籍"④。而在此期间，刘海鳌多居京为官，惟光绪八年底外放云南，次年或道出奉节，居乡最久，而时逢鲍超二次回籍，故二人得见。

二

晓岚仁兄大人阁下：

　　日前在夔畅聆麈教，渴慕私悃，此时去怀，敬维履祉延釐，泰祺笃祜为颂为慰。顷有要件相商，特端足踵府，即希移玉准于明后两日，赐速到城，以便面谈种切，万望勿却。

---

① 《奏为奉旨补授云南粮储道谢恩事》，光绪八年十一月初二日，档案号：04-01-13-0351-038，中国第一历史档案馆。
② 赵尔巽：《清史稿》卷四〇九，北京：中华书局，1977年，第11985页。
③ 赵尔巽：《清史稿》卷四〇九，北京：中华书局，1977年，第11985页。
④ 方国瑜：《云南史料丛刊》第七卷，昆明：云南大学出版社，2001年，第508页。

临颖不胜祷切盼切之至，特此布达，敬请台安，诸惟心照不宣。

  愚弟潘焕、鲍超顿首
  八月初三日灯下泐

按：据此札文意，当与前札作于同一时期，即光绪九年（1883）八月初三日。札尾题"潘焕、鲍超顿首"，潘焕为奉节县人，道光二十九年（1849）己酉科拔贡，仍据新编《奉节县志》载曾参与光绪县志之纂修。①

史载，光绪八年（1882），鲍超回籍，七月间川江逢汛期，座船倾覆，二子溺亡。此事发生后鲍超整日与潘焕等邑中士绅为戏，并大兴土木，仿江南园林式样建府邸，兴妓乐。号为"戊戌六君子"之一的四川富顺人刘光第，时作《上鲍爵帅春霆，时方大修第》诗相贺："将星耿耿钟夔岳，世局艰难待枕戈。臣子伤心在何处？圆明园外野烟多。"②另需说明的是，因霆军裁撤问题，此时鲍超虽离任，但谏官对其仍多攻击，此时府邸之建，声色之好，抑或正为避人耳目而已。

另外，本札及前札中均提到鲍超请刘海鳌入城面谈要事。光绪九年（1883），法越事起，上谕以"法人欲以兵船来华，肆其要挟"，命"李鸿章当认真戒备"，同时，提出"当此时机紧迫，该大臣如何布置，万一有事，战守机宜是否确有把握；倘兵力尚单，应否添调大员，增募兵勇，以资协助，如潘鼎新、鲍超、刘铭传等皆久经战阵，此外有无谋勇素优、为该大臣所深悉、堪备

---

  ① 四川省奉节县志编纂委员会：《奉节县志》，北京：方志出版社，1995年，第701页。
  ② 滕新才：《夔州诗全集·清代卷》，重庆：重庆出版社，2009年，第416页。

任使者，着即悉心筹度，迅速具奏"①。刘海鳌久居翰林之职，又谊属同乡，故鲍超唤其所密谈者或正即此事，其实有意借此东山再起。但数日后，李鸿章上奏，认为鲍超"前年募勇来直，精气已减""可不必遽调"②，事遂中阻。惟后来战事更为吃紧，方受招起复。

三

晓岚仁兄大人阁下：

月前临夔，获亲雅教。主谊未尽，抱愧殊深。顷间接读华函，复蒙齿益，令人汗颜无既矣。籍稔萱庭笃祜，文祉延禧，翘企卿云，忭颂永日。弟家园伏处，碌碌如恒，迩来感冒风寒，时常咳嗽，药饵调理想亦易为却除也。知关锦注，附此以闻，肃此布复。敬请台安，诸惟心照不宣。

愚弟鲍超顿首

许世福、吴文炯附笔请安

再启者：

前承谆嘱来，令亲增租一事，弟回籍以来一切家政诸未谙练，昨据二家兄言及令亲之田，当日写时钱每百串只合得二石四斗之数，较别人已觉多增，若再加钱五百串，则仅合二石之数矣。他处之田多有三石者，或有三石零者，倘一增租，恐彼等亦复随声效尤也。弟与阁下非泛泛，方命之愆，

---

① （清）李鸿章：《李鸿章全集·奏议十》，合肥：安徽教育出版社，2008年，第248页。

② （清）李鸿章：《李鸿章全集·奏议十》，合肥：安徽教育出版社，2008年，第250页。

谅蒙鉴原。格外闻令亲外有租八担零，弟之祖茔即在彼田内，二家兄曾与令亲谭及情愿佃写，而令亲欲佃与别人为辞，若从中融商，亦免众口嚣嚣与副阁下谆嘱之至意也。尚祈向令亲转达为幸。此复，再请台安，不具。

　　超又及

按：此札记载鲍超居奉期间就刘海鳌亲戚与鲍家所定田租事及祖茔田土承租问题之纠纷本末，冀请海鳌从旁劝解。札尾题"许世福、吴文炯附笔请安"，其中许世福，光绪初，以布政使衔，官湖北候补道，为鲍超霆军嫡系将领。光绪十三（1887）年，霆军内部军饷报销不实案发，军中"所填写六月二十九日出咨，乃迟至十一月十六日始行到部，所报用饷，实数与上年咨部清册不符二十万两之多"①，清廷震动，着湖北巡抚刘秉璋查办，最终查明，事虽主要出于何应钟之谋，但包括许世福在内的其余霆军将领"或管粮台，或充营官，乃于鲍超发交银两不分公私，辄为兑解，实属不合"②，于是刘秉璋奏请将其革职，并请"不准开复"③。鲍超去世后，其曾亲撰《鲍忠壮公年谱跋》，哀婉至切。而札尾所系名吴文炯，今未得考。

此札有"月前临夔，获亲雅教"一句，所指或即前札所谓邀其莅夔，有"要件相商"之事，据此亦可认定此札当接续此前两札，亦当成于光绪九年。

札中称祖宗坟茔事，据新编《奉节县志》，鲍超祖茔在奉节城北冉家坪："墓为大土堆，墓室石条拱砌，巨柩三道铁箍，穿

---

① 《清实录·德宗实录》卷二三五，北京：中华书局影印本，1987年。
② 《清实录·德宗实录》卷二三五，北京：中华书局影印本，1987年。
③ 陈昌撰：《霆军纪略》卷一六，见沈云龙主编《近代中国史料丛刊》第13辑，台北：台湾文海出版社，1973年，第1044页。

铁链悬于墓室。"① 鲍超虽长期带兵在外，然于祖宗坟茔事极为重视。同治元年（1862）十二月，在高岭营次，闻母亲邓太夫人死，即奏请开缺回籍守制，并营建坟茔。然此时太平天国事未平，廷旨以"鲍超乞假葬亲，情词肫切，出于至诚，本应俯如所请，惟该提督自转战江皖以来，谋勇兼著，屡立奇功，勇略过人，所向克捷，为江北诸军之冠，此时金陵功在垂成"，因此"未便遽易生手"，令其"毋庸开缺，改为署理，并赏银五百两经理葬事"②，待"金陵克复，江皖肃清，再行赏假回籍"③。直至同治四年（1865）三月，战事初定，其才得以请假两月回籍，建墓葬母。然而方结庐居住，数日后即得寄谕，命其增援甘肃，行西征事，后续祖坟诸项只好由其兄一手办理，直至光绪八年（1882）后再次返乡，适逢所亲刘海鳌亦与田产之主有姻亲之缘，才由其亲自谈洽此事。

四

自隔云麾，屡更月管，望蜿埏之远指，随鹭埭以驰思，兹当蛮貊据诚，从此狼烽警敬，维春霆世伯大人鸿威雷厉，虎节霜飞。马伏波铭柱据鞍，建殊勋于白马；羊太傅轻裘缓带，消浩劫于红羊。翘睹牧野鹰扬，不七旬而有苗即格；更卜桃林牛放，统百粤而乃粒。同歌万户荣赓，三军凯唱。侄赞襄营务，栗碌徒劳，虚度韶华。楛材难植，喜甲兵之雨洗；寰海镜清，仰槊戟之星回，寸心香爇肃熏拜手，敬颂奏

---

① 四川省奉节县志编纂委员会：《奉节县志》，北京：方志出版社，1995年，第720页。
② （清）曾国藩：《曾国藩全集·奏稿七》，长沙：岳麓书社，2012年，第231页。
③ 李叔瑶：《鲍忠壮公年谱》，见沈云龙主编《近代中国史料丛刊》第33辑，台北：台湾文海出版社，1969年，第45页。

肤，虔请勋安，伏惟霁照。

  世愚侄张荫清顿首

敬再启者：

  去岁蒿目时艰，随营襄办，嗣以军书旁午，致疏笺牍，遥申驰系之怀，常萦寤寐。现在法夷震慑，振旋凯旋，凡隶骈幪，莫不称庆。闻贵帐下劳绩，营员指日荣登，荐牍惟东省从戎员弁，尚未得列剡章。兹仅缮拟保单一纸，将后路各员衔名分列寄呈台览，在侄自办营务以来日无暇晷，幸赖诸公佐侄襄理，不辞苦瘁，得收指臂之助，自未便没其苾劳，且均系侄世好旧交，谊尤关切。伏求附入懋赏，在诸公。渥沐湛恩，比露在中秋之润；荷蒙慈照，如月明分外之光。异日弹冠，必不忘当年推毂，则感激如同身受也。专泐布恳，企候恩施，伏祈俯俞，不胜悚切之至。肃此，并颂秋禧，诸惟垂鉴，不备。

  小侄荫清再颂

  按：此札撰者张荫清，据清人《旧典备征》载，"三等轻车都尉赠骑都尉，兼一云骑尉，又加赠三等轻车都尉张国梁子，同治□年以袭职并封"①。又，据《中国第一历史档案馆藏清代官员履历档案全编》载为广东人，光绪六年（1880），时二十八岁，则知其生于咸丰三年（1853），咸丰十年（1860）八月十七日，上谕："江南提督张国梁子孙几人著广东巡抚查明，俟服阕时送部引见，候朕施恩。"又云"张荫清系张国梁嫡长子，经兵部于光绪二年（1876）三月初五日带领引见，奉旨着以员外郎用"，

---

① （清）朱彭寿：《旧典备征》卷二，北京：中华书局，1982年，第36页。

并"签掣户部陕西司员外郎缺"。①

札中有"现在法夷震慑，振旋凯旋，凡隶骿幪，莫不称庆"一句，并于其下所述，多请功邀赏之事，据此知当作于中法战事初步解决，霆军回撤之际。光绪十一年（1885）三月，云桂总督岑毓英上疏，"提臣鲍超所统霆军各营，屯扎云南开化府之马白关，纪律严明，堪资保障。惟该处采办粮米甚属艰难，往往不敷军食。现在和议既成，条款已定，滇军防守边境已敷分布，霆军各营应否撤回四川，恭候圣裁"②。不久霆军即奉旨回撤，并陆续裁并。由此，此札当可定于是年。

五

春霆爵帅大人阁下：

叠奉瑶章，备承雕饰，浣诵之下，惭感交萦。恭维节钺凝辉，戎旃辑祜。作三军之勇气，敌胆先摧；瞻六纛之气扬，士心弥壮。叱咤则风云变色，顾盼则山岳动摇。将使鬼蜮潜迹，四海之波涛永息，惟赖将军砥柱九天之日月重光，时盼红旗，风驰黄钺。有苗乃格，我武维扬。此固率土人民所愿望，岂独守廉之私心，切祷已哉。

承示转运军械粮饷，业已转饬，沿途经过地方官预筹经费随到随运，刻不停留。守廉以军务紧要，又屡次函告所属，虽地瘠缺苦，亦须设法先筹垫款，以遂军械，不得置身自外，致误军需。昨又接稚帅札，知通饬各属在案，藉抒锦厘。守廉前以节旄茌至东道未伸，殊深歉仄。至贵部各营过

---

① 秦国经主编：《中国第一历史档案馆藏清代官员履历档案全编》，上海：华东师范大学出版社，1997年，第27册，第456页。

② （清）岑毓英：《岑毓英集》，南宁：广西民族出版社，2005年，第333页。

此，未能部署周至，尚蒙齿及，益觉惭恧无地矣。惟愿功成马到，扫尽烽烟，唱凯还师，守廉当沪道以待。肃泐芜简，敬叩崇禧，伏乞垂鉴。

    守廉谨肃

  按：本札撰者尾题"守廉"，札中又有"守廉以军务紧要，又屡次函告所属"等语，由此知此札作者姓某，名守廉，或字守廉。又，札中称"昨又接稚帅札"，稚帅，即言丁宝桢，其字稚璜，故称。清人多以总督称帅，因此称而益知此时丁当为四川总督，而"守廉"亦应官四川。丁宝桢任职四川总督在光绪二年（1876）至光绪十二年（1886）间，其间四川官员名守廉者仅沈守廉一人，当即此人。据陈梅湖主纂《岭东道惠湖嘉道职官志》记载，"沈守廉，字絮斋，监生，浙江嘉兴府海盐县人"①。是书又云沈守廉"父，沈炳垣，进士，官广西提学使。太平逆匪起事，城陷，仰药未死，被逆匪磔而焚之，赠内阁学士，谥文节，建专祠。沈守廉因父在广西学政任内殉难，奉旨给予骑都尉世职，服阕后交吏部带领引见。同治元年，赴部引见，奉旨以主事用。同治二年二月，丁母忧。同治四年五月，服满，是年九月签分刑部行走。同治十三年九月，选授工部屯田司主事"，至"光绪九年（1883）二月初六日，签掣四川永宁道。是年三月初五日，以按察使衔任四川永宁道"，及至"光绪十二年十一月，由四川永宁道调任广东惠潮嘉道"。②

  另据清宫档记载，沈氏于光绪九年（1883）二月初六日补授永宁道，三月初七日上折谢恩。③ 又，据台北"故宫博物院"所

---

① 陈梅湖主纂：《岭东道惠湖嘉道职官志》（内部印行），2012年，第298页。
② 陈梅湖主纂：《岭东道惠湖嘉道职官志》（内部印行），2012年，第298页。
③ 《奏为奉旨补授四川永宁道谢恩事》，光绪九年（1883）三月初七日，档案号：04—01—13—0353—058，中国第一历史档案馆。

藏清宫档案显示，沈氏系浙江海盐县人，"由兼袭骑都尉世职工部郎中前选四川永宁道，光绪十三年四月开缺，送部引见，奉旨：著以道员用。十六年选授河南河陕汝道。二十四年六月调补广东惠潮嘉道。后因修墓开缺，事竣之后按照旧章应坐补员缺，历经在吏部投供。后湖广总督赵尔巽奏请以沈氏暂留湖北并免投供，仍准照例开送。光绪三十三年十二月十五日奉朱批：著照所请，该部知道，钦此"①。以上档案可证，鲍超率军前赴云南之时，沈守廉担任四川永宁道一职。

本札中称"承示转运军械粮饷，业已转饬，沿途经过地方官预筹经费随到随运，刻不停留"。光绪十一年（1885）中法战争起，清廷命居家奉节的鲍超再行起复助战，募勇成军，率兵万人驻云阳，弥月率师移驻云南马白关外，霆军饷需"除由广东、云南、拨解外，统计川省先后十二次共筹拨银八十四万八千六百三十一两六钱六分八厘六毫"②。此外，军火、军装、转运物资等皆取办于四川。本札撰时，沈守廉正官四川永宁道，其所称"转运军械粮饷"，当即指此事。

又据鲍超于光绪十一年十一月所呈奏折，其率部前赴云南，系"去冬由川拔队赶赴数千里"③。此外，鲍超在另一份于光绪十一年（1885）正月十五日具奏的奏折中提到，其"于光绪十一年正月初八日在云南寻甸州途次承准兵部火票递到军机大臣咨"④。据上述档案可知，鲍超于光绪十一年（1885）冬率军赴

---

① 《吏部为免其投供之坐补广东惠湖嘉道沈守廉应开具履历事致军机处之知会》，宣统元年（1909）十一月初十日，档案号：183246，台北故宫博物院。
② （清）丁宝桢：《丁文诚公奏稿》，贵州历史文献研究会编印，2000 年，第 833 页。
③ 《奏为遵旨汇保进规越南劳苦最著员弁请旨奖叙事》，光绪十一年（1885）十一月初七日，档案号：03-5836-103，中国第一历史档案馆。
④ 《奏为恩赏福字等物谢恩事》，光绪十一年（1885）正月十五日，档案号：03-5194-049，中国第一历史档案馆。

滇,至迟在十一年正月初五日,业已进入云南境内。沈守廉之函,当系鲍超所部过境之后所发,因此,本札似可置于光绪十年(1884)末天至光绪十一年初。

吴之英书札论略

霍省瑞*

摘 要 晚清民初著名学者吴之英现存书札四十七通。这些书札主要写给陈宝琛、宋育仁、王闿运、谢无量、刘师培等晚清名臣或文化名人,表达了吴之英在政事、教育、治学等方面的独到见解,展示了吴之英广阔的交游范围与庞大的交际网络,也表现了他独特的家国情怀与坚定的学术信仰。在形式上,书札以骈文为主,骈散相间,且喜用典故,表现了吴之英博洽多闻的学人特质。

关键词 吴之英 书札 交游 学术 骈散

吴之英(1857—1918),字伯朅,号西蒙愚者、老渔,四川雅安人。他是晚清民初的著名学者,在经学、文学、教育、书法等方面卓有建树,被誉为古典蜀学的集大成者和现代蜀学的开拓者。他曾在成都尊经书院、锦江书院、四川国学院等教育机构任职,著有《寿栎庐丛书》十种。

---

* 作者简介:霍省瑞,生于1981年,陕西榆林人,四川农业大学人文学院副教授;四川大学历史文化学院中国史博士后科研流动站在站博士后。主要研究方向:明清文学与文化。

作为近代蜀学的集大成者，吴之英逐渐进入了研究者的视野，取得了一些研究成果。然而，研究主要集中在吴之英人物研究、著作整理与经学研究方面。对于他的诗歌、古文、骈赋等文学作品，目前尚无一篇专题论文。其实，在吴之英现存文学作品中，有四十七通书札尤其值得关注。这些书札大多是他写给陈宝琛、赵启霖、张培爵、胡文澜、宋育仁、王闿运、谢无量、刘师培、吴虞等晚清名臣或文化名人的，集中表达了他在政事、教育、治学等方面的独特见解。有鉴于此，本文即从吴之英书札切入，考察他的交游、思想及文风。

一、书札中的交游网络

吴之英的书札，有写给蜀中师友的，也有写给晚清重臣的，还有写给家乡官员与亲友的，涉及人员众多，地域较广，集中地体现了他广泛的交游网络。就其书札的书写对象而言，大致可以分为以下三类。

首先，吴之英书札主要是写给昔日师友的，包括王闿运、谢无量、刘师培、宋育仁等。这些书信或向师友汇报近况，寄予关切。或与师友议论政事，研讨学问。例如，《寄湘绮楼先生禀》就是写给他的老师，晚清著名学者、成都尊经书院主讲王闿运先生的。他在信中写道："违侍久日阙禀，正恍焉精移。丙戌奉书，教言不降，疑未达，或人事忽遗。爱望覃覃，白云南下。寻复恩护，热歔肝脾。"[①] 对昔日老师的尊崇与感恩，流淌在字里行间。又如《答谢无量书》两通是写给近代著名学者、存古学堂监督谢无量的。他在《答谢无量书》（一）中写道"生实有宏道之才，

---

① （民国）吴之英著，吴洪武、吴洪泽、彭静中校点：《吴之英诗文集》，成都：四川大学出版社，2008年，第235页。

雅量襌如"，盛赞谢无量的才华与胸襟。在《答谢无量》（二）中又写道"唯颂春晖日豫，高桥远阴。马首东瞻，还旅南馆。郭泰爱士，传食茅容之蔬；梁鸿避言，藉息伯通之庑"①。又如，《答刘师培书》中，吴之英写道"计中秋以后，当可合堂接席。但能商定大局，仍当归侍上寝。院事一切，都倚贤劳，愧歉何极，不耐具谢"②。面对谢无量和刘师培的聘请，吴之英分别表达了自己将到国学院教书育人，启迪民智的意愿。

再如《与宋育仁书》三通，《覆宋育仁书》四通，《予宋育仁书》、《寄宋育仁书》各一通，都是写给同窗好友宋育仁的。在吴之英书札中，写给宋育仁的数量最多，达到九通。这些书信，或相互问询，或研讨学问，足见他们二人之间的密切交往。他在《与宋育仁书》（二）中写道，"暇捡断烂旧报，知君内移礼馆"。又言"十年不见，梦远路迷，长夜漫漫，我劳何极！厚自爱卫，以待后会"③。吴之英从断烂报刊中了解好友宋育仁的近况，可见他对昔日同窗好友的关切之情。在《与宋育仁书》（三）中，吴之英写道："近《易》《书》《诗》，新成略说，有寄张子馥、廖季平。尔来颇有撰著否？古道沦丧，解人难索。归来何日？重论楚些。"④《覆宋育仁书》（一）中，他又写道："新书成订，幸寄数册。讽诵人多，不徒下吏。"⑤ 显然，虽然吴之英晚年乡居名

---

① （民国）吴之英著，吴洪武、吴洪泽、彭静中校点：《吴之英诗文集》，成都：四川大学出版社，2008年，第266—267页。
② （民国）吴之英著，吴洪武、吴洪泽、彭静中校点：《吴之英诗文集》，成都：四川大学出版社，2008年，第268—269页。
③ （民国）吴之英著，吴洪武、吴洪泽、彭静中校点：《吴之英诗文集》，成都：四川大学出版社，2008年，第245页。
④ （民国）吴之英著，吴洪武、吴洪泽、彭静中校点：《吴之英诗文集》，成都：四川大学出版社，2008年，第247页。
⑤ （民国）吴之英著，吴洪武、吴洪泽、彭静中校点：《吴之英诗文集》，成都：四川大学出版社，2008年，第248页。

山,但始终与昔日同窗好友保持联系,并且积极将自己的著作寄给友人,以切磋学问,不断精进。《予宋育仁书》则是吴之英就宋育仁的《同文解字》提出自己的看法,指出"季平所注,有是有非",并具体分析了其中的成就与问题所在。他对著作中的优劣直言不讳,可见他对待友人的真诚与坦率。《覆宋育仁书》(三)中,吴之英则劝告宋育仁早做购宅置田的归乡打算,他写道"君蓬累半生,凿窟未定。全家作寓,良非缓谋。惟卜地卜邻,当慎于始。……如英计酌山涧回曲处,先购田数十亩。可树桑麻,移家因资"①。他不仅慨叹宋育仁"蓬累半生,凿窟未定",而且为其出谋划策,建言献计,字里行间流露着对昔日老友的真情关切,可谓至交箴言。

其次,吴之英书札有不少写给晚清重臣的,如陈宝琛、赵启霖、张培爵、胡文澜、陈廷杰等。这些书信,或切磋学问,或相互问询,彼此关切。比如《覆陈宝琛书》,即是写给晚清重臣陈宝琛的回信。陈宝琛曾任内阁学士、礼部侍郎等职,在其掌管礼学馆期间,吴之英曾受宋育仁举荐为礼学馆顾问。② 从此书札不

---

① (民国)吴之英著,吴洪武、吴洪泽、彭静中校点:《吴之英诗文集》,成都:四川大学出版社,2008年,第252—253页。
② 按:关于吴之英任礼学馆顾。问一事,彭静中《吴伯朅与宋芸子》一文指出,"宣统元年(1909),清廷开礼学馆,宋芸子为纂修,并推荐伯朅先生为顾问,先生却之不就。吴洪武《吴之英与谢无量》一文也指出,"宣统元年(1909),清廷计开礼学馆修明礼教,编辑《通礼》等书,延请各省名儒为顾问官。……哪知时任名山县立高等小学校长的吴之英却之不就,世人哗然"。(见《吴之英诗文集》附录,第638、650页)但据笔者考证,吴之英当时应宋育仁推荐而去了京城,只是吴之英不愿交接当朝权贵,声名不显而已。至于吴之英在京停留时间,及后来回川讲学的缘由,由于资料缺乏,无从考证。但其进京原委,《寿柣庐丛书》(民国九年名山吴氏刻本)中所收宋育仁《寿柣庐丛书叙》一文有详细记载:"五大臣考察政治回华之岁,开礼学馆修礼书,同时开宪政编查馆、修订法律馆。礼部奏延顾问官,自公卿至布衣,视为重选。属余领纂修,独引重君与同事,乃得与顾问,在朝无知者。乡人惊疑声销而名远闻,闻度不识,何因而至也。君固潜默无竞名,惟以优贡朝考,

难看出，陈宝琛来函与吴之英讨论礼学著作撰修事宜，吴之英不仅感念在心，而且纵横捭阖，大发宏论。在这封复信中，他开篇写道"深知阴社散栎，苦费匠心。竽从今听，削待徐观。……聊献所怀，适诒北若笑尔"，充满了对陈宝琛的敬意与感激。继而写道："续读凡条，例为十九，故问'先贵议道，自君簸之扬之。……'终及坊民，待成别卷。此次议礼要领，无赖斛材，窃谓捄时枢管，不亶礼文。元气酕醨，民性日敝。欲移之情德，礼其砭石耳。……其编第或分题五教，各列吉、凶、军、宾、嘉之异节，依草作注，是在大君子柬勺驯雅，令归大同。……然后会通钩比，悬之国门。永著令甲，以教学子。……此后礼续《汉志》，伟为我朝粹编焉。"①不仅论及礼事移风易俗的作用，而且提出了具体的编次与施行建议，有理有据，令人叹服。

又如《覆赵启霖书》三通，是写给地方大员赵启霖的书信。赵启霖是光绪十八年（1892）进士，选庶吉士，授翰林院编修，后迁监察御史。他颇具维新思想，屡上书论改革官制、禁烟、练兵、办高等实业学堂，并将王夫之、顾炎武、黄宗羲从祀文庙。

（接上页）一至京师，未尝交当世士，当世亦无称者。"在此文中，宋育仁详细回忆了吴之英进京一事。从他细致的回忆得知，吴之英任礼学馆顾问期间，不曾交结权贵，因此声名不显。但不难看出，吴之英为人正直，不善阿谀，这也正是他潜心学问的学人特质。同时，吴之英在《与宋育仁书》（三）中，也忆及"往与群贤游洛，至今四海一子由耳。抱眠夜夜，结怀未宣"。《覆宋育仁书》（四）中，也写道"英自北都归来，仓卒赴省。家严君含敛，竟未躬亲。"此外，吴之英还创作有古体长诗《颐和园歌》，全诗178句，1236字。此诗开篇即写出颐和园的恢弘气魄，"皇清名园论第一，圆明高拄西山日。三朝天子际承平，水衡九令凑琼室。前湖后湖菱芰香，御题园号水中央。二百七十供幸处，不数官吏诸厅堂。"而后又对颐和园中景象进行了非常细致的描绘，这当出于亲身的观赏与体悟。毫无疑问，倘若吴之英不曾进京，是断然写不出这首长诗的。至此不难推断，吴之英应宋育仁推荐进京任职，并在此期间创作了古体长诗《颐和园歌》。《吴之英诗文集》中的《寿栎庐丛书叙》属于节选，故不曾显现事情原委。

① （民国）吴之英著，吴洪武、吴洪泽、彭静中校点：《吴之英诗文集》，成都：四川大学出版社，2008年，第237—239页。

宣统元年至三年（1909—1911）赵启霖任四川提学使，在成都创办存古学堂，曾函邀吴之英任教。《覆赵启霖书》（一）中，吴之英不仅开篇论及"世路坎壈，天道难论"，而且慨叹"感今伤昔，何所言念"，并提及"曾作古体一篇哭之，聊寄不得已之情尔"。他此处提到"戊戌六君子"之杨锐及自己为纪念杨锐而作的古体长诗《哭杨锐》，表明他作为传统士人对于家国命运的关切，及对同窗好友命运的慨叹。而后对赵启霖其人其政，尤其对创设存古学堂大加赞赏。他写道："尔来学术，弊在蔑古荒经。部臣乃见及之，可谓救时之参术矣。尊祀先贤，因与道古。廉顽立懦，百世闻风。学堂大体于斯已立，创始有基，经营心苦，何忍遽言别乎？"信末，吴之英写道："君犹在此，未敢固辞。恳款寄言，使我心醉。诸依来命，为慰轸忧。学子将知感激，英不能一二为谢也。"① 他欣然答应赵启霖的邀请，并表现出对于教育事业的极大热忱。

但是，在给张培爵、胡文澜、陈廷杰等人的书札中，吴之英却一再表达自己辞任归乡的愿望。如《答张培爵书》两通，是吴之英写给蜀军政府都督张培爵的书信。他在第一通中写道："足下既已设尊迻路，拥楫中流。室秽不除，达陈蕃之远略；韭白可种，觇庾亮之治实。颁生聚为一书，检儒林之列传。上续三代之制，泛稽六艺之文。虽老生之陈言，实拨乱之要典也。院中人士，美尽西南。……至于谢、刘、曾、廖，脱颖出囊。尤堪宗主关西，弁髦岷蟠。英五十无闻，衰老日渐。不胜人事，自休山樊。"②《辞国学院院正致尹昌衡、张培爵书》中，他再次写道：

---

① （民国）吴之英著，吴洪武、吴洪泽、彭静中校点：《吴之英诗文集》，成都：四川大学出版社，2008年，第239—241页。
② （民国）吴之英著，吴洪武、吴洪泽、彭静中校点：《吴之英诗文集》，成都：四川大学出版社，2008年，第258—259页。

"政府宏道,国学用兴。降意求贤,不遗葑菲。……既将归慰寝门,兼欲自谋药饵。深歉高情,寓书辞谢。院中群才济济,譬人瑶林。最著者谢无量,硕学通敏;刘申叔,渊雅高文;重以曾笃斋、廖季平,淹该多方。历年历事之数子,佚足绝驭,负重致远。"① 这些书札中,吴之英再三盛赞尹昌衡、张培爵兴教办学的功绩,并鼎力推荐蜀中学人谢无量、刘师培、曾笃斋、廖季平,同时表明自己请辞国学院院正一职的决心。

又如《与胡文澜书》和《覆胡文澜书》两通,是写给曾任四川武备学堂监学兼教习、弁目学堂总办胡文澜的。他在前一通信中写道:"足下蓄匡时之略,负知人之鉴。……院士彬彬,颇尽西南之美。况廖季平,一廛近市,绛帐垂门。近与刘申叔清语,便如忘食忘寝。令与同治院事,尤为身臂相扶。迩来商筹再三,都愿勉竭贤劳,息我事外。"② 后一通信中又写道:"吾乡可乐,则拜赐多矣。院中群才萃止,更得足下大力之纲维。英来何裨,适繁费耳。"③ 吴之英盛赞胡文澜兴教办学的功绩,再次力荐蜀中学人廖平与刘师培,并表明自己辞归的决心。再如《覆陈廷杰书》中,他写道:"足下学萃行卓,奇才不隐。西方之美,赫赫具瞻。……英荒业离群,久歇弦诵。"④ 显然,他晚年的归辞决心非常坚定。

最后,吴之英书札也有部分写给地方官吏或乡中亲友的,主要是历任名山地方官与乡中同事。光绪三十二年(1906),荆州

---

① (民国)吴之英著,吴洪武、吴洪泽、彭静中校点:《吴之英诗文集》,成都:四川大学出版社,2008年,第263—264页。
② (民国)吴之英著,吴洪武、吴洪泽、彭静中校点:《吴之英诗文集》,成都:四川大学出版社,2008年,第261页。
③ (民国)吴之英著,吴洪武、吴洪泽、彭静中校点:《吴之英诗文集》,成都:四川大学出版社,2008年,第262页。
④ (民国)吴之英著,吴洪武、吴洪泽、彭静中校点:《吴之英诗文集》,成都:四川大学出版社,2008年,第263页。

旗人禄勋任名山知事,到任后曾多次致信居乡的吴之英,现留存吴之英的复信《答禄勋书》三通。这三封书信或礼节性寒暄,或介绍当地风土,或议论时事,或作自谦之语。比如《答禄勋书》(一)中,吴之英集中介绍了当地的风土人情,表达了自己对禄勋的政治赞誉和期待。他写道:"敝邑辟在西荒,民情质素。蟋蟀思居,故近唐俗。尔来浇敝,日盛月新。守土者或严重简出,或煦煦慈惠。强梁饶幸,寇劫相寻。重典需才,等于三辅。府君来莅,渐就安和。惠我无私,已闻舆诵。居之无倦,岁计必饶矣。"①《答禄勋书》(三)中,又写道:"假归之人,阖门自检。学殖既废,才用无征。只以官守有却,言责罔任。……新章宏茂,勃鳞壮翮,日见骞腾。勉崇令德,蔚标时望。"② 先做自谦之语,而后对禄勋及其政事予以揄扬。又如《与李士则书》,是写给光绪三十三年(1907)任名山知县的李仕则的书信。该札是替高醴泉向李仕则求情,请求"暂宽役限"。在信中,吴之英详细描述了高廉泉外任患疾,需要其弟与子奔走省视一事,并在末尾提醒李仕则"天伦之戚,君侯鉴之"③,写得情真意切,催人泪下。

又如《与唐嗣禄书》,是写给光绪三十四年(1908)名山县知事唐嗣禄的书信,他写道:"英受性悛栗,文质靡任。休沐在告,坐老空山,不与世役久矣。禄君牵帅,来长乡校。淹迟多豫,马首遽东。……从此种豆南山,宿防芜秽。……若调雅操,

---

① (民国)吴之英著,吴洪武、吴洪泽、彭静中校点:《吴之英诗文集》,成都:四川大学出版社,2008年,第255页。
② (民国)吴之英著,吴洪武、吴洪泽、彭静中校点:《吴之英诗文集》,成都:四川大学出版社,2008年,第258—259页。
③ (民国)吴之英著,吴洪武、吴洪泽、彭静中校点:《吴之英诗文集》,成都:四川大学出版社,2008年,第281页。

自然室有丛兰；倘奉仁风，亶愿门无吠犬。"① 表明自己高洁的品格追求。《答武蕭书》是写给宣统二年（1910）名山县知县武蕭的书信，信中写道："英性渐潸，学略章句。不教不议，久负重筵。君侯过听觉我之言，再下留客之令。学道爱人，高情自尔。……窃恐王寿耆学，先生负书而远行；钟会挚文，弟子叩门而却退。……夫适人之适与自适其适，古有间矣。"② 表达了自己对于教育的独到见解。《答罗泽周书》则是写给光绪三十三年（1907）名山高等小学的体操教员罗泽周的书信，当时吴之英任校长。他写道："英为托王尸位，判责贤劳。未敢徇俗，以丑文仲。……自禄伯名，一再相促，固虑及此。且幸周党未谒，范升免纠。王霸不臣，阎阴辍奏。戴德之业，庶传于普庆；樊英之学，望寄诸陈寔。……贤胜都讲，诸君子同此分疚焉。"③ 表明齐心协力办教育的美好愿景。《覆罗郭莲书》三通，是吴之英写给曾任名山高等小学财务主管的姻亲罗郭莲的，主要谈论学校相关事务。如《覆罗郭莲书》（二）写道："知事同胡理之来，苦加逼迫。理之复助风火，辞之不得。事势至此，碍难到堂散学。目前所急，关聘其最也。兄可代我书送，人唯旧，薪水唯旧。……明岁开学何日？幸与知闻。"④

由此可见，吴之英不仅交接蜀中文化名人，家乡地方官吏，而且结识了朝中重臣，地方要员，并与他们均有书信往来。从这些书札中不难看出，吴之英既有广博德闻、令人倾慕的学问，也

---

① （民国）吴之英著，吴洪武、吴洪泽、彭静中校点：《吴之英诗文集》，成都：四川大学出版社，2008年，第279—280页。
② （民国）吴之英著，吴洪武、吴洪泽、彭静中校点：《吴之英诗文集》，成都：四川大学出版社，2008年，第281—283页。
③ （民国）吴之英著，吴洪武、吴洪泽、彭静中校点：《吴之英诗文集》，成都：四川大学出版社，2008年，第284页。
④ （民国）吴之英著，吴洪武、吴洪泽、彭静中校点：《吴之英诗文集》，成都：四川大学出版社，2008年，第286页。

有经国济世、心系桑梓的情怀,曾在晚清蜀中文化建设中做出了重要贡献。

二、书札中的家国情怀

吴之英的书札内容丰富,其中既有对政事的议论,也有对教育的思考,更有对亲友的关切。这些书札中,有不少议政论史的内容,集中地显现了吴之英作为晚清蜀中学人忧国忧民、心系教育的家国情怀。

比如《与宋育仁书》(一)中,吴之英慨叹:"近日人事,渐就萧条。土匪狂且,横行白昼。当道官吏,匪猾即顽。土偶桃梗,詹詹炎炎。流者如醉,著者如睡。……居然因非因是,坐诮北溟大鹏。未知白马非马,何益州外九土。横陋相师,焱鹜电烛,料将来况而日下,皆在常事不书之列。"继而写道:"孔道浸微,见闻所及,无非忍事。……尚寐无吡,更何闲为苍生痛哭也。回忆当日,从容文酒,高谈巢、许、伊、皋。岂知君出我处,异趣同愁。鬼神囚人,卿相葬我。邂逅不仁世界,直随刍狗辈,听其陈毁已耳。"又写道:"方今青城烟萝,猗然怜我。蒙山芳草,东望思君。"① 面对每况愈下的时局,吴之英痛心疾首,但又无能为力。因此在给昔日好友的书信中,只能痛陈时弊,回忆往昔,但这无奈的控诉中却彰显了一代学人特有的家国情怀。在《与宋育仁书》(二)中,吴之英写道:"尔来官吏横行,诛求无厌。失业既重,匪党蕃炽。击柝相闻,枕戈待旦。针毡无寐,一夜数惊。管仲之恩,难遍于大盗;牛缺之命,将寄于强徒。曩与君避人之言,今且验焉。……儿辈可试一官,能为君谋三径之

---

① (民国)吴之英著,吴洪武、吴洪泽、彭静中校点:《吴之英诗文集》,成都:四川大学出版社,2008年,第243页。

资乎？盗圣智之法者将至。"① 在《覆宋育仁书》（三）中，他再次写道："自国运告穷，绿林啸聚。亲知姻娅，劫盗频仍。"② 显然，他很早就对世风表示担忧，并就此事与宋育仁有过交流。而当担忧成为现实，日日夜不能寐，不免令人心酸。

又如《答禄勋书》（二）中，吴之英虽然开篇自谦道："英自归乡井，经年束书，羞闻说剑。喜人学圃，与客相牛。此外莽莽，嫌落吾事。"但是在正文中却慷慨陈词，"新法种种，时贤辈出。故宋新周，士诩董子。兀衿小袖，家谈武灵。周孔道微，王纲解系。新法变诚善矣，但未识祖宗旧法尚有存焉者乎？汉道安静，黄老之遗。后尊六经，犹言此意。……今欲求安静之吏，何可易得！然英常谓：中兴前，权在部臣，中兴时，权在督抚，今则权在州县。将来外国民权之说，必将浸及中国，但恐英与君侯不及见耳。然待时乘势，孟子所称。由今之道，行今之俗。州县得才，犹可少挽"③。此通书札中，吴之英不仅论及孔道衰微的社会现实，而且指出朝代兴衰与朝政吏治的关系。不仅如此，他还大胆预言："将来外国民权之说，必将浸及中国，但恐英与君侯不及见耳。"可见，吴之英虽然身处蜀中乡隅，但却时刻密切关注时代变局，其"民权浸及中国"的预言，既说明他关注民生疾苦，也显现了其超强的政治远见。

与此同时，面对世运渐衰，文道渐敝的社会现实，吴之英不仅关切时政，而且甘为人梯，援引后进。如他《与周凤翔书》中写道："京都人士，人品几何？近日政府议论如何？……文翁倡

---

① （民国）吴之英著，吴洪武、吴洪泽、彭静中校点：《吴之英诗文集》，成都：四川大学出版社，2008年，第245页。

② （民国）吴之英著，吴洪武、吴洪泽、彭静中校点：《吴之英诗文集》，成都：四川大学出版社，2008年，第252页。

③ （民国）吴之英著，吴洪武、吴洪泽、彭静中校点：《吴之英诗文集》，成都：四川大学出版社，2008年，第255—256页。

教,相如作师,谓君兼之。生以旧学秀才,颇习新政。落拓不偶,迫望大力之援。然烂死泥沙,不屑乞怜摇尾。素有侠心,止以家徒壁立,献赋无门。思处孟尝之囊,犹揭冯骧之剑。托英为之介绍,君傥肯垂盼乎?"① 吴之英称赞周生"颇习新政",并希望昔日同窗助他实现入世理想。不仅如此,吴之英还致力于家乡名山的教育事业。如《答罗元黼、谭焯书》中写道:"英自谒假言归,闭门灌圃。薄修菽水,无益欢情。禄君宰名,屈节请士。数翾不止,遂点经筵。……唯英旧业失殖,夙愧通材。离群日多,不闻近过。加以吾党小子,尚虑狂简难裁,敢云石室重席,或可蹇蹶而就。"② 又如《与朱聘坤书》中写道:"禄君宰县,约长邑庠。翾我不置,牵率至此。余情未已,又属学局。谈士纷纷,不违市井。复以小学征费,涉讼经时,兼乞达意。从人就假鸿猷,助为整理。深明律令,吕望是西伯先生;暂作讼师,邓析乃东国才子。"这两份书信中,都谈及自己被禄勋聘请为乡学校长一事,也表明他教导乡民、开启民智的家国情怀。

三、书札中的学术信仰

吴之英的一生,始终以书为伴。他读书、著书、授书,但主要精力集中在治学,尤其是三礼之学。在他的书札中,有许多切磋学问的内容。尤其在与师友的往来信件中,他不仅集中阐发自己的礼学思想,向师友虚心求教,而且多次提到自己的学术理想与追求,鲜明地体现了虚心的治学态度与坚定的学术信仰。

---

① (民国)吴之英著,吴洪武、吴洪泽、彭静中校点:《吴之英诗文集》,成都:四川大学出版社,2008年,第283—284页。
② (民国)吴之英著,吴洪武、吴洪泽、彭静中校点:《吴之英诗文集》,成都:四川大学出版社,2008年,第274—275页。

例如《寄湘绮楼先生禀》中，他给老师王闿运汇报："辄寻旧闻，俚附新绅，仅成《仪礼奭固》六册，《图》四册。以未正录不寄。他有缀术，都差微心，未敢径告也。大道云晦，振起无人。藏之传之，是在帝命。"面对时代巨变，吴之英深感"大道云晦，振起无人"①。于是，他以挽狂澜于既倒的勇气，撰写《仪礼奭固》与《礼事图》，保存与弘扬传统仪礼文化，表现出鲜明而坚定的学术信仰，这也是其家国情怀的学术体现。又如《覆陈宝琛书》中，他对陈宝琛讲道："元气酾渐，民性日敝。欲移之情德，礼其砭石耳。……其编第或分题五教，各列吉、凶、军、宾、嘉之异节，依草作注。是在大君子柬勺驯雅，令归大同。……然后会通钩比，悬之国门。永著令甲，以教学子。……此后礼续汉志，伟为我朝粹编焉。"② 他不仅强调礼学移风易俗的重要功用，而且给对方明确指出了具体可行的方法与措施。显然，吴之英毕生追求的学术，不是寻章摘句、闭门造车，而是用以拯救时弊，经世致用。

值得一提的是，吴之英虽然潜心学问，发愤著书，表现出一种不得已而为之的无奈。比如《覆伍先生书》中，吴之英面对伍崧生邀其为《蜀报》主笔的来信，回复道："英散人也，二十年内之书，竟未批读。若使执笔公所，鼓舌纵谈……虑不达事机，长为大方家笑耳。"他不仅婉言谢绝了伍崧生的热情邀请，而且说明了不为此事的原因，即"曩者宋芸子旧好，牵羁栖迟报局，旋闻有旨禁斥，谣诼踊翔。因疑身膏鼎俎，何堪惊魂甫定，攘臂重来，尚冀先生怜之"！因为吴之英此前曾主笔同窗好友宋育仁

---

① （民国）吴之英著，吴洪武、吴洪泽、彭静中校点：《吴之英诗文集》，成都：四川大学出版社，2008年，第235页。

② （民国）吴之英著，吴洪武、吴洪泽、彭静中校点：《吴之英诗文集》，成都：四川大学出版社，2008年，第237—239页。

主办的《蜀学报》，开通全省风气，提倡变法维新。后因新政失败，戊戌六君子就义，该报亦受到查禁与谴责，所以他不愿再沾惹是非，而是采取明哲保身的态度来潜心学问，借学术发不平之鸣。他在此信中，明确表达自己"陋薄寡闻，敢言撰述，旧经学辞章数种，发愤所寄，聊为不得已之鸣，不愿刊行，将欲藏之崖壁，以待来者"①。这既是重申自己的学术追求，也透露了潜心学问的无奈。

又如，《与宋育仁书》（二）中，吴之英说自己"自假归故里，落落寡欢。觞酒无余，彩衣不补。入笠饲豕，时代追羊。近村相牛，颇闻呼马。王霸见客，止有历齿之儿童；老莱出薪，徒率散发之弟子。寱言半伤心之语，书空成怪事之文。悲默为生，已大恶矣"②，直言不讳地将自己落落寡欢的乡居生活告诉同窗好友，并倾诉了自己"寱言半伤心之语，书空成怪事之文"的无可奈何。《与宋育仁书》（三）中又说，"抱眠夜夜，结怀未宣。那堪十年，愁说一纸"③，作为传统士人，他满腔经国济世的抱负无法施展，继而归乡授徒著书，流露在书札字里行间的无奈与辛酸，也就不难想见。

所幸的是，吴之英的学术理想与追求不仅打开了自己胸中的郁结，而且为后世留下了宝贵的精神财富。在《覆宋育仁书》（二）中，他写道："自昔之别，各抱怆恻。出处异路，难语顾扶。……英道成媚虎，学就屠龙。深山结忘机之交，四海无施巧之地。周孔厌世，蛤蟆告天。日理藏书，凿楹穿石，以是为子孙

---

① （民国）吴之英著，吴洪武、吴洪泽、彭静中校点：《吴之英诗文集》，成都：四川大学出版社，2008年，第236页。
② （民国）吴之英著，吴洪武、吴洪泽、彭静中校点：《吴之英诗文集》，成都：四川大学出版社，2008年，第245页。
③ （民国）吴之英著，吴洪武、吴洪泽、彭静中校点：《吴之英诗文集》，成都：四川大学出版社，2008年，第246页。

计矣。……十年积郁，一旦豁如，不知涕之何自也！"不仅如此，他还劝慰宋育仁"甘泉先竭，直木必伐。寡欲孙言，天和将会"①。既然自己经国济世的理想抱负无法在仕途上得以施展，也没有足够宽松的指陈时弊的自由环境，那就换一种方式为国家民族的文化事业贡献自己的智慧，为子孙后代留下些精神遗产，这是他晚年不问政事、潜心学术的最佳注脚与诠释。

四、书札中的骈散兼济

吴之英书札，在形式上以骈文为主，骈散兼济，且喜用典故，显示出独特的艺术风格。他的书札中，骈文对仗齐整，散文错落有致，且用典恰确，集中表现了他作为饱学之士、晚清硕儒的学人特质。

首先，骈散兼济。比如《覆赵启霖书》（三）中，赵启霖曾在四川任提学使，积极创办存古学堂，但因辛亥革命的时代巨变，他见清政不纲，便以母老乞养，遽自引退，不问世事。这封书信是吴之英回复赵启霖的告别信，开篇即用四字短句写道："中年多感，不堪为别。太上忘情，冤钟我辈。南郭共醉，泪洒新亭。孤桨秋风，遂成千里。锢愁无俚，得君赠言。再到郊垌，独步明月。"直接言及动荡的时局与感伤的别情，句短韵长，辞约旨厚。而后又以骈体写道："年伯母太夫人，缃笋颐和，鱼菽传祭。叕北堂之杍，文伯退朝；展皮弁之裾，莱子画采。精神葹茂，血气为舒，是即愈强一助焉，足下可用自宽矣。"② 此处，

---

① （民国）吴之英著，吴洪武、吴洪泽、彭静中校点：《吴之英诗文集》，成都：四川大学出版社，2008年，第250—252页。
② （民国）吴之英著，吴洪武、吴洪泽、彭静中校点：《吴之英诗文集》，成都：四川大学出版社，2008年，第241—243页。

吴之英对赵启霖将回乡侍奉老母，尽享天伦之乐的归隐想法做出了无尽的劝慰与宽解。总之，此书札通篇一气呵成，以骈体为主，散体为辅，骈散相间，读来不仅情真意切，感人至深，而且朗朗上口，沁人心脾。

又如，《答人问博学书》中，吴之英写道："古论学问，唯专乃精。约礼未能，博文无当。周公亮德，偶勤小物。孔子成名，亶取执御。自《易》称蓄德，《书》美文思。郯子尚闻官制，葛卢偏译牛鸣。史过曲谈神灵，子产旁通鬼趣。因斯以降，闳丽相夸。相如厉其锋，扬雄引其绪。然而汉文护短，贾长沙空诵墨经；梁武忌才，刘孝标徒识锦被。……是以疏通知远，专主书说。多识物名，总归诗教。孟子习《诗》，尚记《周官》。伏生传《书》，兼及《曲礼》。要所以成此专执，荟精一家，固无害其通材，乃有裨于雅教。不然涉猎失御，枉媚心目。泛滥忘归，犹矜口耳。将绕梁求和，独搏广庭之鼠；若贯虱共诩，谁识空石之人。"①该札纵论学问，力主精专，通篇使用骈体，对仗工整，辞采绮丽，读来铿锵有力。

其次，喜用典故。如《寄宋育仁书》中，吴之英写道："英思暂临经画，倘得代飞。岂知箧书徒存，王仲宣长此作客；骚心罔寄，杜审言不见替人。"直接用王粲、杜审言入诗，化用典故以抒己怀。又道："执经弟子，远忆东邱之名；抠衣先生，豫虚翁思之坐。蚤知汉阴灌圃，全息机心。南山种田，唯防芫秽。"其中"东邱"化用孔子西邻不知孔子才学，而蔑称其为"东家丘"的典故，以喻才德不为人知；"翁思"化用西汉王式以《诗》谏昌邑王而免死的典故；"汉阴灌圃"则又化用《庄子》汉阴老父抱灌圃之事，用以退隐学道的典故。继而该书札又以"果令郊

---

① （民国）吴之英著，吴洪武、吴洪泽、彭静中校点：《吴之英诗文集》，成都：四川大学出版社，2008年，第285页。

卿整装于淮南,幼安还辕于辽海。则春江绿水,请郑婢鼓枻于前;紫气函关,命郊奴扫榻以待"作结。① 其中"邠卿"指淮南王刘安门客,后世传为神仙;"幼安"则指三国魏人管宁,山居三十多年,魏文帝、明帝征召不就;"郑婢",指汉代学者郑玄的丫环;"郊奴"则指郊家奴。

又如,《覆宋育仁书》(二)中,当吴之英得知宋育仁告老归乡后,复信写道:"蚕丛鱼凫,望帝遂化鹃而隐;碧鸡金马,子渊得托祭而逃,又不幸中之一幸也。"② 其中"蚕丛""鱼凫"化用蚕丛与鱼凫两位古蜀国王的典故,"望帝"则化用战国末期在蜀称帝的杜宇,禅位退隐西山而蜀人思之,继而杜鹃啼鸣的"望帝化鹃"的典故。"子渊"又化用王褒奉旨到蜀祭祀碧鸡、金马之神的典故。同时,他期待与宋育仁把酒言欢,又写道:"念足下垂老还乡,或无再出之志。联床把臂,不虑无时。……平日论道探玄知非,竹林诸子所及见也。"③ 此处"竹林诸子"又化用竹林七贤常会于竹林之下的典故。上文引述的这些句子中,几乎句句用典,可见吴之英的博学多识。其实,吴之英不仅在与宋育仁的书信中频繁用典,在与其他师友和官员的书札中,典故也是随处可见。这是他深受传统教育,经过经典滋养后所形成的深厚古学功底的外化表征。可以说,吴之英书札中的用典,突出体现了他的学人特质。

综上所述,吴之英书札作为他与官宦或师友互通有无的重要方式,除了交流的功用之外,颇具文学与历史研究价值。具体说

---

① (民国)吴之英著,吴洪武、吴洪泽、彭静中校点:《吴之英诗文集》,成都:四川大学出版社,2008年,第249—250页。
② (民国)吴之英著,吴洪武、吴洪泽、彭静中校点:《吴之英诗文集》,成都:四川大学出版社,2008年,第250页。
③ (民国)吴之英著,吴洪武、吴洪泽、彭静中校点:《吴之英诗文集》,成都:四川大学出版社,2008年,第251页。

来,就写作对象而言,既有朝中重臣,也有地方大员;既有昔日恩师,也有同窗好友;还有自己家中的亲人。就写作内容而言,既有对时政的议论,也有对学术的研讨;既有对世风的关注,也有对教育的思考;既有对师友的关切问询,也有对家人的关爱栽培。就写作风格而言,既有骈体的洋洋洒洒,也有散体的错落有致,骈散兼济,风格独特。总的说来,吴之英书札集中地再现了他昔日的交游网络,也体现了他作为晚清蜀中学人的思想与情怀,尤其是其坚定的学术理想与追求,这必然是我们深入了解吴之英其人其作的重要窗口。

张森楷与殷墟文字研究

马明宗*

摘 要 张森楷《史记新校注》是校注《史记》的一部鸿篇巨著。《史记新校注》六稿成于1927年,在该书的《殷本纪》中,张森楷利用大量的殷墟文字材料注解《史记》。张氏是巴蜀地区最早了解、研究、利用殷墟文字的学者,也是我国最早一批研究、利用殷墟文字的学者之一。追根溯源,张氏引用的这些殷墟文字大都是抄录自于罗振玉的《增订殷墟书契考释》。张氏并未局限于简单引用,他在引用的基础上对这些殷墟文字进行分类和研究,也对罗振玉、王国维等大家的学术观点提出自己的看法。更重要的是,张氏开创性地将殷墟文字的新研究,纳入到了传统注疏体例当中,这归功于张氏深厚的旧学根底和他开阔的眼界。他凭借自己扎实的史学根底和对新材料的掌握,与罗振玉、王国维等大家形成良好的学术互动。在用新材料注疏传世文献之中,通过传世文献和出土文献的对比,对当时还尚未成熟的

---

* 作者简介:马明宗,男,1992年出生,山东潍坊人,于四川大学就读硕士研究生时,导师是舒大刚教授;于浙江大学就读博士研究生时,导师为曹锦炎教授。主要研究方向:经学史、文字学。

古史二重证据法进行了良好的实践。

关键词 张森楷 《史记新校注》 殷墟文字 罗振玉 王国维

张森楷（1858—1928），原名家楷，字符翰，后改名森楷，字式卿，号石亲、端叟，后世称为石亲先生，重庆合川人。① 曾经入尊经书院学习，后来在成都、邻水等地讲学，后任成都大学国史教授，是近代巴蜀地区著名的学者和实业家。张森楷一生著述宏富，有《史记新校注》《通史人表》《历代舆地沿革表》《合川县志》等四十八种著作。

对张森楷先生的研究，二十个世纪六十年代，学者杨家骆曾经于市肆之中访得张森楷先生散落的手稿，并影印张森楷先生的《史记新校注》《通史人表》等著作，又撰《张森楷先生年谱》等文章，有续绝存亡之大功。近来，贵州大学王宇桐先生，撰写专文校勘对比《史记新校注》中《晋世家》的文字。② 目前，四川大学的特聘副研究员郭懿仪女士也在从事张森楷先生《史记新校注》的校勘工作。但是学界对张森楷先生利用殷墟文字校注《殷本纪》，以及张森楷先生和罗振玉的学术交流，关注尚且不够。此即拙文所管窥之处。

一、《史记新校注》六稿与殷墟文字

张森楷有《二十四史校勘记》。《二十四史校勘记》初为《读史质疑》，其内容仅及于前四史，后改为《二十四史校字质疑》，

---

① 杨家骆：《张森楷先生年谱》，见张森楷《史记新校注》，台北：中国学典馆复馆筹备处，1967年，第1册，第1页。
② 王宇桐：《〈史记新校注·晋世家〉考略》，《安徽文学》2008年第4期。

内容也不局限于前四史,后被黎昌庶定名为《二十四史校勘记》。《二十四史校勘记》实则只有十八史,即自《史记》至于新旧《五代史》。后张氏专注于《史记》,五校其稿,为《史记新校注》,共133卷。① 在这之后,张氏对《史记新校注》又有修订,称为六稿,这就是《史记新校注》的由来。其沿革详见下表:

表1 《史记新校注》名称内容沿革表

稿次	名称	涉及史书	时间	形式
一稿	《读史质疑》	前四史	光绪五年(1897)	不录《史记》原文和三家注
二稿	《读史质疑》	前四史		不录《史记》原文和三家注
三稿	《二十四史校字质疑》	不限于前四史		不录《史记》原文和三家注
四稿	《二十四史校勘记》	二十四史②	光绪十八年(1892)③	不录《史记》原文和三家注
五稿	《史记新校注》	《史记》	民国四年(1915)	录《史记》原文、三家注、张氏注
六稿	《史记新校注》	《史记》	民国十六年(1927)	录张氏注不见于五稿者,以及《史记》原文、三家注出注处

《史记新校注》第五稿,成书于民国四年(1915),杨家骆称《史记新校注》五稿"全录史文及三家注,而博采三家注外诸说

---

① 杨家骆:《记史篡阁所藏张氏史记新校注稿二百六十卷》,《华岗学报》1965年第2期。

② 按:张森楷题为二十四史,实际仅十八史,《汉书》及《宋史》以下未成。见杨家骆《张森楷先生年谱》,载张森楷《史记新校注》,台北:中国学典馆复馆筹备处,1967年,第1册,第6页。

③ 按:光绪十八年,黎庶昌备兵川东,张氏上书见知,黎庶昌"二十四史校勘记"代替"二十四史校字质疑"之名。杨家骆也称"黎庶昌易名二十四史校勘记,《史记》部分重写为四稿十卷"。(杨家骆:《记史篡阁所藏张氏史记新校注稿二百六十卷》,《华岗学报》第2期,第6页)四稿之成,当在光绪十八年(1892)前后。

及己所独得者，散附于史文及三家注各当句下"[1]。《史记新校注》第五稿，录《史记》原文、三家注、其他家的学说，还有张森楷自己的注解和按语。张森楷的第五稿，皆用传世文献，尚未关注到殷墟文字[2]。

民国十六年（1927），张森楷年近七十，"以所未见《史记》善本尤多，因携《史记新校注》五稿，北走京津，就读罗振玉、傅增湘所藏书，期重订之"。到第二年五月，工作完成，这便是六稿。[3] 六稿的成文在仓促之中，当时的张森楷已经七十岁高龄，正如杨家骆所提到的张森楷"虑时力不及，每日工作至十八时"。因为时间仓促、精力有限，所以五稿中已有的《史记》正文、三家注，以及张氏注，六稿中不重复誊写，仅仅是标明加注位置，然后再添加六稿的新注。从字迹来看，六稿的字迹相对于五稿相对潦草，有的甚至难以辨认。六稿刚刚完成，张森楷就去世了。也可以这样认为，现存的六稿，乃是张氏第六次校订《史记》的初稿。

六稿中，张氏已经在《殷本纪》的注解之中涉及到大量的殷墟文字，其所引用的殷墟文字大多来自于罗振玉，间或谈及王国维。

二、张森楷对殷墟文字之引用

张森楷对殷墟文字的引用，涉及到30个商王的名号。张氏

---

[1] 杨家骆：《张森楷先生年谱》，见张森楷《史记新校注》，台北：中国学典馆复馆筹备处，1967年，第1册，第10页。

[2] 殷墟文字，即为殷墟出土文字，因为多为甲骨卜辞，因此一般称为"甲骨文"。甲骨文字发现和研究伊始，孙诒让称之"契文"，罗振玉、于省吾称"殷墟书契"。因张森楷称之为"殷墟文字"，本文随之。

[3] 杨家骆：《张森楷先生年谱》，见张森楷《史记新校注》，台北：中国学典馆复馆筹备处，1967年，第1册，第12页。

在《殷本纪》一处征引殷墟文字之后题写了罗振玉《殷墟书契考释》的书名。仔细寻绎张氏对殷墟文字的引用,大多是来源于罗振玉的《殷墟书契考释》一书,更确切地说,是来自于《增订殷墟书契考释》。

罗振玉先有《殷墟书契考释》一书,该书在 1915 年刊行。之后罗振玉又陆续在书眉上作批注,增加填充,纠正错讹,最后由罗福颐校订,校订本到 1927 年由东方学会印行。修订之后被称为《增订殷墟书契考释》。张森楷所引用者即为新增加校订的《增订殷墟书契考释》。兹举几例证明①:

商王大乙,张森楷《史记新校注》:罗振玉云:"殷墟文无天乙,有大乙,作夨、夨、夨、夨四形"。《殷墟书契考释》大乙只有三形,未有"夨"形,而《增订殷墟书契考释》天乙有四形,与张森楷所引相合。

商王祖乙,张森楷称殷墟文字有夨、夨、夨、夨、夨、夨、夨等形,与《增订殷墟书契考释》同,而《殷墟书契考释》仅有夨、夨、夨、夨、夨、夨七种,并无夨、夨二形。

商王祖丁,张森楷称殷墟文字与罗振玉《增订殷墟书契考释》均作两形夨、夨,《殷墟书契考释》有夨、夨、夨、夨、夨五形。

商王南庚,《增订殷墟书契考释》有夨、夨、夨、

---

① 按:下文例证中所引用者,见张森楷《史记新校注》,台北:中国学典馆复馆筹备处,1967 年,第 11 册,第 5410—5413 页;罗振玉《殷墟书契考释》,载《殷墟书契考释三种》,北京:中华书局,2000 年,第 102—105 页;罗振玉《增订殷墟书契考释》,载《殷墟书契考释三种》,北京:中华书局,2000 年,第 339—344 页。

⿸、⿸、⿸、⿸、⿸、⿸、⿸、⿸等形。张森楷作"⿸、⿸、⿸等形，⿸、⿸等形"。而《殷墟书契考释》作⿸、⿸、⿸、⿸、⿸、⿸、⿸、⿸、⿸、⿸、⿸、⿸形。《殷墟书契考释》⿸形与《增订殷墟书契考释》⿸形有区别，而《增订殷墟书契考释》和张森楷本同，当是罗振玉修订时所改。

商王阳甲，《殷墟书契考释》作⿸十、⿸十、⿸十、⿸十、⿸十、⿸十、⿸十七形。《增殷墟书契考释》作⿸十、⿸十、⿸十、⿸十、⿸十、⿸十、⿸、⿸、⿸十、⿸十、⿸十十一形，比《殷墟书契考释》多⿸十、⿸十、⿸、⿸四形。张森楷所引与《增订殷墟书契考释》同。

商王小乙，《增订殷墟书契考释》和张森楷作⿸、⿸、⿸、⿸四形。《殷墟书契考释》仅有⿸、⿸两形。

商王武丁，《增订殷墟书契考释》和张森楷作⿸、⿸、⿸、⿸四形，而《殷墟书考释》多出⿸形，此形当是罗振玉在增订时删去。

商王祖庚，《增订殷墟书契考释》和张森楷作⿸、⿸、⿸、⿸四形，《殷墟书契考释》为⿸、⿸、⿸、⿸、⿸、⿸六形，多出⿸、⿸两形。

商王康祖丁，《增订殷墟书契考释》和张森楷作⿸、⿸、⿸、⿸、⿸、⿸等形，《殷墟书契考释》作⿸一形。

商王武乙，《增订殷墟书契考释》和张森楷作⿸、⿸、⿸、⿸、⿸、⿸、⿸、⿸八形，《殷墟书契考释》仅有⿸、㐅、㐆、㐇、㐈、㐉六形，无武祖乙㐊、㐋两形。

商王文武丁，《增订殷墟书契考释》和张森楷有㐌、㐍二形，《殷墟书契考释》无文武丁。

综上，张森楷所引用皆与《增订殷墟书契考释》相合，而与《殷墟书契考释》相比有不少增减，具体的对比，可参见表2。可见张森楷所言罗振玉《殷墟书契考释》实为该书的增订本《增订殷墟书契考释》无疑。《增订殷墟书契考释》于1927年由东方学会印行，张森楷所引罗振玉的殷墟文字，可谓为使用了罗振玉的最新的研究成果。

三、张森楷对殷墟文字的利用和研究

张森楷并不是纯粹抄录《殷墟书契考释》中的殷墟文字，他还将罗振玉尚未区分的殷墟文字区分和细化，譬如在"康祖丁"条，罗振玉《增订殷墟书契考释》称康祖丁有㐎、㐏、㐐、㐑、㐒、㐓、㐔等形[①]。其中有康祖丁、康祖、康丁、康等形，罗振玉并未区分开来，几种字形统共列在康祖丁下。而张森楷在引用之时，称"康祖丁"有㐎、㐏、㐐、㐑四形，亦作"康祖"，有㐒形，或作康丁，有㐓形，或作康，有㐔形。[②]

在盘庚条，张森楷将罗振玉并未区分的字形区分为单形、合形、倒形，《增订殷墟书契考释》作㐕、㐖、㐗、㐘、

[①] 罗振玉：《增订殷墟书契考释》，《殷墟书契考释三种》，北京：中华书局，2000年，第344页。

[②] 张森楷：《史记新校注》，台北：中国学典馆复馆筹备处，1967年，第11册，第5412页。

▨、▨、▨、▨、▨、▨等形①。张森楷将其分类，称殷墟文字有▨、▨、▨、▨四分形，▨一倒形，▨、▨、▨、▨、▨五合形。②并且还提到▨（殷墟文字"盘"）不从"皿"，盖"般""盘"古通用。③这些都是罗振玉没有阐发的，可见张森楷对于文字学、甲骨学也有很高的造诣。

　　张森楷与罗振玉常有学术交流，而且在与罗振玉的交流之中，也在提出新的观点，对古史的论证有所延伸和发展。

　　张氏引用罗振玉云："殷墟卜辞中有▨、▨、▨三形，当即是'大丁'之古字。但大丁未立，何以卜祝及之？岂未立而仍祀以帝礼欤？抑前记有误欤？不可考矣。"殷墟卜辞中出现了"大丁"，但是史书记载大丁并没有被立为商王，罗振玉猜测或许是大丁未立为帝，但是仍然以帝王之礼祭祀，或许是史书记载的错误。张森楷提出与罗振玉不同的设想："岂未立而仍以武乙子为帝太丁？此太丁或即是武乙子，未必即为汤子也。"他说或许因为汤子太丁未立，而武乙之子又为太丁，殷墟文字中所见"太丁"为武乙子，并不是汤子。但是罗振玉不同意他的看法。于是他又在按语中说："罗不谓然，俟后徐考。"④通过这些史料可以了解到，在张森楷看过罗振玉书之后，曾与罗振玉进行过学术上的探讨。

　　张森楷还利用卜辞来印证传世文献。在对《高宗肜日》中祖

---

　　①　罗振玉：《增订殷墟书契考释》，《殷墟书契考释三种》，北京：中华书局，2000年，第342页。

　　②　单形即是每个字都分开，上下分列；倒形即是两字顺序颠倒，如"盘庚"作"庚盘"；合形即两字合为一字。

　　③　张森楷：《史记新校注》，台北：中国学典馆复馆筹备处，1967年，第11册，第5411页。

　　④　张森楷：《史记新校注》，台北：中国学典馆复馆筹备处，1967年，第11册，第5408页。

乙的注解中，张森楷提到，"祖乙未殷有天下者，何以见卜祝词中。罗振玉云：其于祖乙也，尊之曰王宾与帝王同。"然后他又说："《盘庚》云'兹予大享于先王，尔其从予享之'。卜辞盖是征信矣！"① 张森楷治学功力在传世文献，因此看到出土材料之时，常常能与传世文献相互佐证，这是他的学术长处。

张森楷不但与罗振玉有学术交流，他也对王国维的学术有所了解。1927年，张森楷北上京津，在这之前罗振玉与王国维因为姻亲关系不和导致私交关系僵化，罗、王两人互不往来，张森楷应当是未见到王国维的，张氏对王国维学术的了解当是来源于罗振玉处。

张氏对王国维的评价很高，他介绍甲骨文的发现和研究的时候说到："殷墟文于清光绪廿五年出土，凡龟甲骨文万千片，皆刻有字，非今世书石可识也。最后，罗氏乃同海宁王国维氏同考释之，各著书数种，大考无甚差异而合于古者为多，今特名而著之，以后凡殷墟文皆宗自二氏，有说则自为目，否则省不称名以省繁。"② 他说罗振玉和王国维有数种考释殷墟文字的著作，之后的殷墟文字研究，张氏的殷墟文字都是宗师罗、王二人的。

他在注解《殷本纪》时先后提到王国维的一些学说。在注解《史记》中商王振时，张森楷引用王国维的观点云："殷墟甲骨文有'王亥'，当即此'子振'，'亥'一作'垓'，'垓'之形近'振'，因误作'振'。"③ 这个观点其实是来源于王国维的《殷卜

---

① 张森楷：《史记新校注》，台北：中国学典馆复馆筹备处，1967年，第11册，第5412页。

② 张森楷：《史记新校注》，台北：中国学典馆复馆筹备处，1967年，第11册，第5409页。

③ 张森楷：《史记新校注》，台北：中国学典馆复馆筹备处，1967年，第11册，第5404页。

辞中所见先公先王考》》①。张氏由此注意到《竹书纪年》与《山海经》的龃龉，《竹书纪年》中有'殷侯子亥宾于有易，有易杀而放之'，《山海经》有'王侯托于有易，有易杀王亥'。两处事件相同，而一处作"王子亥"，一处作"侯子亥"。他说："《竹书》《山海》之文通然相合，岂得为异人任乎？"虽然最后他也没有得到答案，但是他已经敏锐地关注到传世史料与出土史料之间的差异，并且以此存疑，以待后来学者。张氏还提到王国维的"殷继统法"，他在注"帝阳甲崩，帝盘庚立"时，曾经提到王国维"殷继统法以弟及为主，以子继辅之"的理论，并且大段地引用。②

张不但利用大量的殷墟材料，而且能够了解当时最新的学术理论和学术动态。作为一个传统注疏二十四史的博学型学者，又能够在某一专史中有所创见，着实不易。从另一个角度来看，张森楷虽然在《史记新校注》六稿中才征引殷墟文字，但是就其了解深度来讲，张氏绝不是民国十六年（1927）到天津罗振玉家中之后才熟知殷墟文字的，他对殷墟文字定是早有关注和研究。

四、对张森楷利用殷墟文字的评价

1. 张氏是我国西南地区最早利用、研究殷墟文字的学者之一，也是我国较早关注、研究殷墟文字的学者。巴蜀之地素重经

---

① 王国维：《殷卜辞中所见先公先王考》《王国维考古学文辑》南京：江苏古籍出版社 2008 年，第 34 页。《殷卜辞中所见先公先王考》成于 1917 年（丁巳年），王国维与罗振玉、虎次郎谈论王亥的学术问题是在 1914 年（甲寅年），见《先公先王考序》。

② 王国维：《殷周制度论》，《观堂集林》，石家庄：河北教育出版社 2003 年，第 231 页。按：《殷周制度论》发表于 1917 年，王国维于 1917 年发表《殷卜辞中所见先公先王考》《殷卜辞中所见先公先王续考》《殷周制度论》三篇文章。见陈以爱《胡适对王国维"古史新证"的回应》，《历史研究》2008 年第 6 期。

史，张森楷先后所任职的尊经书院和国立成都大学（四川大学前身之一）都是闻名遐迩的经史重镇，王闿运、廖平、刘师培等经史大家迭出。巴蜀之地学术风气偏向于传统，在乾嘉考据学兴盛的时代，学者们多忙于名物考据，而巴蜀学者却能保持古风，注重经学的研究和哲学的思辨。① 而张森楷因为游学经历，以及广阔的人脉，使他能够关注和重视到新发现的材料，游刃于经史之间。利用新材料来研究传统学术，这是张森楷能够在近代巴蜀学林中独树一帜之原因所在。

2. 张森楷对殷墟文字的引用多是来自于罗振玉的《增订殷墟书契考释》，也涉及到王国维的一些学术观点。他在年龄上长于罗振玉、王国维二人，在殷墟文字的研究方面受到罗、王很深的影响。但是张森楷并不是简单地引用和抄录，在注引的同时，也在对殷墟文字进行分类和研究，对能够和古史相印证的材料，提出自己的看法，并且和罗、王等学者形成了学术的互动。最可贵的是他关注到当时学术界最新的研究动态，利用最新的学术和理论。

3. 在研究方法上，张氏的研究方法是一种以传世文献为主、出土文献为辅、强调传世文献和出土文献的互证的"古史二重证据法"。相对于王国维等学者，张氏在利用殷墟文字时更加注重于传世文献和传世史料，更加偏向于小心的求证，不轻易得出结论，呈现出一种以出土文献考证传世文献的学术特色。一方面这是因为整个学术界还是旧学风气占据主导；另一方面是因为张氏学术功底在于传统的经史之学；再一方面也与殷墟文字等新材料发现不久，研究有待深入，新兴的学科和理论有待成熟有关。

---

① 参见舒大刚《蜀学的流变及其基本特征》，《江苏科技大学学报（社会科学版）》2017年第3期。亦参见舒大刚《蜀学论衡——舒大刚学术论集》，贵阳：孔学堂书局，2018年。

4. 张氏将较为严谨的文字学和新发现的殷墟文字纳入到传统的注疏体例之中，利用新的学问——殷墟文字的研究对传世文献《史记》进行注疏和互证。将传统的学问和新的材料层次分明地结合起来，这是张氏的创建。

5. 张氏的研究承继了巴蜀地区文字学研究和注重实际考证的学术风气。后来研究甲骨文字之大成被称为"甲骨四堂"之一的郭沫若先生就曾经受业于张森楷。如今学界认为，郭沫若在民国十七年（1928）赴日之后，才开始对甲骨文产生浓厚兴趣，从事甲骨文的研究。其实早在成都中学堂时代，郭沫若就曾经跟随张森楷，受读其所编纂 32 卷本的《华夏史要》①，开始接触到新史学，可以说郭沫若的史学启蒙是在张氏。郭沫若在甲骨学领域取得了巨大的成就，但是他始终将甲骨文作为历史研究的佐证，总是将古文字研究置于历史社会研究之中，这与张森楷先生对待殷墟文字的学术风貌是十分相近的。诚然郭沫若这种研究方法是受到马克思主义史学的影响，但是也不能说与其早年的受业和巴蜀素有的学术风气没有关系。中华人民共和国成立后，郭沫若提到张森楷，称之为启蒙老师，并且评价道："他是我们四川乃至全中国有数的历史学专家，而且是很有骨鲠之气的一位学者。"②

令人惋惜的是，天妒其才，六稿一成，张森楷就去世了，诚可谓巴蜀学术之憾事。

---

① 《华夏史要》是张森楷反对旧教材而编纂的史学新教材。
② 郭沫若：《沫若文集》，北京：人民文学出版社，1957 年，第 215 页。

表2　张森楷所引殷墟文字与罗振玉《殷墟书契考释》
《增订殷墟书契考释》对照表

商王	《史记新校注·殷本纪》	《殷墟书契考释》	《增订殷墟书契考释》
大乙	(字形)	(字形)	(字形)
大丁	(字形)	(字形)	(字形)
外丙	(字形)	(字形)	(字形)
沃丁	殷墟文未见沃丁名		
太康	殷墟文作 (字形) 等六形	(字形)	(字形)
小甲	(字形)	(字形)	(字形)
雍己	殷墟文未见雍己名		
大戊	(字形)	(字形)	(字形)
仲丁	(字形) 等五形	(字形)	(字形)
外壬	(字形)	(字形)	(字形)
河亶甲	殷墟文未见河亶甲名		

续表

祖乙	〔甲骨文〕	〔甲骨文〕	〔甲骨文〕
高祖乙	〔甲骨文〕	无	〔甲骨文〕
祖辛	〔甲骨文〕	〔甲骨文〕	〔甲骨文〕
沃甲	殷墟文不见沃甲名		
祖丁	〔甲骨文〕	〔甲骨文〕	〔甲骨文〕
南庚	〔甲骨文〕等六形 〔甲骨文〕等六形	〔甲骨文〕	〔甲骨文〕
阳甲	〔甲骨文〕	〔甲骨文〕	〔甲骨文〕
盘庚	〔甲骨文〕	无	〔甲骨文〕
小辛	〔甲骨文〕	〔甲骨文〕	〔甲骨文〕

续表

小乙	ᅟ	ᅟ	ᅟ
武丁	(字形)	(字形)	(字形)
祖乙	(字形)		
祖庚	(字形)	(字形)	(字形)
祖甲	(字形)	(字形)	(字形)
康祖丁	(字形)	(字形)	(字形)
衣	(字形)	无	(字形)
武乙	(字形)	(字形)	(字形)
文武丁	(字形)	无	(字形)
帝乙	殷墟文未见帝乙名		

杨靖中及其《自述历史》

彭 华[*]

摘 要 杨靖中（1883—1934），原姓公孙，分姓杨氏，名德宣，字阔遑，号宁公，别号西山佛子，四川崇宁（今属成都市郫都区）人。杨靖中是川西同盟会的组织者和领导者，是四川保路运动的策划人和领导人，是民国前期四川地区比较重要的人物之一，却是四川辛亥革命史上的"失踪者"。杨靖中所作《公孙靖中郎自述历史》（本文简称《自述历史》），既是珍贵的革命史料，也是宝贵的个人自传。

关键词 杨靖中 《自述历史》 生平事迹 同盟会 保路运动

众所周知，名垂青史的四川保路运动，是"引起中华革命先"（朱德语）的伟大革命活动，具有重要的历史意义。

孙中山（1866—1925）肯定："若没有四川保路同志会的起

---

[*] 作者简介：彭华，生于1969年，字印川，四川丹棱人，华东师范大学历史学博士，四川大学古籍整理研究所教授。主要研究方向：先秦秦汉史、近现代学术史以及中国儒学、巴蜀文化研究。

义,武昌革命或许还要迟一年半载的。"① 董必武(1886—1975)指出:"有广大群众参加的四川保路斗争对辛亥革命起了直接的推动作用。所以,四川保路运动以加速革命形势的发展,点燃武昌起义的导火线的历史功绩而彪炳史册。"② 朱德(1886—1976)诗云:"群众争修铁路权,志同道合会全川。排山倒海人民力,引起中华革命先。"③ 蒋介石(1887—1975)曾说,辛亥革命"虽然起义于武汉,实则发动于四川,四川保路的风潮,实为辛亥革命的导火线"④。

四川保路运动的发动与推进,离不开同盟会志士的宣传与组织。但在众多的关于四川保路运动与同盟会的论著中,却在有意与无意之间,遗漏了一位重要人物——杨靖中。因此,我们可以称杨靖中为四川辛亥革命史上的"失踪者"。

一

杨靖中,何许人也?杨靖中者,川西同盟会之组织者、领导者也。

杨靖中(1883—1934),原姓公孙,分姓杨氏,名德宣,字阆遐,号宁公,别号西山佛子。原籍湖北,清初入川,插居崇宁县(今属成都市郫都区)西山君平岭(在今郫都区唐昌镇境内)。1906年春,考入四川陆军学堂骑炮弁目队,肄业于炮兵专科。

---

① 冯玉祥:《我所认识的蒋介石》,哈尔滨:黑龙江人民出版社,1980年,第182页。
② 董必武:《董必武副主席在辛亥革命五十周年纪念大会上的讲话》,《人民日报》,1961年10月10日。
③ 朱德:《辛亥革命杂咏》,《人民日报》,1961年10月10日。
④ 周开庆:《四川与辛亥革命》,台北:四川文献研究社,1964年,第2页。

经同盟会会员黎元振和余切介绍①，加入同盟会。1907年11月23日（农历十月初十），成都的同盟会会员欲乘举行慈禧太后诞辰庆祝活动之机举行起义，因事泄而失败。杨靖中参加了此次举义，幸免于难。1907年末，杨靖中回到崇宁开展宣传组织工作。1908年初，杨靖中加入哥老会，在哥老会中发展同盟会会员。随后，杨靖中以袍哥为基础，同刘里千②、王乐平③共创《汉流改良自治会章程》，将袍哥的重要分子吸收入同盟会，教育程度低的发展为汉流改良自治会会员。1911年9月7日（七月十五日），"成都血案"发生，杨靖中率保路同志军与清兵激战于犀浦。1913年"二次革命"时，杨靖中与地方势力组织川西讨袁军司令部并任司令，事败流亡。1916年，投入"护国之役"，回乡主办团务，组成"国民北伐义勇军"，被推为司令。1917年，投入"护法之役"，组建川西靖国军，任总指挥。1919年，复受县人之请，回县整理教育，后被推为团务局长、农会会长。1920年，熊克武退走阆中，杨靖中辞职回家。1921年，杨靖中赴渝，在刘湘处参赞军机。1924年，任懋功知事兼第二军二师懋属清乡司令。1925—1926年，在泸州李越森部任少将参军。1927年，奉向传义之命回崇宁组建国民党县党部，先后任登记员和县指导委员，历时两年以上。1930年，回君平山庄隐居。1934年，病逝。

杨靖中娶妻二：发妻某，生子杨圣矩。民国十年（1921）腊

---

① 黎元振，号靖瀛，自贡荣县长山桥（今长山镇）人。余切（1882—1942），字培初，后易名泰，号大同，后化名公孙长子，四川省内江县同福乡（今内江市东兴区同福乡）人。二人都是同盟会会员。

② 刘里千，四川崇宁县人，1907年6月加入同盟会，1909年入滇，1911年，率军至老鸦滩独立，取叙府（今四川宜宾），自称民军总司令，后被滇军谢汝翼所害。

③ 王怀靖（？—1914），号乐平，四川成都人，1907年9月加入同盟会，任临时省议员1914年冬月，因忧愤而逝世。王乐平是杨靖中的至交好友，杨靖中多次撰写文字悼念王乐平。

月,杨靖中续娶卢裕勤,二人未育有子女。

杨圣矩(？—1927)早岁参加革命。1927年,在北伐战争中牺牲于四川奉节县(今属重庆市),后安葬于奉节县莲花池烈士陵园。

杨圣矩独子杨公德,亦从事革命工作。四十年代后期,杨公德在外地参加地下革命组织。回乡后,一心想致力于革除社会积弊,为穷苦大众办好事。1947年6月,在崇宁县灵圣乡保民选举中,地方实权派罗某买通匪徒,诬陷杨公德为土匪的幕后指挥。结果,杨公德被驻县保警中队枪杀。这一冤案,在中华人民共和国成立后"四大运动"中才得以昭雪[①]。

世人称:"横山人民之子,杨门三代英杰。"可谓名不虚传!

2008年清明,由郫县有关方面资助的杨靖中墓重新立了墓碑。在苍松翠柏的掩映下,杨靖中墓成了爱国主义教育基地。

2015年6月,笔者创作的《革命星花——杨靖中及其时代》出版[②]。《革命星花——杨靖中及其时代》首次较为全面、详细而真实地谱写了杨靖中其人其事,对传主及其时代进行了"还原"与"记录"。

二

《自述历史》是杨靖中接受委托而撰写的"回忆录"。《自述历史》既是珍贵的"革命史料",也是宝贵的"个人自传"。

1930年,隐居于君平山庄的杨靖中,接受国民党中央党史编委会的委托,提笔撰写《自述历史》。当年,《自述历史》初稿

[①] 蔡成选:《横山人民的儿子——同盟会川西领导人杨靖中》,见《横山人文魅景》,2005年(川成新出内字[2005]第121号),第40页。

[②] 彭华:《革命星花——杨靖中及其时代》,成都:成都地图出版社,2015年。

完成。次年 4 月，杨靖中将其上报中央党史编委会。其后，直至 1932 年，杨靖中仍然在不断修改《自述历史》①。

《自述历史》的初稿完成后，张澜曾经取稿一份，寄交蒲殿俊。蒲殿俊将其作为辛亥革命史料，"编入国史"。在此前后，上海一家书店亦曾经来函索取此稿一份。

在杨靖中不知情的情况下，外省有多家报纸刊载了这份《自述历史》。1930 年 9 月，四川各报亦刊载了这份《自述历史》，"谓系采上海及长江渝城各报所载"。于此，杨靖中纳闷不已，"不识何方交诸报馆"（《自述历史》）。

《自述历史》在省内外各家报纸刊出之时，所用书名颇不相同。《新四川日刊》定名为"革命史料"，《华光日刊》定名为"中国同盟会在川发展始末记"，《渝报》谓为"四川革命经略史"，而杨靖中所自拟之名为"革命星花"。杨靖中之所以将其命名为"革命星花"，是具有深意与大义的，"是数千年专制帝国下发现一朵鲜红妙莲，为靖中于廿五年中在革命过程中一种记事录而已矣"（《自述历史》）。

但是，这份珍贵的历史资料与革命史料，后来竟然尘封五十年之久而不为世人所知。直至 1981 年秋在纪念辛亥革命七十周年的前夕，她才被拂去尘埃、展露容颜，重新为人所发现、所重视。

1981 年秋，郫县县志办在郫县唐昌（原崇宁县县城）征集到了一份有关四川辛亥革命的重要史料《公孙靖中郎自述历史》。经过宣传解释工作，杨靖中的曾孙将《自述历史》捐献给郫县政府。后送省里有关部门鉴定，认为《自述历史》是真品。

《自述历史》发现后，立即引起了有关人士的重视。革命老人张秀熟翻阅之后，即刻肯定了《自述历史》的真实性与重要

---

① 按：在《自述历史》中所出现的最晚的时间，是民国二十一年（1932）十月。

性。张秀熟认为,《自述历史》丰富了川西辛亥革命史,是难得的珍贵史料。四川大学历史学教授隗瀛涛认为,《自述历史》的价值非同寻常,填补了四川辛亥革命研究中的一些空白①。

因其珍稀与珍贵,故本文将《自述历史》作为附录予以刊布,以飨广大读者。

2020 年 5 月 19 日,于四川成都

附:

公孙靖中郎自述历史

杨靖中撰,彭华整理

整理说明:

(一)原文系繁体字,今将其转换为简体字。

(二)原文间有异体字,今予以保留。

(三)原文有重文符号,今将其改写为相关文字。

(四)原文有双行夹注,今将其置入括号出之。

(五)原文有少量笔误,今予以保留,而于括号内注其正字。

(六)原文分栏所列人名录,今将其处理为表格。

(七)原文句读,以句号为主,今施以新式标点。

(八)原文不清、不能辨识之字,以"□"标示。

(九)原文附有杨靖中所创作的诗词与对联,今省略。

靖中原姓公孙,分姓杨氏,字阔暹,派德宣,号宁公,别号

---

① 赵仁春:《同盟会川西区领导人杨靖中和他的自述》,《文史杂志》2011 年第 6 期。

西山佛子。原藉（籍）湖北，清初入川插居崇宁西山君平岭。七代人皆以耕读为业。清光绪九年癸未秋，鄙人降世于君平西岭。幼聪颖。七岁，先君白钊公逝世。堂上只有孀母二座，柯、李老夫人也。抚余于千辛万苦中，居崇之君平西山。亲族不相扶持，盗贼时相侵扰。二母无可如何，始移居城内大椿巷。乃从事读书于清之文举罗伯济先生门下。晚归，即由老母柯老夫人授以家庭教育，常以忠孝节义、古今圣贤伟烈事绩（迹）教余。愿余在国为忠臣，在家为孝子，在交道中为忠友。务学古人之好处，勿为人群之败类。余谨守焉！暇时则以铁笔或柳条学书法。九岁，有道士昆仑居士至馆中，授余剑术。师责余曰："古人以学书学剑为常技，汝何必专心太胜？何若学王佐才立法千古，学支配天下收拾山河之为上也。"余即搜阅史事，做古人未做之事，尽古人未竟之责。① 十二岁②，政府要招考陆军第一次骑炮弁目队，余即同刘里千、王乐平束装赴顺庆投考。刘同余皆得上取，王因病落伍。五月旋省，即在队肄业炮兵专科。所授功课，皆由徐孝刚标统躬亲讲授。各科操典课程，由各见习官讲授。如钟体道、陈鸿范、张成孝、蓝静之、姜受益诸人，皆队中之见习也。是年，安徽徐锡麟举义未成，吾川欲谋响应。乃知此次所招弁目队，皆各属英俊之士，而投笔从戎者众。黎君元振号靖瀛，余君切号培初，后易名为公孙长子，二君由东南而来，注意运动此次弁目队。首由同学之余龙号跃门介绍里千同余往黎、余二君处谈话。二君知刘同余皆负有天下志，乃略明肺腹，始知二君系革命党之运动人也。则由二君介绍余入中国同盟会，尽力于种族革命工

---

① 按：辛亥革命前，革命党人以"驱除鞑虏，恢复中华"为口号。作为同盟会员，杨靖中接受了这一口号，在其《自述历史》中也出现了类似字眼。请读者注意和辨别。

② 按：杨靖中于1906年考入四川陆军骑炮弁目队，时年二十四岁。所云"十二岁"，有误。

作。于是,军队中共介绍入同盟会者得一百廿四人。此即中国同盟会在成都起点展进之原则也。是年十月十八日,皇太后诞辰,同人等欲乘此暴动杀赵督于会府。巡防中军,亦加入数十人。外东,有畲英号竟成同舒新之担任运动哥老会之加入工作。至十八日事机泄,沿街戒严。防军不能入会府,陆军不得出营门。余同队中各同志分头逾墙出城外,引导各冒险健儿,四门放火,内外夹攻。各处火起,概被警察打息(熄)。大功不成。奔驰一夜,至黎明余始归东较场。第二日,赵督通令陆军不准放假,政府已知弁目队中有多数人肇乱矣。至冬月初二日,政府递捕黄方号陆生、杨维号萃野、黎元振、张致祥号辑五、王树槐、江关山六人下狱①。电京请示办法。省中惶恐。幸慈禧后②复电从轻惩处,概免株连。此即同盟会丁未年在成都发难之经过也。是时学界中尚无多人,只叙府中学校校长张烈五同谢慧生(前名渔叟,任周孝怀□□)诸君子略事计划。学生中亦无多人,只叙中校庶务刘旦初任奔走信函之责。若论工作,只有弁目队中十余人。何能济事?至年尾,同人等密为集议,研究进行办法。各人要做破坏工作,非我们各回原郡,在社会上去做下层工作,然后将种族革命主义,普及于社会,方期发展我们势力。余当自任为西川运动员,回西川各县运动哥老会入党,自有展进之日。此即同盟会在西川展进之起点也。余于金月廿八日请假出队返桑梓。次年,即从哥老入手,首将万仲音之岳丈高照林号杏邨介绍入同盟会,次介绍灌东崇义场之张泽源号捷先、郫之张尊号达三人会。三君皆袍界巨子,颇具有革命风度,常谈天下国家事。三君亦欢迎余入哥老会,彼此作一互相保证,互相扶助之意耳。自三君入党,吾

---

① 按:此二行(自"维号"至"下狱")天头上有批注文字,"杨伯耕亦捕去,次日准取保"。

② 按:"后"上当脱"太"字。

川西之当事，则不患不兴起焉。三君子入党后，则分担各走一方，运动各属有志健儿，奔走呼号，不遗余力。余同刘里千、王乐平计划再种组织法。如程度高者可写同盟会愿书，程度低者余另编一种《汉流改良自治会章程》。假定为参议院蒲伯英发起的，以便罗致群众。如无世界眼光、革命热肠者，则写汉流改良自治会愿书。此即罗致人才之策略也。当其介绍高杏邨时，彼再再探询内容，有无重要人物。余当知彼意何在，即指蒲伯英为省中秘密主要份（分）子，以定其心。而写愿书时，即会写蒲为主盟人。后二张入党，亦仍假蒲之名以坚高心。至三君出发各县市，运动有知识、有豪侠气者。数月之间，收入同盟会之员七百余人，汉流改良自治会会员万余人。此即西川诸同志辛苦经营，以达展进之目的也。余常以中山之《民报》《复报》《黄帝魂》各书秘传三君子轮阅之，使三君子了然中山先生在海外工作，对于宣传亦不致困难。从兹，川西南北廿余县，则宣传殆遍。是年戊申秋，同人等又欲举义。各处已运动成熟，立马待命，万余人立于革命战线中，跃跃欲动。余因奔走过劳，血症复发。于十月初间，三君子托王乐平赴君平山庄视余病，并求示以办法。余于病中得阅各处立马待命，跃跃欲动，不胜高兴之至。于高本处偶语王曰：十五之夜可在凤皇（凰）山集合，便于陆军中取出枪弹，以轰省垣；乘明月在天，又便于行路云云。乐平返告三君子，谓余定期十五攻取成都。三君子则分遣要员，不分星夜，奔驰各处通知。十二日，高、张二君亲临山庄视察余病，乃说出十五之夜，君能躬亲督战否。余当骇然，叩其故。二君曰："乐平返时所告。我们已发出紧急函件。其将奈何？"余曰："十五之言，是余高本处假设之词。言其果要举事，十五之夜是好时期，非确定我们举事，并通知各处一致动作之必要。余大病未瘳，安能为之督率乎？"二君闻言，则魂不附体。尝云："一言既出，驷马难追。通牒已下，何能收回？下次何以取信于众人乎？"余曰："通牒不出已出。欲求收回，何患无术？即刻另修专函，藉词炸弹现未运动到来，陆军中大炮子弹亦未领下，是夜恐攻不下成都，同人反遭挫折。大功不成，风潮难息，惹起敌人注意。于事无济，于人有害。且待炸弹运到，再行定期。十五之约，不能实行。幸勿泄机。"二君曰："善哉，善哉！今夜即加派专员分走各处，否则有失众望。"尔后，二君别余返崇城①，即专员分走各处。不数日，余病乃瘳，则入城同诸君子共谋进展。冬初，同捷先入省。军界诸同志见余，叱曰："前阅诸君定十五入凤皇（凰）山攻取都城，我们荷枪待至天明，未见有何动静。城内惶惶，莫名其妙。四门戒严，检查行人。普通人皆曰：'革命党要攻成都。'民众引领相望，政府心惊胆寒，夜不安枕。不识何人在外鼓动，只同志中人方知诸君子在崇运筹。"于是，皆大欢喜。事未果行，众皆叹息！年尾，捷先假戒烟名义赴懋功五屯，宣传种族革命，运动夷地精锐人民入党。程德藩、杜南山入大路运动索怀仁弟兄入党，以便鼓动番夷。崇宁作为党人秘密机关，所有在崇任奔走宣传之各强健分子，如王怀靖号乐平同马楚屏掌秘书机要事项，汉流中之高杏邨、张捷先、张达三任外交宣传事项，刘里千辞退陆军速成学校返崇同余担任组织领导各事项，蒋纯风、杨冀阶担任教育界宣传，罗禹门、彭正刚、彭剑泉、程德藩、何夏夫等担任奔走上下事宜。四川②之革命工作人，完全集中崇宁。一切动作，皆由崇发布。马楚屏任方外运动员，吕祖祠即西川之党务秘密机关也。灌之二王庙李芸岩亦任方外宣传员，水磨沟东岳庙之

---

① 按：此二行（"派专员"至"二君别余"）天头上有以下十二字，"如雷献之者皆奔走之要员也"。

② 按："四川"，疑当作"西川"。

汪学三亦方外宣传员。二君庙①地即为秘密通信处。同人皆呼为川西之道中三杰者，即马、汪、李也。青羊宫之杨云龙道士亦任宣传，崇之宝光寺岑伦慈和尚亦任佛教宣传员。省中只张烈五、谢慧生、黄寿宣诸人计划。陆军中只蔡冰藩、黄冰如、余龙、谢申伯、陈云九诸人运动。叙南各县由黄陆生之兄仲宣、寿宣昆仲组合一切。泸州之畲英号竟成、谢维福、刘天成，自[流]井之王子骧、汪联三、朱典成、李晁父等，亦在是处组织秘密机关。嘉定之黄农江亦担任从教育警察入手运动。从兹，嘉、叙、泸、渝各要地皆有人尽力于秘密宣传，联合各处英杰，实行工作种族革命事业。至己酉初夏，刘里千、程德藩来函约余同乐平赴省会商要件。余同乐平至省，得晤王炼锋诸人，云及畲竟成、熊锦帆、罗子舟来函约集西川各首领赴眉州开紧急会议。次日，余同王、刘、程诸人出省赴眉至彭山。刘、程、熊诸人故作延迟不会。于某日行至夜半，突被匪人将王同余引入匪巢，置之禁室中。藉词系出畲君之意，要求乐平出洋五千元，作购械费，方能脱险，否则生命难保。熊锦帆易名为邱济川，亦作函警告于王，谓系畲君所议，非出款不能脱险。锢禁于眉、彭之韩家场秦伯卿佃户家十一日。四月廿八夜半，看匪忽告余曰："场上有人来接你们上街。"余尚疑彼戏言，或诱至郊外处余于死地乎，乃勉应之行。至场上，忽见刘里千、戴福和在店中堂侧坐，上坐一高长大汉。刘见余至，即携手至一小室中，告以此次彼辈欲筹乐平之野蛮经济，万祈不可说出由他函约而至此者。余曰："高长者谁？"刘曰："畲竟成也。"俄而，畲君至，云："此次之事有屈于同志。"再三道欠（歉），并追究是谁主动，今夜当以公法处治。如同人之对同人尚且如此，以后谁人肯来附和我们。余乃知此事

---

① 按：灌县（今四川都江堰市）有"二王庙"而无"二君庙"。本处所云"二君庙"，当作"二王庙"，系笔误所致。

畲实不知，系刘、程、熊诸人假言恐骇者。余答畲曰："何屈之有？是他们略试我们有无革命程度，有无冒险精神。即是筹野蛮经济，不过是程德藩诸人之议耳。既作罢论，彼此不言可乎？何必究其主使何人？国事未成，焉肯内讧？"于是，同返彭山。在禁室中，曾做诗数首。如云："盗贼随身十一天，可怜暗室受艰难。饥蚊饿虱如争战，有日胡麻只二餐。"五月初二，乐平同余由彭山起程回省。畲君赠伞一把、□□乙串。沿途炎热非常，一伞不能遮二人，乐平同余互折树枝蔽日光。初四抵省，端午节返里。至庭前，家人正节饮。老母妻子见之甚喜，尚不知余受此大危险而归来者，余亦不肯向老母与妻儿道。及省中查其原尾（委）。彼辈诱王同余赴彭山时，省中同人略知大概。为余等不利，张烈五即遣彭正刚不分星夜赴雅州促竟成援救于余。畲闻即驰快马赶赴韩场①，将余同王救出。畲至彭山时，曾大骂刘、熊、程诸人。而熊、刘自知其过，无面见余，熊即分走别处。刘、程虽与余暂作晤谈，亦脸带愧色。至初秋夺取嘉定，程德藩在宋家山被擒就义时，曾做诗数首。而今尚记有两句云："满腔热血倾黄土，化作啼鹃唤国魂。"是真强健份（分）子也！嘉定失败，刘里千仍返崇宁至余山庄留一月，后赴滇省在滇军中任连长。余同乐平、捷先诸君子在西川工作。对于社会注意宣传种族革命，改善旧有恶习。对于教育方面，注意罗致教师入党，以文化鼓吹。起义二三次，皆未得有大机会。待至辛亥路事发生，同人等始藉题作文，大肆鼓吹，分头向各路宣传，奔走呼号，不遗余力。在省即加入保路同志会，任各县代表。如张捷先、蒋纯风、杨冀阶、罗仁普等，皆在省中任保路同志会宣传员。七月初间，张、蒋、杨即返西川各县组织分会，暗集武力，以作后援。

---

① 按：前文作"韩家场"，此处脱一"家"字。

罗仁普、汪联三等，至自［流］井王子骧处组合部伍。蒲殿俊、罗子青、张澜、邓孝可诸人提倡甚力，并组织保路报纸唤醒民众，以起群众观感。至十月十五日①，赵督下令捕拿蒲、罗诸人下狱、激动省中人士、奔呼四出。如少年强国学校学生等，亦集队入督署请愿。黄学典为学生代表，背着先皇牌，甫入督署，内即开枪，弹中学典衣包。包中藏有铜元数吊，将铜元击碎，未伤其体。否则学典早亡，而今焉有季陆？②铁路公司内之保路会，一时如鸟鹊散去。十五之夜半，忽由省奔驰至郫新场张达三处一人，告以省中变事。张忿甚无答词。余语张曰："天助我们成功之日至矣！君何泣焉？兵法所云，'先发制人'。又云，'兵贵神速'。既有此举，是天赐时机。赶急函告邻封各县，克日出兵，围攻都城。以援救蒲、罗为名，实行我们种族革命的工作。借此问题，可以推翻满清专制，创立民国。有此天机，同志军不难风起云涌，轰动于西川各属矣。岂非吾辈得登大舞台之第一幕好剧乎？"张闻余言，大有壮色。当同余书就通知各处函件，即专派社会中强健份（分）子十余人，不分星夜驰赴各处告急。当派之人中有一人告张曰："我返家携来身包再走。"张之女婢忽从内出，告其人曰："汝何必返家延时？我有身贷聊假汝用可乎？"其人曰善。此婢名慧娥，十二三龄之女子也。余当叹曰："真不愧革命家之婢子！若别人之婢，安能强健如此，爽快其言耶？"张将各人派走，方黎明。余告张曰："今日无论如何，望君出兵为妙。我要返崇组合部伍，暂别一时。余去矣。"于是斩木揭竿，崛起于畎亩之中，荷戈执矛以御清军于疆场之上。各同志健儿，

---

① 按：此下所云因四川总督赵尔丰捕拿蒲殿俊、罗纶等人而酿成血腥屠杀，史称"成都血案"。"成都血案"发生于1911年9月7日，农历为七月十五日。本处所云"十月十五日"，当作"七月十五日"，系笔误所致。

② 按：此行天头上有以下九字："季陆乃黄陆生之弟也。"

奋不顾身,争杀清军于沟壑者济济也。次日十七,余同张捷先、蒋纯风、高杏邨等率领健儿千余人至犀浦,则见达三已先头至矣。廿日,至土桥,即与防军接触。先锋黄鹭翔被擒。张退犀浦会师。防军追至,大战于犀浦。阵亡民军指挥官蒋纯风、董建之二首领,同时阵亡民军四百人之谱,现葬于犀浦场口,新创一座义军坟场。正所谓,"野草闲花埋侠骨,秋风夜雨吊英魂"。防军伤亡数十。张捷先之先锋雷体渊亦被擒去。壮哉,此战!我军解衣服、持白刃,以抵御清军之快枪利弹,捷足先登,争先杀贼者,果何义乎?余侦查各首领之意旨安在,皆曰蒲殿俊是我们汉流改良自治会首领。诸君经营四五年之苦心,始有今日之团结力。此时不往救蒲,将来祸必及于众人。余阅斯言,暗谢苍天。只要众人心中有此意旨,有此团结力,大事可望成功矣。余于戊申五月廿八日介绍高杏邨时,见高恒疑不决,乃假蒲氏为主盟人。后组织汉流改良自治会,亦假蒲为首领。收入会员万余人,皆蒲主盟,故人人皆知蒲名。所以今日蒲氏被捕,激动各属健儿数万人,如风起云涌一般。十七日,刘荫西号丽生率队数百人打破崇宁南外。红牌楼之民团亦集合大队与防军接战,杀退骑兵数十匹,生擒马兵十余人。从此下令围城。十九日,东路之秦载赓亦在秦皇寺举义,与防军大战,退荣县阵亡。(秦系同盟会之健将也。)廿日,南路之侯宝斋等亦率义师千余人,由新津出发至花桥子一带与防军大战。温江之吴庆熙、孙泽沛、官晓峰、罗双兰、吴植三等亦各率健儿数百人誓师于三渡水,围缴清军之快枪数百枝,枪决清军队官陈锦江于桥头,阵亡民军首领吴植三。(庆熙兄也。)北路之侯国治号策安、刘丽生、曾砚农(绰号滥龙)、李博朗(外号饿蟒)、荣丰盛亦各率健儿千余人取州夺县。刘丽生取崇,扰彭、新、什等县。侯国治取新繁,扰金、汉、绵、罗等县。张达三取郫。孙、吴取温、双。张捷先取灌、彭。

高杏邨取新都。入城守二日，被清军围攻一昼夜。城陷，高被擒，就义于凤皇（凰）山。同高殉难者十余人，其部将尹德沛亦慷慨就义。大詈清政府以犬马奴隶待汉人，故愿作革命而牺牲生命，不愿为异族人之走狗等语。高临刑时，曾作诗数十首，供词万余言，自称革命军川西大统领。诗词俱被陆军之军官留藏不露。真可惜大英雄之高标义气，竟被无知识之军官秘而不宣。可不悲乎，可不惜乎！廿五［日］，大战于向阳场。侯国治部队擒获陆军队官李树勋号越森者，缴械百余枝。李告侯曰："我虽陆军中人，但不是君等敌人。我是同盟会之人，在军队中来做上层工作的。君如不信，请派专员同我一路到崇宁县即明真象。"侯闻李言，知是革命党人，不敢轻视，乃放之行吾崇访余。是日，余正在县城西街邓汉卿宅内筹划战守事宜。李至邓宅，蓬头赤脚，身着破衣一件，腰缠身串一根，头戴烂斗笠一个，形同乞丐。甫入大门，众皆不知其为何许人也。忽闻吽叫一声："德宣杨兄，还能认识我否？我几被同志军杀矣。"将斗笠卸去。余详察之，乃李越森也，遂握手入内厅，悲喜交集，不啻如鱼之得水。于是同余奔走工作，担任指挥民军作战事项。同余入山后催促王春廷、姚宝珊出山。是时，乃将李之姓名易为盖云，号天回，并求张捷先在数千人结团体之际，发表李之来历，及真姓名。李当众宣誓，愿作汉流自治社员。由张同余将李拔升为三牌。山王顶之俄山团、王春廷、董锡臣等倡先率领团众起义，姚宝珊率领数千屯兵出灌，皆余同李入山守催而来者。灌之张熙号杰安亦举义旗，独立灌县，自称为川西大总统。有刁青云、宋辅卿、申介屏诸人附和而拥戴之。姚率土兵数千人，蜂拥出山，围攻崇宁。大战十日，炮声不绝于耳。不数日，清军退走。从兹草木皆兵，而野外民众，箪食壶浆，以迎义师者，载道不绝。时有清军败退坛寺而被尼僧所杀者，或有藏至田中被乡间农民以农器而杀者，日有所闻。真所谓天数所定，非人力可能强取耳。自[流]井之王子骧亦率义师千余人独立荣县，自称革命军大统领。刘里千自己酉入滇运动，至辛亥率滇军一连至老鸦滩独立，夺取叙府，自称民军总司令。各路义军附和者众。罗子舟、胡重义、周铁崖等皆各率健儿数千人相与合作，共编同志军十八标。资阳之周鸿钧亦举义旗，由新津一带与防军作战甚烈，在川南各县同清军转战数十合，至资州独立。后刘里千、周鸿钧二首领前后皆被滇军所害。丰功伟绩，诚可惜哉！我们同盟会中之健全份（分）子，则分赴各路任指挥作战事项。如何禹农号夏夫指挥侯国治部队，马文号质彬指挥张杰安部队，王晴午指挥刘荫西部队，李越森指挥张达三部队，刘治平指挥荣丰盛部队，余指挥张捷先、高杏邨、黄志堂部队。王乐平、马楚屏为筹划各处军机事宜，汪联三、朱典成、罗仁普在王子骧处筹划军机事宜。陈贵贵（民）、施德孚、方金三诸人常在高、张、黄各部①吹众心，一致向②走。不顾艰危险③志独立重庆。夏知时率清军一拢在简阳举义。附和夏之清军百余人，由夏率领赴渝，同张烈五合作。张、夏皆以都督称之。十月初九日，赵督知不能撑持，自卸其职，允以川人自主，遂将狱中之革命党人黄方、杨维、黎靖瀛、张致祥、王树槐、江关山等六人放出。议其独立事项，各路首领准备附和独立，即拥蒲殿俊、朱庆澜为正副都督。杨维、黄方、黎靖瀛、张致祥等即日组织各重要机关。各路首领皆至皇城庆贺独立。出示剪发，城中社会各立机关，与各路义军挂红犒师，结彩宴会。普通人不知真象，谓为汉流反正。万象更新，真不可意料之事也！十二日，蒲、朱召集各军在东较场演说。防军索饷不

---

① 按：以下缺失约五字。
② 按：以下缺失约六字。
③ 按：以下缺失约四字。

遂，即向宪兵开枪射击，秩序大乱。蒲、朱脱险而走。尹昌衡同陆军各营长如宋学皋、彭光烈、孙元青等同革命党人杨维等议筹善后办法。是夜，防陆军即大打其起发焉①。省中哗变，民受损失，蒲、朱下台，众心恐惧。遂由陆军人员同各机关人员，推举尹昌衡、罗子青继任都督。十八日，尹斩赵督于皇城以安民心。各路首领，如愿成军者，编为新军任标长、营长等职；不愿成军者，准其各回原郡，组织保安营，以卫桑梓。如张达三、吴庆熙、孙泽沛、侯国治、刘荫西、胡重义、秦奎龙等皆任标统，张杰安任懋功知事兼五屯清乡司令，姚宝珊任水利知事，张捷先、李越森任新军第二镇参谋长，皆同盟会或汉流改良自治会之人也。二镇之长为彭光烈。编制就绪，李越森即率刘荫西部队至汉中任北伐司令。第二镇部队概由张捷先指挥之，彭不过负镇长之名而已。各标营连官兵皆以张为重心。至民二讨袁之役起，张捷先、达三皆响应渝方。熊、杨败走。胡景伊杀捷先于皇城，解散达三部队于李渡河，散侯国治部队于顺庆。胡重义、秦奎龙等亦相继解散，孙、吴之部队亦从事淘汰。下令严拿达三。是役也，丁厚堂、张伯祥鼓吹甚力。余与伯祥分走绵、灌。伯祥至绵独立，被二师击溃，被擒。余闻即遣陈学渊、钱华轩等立率敢死队数百人攻入绵州，救出伯祥。余始同马质彬、周少彬、罗仁甫、万德先诸人返崇，组织讨袁军西川司令部。刘再先、皮侠子、章载光、万德先、钟殿音诸人协同奔走。正欲贴出露布，闻渝方熊、杨已走，市野恐惶，遂作中止。不数日，胡景伊即出示晓众。从此大杀党人。凡国民党中稍有声望者，无不被害。余同西川各属好同志，皆受胡氏之重赏。白昼不敢游于市场，只得暗行各处鼓吹运动而已矣。待至四年护国之役起，张达三仍集合旧部

---

① 按：此行天头有"非尹嗾使而何"六字。

杨靖中及其《自述历史》

转战西南各属。杨维率领宋辅卿、周星五、陈杰三、钟次方等至灌成立蜀军总司令部。丁厚堂率领数千健儿，同张、吴、孙诸人转战西南北各属，厚堂为功甚巨。蔡、罗、戴入川主政。达三入松番，被夷军所害。庆熙任川北清乡司令，被熙所害。孙泽沛之部队在灌解散。王靖澄任团长，调入皇城。枪枝（支）被提。从此川人大打罗、戴，围攻皇城。至罗、戴去后，执川政者刘存厚。六军同志中握兵符者无冗人。复辟之役，吾川无人响应。余于护国之役后，被邑人迎归办理桑梓团务事宜。是年，余见国体变更，帝制复现。清夜自思，义不容辞。乃召集旧有健儿千余人，在崇宣布独立。高举义旗，成立国民北伐义勇军西川司令部，各路推余为司令。计委路司令四人，支队廿七队。张杰安亦率队助余。黄仲宣为参谋长，马石生知事为参谋处长。马质彬、李越森从事奔走甚力。在崇驻四十九日。通电南北各省，军政各机关，及国内各要人，声讨张、倪，迫走宣统。段（段）内阁乃通电天下，谓张、倪失败，宣统已逃，所有各省北伐部队，希勿北走，免劳远征。刘存厚转电告余，慰问一切，并劝余率领义师以御滇默。余以义师名冠西蜀，义震中原，焉肯从彼帝制余孽反攻滇默乎？余即复刘电云："来电欣悉，国贼败走，义师当无北伐之必要。余愿散师归田，不闻权利。至嘱攻滇默一节①，无义可取。若云富贵权利，余早视为浮云，素不愿闻也。"此复刘存厚。是役也，李越森、黄仲宣、马质彬、张杰安诸同志助余甚力。七月，马质彬同李高斯、张云胜诸人率一小队入茂县，在新堡关被颜宜之部所害。抛尸于河下，提去枪枝（支）十余枝（支）。七年，靖国之役起，余仍集旧部为西川总指挥。熊锦帆入都，大局故□平。余仍率义师返桑梓散诸畎亩，不愿成军，以轻

---

① 按：以上三处"滇默"，原文如此，疑当作"滇黔"。

人民担负。乃约集同志冉子奕、王巨锄等组织言论机关，为民众主张公道，以便监视政府，遂将原有《民报》揭出。八年，吾崇父老昆弟复迎余归，整理县中教育与农务团务事项，尽力于地方公益。邑人推选余为团务局长，农人推余为农会会长。于是一年，市无乞丐，野无游民。前日之为盗贼者，今日虽赏之亦不窃矣。免征亩捐。冬不守夜，夜不闭门，路无遗失。吾崇之清静，父老之安宁，亦只此时也。九年，熊氏退走。余辞去桑梓义务，休养于君平山庄，不闻军政与地方事项。十年，李越森电邀赴渝，在刘甫澄处参赞戎机。旋由甫澄派往保宁监察点编第三师邓锡侯部队，事毕返崇省亲。冬初，复赴渝报命。腊月，返蓉与卢裕勤女士结婚，即蛰养蓉垣。十三年甲子春初，刘甫澄、杨子惠、李越森三部于正月初四入省，刘成勋退走新津。刘、杨、李皆委余为懋功知事，兼二军二师懋属清乡司令。暮春雪化，始束装赴懋。刘前代知事嗾土豪吴九生抗余入懋。余同孙捍疆、王佐臣、孙渊文诸人暂留官寨，设行署理民刑事项。五月，杨督理调余回部服务，另委陈凤昌接署懋事。余返灌大病，即同内子在灌休养。病愈返蓉，仍蛰伏都门。十四年，越森又函邀赴泸，聘余为参军。黄暮冰旅长复聘余为参谋长。黄即赴渝养疴，将该旅职权交余代行之，独立第二旅亦由余兼代。至联军作战，杨子惠委李为三军军长。李在外作战，留泸部队交余统率指挥。六月，将全部率领至叙府改编为一团，交第六团王靖澄接收，余仍任军部少将参军。七月廿八，李赴柏树溪杨子惠处会议，返时中途遇害①。八月初九，随李灵柩由叙起程返蓉，始知家慈李老夫人已于七月逝世，哀痛不已。冬月，柯老夫人复逝世。谨将二母安厝于父坟场，同父合葬之。十六年，革命军荡平中原。国民党从事

---

① 按：此行天头有"范绍增所害的"六字。

登记党员，吾川党务主席向传义委余同章载光为崇宁登记员。五月六日，成立登记会。七日，载光即被敌党人暗杀。余返省另保陈贵民、尹枢为委员。登记党员一百七十九名。十七年，因军方障碍，不能工作党事。施、陈、尹三委亦各怀私见，不能为党尽力。余始特保魏庶侯、余海帆二人加入筹备工作，另组县党部于城内。九月，省指委会复委托余为县指委。十月十六，县党部执行委员兼教育局长黄松年号仲宇又被敌党人于中途暗杀。嗟乎，党事不易整理矣！根本早已错误。各怀私见，主义复杂。一切狗化恶化贪污土劣，皆拥（踊）跃投机于国民党旗帜之下，只图升官发财，利己营私，毫无人格，天良丧尽，何以党言！以后恐无肃清之一日矣！特将鄙人在革命过程中之经过大略，书成一册，以供同人之评判。小节处不克尽述。或有遗漏之处，尚希各同志随时较正。或有在党奔走之同志，鄙人未将历史姓名述及者，将姓名历史由邮寄至，以后编入第二集，以增吾川党史之荣光为荷！

此志曾由前省长张表方取稿一份，寄蒲前都督伯英作为辛亥革命史料，由蒲君编入国史。上海各书店亦索有此稿一份。所以庚午九月四川各报俱载出，谓系采上海及长江渝城各报所载。不识何方交诸报馆。《新四川日刊》定名为"革命史料"，《华光日刊》定名为"中国同盟会在川发展始末记"，《渝报》谓为"四川革命经略史"。余自拟名为"革命星花"，是数千年专制帝国下发现一朵鲜红妙莲，为靖中于廿五年中在革命过程中一种记事录而已矣。客岁辛未仲春，曾写一份寄陈中央党史编委会。前由石青阳、喻培棣、黄以佣（镛）三同志登报征集革命史料，故寄送一份至编委会采择之。余一生精力作为功苦，全在兹册，阅之勿谓为无价之作也。四川党事之来历，各属同人之艰苦，此记是有统系之组织，有大规模之工作，有主义之运动，非同别样小说。与夫个人传记，大有差别。此是以余一人著述，连带多人，实现其多人之功苦与劳绩，非专述鄙人之私事。而鄙人事又占多数，似乎鄙人在此志中为中心点、为领袖，亦不是也。而全盘之事，早在鄙人心腔中，所以随笔而书，一气贯彻到底；非拉东扯西，徒增编幅者可比。一非自表其功。然而汉流之加入党务工作者，确是鄙人之计划及张捷先、达三诸君之力量。而至辛亥同志军兴，适因蒲、罗而激动民众。前四年之运动哥老入会者，不知后四年之有路事问题发生也。种有万余人因，必收万余人果。此中自有天机在焉，大数在焉。在川中与政府作抗者，众皆知是党人。与清兵作战者，众皆知是哥老会。究不知哥老会何以如此勇敢，如此奋斗？是必有运动而来者，又非一日之功可以做到。所以我们奔驰四五年之久，始运动到万余人。若无张捷先、张达三二君之勇敢，专心经营党事，以外一切置之不理，则我们再尽力亦恐达不到万余党员目的。二张为川中先烈之最有功者。高、蒋与清兵奋斗就义，亦川中先烈不可多得之伟烈者也。皆陈中央稽勋局党史编委会，留姓字于竹简，百代□香，虽死亦荣者耳。本志共四十八篇。

廿一壬申四月杨靖中述

再将辛亥革命殉难诸烈士姓名列左①：

崇宁县 入四川忠烈祠	蒋纯风	戊申年六月入党工作。四年至辛亥为民军指挥官。阵亡②。
入四川忠烈祠	高照林	杏邨。戊申五月入党，辛亥任川西大统领，指挥新都被擒，就义于凤皇（凰）山。
□县	尹德沛	戊申七月入党，辛亥同高取新都殉难。
入乡贤祠	董建之	戊申七月〔入〕党③，辛亥为民军指挥官，阵亡于犀浦。灌县人也。
□县	董汉卿	辛亥六月入党，为民军指挥，阵亡于全□家河坝。灌县人。

① 按：此下所列人名录，原文分栏书写。为便于阅读，今将其处理为表格。
② 按：此下约有六字，字迹不清，无法辨认。
③ 按：原文脱"入"字，据文例、文意补。

续表

入乡贤祠	吴植三	戊申七月入党，辛亥为民军指挥，阵亡于河坝场。
□县 入乡贤祠	张泽源	捷先。戊申五月入党，讨袁之役，被胡景伊所杀。热烈忠勇，党中无二者。
郫县 入四川忠烈祠	张尊	达三。戊申五月入党，入松被夷人所害。在党数年工作，热烈忠勇，与捷先同。
入四川忠烈祠	钱华轩	戊申七月入党，讨袁，攻郫州，取什邡，救伯祥，被胡所杀。
入四川忠烈祠	陈学渊	同钱入党，与钱之功绩同。被胡所杀。
彭县	杨映堂	戊申五月入党。讨袁之役，被胡所杀。彭县蓝木场人也。
入乡贤祠	万澄清	仲音。辛亥六月入党，护国之役，独立崇宁，取彭县，阵亡。
入乡贤祠	万民欣	德先。戊申七月入党。民十六被土豪所害。
	马楚屏	戊申七月入党，任方外宣传员。五年病故。同人呼为"道［中］① 第一杰"也。
灌县	汪学三	戊申七月入党，任方外宣传员。民五病故。同人呼为"道中第二杰"也。
入乡贤祠 入叙府将军祠	刘里千	丁未六月入党，己酉入滇，辛亥至老鸦滩独立，取叙府，自称民军总司令，被滇军谢汝翼所害。
灌县	马文	质彬。戊申六月入党，民六任北伐军营长，至新堡关遇害。灌县人也。
灌县 石羊场	王言纶	巨锄。戊申七月入党，任《民报》《宪报》《民宪报》主笔，蜀军总司令部秘书。被土豪所害。
成都	冉子奕	民元入党，任各报主笔。在《渝报》立论川人治川政策。唐继尧嗾熊拘禁，死于渝城旅店中。
入乡贤祠	王怀靖	乐平。丁未九月入党，任临时省议员。讨袁之役，忧忿而亡。

---

① 按：据下文"同人呼为道中第二杰也"，知此处脱"中"字。据此补。

续表

入乡贤祠	章载光	辛亥四月入党，十六任登记员，被敌人暗杀。中央追赠上校团长。
入乡贤祠	甘玉峰	辛亥三月入党，民三被胡氏以乱党杀之。
入乡贤祠	黄松年	仲宇。辛亥四月入党，十七年任执行委员兼教育局长，十月十六日，在犀浦被敌党所杀。
入乡贤祠	万伯昭	辛亥四月入党，十七年任区党部执行委员兼民军九队长。十七年"五卅惨案"日，率领民众党员入城游行，与联军旷继勋冲突，巷战三小时，被军队所杀。
	雷□天	体渊。戊申八月入党。辛亥曾充先锋，被防军所擒。十七年军团冲突，曾任大队长，与驻军大战。廿年古三月初七被土劣所害。忠勇直爽，在党廿十余年宗旨不变，可谓党中健将也。

以上廿五人，皆有功于党国①，纯洁勇敢，始终不二，已于五月九日详报中央党史编委会，列入史籍，以增吾川先烈捐躯之荣光。

革命星花，二千余年专制帝国下之一朵鲜红妙莲。

民廿年辛未阳历五月十日古历三月廿二日
杨德宣述

岂其然乎，以四字作标记。

岂者，中山之种子也；其者，含二分□味；然者，有□□，有爪牙，有四柱，如土劣之象；乎者，平而不平，上勾下挂，社会中人也。

在党工作确有成绩者列后②：

---

① 按：此处所说的"党"，指的是国民党。请读者留意和鉴别。
② 按：此下所列人名录，原文分栏书写。为便于阅读，今将其处理为表格。

甲寅冬月逝世	王怀靖	乐平	岂	俞辉五		岂
乙卯年金月十六日	马楚屏	亦可山人	岂	王善廷		然
壬子二月亡于军中	杨瑞尧	冀阶	岂	俞朗轩		岂
民十五年亡	方湘	金三 被土豪张润□所害	岂	王熙庭		乎
				马真五		乎
北伐之后被宋辅卿击伤	王建章		岂	朱锡麟		乎
路事阵亡	胡海波		乎	朱瑶资		然
民八年	施鼎臣		岂	刘盛堂		岂
民八年亡	施清海		岂	蒋习之		乎
登记员	施德敷	曾任营长	岂	黄志堂		乎
护国役曾任本军营长	施庆余		乎	黄岱云		乎
	王耀卿		乎	谢督生		乎
	杨臣年		乎	张云程		乎
	杨茂楼		岂	杨金山		然
忠勇可嘉	张人杰	十七年万案殉难	岂	夏克敏	入乡贤祠	乎
	张仲才		然	范正如		乎
忠勇可嘉	王治安	被土豪所害	岂	万德先		岂
	卢寿丹	死于申江	其	杨云龙		岂
	罗品三		岂	尹□芗		然
	马吉生		乎	尹佐卿		乎
	刘瑞光		岂	刘吉珊	被土豪所害	乎
	刘华衮		岂	何受谦		乎
	雷献之		岂	杨圣矩	亡于军中，入乡贤祠。	岂

以上四十四名先烈，对于本党抱始终不二宗旨，每次义举皆奔驰于革命战线之下，非东（冬）瓜派可比。吾党荣世之时，拟建忠烈祠以祀之，以昭不朽云耳。

壬申四月十一日
杨佛子披

民国时期巴蜀学人对校雠学的贡献

——以向宗鲁与刘咸炘校雠学研究为中心

马 旭[*]

摘 要 巴蜀学人向宗鲁和刘咸炘在学术转型的民国时期,根据自身学术功底和造诣,对校雠学在民国时期的发展做出了一定贡献。他们肯定并继承发扬了以刘向为本源所建立的传统校雠体系,又根据时代的转型,将传统校雠运用于自身的学术体系建构之中。向宗鲁以"文校"为中心,为近现代文献学发展奠定了基础;刘咸炘以"辨章学术,考镜源流"为中心,构建了"校雠哲学"的方法论体系。

关键词 校雠学 向宗鲁 刘咸炘

校雠是校对古籍的一种方法,是古代文学研究最基本的工作。我国历史源远流长,古籍在流传的过程中,经过历代的誊抄、翻刻、印刷,难免会出现颠倒错简、增字漏字、字形错讹等

---

[*] 作者简介:马旭,女,汉族,生于1983年,都江堰市人,中国社会科学院文学研究所《中国文学年鉴》编辑。主要研究方向:巴蜀文化、地域文献。

问题，因此，对古籍进行版本对比、点校整理、精校抉择是古籍研究必不可少的工作。校雠工作起源很早，可追溯到我国简策书籍出现之时。民国时期，巴蜀学人向宗鲁和刘咸炘在继承传统校雠学的同时，根据自身学术功底和造诣，提出不同的校雠学理念，对民国时期校雠学发展做出了一定贡献。本文将推源溯流概述校雠学的形成与发展，探讨向宗鲁与刘咸炘对传统校雠的继承与创新，进一步说明二人对民国校雠学的贡献。

一、校雠学

"校雠"一词最早见于刘向《〈孙卿新书〉书录》："护左都水使者光禄大夫臣向言，所校雠中《孙卿书》凡三百二十二篇，以相校，除复重二百九十篇，定著三十二篇，皆以定杀青，简书可缮写。"[①] 这里出现的"校雠"一词，是指刘向校书的整个程序。刘向校书始于汉成帝河平三年（前26），当时中国书籍正处在简策时代。简策体积大、笨重，故书籍多以单篇流行。刘向校书第一步就是把单篇书集中起来；第二步删其重复、订其讹误；第三步重新命名编目。《汉书·艺文志》曰："每一书已，向辄条其篇目，撮其旨意，录而奏之。"[②] 根据刘向校书过程，可知"校雠"之意应包括编书、校勘、目录三者为一体。然，刘向在对"校雠"一词进行解释时，又将其含义缩小，"一人读书，校其上下，

[①] 严可均：《全上古三代秦汉三国六朝文》第一册，石家庄：河北教育出版社，1997年，第600页。

[②] （汉）班固著，（唐）颜师古注：《汉书·艺文志》，北京：商务印书馆，1955年，第2页。

民国时期巴蜀学人对校雠学的贡献

得缪误为校,一人持本,一人读书,若怨家相对,为雠"①。"校雠"一词又等同于校勘。因此,关于校雠含义向来有两种解释,一是广义的指编书、目录、校勘;二是狭义的指校勘。广义的校雠学随历史的演变其内涵同样发生了变化。东汉发明造纸术,纸的使用代替了简策,书籍开始以纸的形式装订成册,以"集"的形式出现,编书就不再以编校新本为前提,以校订文字讹误的校勘学,和"辨章学术,考镜源流"的目录学成为了校雠学的主体。

宋人郑樵作《校雠略》一共二十一论,计 7900 余字,是校雠学中具有原典性质的篇章。这二十一论所涉及的问题比较多,但大概可以分为两类:第一类主要是书籍的散佚、阙失和求书之道,亦包括校书;第二类是讨论书籍的分类和编次。郑樵是在研究批判了历代各家目录——《七略》《汉志》《隋志》《旧唐志》《崇文总目》《新唐志》等基础上编写了《校雠略》,他采用边批判边建设的方法构建了校雠学理论,但在一些问题上又成为后人纠谬辨伪的热点。②清人章学诚赞同郑樵对校雠的理解和应用,认为"略其鱼鲁豕亥之细,而特以部次条别,疏通伦类,考其得失之故而为之校雠"③。这里所谓"略其鱼鲁豕亥之细",是说"校雠学"不是只校订文字,对群书条别分类才是"校雠学"的重心,故章学诚说:"校雠之义,盖自刘向父子,部次条别,将

---

① 《文选·魏都赋》李善注"体校篆籀"云:"《风俗通》曰:'案刘向《别录》:体校,一人读书,校其上下,得缪误,为校。一人读书,一人持本,若怨家相对。'"李善所引并无"故曰雠也"四字。根据《胡氏考异》卷一:"注雠校"下至'汉书音'此三十一字袁本、茶陵本无,案二本脱;又案'若怨家相对'下当有'为体'二字。"《太平御览》引作:"雠校者,一人持本一人读折,若怨家相对,故曰雠也。"

② 郑樵在《编次之讹论十五篇》中,由于不懂互著之法,坚持"一类之书当集于一处",后人焦竑、章学诚等都针对此作了纠谬工作。

③ 章学诚:《校雠通义序》,上海:中华书局,1936 年,第 2 页。

以辨章学术,考镜源流。"① 章学诚进一步指出版本、目录、校勘都不能独立为学,只有附属于校雠才有意义。他说:"世之论校雠者,惟争辩于行墨字句之间,不复知有渊源流别矣。近人不得其说,而于古书有篇卷参差、叙列同异当考辨者,乃谓古人别有目录之学,真属诧闻。"② 郑樵和章学诚对校雠学的探讨主要是继承了刘向校书以来的广义校雠学。

清代朴学大兴,乾嘉学派更加重视对古籍的校勘,出现了大量以校书见长的人才,他们著有关于校勘的代表性书目,如陆文昭《群书拾补》、顾广圻《思适斋集》、钱大昕《二十四史考异》、王念孙《读书杂记》、俞樾《古书疑义举例》等,强调校雠的重心是校勘,强调古籍字画、注文、音释、句读、脱字、衍字、漏字等是校雠工作的重点对象。他们从版本选择到处理校改、存疑、存异等具体问题,都做出了很有价值的原则性规定,形成了一套较为完整和系统的校勘原则。总结出其中如"精选底本""通儒校勘"等宝贵经验。

民国时期,校雠学则成为了一门自成体系的学科,涌现出对校雠学研究具有突出贡献的学者。梁启超著《清代学者整理旧学之总成绩》,论述清儒在校勘古书方面的成就,探讨了校雠的规律性,继承了广义的校雠观。陈垣《校勘学释例》,更进一步提出了校勘四法,这就是"对校法""本校法""他校法"和"理校法"。校勘四法是对前人校勘经验的总结,得到学术界公认。张舜徽《广校雠略》是对郑樵校雠观点的推广,在此基础上,他根据自己对校雠的研究,著成《中国文献学》,系统地总结了文献学的理论与方法,是校雠学科建设的奠基之作。于此同时,在巴

---

① 章学诚:《校雠通义序》,上海:中华书局,1936年,第2页。
② 章学诚:《章氏遗书》第26册外篇卷一《信摭》,嘉业堂刊,北京:文物出版社,1985年,第367页。

蜀地区有两位学者对民国校雠学也做出了贡献，向宗鲁著有《校雠学》，系统地阐发了校雠学理论，向宗鲁校雠成果丰富，其见解和方法都有超越前人之处。刘咸炘著《续校雠通义》《目录学》，在一定程度上继承了章学诚的校雠学思想，同时又有自己独到的见解，其校雠方法多为后人称赞。

二、向宗鲁的校雠学思想

向承周（1895—1941），字宗鲁，重庆巴县人，以字行。向宗鲁早年考入四川存古学堂，师从经学大师廖平，奠定了扎实的传统学术基础。1930年，向宗鲁参与了重庆大学的筹办工作，与吴芳吉等人创办重庆大学，并担任重庆大学中文系主任，他在重庆大学任教期间，开设《史记》《文选》《淮南子》等专书研究和校雠学课程。重庆大学文学院后并入四川大学，向宗鲁就一直任教于四川大学中文系，1940年任中文系主任，并于次年主持中国文学研究所的筹办。向宗鲁深受乾嘉考据学的影响，一生致力于群经诸子等基本典籍的校读与考释。他对《周易疏》《月令章句》《史记》《史通》《说苑》等书用力甚勤，悉心考订，其《说苑校证》《校雠学》享誉学界。《校雠学》是向宗鲁在重庆大学和四川大学任教时的讲课稿，该书高度概括了校雠学的理论知识，同时又是向宗鲁文献学的真正实践。该书在向宗鲁先生去世后，由学生屈守元整理，1944年12月在商务印书馆出版发行。该书自定其目为十二篇，屈守元对十二篇文章做了大致概括："一曰《正名》，释校雠之名义；二曰《原始》，述校雠之起源，及二刘梗概；三曰《宗郑》，刺取康成《礼注》《诗笺》之涉及校雠者，以为校雠规则；四曰《评杜》，取杜预《春秋集解》之涉及校雠者论其得失；五曰《明颜》，黄门《家训》，多涉及校雠，今表出之，而以颜籀《汉书》注、《匡谬正俗》之涉及校雠者附焉；六曰《申陆》，取《经典释文》之论众本得失者为广申其义；七曰《议孔》，取《五经正义》之涉及校雠者，议其得失，贾公彦诸人之说附焉；八曰《择本上》，论石经；九曰《择本中》，论古抄本；十曰《择本下》，论刻本；十一曰，《取材》，论类书、古注所引慎择，以药近人窜易古书之失；十二曰《杂述》，古人及今人之从事校雠者，前目所不能该，于此杂陈之（以上各篇内容提要，皆先生自定目次原文）。今印行者唯《正名》《原始》《宗郑》《明颜》《申陆》《择本上》《择本中》七篇，而《择本中》篇未成者犹三分之一，其余有目无书，盖尚未着手写作也。"①向宗鲁在《校雠学》一书中阐发了校雠学的具体理论，并根据理论做了校雠实践。

首先，关于对校雠的认识，向宗鲁在《正名》篇明确地表达："昔刘向司籍，校理秘文，谓勘其上下为校，持本相对为雠。（《文选·魏都赋》注引《风俗通》云：刘向《别录·雠校》：'一人读书，校其上下，得谬误，为校；一人持本，一人读书，若怨家相对，为雠。'）是则昔人校雠之名，本以是正文字为主，而郑樵、章学诚之流，所谓辨章学术、考镜源流者，特为甲乙簿录，语其宗极，而冒尸校雠之名，翩其反矣。彼徒见向、歆之业，著于《录》《略》，而不知簿录之始，必于校雠之终。事或相资，而名不可贸。辨章学术者，校雠之余事；是正文字者，校雠之本务也。"②向宗鲁反对以郑樵、章学诚为主倡导的广义校雠学，认为校雠的主体在于文字校对。在确定校雠的主体后，向宗鲁著《原始》篇，探讨校雠之源头。向宗鲁引《鲁语》载闵马父之言

---

① 屈守元：《巴县向宗鲁先生学行述略》，见曹顺庆、罗鹭主编《向宗鲁先生纪念文集》，成都：巴蜀书社，2015年，第55页。

② 向宗鲁：《校雠学》正名第一，北京：商务印书馆，2017年，第1页。

曰："昔闵马父称正考父校商之名颂十二篇于周太师,以《那》为首。校雠之业,见于载籍,盖莫先于此矣。"① 向宗鲁认为校雠之源当是简策之书的编订,由于简策的复杂性,当时校雠不仅仅是校对文字正误,而是包括勘众本、去重复、录异文、正伪误、存别义、一称名、审编次。这八项工作基本与刘向校书步骤吻合。与当时所盛行的郑樵、章学诚校雠学相比,向宗鲁更加清晰地分别出了目录学和校雠学之间的关系。向宗鲁的这一观点在20世纪初与多数学者大相径庭,他极力破除以郑樵、章学诚为中心的广义校雠说,又打破正误文字的狭义校雠说,其目的是想要建立独立的校雠学与目录学体系。

其次,向宗鲁强调定底本是非的重要性,并且提出利用石经来校正底本的可行性。向宗鲁推崇乾嘉考据学,引段玉裁《与诸同志书论校书之难》来说明底本的重要性:"校书之难,非照本改字不讹不漏之难也,定其是非之难。是非有二,曰底本之是非,曰立说之是非。必先定其底本之是非,前后可断其立说之是非。二者不分,辄辄如治丝而棼、如算之淆其法实而瞀乱,乃至不可理。"② 在选择底本校对时,向宗鲁强调要重视石经的运用:"夫由宋元之雕板,以望汉魏之石经,则石经尚矣;由唐蜀之石经,以望前代之写本,则写本邈矣。昔汉武建藏书之策,爰置写官;河间留进献之真,为成好本。"③ 向宗鲁所言石经指汉魏石经,由于宋元以后,雕版印刷兴盛,版刻漏字错字较多,汉魏石经则是较好的底本,来纠正雕版印刷之误。在《校雠学》一书中,向宗鲁用了一半以上的篇幅来表彰唐以前的校雠学家,如

---

① 向宗鲁:《校雠学》原始第二,北京:商务印书馆,2017年,第20页。
② 向宗鲁:《校雠学》正名第一,北京:商务印书馆,2017年,第11—12页。
③ 向宗鲁:《校雠学》择本中第九,北京:商务印书馆,2017年,第85页。

《明颜》篇称赞《颜氏家训》"择本之严,雠校之勤,良足多矣"①。《申陆》篇对陆德明"研精六籍,采摭九流,搜访异同,校之《苍》《雅》"②的做法给予了充分肯定。在《原始》篇中更是对刘向评价非常高,他说:"春秋以来,六艺折衷于夫子,西京以降,群书删定于子政。盖异世同符矣。"③对刘向之后的数位校雠学家的评价也很高,说郑玄是:"游、夏以来,盖未有匹也。"④向宗鲁将刘向比作孔子,郑玄比为子游、子夏,在他看来没有比刘向、郑玄更杰出的校雠家了。向宗鲁有关校雠的著述也是以先秦、两汉古籍为主,向宗鲁对汉唐校雠学的推崇,以及自身对先秦、汉唐文献的研究,说明他对传统校雠的继承与发扬,其目的是为恢复校雠学之正统。

最后,向宗鲁校雠学著述成果丰厚,除了《校雠学》外,还有《月令章句疏证叙录》《说苑校证》《淮南鸿烈简端记》较为重要的校雠成果,体现了向宗鲁利用校雠理论进行实践的过程。《月令章句疏证叙录》,向宗鲁驳郑玄之义,证《月令章句》与《吕览》《淮南》同出于《周书》,义据宏深。蔡邕《月令章句》自隋至宋,著于史志,卒至沦亡。今向宗鲁补正王谟、蔡云、陆尧春、臧庸、马国翰、黄奭、马瑞辰、叶德辉诸家辑本,为之《疏证》,该书在向宗鲁去世后,由弟子王利器整理,1945年在商务印书馆出版发行。《说苑校证》是向宗鲁1922年至1931年在武汉做家庭教师时撰写定稿的。《说苑》是《汉书·艺文志》著录的"《刘向所序》六十七篇"中的一部分,是刘向校书时根据皇家所藏和民间流行的书册资料加以选择、整理的颇具故事

---

① 向宗鲁:《校雠学》明颜第五,北京:商务印书馆,2017年,第46页。
② 向宗鲁:《校雠学》申陆第六,北京:商务印书馆,2017年,第47页。
③ 向宗鲁:《校雠学》原始第二,北京:商务印书馆,2017年,第27页。
④ 向宗鲁:《校雠学》宗郑第三,北京:商务印书馆,2017年,第32页

性、多为对话体的杂著类编。《说苑》在宋初王尧臣等编辑《崇文总目》时，已无全帙，曾巩校书搜得十五卷，加以补充整理，清人卢文弨《群书拾补》居宋本、元本、明楚府本及诸类书、古注所引参校，并辑得佚文二十五条，俞樾《读书余录》、孙怡让《札迻》写出校释若干条，另有日本关嘉《说苑纂注》对其做注。向宗鲁参校这些书目，著成《疏证》，其目的是对刘向校书的推崇。《淮南鸿烈简端记》是向宗鲁在完成《说苑校证》后，立刻起笔校正的一部书，向宗鲁根据陈观楼《淮南子正误》、谭复堂《淮南许注补正》、吴承仕《淮南旧注校理》、陶子缜《淮南许注异同诂》、朱允倩《淮南校正》、程先甲《许慎淮南注钩沉》，并参王念孙《读书杂志》、洪颐煊《读书丛录》、俞樾《诸子平议》诸书校正疏陋而得。向宗鲁丰硕扎实的校雠学成果，在当时受到了学界之赞誉。20世纪著名学者、文献学家张舜徽曾评价向宗鲁的《校雠学》一书："阅近人向宗鲁所著《校雠学》，诚不失为学有根柢之人。余虽未从奉手，而于武昌徐行可先生处聆悉其学行甚备，故函求得其书览之。《宗郑》一篇意思极好，所见甚正，与余不谋而同。"[①]

三、刘咸炘的校雠学思想

刘咸炘（1896—1932），字鉴泉，别号宥斋，成都双流人。幼承家学，博通经典，稍后细研《文史通议》，终生私淑章学诚。著书二百三十五部，四百七十五卷，总为《推十书》，取"推十合一"之意。刘咸炘的校雠学论著主要集中在《推十书》丁辑，包括《续校雠通义》《校雠述林》《校雠丛录》《内楼检书记》《目

---

① 张舜徽：《张舜徽壮议轩日记》，北京：国家图书馆出版社，2010年，第667页。

录学》等著作。刘咸炘对校雠的认识主要源自于章学诚,续写《校雠通义》亦见他对章学诚校雠思想的接受。刘咸炘的校雠思想是"辨章学术,考镜源流"的继承和变通,他在吸收前人的校雠思想的同时,专研精深的校雠方法论,形成了"校雠哲学"的治学体系,其治学方法得到学人赞赏。张尔田称之为:"目光四射,如珠走盘,自成一家。"蒙文通称:"一代之雄,数百年来,一人而已。"

首先,刘咸炘倡导《七略》之义于校雠的重要性,他肯定章学诚明四部而不可复于七略的分类法,同时他又指出:"明四部之无异于七略耳。七略之大义明,即以为四部之大义。而吾之四部,乃真与七略合,而非俗之四部矣。七略之大义云何?六艺统群书,干也。诸子、诗、赋、兵书、术数、方技,支也。诸子出干为支,犹之小宗别立门户也。诗赋、兵书、术数、方技则附干之支,犹之正宗之中有一室焉,人繁而异宫也。班孟坚可谓知刘氏意矣,名志曰艺文。艺者,六艺也。文者,该诸子以下,凡著述皆统名为文也。加艺于文,见文之皆本于艺也。《隋书·经籍志》以经易艺,以籍易文,其犹知班氏意乎?"① 刘咸炘赞同章学诚"为学莫大乎知类"的方法,在此基础上他又提出:"学莫大于明统,明统然后知类。""知类"就是为古书分派部类,明统则是指古书研究的"共相",虽然章学诚明四部分类法,但刘咸炘认为七略是四部分类法的"共相",在讨论古书分类时,七分法和四分法均不可少。

其次,刘咸炘将校雠学中的目录学看作是独立的学科。他在川大任课时,即开一门课为目录学,他说:"本课名目录学,一名古书校读法。此二名范围不同,不能相掩。所谓目录学者,古

---

① 刘咸炘:《续校雠通义上册·通古今第一》,见《推十书》(增补全本)丁辑,上海:上海科学技术文献出版社,2009年,第3页。

称校雠学,以部次书籍为职,而书本真伪及其名目篇卷亦归考定。古之为此者,意在辨章学术,考镜源流,与西方所谓批评学者相当,中具原理。至于校勘异本,是正文字,虽亦相连,而为末务。其后任著录者,不能具批评之能,并部次之法,亦渐失传。至宋郑樵、近世章学诚乃明专家之说。而版本之重,始于明末;校勘之精,盛于乾、嘉。于是目录之中,有专重版本之一支焉。要之,目录学者,所以明书之体性与其历史者也。"① 刘咸炘认为民国所谓目录学即是古之称校雠学,其主要职责在于部次书籍,对图书进行分类,并加以评论,即校雠第一步为编书与叙录;第二步即为通其文字,明其旨意,通文字则要正讹补脱,所谓校勘。尽管刘咸炘持广义的校雠学论,但他认为校雠之中的目录、版本以及校勘又可单独为一学。这与民国时期广义的校雠学观有区别。文献学家张舜徽先生认为:"近世学者于审定书籍,约分三途:奉正史艺文、经籍志及私家簿录数部,号为目录之学;强记宋元行格,断断于刻印早晚,号为板本之学;罗致副本,汲汲于考订文字异同,号为校勘之学。然揆之古初,实不然也。"② 张舜徽先生认为版本、目录、校勘不能割裂于校雠之外,必须将三者统一在一起才能形成完整的学术体系。刘咸炘却认为三者有联系又有区别,统为一体是校雠,分为个体各自又有特点,目录重叙录、校勘中正讹、版本重编次。这正是刘咸炘"知类明统"的校雠哲学方法论,既要看到事物本质的特点,又应重视事物本质的共相。

最后,刘咸炘在吸收郑樵、章学诚校雠学基础上,形成了自己的校雠哲学方法论,具体而言就是指"明统知类"的读书治学

---

① 刘咸炘:《目录学·弁言》,见《推十书》(增补全本)丁辑,上海:上海科学技术文献出版社,2009年,第233页。

② 张舜徽:《广校雠略》,上海:上海古籍出版社,2013年,第1页。

之法。刘咸炘著有《纠郑》《匡章》篇，充分指出郑樵与章学诚在校雠学方面的得失，进一步确立了自己的校雠哲学论。郑樵于校雠过程中重视部类统筹，强调知类例对学术的重要性，如编次必谨类例，类例明则图书存、学术明。他把广义的求书、分类、编目等纳入校雠学之范围，重视图书的分别部居，渊源流别。但刘咸炘却指出："樵书每类分门，门分细目，最为繁详。然参差碎杂之处，不可悉数。约言其谬，凡有三端。一曰重复。……二曰大小不伦，详略不均。……三曰妄立不通。"① 刘咸炘认为郑樵虽重视古书部类统筹，但分类重复，详略不均，甚至妄加分类反而导致体例不明。章学诚也有对郑樵的纠谬，他主张图书目录的分类体系和编制方法要随着图书的内容和编纂形式的变化而变化，他强调图书分类之类例。与郑樵相区别的是，章学诚明确提出了"辨章学术，考镜源流"之主张。刘咸炘对章学诚校雠学的继承最重要的内容就是"辨章学术，考镜源流"。刘咸炘在《匡章》篇中说："章先生发明《七略》，功越郑樵，近古以来，未尝有也。别裁、互著二法，特标精意，诚不刊之论，而主持太过，至伤体义。又校雠之学，贵别门类，溯王、阮，正晁、陈，穷源竟流，微特郑所未详，章亦未详。故其于《汉志》所无者，稍加分隶，便成谬误。至于考证不详，尤多有之。今举五条而匡正之。至其误疑《汉志》，已具《汉志余义篇》中，兹不复说也。"② 明确指出章学诚校雠学的不足之处。在此基础上，刘咸炘总结出："校雠为群学门户，体器明而后旨可求，刘向《七略》导其源，章氏益广之知类而未明统，盖于天人微显之一贯之传，

---

① 刘咸炘：《续校雠通义上册·纠郑第九》，见《推十书》（增补全本）丁辑，上海：上海科学技术文献出版社，2009年，第43—44页。
② 刘咸炘：《续校雠通义下册·匡章第十六》，见《推十书》（增补全本）丁辑，上海：上海科学技术文献出版社，2009年，第93页。

固有间矣。"① 章学诚重视知类,而忽视明统。由此,刘咸炘批判地继承了郑樵及章学诚的校雠思想,纠正二者缺点,重视部类编次,发明章氏互著别裁之义,寓辨章学术、考镜源流于其整个学术中,对其学术统系的建立和学术的发展具有积极的影响。刘咸炘试图建构校雠哲学体系,而这一体系又是和史学密切联系的。刘咸炘认为一切学问,一言以蔽之曰"事"。他所谓的"事"包括纵横两个层面,横即社会学,纵即历史学,统称为"人事学"。"人事"包括人与物、群与己、内与外、近与退等等,要搞清楚人事的分类,也就相当于校雠学中的"知类"。"知类"的前提即为"明统",刘咸炘说:"故必先明统,统莫大乎六经,知六经之形分神一,则知两矣。校雠者,辨分形也。体器明而旨可求,各得其当,无泥拘诬凿之弊,永终知弊,必类族辨物也。"②统系是"辨章学术,考镜源流"的基本前提。作为受传统学术滋养成长起来的学人,刘咸炘对传统学术有深刻的认同,也深刻地认识到传统学术的危机。作为身处学术转型中的学人,刘咸炘的校雠学思想在民国时期具有典范意义,也有个体差别,他与向宗鲁先生的校雠学思想亦截然不同。

四、余论

巴蜀学人向宗鲁和刘咸炘在学术转型的民国时期,根据自身学术功底和造诣,对校雠学在民国时期的发展做出了一定贡献。向宗鲁和刘咸炘对校雠的认识,从理论上讲,似乎南辕北辙。向

---

① 刘咸炘:《系年录·序》,见《推十书》(增补全本)壬癸合辑,上海:上海科学技术文献出版社,2009年,第1125页。
② 刘咸炘:《中书一·学纲》,见《推十书》(增补全本)甲辑,上海:上海科学技术文献出版社,2009年,第9页。

宗鲁极力纠正以郑樵、章学诚为首的校雠观，认为"辨章学术，考镜源流"是校雠"余外之事"。而刘咸炘其学术来源之一就是章学诚，因此对章学诚所提倡的广义校雠观有所继承与发展。但实际上，对于校雠的本质任务，二人是没有差异的，对刘向校书的肯定也是一致的，这正是二人对传统校雠学的继承。二人在校雠学上的差异恰好是二人对校雠学的运用不同。向宗鲁是名副其实的文献学家，他一生著述都与文献有关，他所培养的弟子都从事于文献学：弟子杨明照在重庆大学读书期间就开始专注于《文心雕龙》的研究，后来以《文心雕龙校注》和《文心雕龙校注拾遗》享誉学界；弟子王利器本科毕业论文《风俗通义校注》、弟子屈守元本科毕业论文《韩诗外传校记》，都是向宗鲁亲自指导。台湾学者王叔岷最早接触到校雠之学，就是来源于向宗鲁。向宗鲁是将校雠作为一门学科，致力于整个学科的建设，发表专著，培养人才。刘咸炘却是将校雠当作是治学的方法，他所构建的学术体系是建立在校雠哲学之上，从校雠学中提炼出"知类""明统"的观念，试图将遇到的每一种学说至于其本来应当属于的情景和脉络之中，这是"知类"，又将各学说加以宏观的比较，这是"知类"基础上的"明统"。刘咸炘试图在校雠哲学的基础上建立自己的历史本体论、阐释学以及方法论。在学术转型的民国时期，向宗鲁和刘咸炘作为传统文化的继承者，对民国校雠学的建立、以及现代文献学的发展起到了承前启后的作用，是我们做文献研究不应忽略的两位大师。

《法帖神品目》勘误举证

王万洪　冉婷婷[*]

摘　要　《法帖神品目》是明代著名学者杨慎专门为所见碑刻、法帖所著的一部目录专书，较受书法界重视，收入李调元《函海》等丛书。全书共分十个部分，著录碑目九十二目、法帖五十三目，主要抄录自宋人金石学文献和《淳化阁帖》。整体上看，该书在著录前人文献及杨慎自注的过程中，产生了较多错误；前人有简略注释该书者，也出现了较多明显错误。本文在笔者专著《〈法帖神品目〉评注》一书的基础上摘选、压缩而成，专论杨慎原著与前人注解之失，汇成一篇，汇报给不断推进的杨慎研究工作。

关键词　《法帖神品目》　杨慎　校勘

---

[*] 作者简介：王万洪，生于 1979 年，四川简阳人，西华大学文新学院副教授，主要研究方向：历史文献、书法文献、巴蜀文献；冉婷婷，生于 1997 年，四川巴中人，西华大学文新学院 2020 级中国语言文学专业在读硕士研究生。
本文系 2015 四川大学中央高校基本业务项目《巴蜀书法史》、2019 四川省社科联重点基地重大项目《巴蜀书法史》、四川省社会科学重点研究基地地方文化资源保护与开发研究中心 2020 资助项目《南方丝绸之路题刻书法资源调查及其文化旅游价值研究》阶段性成果。

引　言

《法帖神品目》是杨慎专门为所见碑刻、法帖所著的一部目录专书。全书共分十个部分，其中碑刻七个部分：其一为古篆，凡十四目；其二为秦刻，凡十一目；其三为汉刻，凡十一目；其四为三国刻石，凡五目；其五为晋刻，凡五目；其六为南北朝刻石，凡三目；其七为杂碑，凡四十三目；合计九十二目。法帖三个部分：其一为帝王书帖，凡十一目；其二为王羲之书帖，凡十六目；其三为淳化诸帖，凡二十六目；合计五十三目。全书共录历代碑刻、法帖目录一百四十五个，既是明代中期书法界对碑帖合观统照的最佳实例，也是杨慎重视碑学、尊崇帖学书学思想的最佳实例。因此，至少在杨慎这里，他首重碑学，次为帖学，不存在重帖轻碑的倾向——或者说，杨慎是明代书学理论家中反重帖轻碑历史潮流而动的、难得一见的碑帖并重的书法家。这是研究《法帖神品目》的一大重要意义。整体上看，碑帖并重、碑优于帖，这与元明以来重帖轻碑的书学思想相悖，体现了杨慎作为书法理论家的创新研究能力，作为学者的超越时代的敏锐超前意识。

笔者自 2012 年 7 月在四川大学古籍所接受历史文献学研究训练开始，即在《文心雕龙》、儒学文献研究之外，经合作导师郭齐教授指导，独立开启了"巴蜀书法史"这一领域的艰苦探索工作。八年来，在对巴蜀书法史进行整体思考的基础上，特别突出了历代巴蜀书法理论文献和碑刻实物等基础文献的系列整理研究工作，杨慎书论又是这一系列工作的重中之重。目前，笔者已完成杨慎《书品》《墨池琐录》《法帖神品目》三部专书的整理与研究工作，并已将分散在杨慎其他著作中与书法有关的诗文散论进行辑录、评注，出版了四部研究专著，《〈法帖神品目〉评注》

即为其中重要的一部。在深入研究、评注的过程中,笔者深感杨慎以抄录前人著录加自注的方式著成此书,既很不容易,也存在较多失误之处;同时,本世纪初,有研究者在简略注释该书的时候,同样出现了较多失误。在四川省大力推进历史文化名人研究且杨慎入围首批十大名人的当下,杨慎研究既取得了很多新颖的成果,也在极小范围内存在着不愿意指正杨慎著述缺点的现象。于是,笔者与研究生冉婷婷共同撰成本文,为《法帖神品目》及其现有成果做最新的校勘工作,也为推进杨慎研究、巴蜀文化研究和四川省历史文化名人研究工作献上绵薄之力。

一、《法帖神品目》序

李嗣真论右军书:《太史箴》《乐毅论》,其体正直,有忠臣烈士之象;《告誓文》《曹娥碑》,其容憔悴,有孝子顺孙之象;《逍遥篇》《孤雁赋》,有抱素拔俗之象。皆见义以成字,非一得以独妍,所谓品也。夫以一指一笔之用,而随时变易,虽作者不自知其所以然,得不谓之神品可乎?退之尝目右军为俗书,右军且然,况在汉秦以上者乎?先生之作,为此者以见。夫人诣力所至,不可强为,并非徒神奇其说,以炫人也。

童山李调元序。

【校】

非一得以独妍

引文或翻刻有误。本句为李调元引用杨慎《书品》第五则《王右军书》之原文,杨慎的话为"非得以独妍也",没有"一"字。根据上下文推断,不应该有"一"字。可能是李调元在征引或刻字时出现的衍文。

【附】

杨慎《书品》第五则"王右军书"

唐李嗣真论右军书不同,往往不变格难倚其书。《乐毅论》《太史箴》,其体正直,有忠臣烈士之象;《告誓文》《曹娥碑》,其容憔悴,有孝子顺孙之象;《逍遥篇》《孤雁赋》,有抱素拔俗之象。皆见义以成字,非得以独妍也。嗣真所举诸字之目,盖皆右军得意之笔,然传于石刻亦鲜矣。《太史箴》,《书谱》尚有其目;《逍遥篇》《孤雁赋》,并其目亦不知。则右军之书,盖泰山一毫芒存于世尔。①

二、《法帖神品目》正文②

(一)古篆③

1. 仓颉二十八字【在北海】

【校】

地理位置记载有误。传说中仓颉造字是在陕西洛南,而北海的位置在今山东省潍坊市。

3. 石虹山尧碑【在余干县,凡三十八字】

【校】

根据历代文献记载,《石虹山尧碑》刻于石虹山内一个宽广

---

① (明)杨慎撰,王万洪校注评译:《杨慎〈书品〉校注评译》,成都:四川师范大学电子出版社,2014年7月,第20页。

② 按:"正文"部分列举的《法帖神品目》各卷中著录有误的条目,按照该条内容在原书中的顺序列出,序号也仍袭原书,特作说明。

③ 按:《法帖神品目》共分古篆等历代碑刻和右军(王羲之)等历代诸帖,是最早提倡碑帖结合的一部书法作品目录著作。原作在每一部分结尾注明是何朝代之碑刻,或是何人何书之法帖,即提示在后。为了适应当代著作题目在前并便于读者阅读之需,特将提示置于每一部分之前,权作题目。特作说明。

的石洞之中，为古篆书，一共有83个字，在宋朝时还有38个字，著录于金石文献之中。因杨慎《法帖神品目》之碑目基本上抄自宋人金石学文献，所以这里写成"凡三十八字"，很可能是顺手抄下来的，并不是该尧碑真实的文字数量。

【按】

传说尧时天下发生严重水灾，洪水吞没山陵，四处泛滥。尧以鲧治水，九年无功。尧帝亲自巡视华夏各地，不少地方至今均留有尧帝治水的传说及印记。今余干县城东北5.5公里有一个叫石山村的村庄，这里在古代是一个湖泊，叫澹湖，湖中有大、小石山，因一石跨水，状若霓虹，又称石虹山。小石山东部有巨石层叠成洞，从洞口入内，中可容数十人。相传洞中有古篆83字刻于石嶂，为尧帝时期记录治水之古篆文，年久磨灭难辨。至宋存38字，人皆莫识。杨慎考为尧碑，并收入《法帖神品目》，与崆峒山尧碑、平阳山尧碑并列为天下三大尧碑古迹。这是余干悠久文化历史的见证。

据《明一统志》记载："石虹山。在余干县北一十里，有横石跨水，文彩若虹。又有一石室甚广，旁列石障如屏风，有古篆书八十三字，岁久莫能辨。"① 这是石虹山因"横石跨水，文彩若虹"得名的原因，以及古篆书《尧碑》在山中是洞内的相关文字记载情况。

5. 巫峰山顶古篆【邑人向万言，云尚存】

【附校】②

巫山峰顶指位于重庆市奉节县境内长江南岸永乐镇丰收村的乌云顶，海拔1400多米，是中国地势二、三级阶梯的分界线。

---

① （明）李贤等：《明一统志》卷五〇，成都：巴蜀书社，2018年，第2219页。
② 本文在对杨慎原著进行校勘的基础上，对现有研究成果中出现的部分无心之失也进行了校勘，以【附校】形式出现在本文之中，特作说明。并向前辈学者致以敬意。

有研究者将本则书目中的"巫山峰顶"理解为朝阳坪,此说不当。

朝阳坪位于重庆市巫山县东北部与湖北省神农架林区及巴东县交界处,地处巫山县竹贤乡,距县城 70 公里,处于大巴山南端与巫山西列的结合部,呈"东北—西南"走向,长 12 公里,宽 9 公里,以地势向阳得名。平均海拔 1800 米,主峰海拔 2368 米。朝阳坪的海拔远高于乌云顶,虽然二者都与"巫山峰顶"相关,但所指并不一致:乌云顶是巫山这一山脉的顶峰,朝阳坪是巫山县这个县的最高峰。今朝阳坪不见古篆石刻,历代文献也没有著录过,而长江巫峡中的古篆刻石及其记载见于多种文献的著录,如苏轼《巫山》诗有"绝顶有三碑,诘曲古篆字"的明确记载。

但是,笔者的理解与上述巫山最高峰和巫山县境内的最高峰均有不同。在笔者看来,杨慎所说的"巫山峰顶",即使定位于长江三峡的巫山,也并不一定是在其最高峰乌云顶上。杨慎的意思,很可能是指"巫山的山峰顶上"。巫山连绵十二峰,每一座山峰都有这个可能,不一定是在最高峰上。所以,所谓的"巫山峰顶",大可以理解为巫山群峰中的任一山峰(之顶),这是个相对比较宽泛的概念。

9. 阳明洞禹书

【附校】

有研究者将本则书目中的阳明洞理解为贵州省修文县的阳明洞,认为大禹曾在此刻石。这是不正确的。

根据文献记载:阳明洞禹书指的是浙江绍兴会稽山阳明洞所藏的古篆文书。传说大禹曾在此得到黄帝"金简玉字书",从而治水成功,然后将这一部神奇的书籍藏在"禹穴"之中。《古今图书集成》卷一一三认为这就是所谓的"禹书",也是《山海经》

之别名。

绍兴阳明洞原名"禹穴",在今会稽山香炉峰北侧的宛委山景区。虽名为洞,实为群山环抱的一个山谷。因明代著名哲学家、教育家王阳明曾在此隐居,著书立说,从而得名为"阳明洞天",改称阳明洞。

而修文阳明洞则位于贵州省修文县城东栖霞山,现为省级文物保护单位。阳明洞先前叫"东洞",因王阳明谪为龙场(今修文县城)驿丞时曾移居其间,更名为"阳明小洞天",世称"阳明洞"。它前后三通,洞中有洞,可容百人以上,洞内有明、清、民国各代仕官及名人瞻仰所书摩崖40多通,洞旁现存清代建筑数座,石刻题咏甚多。但无论从上古传说还是石刻来说,都没有"禹书"及"禹穴"等内容的影子。

11. 比干墓铜盘铭十二字

【校】

根据郑樵《通志》和王象之《舆地碑记目》的记载,比干墓铜盘铭共有十六字,而不是十二字。杨慎著录有误。

据传周武王封比干为国神,置铜盘铭,铭文为:"齐封神雨,雷电照今;供干师忠,慎为瞻遗。"共十六字。郑樵《通志》卷七三"历代金石"著录为:"比干铜盘铭十六字。西京。"① 而王象之《蜀碑记》卷二"商比干铜盘铭"著录的铭文内容为:"右林左泉,后冈前道。万世之铭,兹焉是宝。"② 尽管铭文释文不一致,但在数量上为十六字无疑。

---

① (宋)郑樵:《通志》,北京:中华书局,1987年,第841页。
② (宋)王象之撰,(清)胡凤丹辑:《蜀碑记》,民国金华丛书原刻影印本,台北:艺文印书馆,1969年,第58页。

（二）秦

3. 亚驰诅楚文【在灵丘，亦李斯篆】

【校】

（1）亚驰

根据历史文献的记载，杨慎这里的抄录有误，"亚驰"应为"亚驼"。

（2）在灵丘

与前两个目录记载的《诅楚文》（指朝那湫与凤翔府《诅楚文》）只发现于一个地方不同，《亚驼诅楚文》的发现地有要册湫、洛阳、灵丘等不同说法，后两种说法极不可靠。其书法作者被记录为李斯，与李斯生平不符。

《亚驼诅楚文》，又称《告亚驼文》，秦国以神灵力量攻击楚国的三篇《诅楚文》之一，以亚驼名义刻石，诅咒楚国，祷告胜利。宋代发现于要册湫旁（一说洛阳）。要册湫，在今甘肃正宁县东南秋头乡。《新唐书·地理志一》载："宁州彭原郡，望……真宁，紧。本罗川。有要册湫。天宝元年获玉真人像二十七，因更名。"① 《钦定大清一统志·庆阳府》："要册湫"条记载说："《明统志》：'湫在县东六十里，桥山之尾，周围九亩，旁有龙祠，唐开元中建，历代皆加封号。'《县志》：'湫在县东四十里湫头镇麓，俗名圣水泉。'"② 因要册湫在甘肃正宁县，是战国时秦国属地，在这里发现《告亚驼文》比较可信。而《告亚驼文》的另一发现地被著录于洛阳，是中原核心区域，战国（至少在秦惠文王和楚怀王相争）时并非秦国土地，秦王不可能派遣亚驼在这里去刻石立碑并诅咒楚国，所以，这块石刻发现于洛阳的真实性

---

① （宋）欧阳修、宋祁等修：《新唐书》，北京：中华书局，1997年，第969页。
② （清）和珅撰：《钦定大清一统志》卷二百三，文渊阁《四库全书》本。

历来被怀疑。而在刻《诅楚文》的公元前312年，灵丘是赵国的土地，故秦楚争霸而立碑之处断无在灵丘的可能。所以，杨慎记载的《告亚驼文》在灵丘一说，不能成立。

李斯（约前284年—前208年）是秦始皇与秦二世丞相，著名书法家。他的篆书虽然写得好，但不可能来写这一块公元前312年立碑的《亚驼诅楚文》，这种动辄穿越几十上百年的行为，杨慎直接写在这里，是很不恰当的。这也可以证明《亚驼诅楚文》不太可靠。

（三）汉

1. 周公礼殿石楹记【初平五年钟会书，在成都】

【校】

杨慎的记载有误，他不仅记错了时间，还混淆了作者。首先，时间错误。汉献帝初平五年（当年改元为兴平元年），是公元194年，而钟会出生于公元225年，他怎么可能穿越几十年跑到成都来写这块碑记？其次，作者错误。初平五年的这一块《周公礼殿记》，是著名书法家蔡邕为文翁石室所写的一篇记文，记载益州太守、梓潼人文参（很可能是文翁后人）在光武帝建武十年（34）增修文翁石室学堂的壮举（详见汉代碑目第十"蔡邕石经"条）。《周公礼殿记》写成之后，于汉献帝初平五年（194）雕刻在文翁石室东边的石柱之上。所以，这不是传说中钟会在公元264年灭蜀入成都后写的另一块碑记。

至于钟会之碑记，见于北宋状元、史学家、成都人范镇的记载。范镇说：三国时期的钟会在入蜀之后，曾参拜文翁石室，也写过一篇《周公礼殿记》。其依据是李知几《十咏诗》说"盖追文翁高君之美而书也"的记载。

尽管范镇是北宋时著名史学家，又有李知几的《十咏诗》作为依据，但笔者不认同钟会写过《周公礼殿记》（即杨慎所作的《周公礼殿石楹记》）这种说法，即使是"（钟）会盖追文翁高君之美而书"，也不可能。

前人其实早就对这一说法提出了质疑。王象之在《蜀碑记》卷一的《成都府碑记》中录有"殿柱记"条，曰："先儒谓钟会书。按：钟会于季汉炎兴元年始入蜀，距汉兴平初已七十一年，不应追书也。今在礼殿。"① 从时间上根本性地否定了范镇的说法。

【按】

有学生问：钟会后来不是到了成都吗？他又是钟繇的儿子，家传书法，他有可能去新写一块吧？笔者认为：他到成都之后，也不可能有机会去写一块新的碑记。因为钟会在灭蜀之后立刻产生了反叛之心，他于公元264年正月十五日才进入成都，全副心思都用在与姜维等人商量谋反这件大事上，结果没有办好，正月十八日中午就死在兵变之中。他如何可能礼仪皆备到文翁石室去地写这一篇碑记，并雕刻上石呢？

根据历史文献综合梳理的情况，可知钟会谋反不成而很快被杀的史实：

平蜀后，钟会有谋反之心，因为邓艾承制专事，于是上书说邓艾有反状。同时，卫瓘、胡烈和师纂上书指证邓艾行为悖逆。正月初一，朝廷下令用囚车押送邓艾回京。司马昭怕邓艾不服命令，命令钟会进军成都，监军卫瓘打前阵，拿着司马昭手书押邓艾进囚车。

钟会忌惮的只有邓艾。邓艾被押走后，钟会马上赶到成都，

---

① （宋）王象之撰，（清）胡凤丹辑：《蜀碑记》，民国金华丛书原刻影印本，台北：艺文印书馆，1969年，第43页。按：王象之《舆地碑记目》卷四该处记载为"钟会是晋咸熙元年始入蜀"，与本处"季汉炎兴元年始入蜀"有矛盾，此其一；其二，因公元264年还是曹魏天下，故"晋咸熙元年"当为"魏咸熙元年"，是魏元帝曹奂的年号，265年时司马氏才代魏立晋。

统率大军，威震西土。自认为功名天下无比，不愿再屈居人下。加之猛将精兵都控制在自己手中，于是举兵反叛。钟会打算派姜维率蜀兵出斜谷，占领长安，再派骑兵经陆路、步兵经水路夺取天下。钟会收到司马昭的书信说："我担心邓艾不服命令，今派遣中护军贾充率步兵和骑兵万余人入斜谷，驻扎在乐城。我亲自率十万大军驻扎在长安。我们不久就可以相见了。"钟会得信后大惊，对亲信说："仅仅抓获邓艾，相国知道我一人就能做到，他领大军而来，必是发现异状，我们应当迅速出发。如果顺利，可以得到天下。如果不顺，还可以退回蜀地学刘备偏安一隅。自淮南之战以来，我从未失策，已远近闻名。我这样功高名盛的情况，哪能有好的归宿呢？"

钟会于264年正月十五到成都。十六日就召请护军、郡守、牙门骑督以上的将士以及蜀国的旧官，在蜀国朝堂为魏明帝郭皇后发丧。并假借郭太后遗命，要起兵废掉司马昭。钟会让众将士在版上写下同意作为凭证，委派亲信率领各路军队。而手下的将士并不跟从。于是，钟会把他们都关在益州各官府中，派兵严加看守。钟会有一个器重的部下叫丘建，是胡烈旧属，他对钟会说：应派一名亲信为胡烈端饭倒水，诸牙门将也应按例备一员侍从。胡烈趁机编造谎言说，钟会已挖好大坑，想把将官一个个打死，埋在坑中。诸将的亲兵们也把这个谣言口口相传，一夜之间大家都有所耳闻，人心浮动。蜀将姜维怂恿钟会诛杀被扣将领，预谋趁机杀掉钟会，恢复蜀汉。因钟会迟疑而消息泄露，十八日中午，护军胡烈之子胡渊率烈部众擂鼓呐喊而出，各营官兵为营救本部将领也一起响应，蜂拥杀入蜀宫，被拘宫内的将领们冲出与其部众会合。双方在宫城内外展开激战，斩姜维、钟会及部众数百人。钟会终年四十岁。

钟会死后，魏军无人约束。数日之内，蜀中军众抢掠，死丧狼藉，钟会帐下将士数百人被杀。姜维妻子儿女皆被杀。原蜀汉太子刘璿、左车骑将军张翼、汉城护军蒋斌、太子仆蒋显、大尚书卫继等也被乱兵所杀。关羽全家被庞德的儿子庞会灭门。邓艾的部下追上囚车，欲迎回邓艾。因卫瓘曾参与诬陷邓艾，遂派护军田续追杀邓艾父子于绵竹西。邓艾在洛阳的其他子侄也被诛杀，邓艾妻和孙子被发配到西域。后来，还是卫瓘出面约束诸将，成都之乱方平。

因此，钟会到成都，实际时间一共只有（不到）四天，天天忙着造反、内斗，很快死于兵变，绝无到城南文翁石室去写碑记的可能。

3. 李陵题字【在哈密马骔山望乡岭石龛上】

【校】

马鬃山的望乡岭在甘肃酒泉北，不在新疆哈密，杨慎所记有误。

根据杨慎所述，并结合其他历史文献的记载可知，马鬃山的望乡岭是汉代名将李陵题字的地方。据《类书集成·边塞部·哈密》记载，此处为"匈奴下马之山，李陵题字之处"。《明一统志》："天山，在哈密城北，一名雪山，匈奴过此，必下马拜龛。马騣山，在哈密东南有望乡岭，岭上石，李陵题字处。"杨慎的著录可能来自此处，但"哈密东南有望乡岭"的东南，指的是东南方较远处的酒泉。遗漏酒泉，使得著录失误。

騣，读为 zōng，通"鬃"。马骔山、马鬃山、马騣山三者同义。

（四）三国

3. 魏受表【梁哲书，黄初元年，在许州】

【校】

"梁哲书"，当为梁鹄书。根据文献记载，《魏受禅表碑》由当时的礼部尚书、著名书法家梁鹄书写。为汉隶之字，凝重遒劲，气度雍容，结构严谨，体势方正。

《魏受禅表碑》，又名《受禅表碑》，位于许昌市西南17公里处的繁城镇汉献帝庙内。该碑系王朗文、梁鹄书、钟繇镌字，谓为文表绝、书法绝、镌刻绝的"三绝碑"，具有重大的史料价值和艺术价值。北京图书馆藏有民国拓本。

（五）晋

3. 西平将军墓铭【王右军书】

【校】

杨慎本则书目记录有误，"西平将军"应为"平西将军"。该墓志铭实际上就是上一则目录（指《散骑常侍周处碑》）中的《周处碑》。《周处碑》全称《平西将军周府君碑》，现存江苏宜兴周孝侯庙，陆机撰文，集王羲之书法而成。唐元和六年（811）义兴县令陈从谏重立。

【按】

对《周处碑》碑文上所刻的"晋平原内史陆机撰，右将军王羲之书"一句，需要说明如下：查《全晋文》，陆机名下没有这篇文章；而"右将军王羲之书"之实情，应该是后人根据碑文集成的王羲之书法文字，属于集字作品。王羲之时间晚于周处、陆机，不可能是他写的。

4. 定水寺题【王右军】

【校】

按照杨慎的本意，指的是"定水寺题"是王羲之书写的，这种说法不当。因为定水寺之名是宋代才有的，从原来的寺名清泉寺更改而来，作为王羲之七世孙智永禅师高足的著名书法家虞世南的故居，王羲之怎么可能会去清泉寺题字？最有可能的情况是如同《圣教序》《周处碑》等碑刻一样,是后人集字题写上去的。但这种说法仅为笔者推测,具体情况如何,有待考证。

5. 嵇康石经【见《世说》注】

【校】

嵇康石经,指由嵇康书写的《正始石经》碑文,此说不可靠。史载嵇康多才多艺,并擅长书法,于是有文献记载说他写过《正始石经》,这是《正始石经》七种书写者说法中的一种。《晋书·赵至传》云:"赵至字景真,代郡人也,寓居洛阳……年十四,诣洛阳,游太学,遇嵇康于学写石经,徘徊视之不能去,而请问姓名。"① 嵇康的儿子嵇绍在《赵至叙》中也曾记叙过这件事。

根据《晋书》记载:赵至(约244—281),字景真,后改名浚,字允元,代郡人,寓居在洛阳。论议精辩,有纵横才气。由此推断,当时他"游太学,遇嵇康于学写石经",大意是赵至十四岁到洛阳时,看到嵇康正在太学里面写石经。有研究者推断为:这一年是公元259年,是年嵇康三十六岁,别隐士孙登而返,于洛阳写石经。嵇康于甘露元年(256)时开始跟从隐士孙登游,凡三年(见《晋书·隐逸传》),后别去。赵至于259年左右至洛阳,遇见嵇康在太学里面写石经。《正始石经》开始刻制的时间是三国魏齐王曹芳正始二年(241),嵇康259年左右才去洛阳,当时刻完没有?究竟是他在书写经文上石,还是面对已经刻好的经文来临写?有待考证。笔者的估计应该是去"誊写、誊抄、模仿书写",因为《正始石经》只刻了《尚书》《春秋》和部分《左传》,只有篆书一体,共约二十八碑,在当时曹魏相对安定的环境之中,不大可能到259年左右还没有刻完。

而且,杨慎著录此说,"见《世说》注",意指见于南朝刘峻

---

① (唐)房玄龄等撰:《晋书》,北京:中华书局,1997年,第2377页。

（刘孝标）的《世说新语注》。尽管该书很有名，但《世说新语》的性质决定了它的记载失真之处颇多，不可尽信。故笔者认为嵇康书写了《正始石经》一说不可靠。

（六）南北朝

3. 梁招隐寺刹下铭【萧挹书，普通三年，在普州】

【校】

本条目录中的作者是否为萧挹，现有研究成果中存在争议，不能确定。

萧挹，生卒年不详，但可以肯定他是梁代人，而且很有可能是宗室。在严可均辑录的《全梁文》卷一八中，有梁元帝萧绎写的一篇《与萧挹书》。这表明萧挹确有其人，而且是直接和皇子、皇帝交往的高层人士。但文献中查不到他写过《招隐寺刹下铭》这件事。

有研究者认为本条目录中的萧挹是萧纶，其说并不可靠。萧纶（约507—551），南朝宗室，字世调，小字六真。南朝兰陵（今江苏常州）人。梁武帝第六子。少聪颖，博学，善属文，尤工尺笺。天监十三年（514）封邵陵郡王。普通五年（524）以西中郎将权摄南徐州事。中大通四年（532）为扬州刺史。太清二年（548）位中卫将军、开府仪同三司。侯景构逆，加征讨大都督，率众讨景。其轻财爱士，府无储积，然性格暴戾。大宝元年（550）遭侯景军袭击，走定州，入汝南（今属河南）。西魏又遣兵来攻，城陷被杀。查严可均辑《全梁文》卷二二，辑录了"邵陵王纶"的《赠言赋》《与湘东王书》《隐居贞白先生陶君碑》《祀鲁山神文》等九篇文章，但没有杨慎本条目录中所说的《招隐寺刹下铭》。根据清嘉庆本《四川通志·金石》的记载："梁《招隐寺刹下铭》，《通志略》：萧纶书，普通二年，在普州。"清道光本《安岳县志·古迹·金石附》的记载则更加详细，说"梁武帝普通二年，萧纶曾在普慈招隐寺书写刹下铭石刻"。萧梁设普慈郡（即后来的普州，今安岳），郡名取佛家"普度慈航"之意，这也说明了当时信佛、崇佛的社会时尚与梁武帝的"以佛治国"的倡导有直接关系。然而，有的学者对"梁《招隐寺刹下铭》，《通志略》：萧纶书，普通二年，在普州"的这段记载持否定意见，一是认为该寺今已不存在，二是认为"寺"不等于石刻造像，即是说该记载与安岳石刻造像没有关系。有待研究者进一步考证。

回到本条目录。四川文献记载萧纶书《招隐寺刹下铭》有四点可以怀疑的地方：一是《四川通志·金石》记载梁《招隐寺刹下铭》为普通二年所写，但杨慎著录为普通三年所写，二者有冲突。二是梁武帝普通二年，对应的时间是公元521年。萧纶出生于公元507年，此时只有14岁，鉴于他皇子的身份和多才多艺的事实，在这么小的年龄来写这一篇《招隐寺刹下铭》，有这个可能，但《全梁文》等文献中又查不到这一篇文章，无法确证。三是《安岳县志》记载萧纶是在普慈招隐寺书写的《刹下铭》石刻，但考察他的行踪，毕生未曾来过四川，更没有到过安岳，何来在普慈招隐寺书写本铭的可能？第四，最重要的是，萧梁崇尚佛教，但本铭为《招隐寺刹下铭》。招隐，是一个纯正的道家用语，道家、道教不称"寺"，"刹下"又是一个纯正的佛教用语，即使当时佛道合一乃至儒释道三教合一，也不可能由一个皇子写出《招隐寺刹下铭》这样不伦不类的文章来。

由此可知，本则目录的记载经不起推敲，四川文献的记载也不可尽信。前代研究者改铭文书写者为萧纶的意见，目前还不能成立，因为即使文章是萧纶所写，但也不能由此就否认是"萧挹书"——毕竟"书"是指书写该铭文（上石立碑）的意思。

而《梁招隐寺刹下铭》一文，虽然四川文献记载了，但寺与铭，都未能确证。遍查南朝萧氏家族人物文集，严可均辑《全齐文》《全梁文》，以及萧氏家族建立的齐梁二朝之《南齐书》《梁书》，都没有收录杨慎本则书目记载的《招隐寺刹下铭》，这既有原文已经散失、没有流传下来的可能，也有杨慎误记的可能。在上述文献中，只有梁元帝萧绎有一篇题名为"刹下铭"的文章，称为《梁安寺刹下铭》，见《全梁文》卷一八，但并非本文。

（七）杂碑

16. 紫极宫记【贾岛书，在普州】

【校】

在历代著录中，该碑碑文有贾岛撰和贾岛书两种不同的说法。

《紫极宫记》，又名《唐紫极宫碑》，刻录贾岛散文《新修紫极宫记》。赵明诚《金石录》第一千八百五十七《唐新修紫极宫记》曰："贾岛撰，正书，无姓名。武宗会昌元年三月。"①王象之《蜀碑记》卷八曰："唐紫极宫碑。《集古录》：'唐乐阐撰，贾岛书，乐彦融篆额。'即唐明皇帝祠也。乐又重修碑，以会昌元年立，在普州。"②

上述著录透露出两点信息：

第一，贾岛是唐代著名诗人，但《全唐文》没有收录他的散文作品，也就意味着他只有诗歌而没有散文传世。《金石录》记载他写过这一篇《新修紫极宫记》，弥补了贾岛没有散文作品流传下来的遗憾。

第二，《集古录》《蜀碑记》《四库全书》等文献则记载为"乐阐撰，贾岛书"，也就是说，《新修紫极宫记》不是贾岛原创

---

① （宋）赵明诚：《金石录》，济南：齐鲁书社，2009年，第90页。
② （宋）王象之撰，（清）胡凤丹辑：《蜀碑记》，台北：艺文印书馆，1969年，第120页。

的，而是乐阐撰写的。由此，贾岛没有散文传世。

22. 秦始皇碑【在嘉兴县】

【校】

根据杨慎记载："《秦始皇碑》，位于嘉兴县。"实则不然，该碑又称《东海庙碑》，刻于东汉熹平元年（172）四月，位于江苏省东海县，是江苏省境内屈指可数的几通汉碑之一。嘉兴县即今浙江省嘉兴市，不在江苏省。或为杨慎抄录前人记载之误。

23. 石篆书二十六字【天册元年，在海盐县】

【附校】

有研究者注"天册元年"为公元 695 年，误。该注实将武则天天册万岁（695 年 9 月—11 月）年号混同在此，非本则目录所云之天册元年。

天册元年，即公元 275 年。天册（275 年—276 年 6 月），是三国吴末帝孙皓的第六个年号，共计 2 年。《三国志·吴书三》："天册元年，吴郡言掘地得银，长一尺，广三分，刻上有年月字，于是大赦，改元。"① 天册二年七月，改元天玺元年。

29. 初旸谷三大字【原李阳冰书，在缙云县仙都山】

【校】

初旸谷，指仙都山初旸谷洞，现有"初阳谷"三个大字楷书。文献记载还有"倪翁洞"三个大字篆书，据说是李阳冰的手笔。所以，"初旸谷三大字"并非"原李阳冰所书"。

据元代陈性定编纂的《仙都志》卷上记载："初旸谷洞，一名倪翁洞。临于练溪之上，左右岩石奇怪，对望独峰。《郡志》云：'谷在仙都山西，初入颇阴隘，少进有石室洞房，虚敞可居，以东向先得日，故名初旸。'正东石壁有窍，大如盘盂，初旸光射室

---

① （晋）陈寿撰，（宋）裴松之注：《三国志》，北京：中华书局，1997 年，第 1171 页。

中，烂然五采，其外晴波万斛，有如烁金。或云：'倪翁洞在缙云县东半里，讹也。'宋嘉泰间，郡人陈百朋《续志》云：'洞正属仙都山练溪旁初旸谷中，崖上有洞名三大字，或云李阳冰篆。'今考谷中有磨崖'初旸谷'三楷字，'倪翁洞'三篆字，古老相传昔有倪长官隐居于此，今失其名。宋乾道间郡守钱竽题仙都诗云：'初旸便是扶桑谷，洞里倪翁招我来。'则知倪翁洞即初旸谷，明矣。"①

初阳谷洞，又名倪翁洞，相传老子学生、越国大夫范蠡的老师计倪因嫉俗遁世而隐居于此，就此得名。洞中留有唐、宋、明、清等历代摩崖石刻达60多处，是仙都风景区摩崖石刻最集中的地方，于2001年被列为国家级文物保护单位。其中的"倪翁洞"三个篆字，是时任缙云县令、李白族叔、著名小篆书法大家李阳冰所题，最负盛名。

30. 唐武则天书明果寺额【在衢州】

【校】

武则天并未"书"明果寺额，实则是她"赐"予寺名及匾额。也就是说，"明果禅寺"四个字并不是她写的。"书"与"赐"异，二者不可混同。

明果寺，位于现衢江区杜泽镇铜山源水库以北山林间。据《衢县志》记载，明果禅寺始建于唐光宅元年（684），原名兴善寺，有"千僧丛林"之称。这一年，也是唐朝的大权落到武则天手中之年，武则天为始建之明果寺赐额"明果禅寺"四字，历代悬挂。现"明果禅寺"四字金匾，乃当代高僧云门宗祖庭方丈明向大和尚所题写。

---

① （元）陈性定纂：《仙都志》卷上，明正统刻《道藏》本。

32. 长沙善化县四绝堂碑【沈传师、欧阳询书,杜甫、宋之问诗】

【校】

与文献记载有出入。长沙道林寺四绝堂最初以沈传师、裴休笔札,杜甫、宋之问诗歌为四绝;后来有人人为调整,以沈传师、欧阳询书法和杜甫、韩愈诗歌为四绝;再后来增加欧阳修和韩愈,称为六绝。无论哪一种情况,都没有杨慎所说的"沈传师、欧阳询书,杜甫、宋之问诗"为四绝的说法。

35. 邓隐峰诗【在口外银山寺】

【校】

口外银山寺,这一地点不对。口外,泛指长城以北地区,也称口北。包括内蒙、河北北部的张家口承德大部分地区,乃至于新疆一带的长城以北地区。其中,"口"指的是长城的关口,如古北口、喜峰口等。但口外不包括东北三省,东三省一般称为关外。根据文献记载,银山寺在湖北省通城县锡山主峰西侧,不在口外。另据《邓隐峰赞》诗主人公隐峰禅师一生的行踪来看,他本是福建人,主要在江西洪州、山西五台、湖南衡山、安徽池州、湖南沩山等地的名山大寺之间往返,问道修行,没有他在口外银山寺修行的记载。从作者释了惠禅师来看,他主要是在四川老家、浙江宁波、湖南平江等地的名山大寺之间修行、住持,本诗记载的是禅宗前辈的事迹。或为杨慎误记。

另,北京市昌平区也有一座银山寺,传说隐峰禅师在唐代创建了佛严寺,并筹措建造了僧房佛殿七十余间。时隔不久,邓隐峰圆寂于此。笔者认为:这一记录带有附会之嫌,隐峰禅师并未措建佛严寺,更没有圆寂在此。再加上名为银山寺的寺庙在全国各地都有,或许为文献记录错误所致。

【按】

邓隐峰，指五台山隐峰禅师，马祖道一禅师之法嗣，建州（今福建建瓯）邵武人，俗姓邓，人称邓隐峰。幼年时狂顽，父母管不了他，于是听任他出家。后来经过多年南来北往的率意修行，悟道得法，随即圆寂。成为佛教史上一位个性独特、行为独特的著名僧人。

银山寺，位于湖北省通城县锡山主峰西侧，始建于唐开元元年（713）。是年，孝子艾丁为子感恩，龙女赐金茺母之德，主修此寺。后经释戒完、释怀珍几次维修扩建。汇楚天风韵，风景美丽，气象万千，乃游览观光之胜地，是弘扬佛法的道场。《天府广记》载："刹乃唐时建，领七十二庵，沙门邓隐峰藏修之所。"

38. 义帝碑【在永州】

【校】

根据历史文献记载和实物所在地来看，"义帝陵墓与碑刻"从义帝被杀、埋葬、建立陵寝一开始就在郴州（湖南东南部），而不在永州（湖南南部），两地建制历史都很久远，但所辖地域并不相同。郴州号称"天下上游"，项羽正是以义帝应该居住在"天下上游"为借口强令他迁都并派人杀害于此的。所以该碑只能在郴州。或为杨慎误记。

【按】

义帝，指楚义帝熊心（？—前206年），芈姓，熊氏，名心。楚怀王熊槐之后（一说为其孙），秦末诸侯王之一。熊心本是楚国贵族，在楚国灭亡后，隐匿民间为人牧羊。项梁起事后，采纳范增的建议，自称武信君，立熊心为楚怀王，以从民望。项羽称西楚霸王之后，借口义帝应该居住在"天下上游"，命令他迁都郴州，暗中派英布等将其杀害。

39. 天皇元年爵碑【在永州琯岩】

【校】

遍查各类文献，不见"爵碑"之所指。根据杨慎自注"永州琯岩"的提示，笔者推断：所谓的"天皇元年爵碑"之"爵"，实则应为舜帝之"舜"，爵碑应为舜碑。实际所指，应是舜帝庙碑。据《九疑山志》记载，最早的舜庙建于夏朝，地点在大阳溪白鹤观前。第二座舜庙建于秦代，旧址在玉琯岩（杨慎称为琯岩）旁，2000 年该遗址被发现，2001 年被公布为县级文物保护单位，2002 年经湖南省文物考古所勘探试掘，确定占地面积 3.2 万平方米，叠压文化层最深处约 3 米。遗址南北狭长，五进，九开间，完全符合古代帝陵"九五之尊"的体制。2006 年被公布为国家级文物保护单位。现在的舜帝庙于明朝洪武四年（1371）由玉琯岩搬迁而来，位于舜源峰北麓，坐南朝北。

由此可知：自秦汉以来，玉琯岩旁一直建有纪念舜帝的舜帝庙，而且规模极为宏大。直到明代初年才从玉琯岩旁搬迁至今舜源峰下，历时近两千年。作为具有重大历史文化价值和民族文化精神象征的舜帝庙，在庙前立碑树表，是最基本的常识性事件。杨慎所谓之"爵碑"，应为舜碑无疑。

【按】

因"天皇元年"找不出历史系年中对应的年份和年号，笔者多方查找其具体所指，则"天皇"一词，见于康熙《永州府志·玉琯岩》条："岩前有天皇元年舜碑，其文诞谬，盖咸通中羽流所作，不足信也。"借助唐会昌四年（844）李郃所写《九疑山赋》中"仙踪显天皇之始载，郡名标贞观之初年"之语，我们可以推断："天皇之始载"，此即舜碑"天皇元年"之意，也就是说，实际上没有具体的时间对应。咸通（860—874）是唐懿宗李漼的年号，共计 15 年。"咸通中羽流"，指的是咸通年间的道教徒们（羽流,指道士,也称羽客)。《永州府志》的记载表明这块碑是咸通年间道教徒所立,稍早于《九疑山赋》问世的时间,其碑文不足为信。

由此记载,可以明确推定杨慎"爵"字,确实是"舜"字之误。有研究者继续以这一失误为基础进行研究和注释,认为"爵碑"为真,只是不可考①。

43. 安禄山题碑【在蓬州】

【校】

《安禄山题碑》,指今四川省营山县太蓬山透明岩上的《唐安禄山题龛》。据碑文记载,该碑刻于大唐先天二年(713),山下杨家湾还有传说中的杨贵妃墓,故被传说是杨贵妃(一说她并未被勒死,而是在四川隐居了下来)为安禄山所刻的供养碑。营山县唐属蓬州,蓬州为"赋圣"司马相如故里,四川省历史文化名城,民国二年(1913)废,改名蓬安县。

据考,安禄山生平从未到过四川,但在营山太蓬山却实实在在地刻有安禄山的造像供养题龛。南宋理宗绍定二年(1229),蓬池主簿朱时敏对其进行了辩驳,否定此题龛为安禄山所为。因为大唐先天二年(713)雕刻这一尊造像时,安禄山年仅十岁,且他毕生未曾来过四川,何来为自己建造佛龛造像之事?

【按】

笔者在《评注》一书中本则注释之后附录了一篇名为《太蓬

---

① 按:在本书之中,笔者多次发现杨慎误记、错漏乃至伪造碑刻、文献内容的行为。四川大学、四川师范大学以及四川省杨慎研究学会的许多师长都以杨慎谪居云南、文献难征为由来做解释。但笔者在《书品》《墨池琐录》《太史升庵文集》《法帖神品目》中反复看到这一现象,在多年来消耗完了"同情地理解"之后,已经不敢苟同。李凯教授指导说:杨慎确实博学,但博则杂,杂则乱。所以他有时候乱说乱写,伪造事实,也许记忆失误,也许是查不到相关文献,也许是看不到相关实物,也许是因为自己作为世人公认的天才,可以自我创新,以超越常人。

山》的博文，讨论此事，可作参考①。

（八）帝王

9. 陈长沙王梅发帖

【校】

"陈长沙王"，一说陈叔怀，一说陈叔慎。当为陈岳阳王陈叔慎。

《淳化阁帖》卷一目录《历代帝王法帖第一》著录为："陈叔慎《梅发帖》，六行。"而《淳化阁帖》书帖之后著录为"陈长沙王陈叔怀书"。据《陈史》记载，长沙王只有陈叔坚，而无陈叔怀，其昆弟亦无此名。观帖尾署名处，疑是陈叔慎，为岳阳王。盖摹传之变。

陈叔慎（572—589），字子敬，陈宣帝陈顼（又名陈昙顼）第十六子，母淳于姬。太建四年（572）生。少聪敏，善属文。善行书，笔画圆整。太建十四年（582），立为岳阳王，时年十一岁。陈后主至德四年（586），拜侍中、智武将军、丹阳尹。后主爱文章，陈叔慎与衡阳王陈伯信、新蔡王陈叔齐等日夕陪侍，每应诏赋诗，常被赞赏。祯明元年（587），都督湘、衡、桂、武四州诸军事、智武将军、湘州刺史。

（九）淳化诸帖

12. 宋宣和手诏石刻【在广西贵县】

【校】

查阅相关文献，广西贵县南山寺曾有"宋太宗赐御书224轴，宋仁宗题景祐禅寺"的殊荣，但不能查到宋徽宗宣和年间有

---

① 网址为：http://blog.sina.com.cn/s/blog_7cff1f73010150hk.html。

诏书在该县刻石的著录情况。有研究者说此石刻《淳化阁帖》等有摹刻，不当。

因《淳化阁帖》为宋太宗淳化三年（992）由王著主持编次、摹刻的汇帖，而"宣和"是宋徽宗年号，差了一百多年，《淳化阁帖》不可能收录宋徽宗宣和年间的诏书。当代研究者不能将查不到出处的石刻这样笼统地归入《淳化阁帖》之中。由此可知，杨慎这一著录不合史实。

【按】

今广西境内保存有两处《元祐党籍碑》，碑文为翻刻的宋徽宗诏书，由宰相蔡京书写。一处在桂林龙隐洞，一处在融县真仙岩，但都不是杨慎所说的广西贵县。所以，尽管这两处《党籍碑》符合杨慎"宋宣和手诏石刻"的记载，但地址有冲突，也与这一部分目录专论"淳化诸帖"的内容相矛盾。

《三国志集注》札记

杨小平[*]

摘　要　陈寿《三国志》单行与合编，前人时贤校注成就不俗。引文并非逐字引用。清代赵一清《三国志注补》未见点校本，仅被卢弼《集解》节选，未全部纳入。林国赞《读三国志杂志》影印模糊，辨认困难。易培基《三国志补注》书写较潦草，难以利用。《三国志集注》全面汇集整理陈寿《三国志》的校注，按时间为序反映研究成果，以便读者。

关键词　《三国志》　集注　赵一清　易培基补注

《三国志》为前四史之一，作者为西晋巴西郡安汉县（今四川南充）人陈寿。《三国志》是由陈寿所著的纪传国别体史书，以魏、蜀、吴三国的崛起与西晋最终走向统一为主线，记载了汉末三国时期这一段社会动荡、能人贤达辈出、群雄逐鹿、三家归

---

[*] 作者简介：杨小平，生于1972年，四川南充人，文学博士，史学博士后，西华师大文学院教授，硕士生导师。主要研究方向：训诂、俗语言、三国志、敦煌文献研究。

此文系西华师范大学英才基金项目"易培基写本《三国志补注》研究"（17YC486）阶段性成果。

于一统的波澜壮阔的历史。后人对陈寿《三国志》推崇备至,视其为与《史记》《汉书》《后汉书》并列的"前四史"之一。

一、《三国志》单行与合编

《三国志》共六十五卷,其中包括《魏书》三十卷、《吴书》二十卷、《蜀书》十五卷。一段时期,它们也各自成书单行传世。北魏张始均改《魏书》为编年体,三十卷①。《旧唐书·经籍志》等著录有《魏书》《吴书》《蜀书》,不少版本《魏志》称《魏书》,《吴志》称《吴书》,《蜀志》称《蜀书》。《三国志》属于国别史,采用纪传体,纵断横剖,容易自相矛盾。

《三国志》单行称书,与《尚书》《太史公书》(即后通称的《史记》)《汉书》一脉相承,下启《后汉书》《宋书》《隋书》《唐书》,似是原题,说明史书命名多以"书"作题。

郑樵《通志·总序》指出:"古者记事之史谓之志,《书大传》:'天子有问无以对,责之疑,有志而不志,责之丞。'是以宋、郑之史,皆谓之志,太史公更志为记,今谓之志,本其旧也。"② 有人误把"记事之史"引作"记事之事","太史公"误作"太史"。

《史通·六家》也指出:"昔虞、夏之典,商、周之诰,孔氏所撰,皆谓之'书'。夫以'书'为名,亦稽古之伟称。寻其创造,皆准子长,但不为'世家',改'书'曰'志'而已。自东汉以后,作者相仍,皆袭其名号,无所变革,唯《东观》曰

---

① 杨耀坤、揭克伦:《今注本二十四史·三国志》,成都:巴蜀书社,2012年,第36页。按:该书亡佚于北魏孝明帝神龟二年(519)。我们检索了杨书校注提及的《魏书》卷六四《张彝传》(见北齐魏收《魏书》,北京:中华书局1974年,第1433页),原文据引如后:"始均才干,有美于父,改陈寿《魏志》为编年之体,广益异闻,为三十卷。"

② 郑樵:《通志》,北京:中华书局,1987年,第3页。

'记',《三国》曰'志'。然称谓虽别,而体制皆同。"①《史通·题目》则指出:"至孙盛有《魏氏春秋》,孔衍有《汉魏尚书》,陈寿、王劭曰志,何之元、刘曰典。此又好奇厌俗,习旧捐新,虽得稽古之宜,未达从时之义。"②

不过,称《魏志》为《魏书》容易与记载北魏历史的《魏书》相混淆,因此我们不称原题,而改称《魏志》。《吴书》《蜀书》也分别改称《吴志》《蜀志》。

《旧唐书·经籍志》以《魏书》为正史,归《吴书》《蜀书》入编年,分类极不科学,然其可证三书,当时是互相独立的。但因此就得出《三国志》只有分别独立的三部书而没有合编本的结论则可能是有问题的,有不少人就认为《三国志》原来只是单独成书,并未合称《三国志》,直到宋代才合编成《三国志》。

这种看法我们怀疑欠妥。因为《晋书》《华阳国志》《隋书》等的记载均明确指出:陈寿作《三国志》;裴松之也有《上三国志注表》。我们也应该注意《晋书·陈寿传》提及《三国志》有两种表述:一是《魏吴蜀三国志》,一是《三国志》。而《魏吴蜀三国志》是现代标点,这种古籍名称可以理解成魏吴蜀三国志、《魏吴蜀三国志》或魏吴蜀《三国志》。

不过,更多的宋前古籍均已提到《三国志》书名,如《华阳国志·后贤传》说:"吴平后,寿乃鸠合三国史,著魏、吴、蜀三书六十五篇,号《三国志》。"③《隋书·经籍志》说:"晋时,

---

① 赵吕甫:《史通新校注》,重庆:重庆出版社,1990年,第58页。
② 赵吕甫:《史通新校注》,重庆:重庆出版社,1990年,第221页。按:汉籍全文检索系统误作"《汉魏》《春秋》"。
③ (晋)常璩著,刘琳校注:《华阳国志新校注》卷一一《后贤志》,成都:四川大学出版社,2015年,第494页;任乃强:《华阳国志校补图注》,上海:上海古籍出版社,1987年,第634页。按:《华阳国志》的记载与裴松之《上三国志注表》都说明《三国志》的合编本在唐前的两晋南北朝已经出现。

《三国志集注》札记

巴西陈寿删集三国之事，唯魏帝为纪，其功臣及吴、蜀之主，并皆为传，仍各依其国，部类相从，谓之《三国志》。……《三国志》及范晔《后汉》，虽有音注，既近世之作，并读之可知。"① 唐代刘知几《史通·外篇·古今正史第二》说："由是世言《三国志》者，以裴注为本焉。"② 徐坚《初学记》卷一二《职官部》下说："少仕蜀，在观阁为郎，除中书著作郎，撰《三国志》。"③ 又卷二一《文部》说："晋初，陈寿采集其事，谓之《三国志》，凡六十五篇。"④

刘知几《史通·内篇·叙事》指出："陈寿《魏书》，其美穷于三祖。"⑤ 程千帆《笺记》引周中孚《郑堂札记》卷五说："《三国志》，大名也。《魏书》《蜀书》《吴书》，小名也。《蜀书·杨戏传》云：'戏以延熙四年著《季汉辅臣赞》，其所颂述，今多载于《蜀书》。'又《董允传》注论陈氏立《夏侯玄传》，亦曰：'《魏书》总名此传云《诸夏侯曹传》。'此其证也。但自来引者，俱曰《魏志》《蜀志》《吴志》，岂因大名而改称与？"⑥ 程氏又指出："周说是也。考严可均《全晋文》卷一百二载陆云《与兄平原书》第七首亦有'陈寿《吴书》'之目。常璩《华阳国志·后

---

① （唐）魏征、令狐德棻：《隋书》，北京：中华书局，1973年，第957页。
② 赵吕甫：《史通新校注》，重庆：重庆出版社，1990年，第714页。
③ （唐）徐坚：《初学记》：北京：中华书局，1962年，第299页。
④ （唐）徐坚：《初学记》：北京：中华书局，1962年，第503页。
⑤ 赵吕甫：《史通新校注》，重庆：重庆出版社，1990年，第392页。
⑥ 程千帆：《史通笺记》，北京：中华书局，1980年，第114页。按：程氏引文及论述图书时并无书名号，书名号是编者根据文意补充的，目的是便于阅读和研究。程氏引文标点部分欠妥。如："'《魏书》总名此传云，《诸夏侯曹传》。'此其证也。但自来引者，俱曰《魏志》、《蜀志》、《吴志》，岂因大名而改称与？"当作："'《魏书》总名，此传云《诸夏侯曹传》。'此其证也。但自来引者俱曰《魏志》《蜀志》《吴志》，岂因大名而改称与？""此传"标点当下属。赵吕甫《史通新校注》第225页引文不误，赵书引文作"《郑堂札记》卷二"，程书引作"《郑堂札记》卷五"，我们见到的该段引文在《郑堂札记》卷五。"三祖"指魏武帝曹操、魏文帝曹丕、魏明帝曹叡。其实，在程氏前，四川大学的缪钺已经指出《三国志》并非到宋代才合称。

贤志》又有云：'吴平后，寿乃鸠合国史，著魏、吴、蜀三书，六十五篇，号《三国志》。'其说尤明。《唐书·经籍志》于正史类著录《魏国志》三十卷，伪史类著录《蜀国志》十五卷，《吴国志》二十一卷，与《隋书·经籍志》之以《三国志》六十五卷，不加分析，著录于正史类者有别。《吴志》本二十卷，《旧唐书》作二十一卷，一字误衍。《隋志》又著录《魏志音义》一卷，卢宗道撰。姚振宗《考证》卷一一疑宗道即《北史·卢玄传》所载玄孙思道之弟，又云：'但为《魏志音义》，而不及吴、蜀，其书亦似不全。'据此，知三书虽总名《三国志》，而亦尝单行，《魏书》或题《魏国志》《魏志》，《吴书》《蜀书》亦然，其事皆起于先唐。卢宗道但为《魏志》作音义，正缘其书尝别裁单行，亦不得即谓其非全书也。凡此皆周信之所未及致详者，因为之补证如此。李慈铭《越缦堂读书记》卷三三'三国志'条云：'陈氏本无《魏书》《蜀书》《吴书》之名，概题为志。后人误以标目，刻十七史、二十一史者遂皆沿之，流俗所当正也。'其说实非。胡玉缙《四库全书总目提要补正》卷一三顾取之而不加辨正，亦其疏也。"① 程氏批驳姚振宗、李慈铭、胡玉缙等人所言极是，论述《三国志》单行和合编问题精当，不被世人熟知，实是一憾事也。程氏提到唐代卢宗道撰《魏志音义》一卷，从书名也能够证明《三国志》曾经单行。

赵幼文《校笺》指出："据叶昌炽《缘督庐日记》云：'宋单行本《魏志》藏于孙迁伯家，宋大字监本《三国志》藏于刘氏嘉业堂。'"② 由此可知，宋代《三国志》仍分单行本和合编本。北宋雕版印刷逐渐成熟后，单行本逐渐消亡，只有合编本。

---

① 程千帆：《史通笺记》，北京：中华书局，1980年，第115页。
② 赵幼文：《三国志校笺》，成都：巴蜀书社，2001年，第2047页。

二、各家成就与不足

陈寿《三国志》问世后，裴松之、李善、萧常、胡三省、郝经、杭世骏、侯康、沈钦韩、潘眉、赵一清、周寿昌、陈景云、洪亮吉、梁章钜、康发祥、林国赞、徐绍桢、尚镕、钱大昭、钱仪吉、周嘉猷、刘咸炘、李宝洤、李澄宇、李慈铭、李祖陶、孙人和、丁谦、罗振玉、牛运震、徐绍桢、赵幼文、卢弼、易培基、张元济、张舜徽、陈乃乾、缪钺、徐复、吕叔湘、周一良、杨耀坤、方北辰、刘琳、吴金华、高秀英、王天书、王祖彝、蒋天枢、刘百顺、蔡镜浩、尾崎康、方一新、何亚南、李纯蛟、唐子恒、朴灿奎、中林史郎、胡宝国、黄文荣、苏杰、肖瑜等前人时贤从不同角度对其进行了笺证、校勘、注释、标点。不过，这些校注都在不同程度上存在一些不足。

前人时贤的校注中，只有裴松之《三国志注》、卢弼《三国志集解》、赵幼文《三国志校笺》和易培基《三国志补注》是全文随文注疏，其余都是摘录《三国志》及裴注的部分文字，或没有《三国志》及裴注原文，这些注疏比较零散，不易查阅和理解利用。赵幼文《三国志校笺》和易培基《三国志补注》实际上还都是未完稿。

梁章钜《三国志旁证》汇集了清代之前的大部分校注，不过引用前人时贤的注疏偶有出入，个别地方未能标注前人时贤及其论著名称，存在一定遗漏，而且只摘录原文部分文字，需要读者自己查找正文来对应，阅读和理解不便。杨耀坤校订为梁章钜《三国志旁证》增加现代标点，补充了大部分出处，不过仍有小部分遗漏，标点个别地方也还可以继续推敲。

缪钺《陈寿评传》《三国志导读》纠正了对陈寿及其《三国

志》的部分责难，论断言而有据，《三国志选注》注释四十三篇纪传，简明通俗，钩玄摘要，据实立论，严谨有据，可惜并非全注，个别注释论证尚可商榷。

卢弼《三国志集解》号称集解，基本上汇集了之前的《三国志》相关校注，实际上仍有不少遗漏，而且过于偏重地名的校注。钱剑夫最新标点整理本也有一定讹误，引文又没有采用引号标明起止，读者阅读与理解容易导致错误。

易培基《三国志补注》比卢弼《三国志集解》还要早出版两年，为《三国志》校注提供了大量异文，具有不可取代的价值与功用，可惜至今仍鲜为人知。由于该书稿只有台北艺文印书馆1955年影印出版过。该书印刷数量极少，大陆专家学者多数未见或难以见到，不为大众所知晓，故至今也未被校注者留意并加以充分利用。易培基对明代西爽堂本专门进行过整理，并没有全部完成，1955年出版的仅仅是其未完书稿。书稿没有点校，没有现代标点符号，采用文末尾注的注释形式，阅读十分不便。易培基一书多写行书或草书，难以辨认，非常容易导致误解。

赵幼文遗稿《三国志校笺》吸收前人整理研究成果，发现了相当多的异文，有的与易培基《三国志补注》重复，有的是独立发现。赵幼文《三国志校笺》也是采用文末尾注的注释形式，阅读十分不便，容易导致误解。

最为通行的中华书局陈乃乾校点本只有点，没有校，也没有校勘记。该本只有《三国志》原文和裴松之注，未能完整地反映《三国志》研究情况，给《三国志》研究带来了一定的不便。

已经出版的《三国志》新点校、新校注也未见对易培基《三国志补注》、张元济《百衲本三国志校勘记》等加以利用。

李纯蛟《三国志研究》对1700年来《三国志》研究中的若干重大问题论争进行了总结和评析，提出了一些创新见解，但其研究偏重于点而不是面。2019年又推出了《陈寿年谱》一书，为陈寿研究奠定了良好基础，还可以继续深入研究和补充资料。

张越《后汉书三国志研究》收录了《三国志》研究的部分论文，这些论文就《三国志》某一问题进行论述，侧重个案研究，可供吸收参考的注疏并不多。

吴金华《三国志丛考》《三国志校诂》对《三国志》原文及裴注进行了很好的整理研究，多有斩获，有全新发现，有补充完善，遗憾的是摘录《三国志》及裴注的部分文字，不利于读者阅读与理解。吴金华编有《三国志整理研究资料长编》，据说对古今中外《三国志》整理研究的成果进行了摸底清理，但至今未见出版，无法利用。

2012年出版的杨耀坤《今注二十四史·三国志》也未实现集注的任务，摘选混杂古今注疏，易培基《三国志补注》、张元济《百衲本三国志校勘记》等均未纳入。

其他论著与硕博论文则需要读者逐一查阅，难以利用，个别论著并不容易看到。

总之，梁章钜《三国志旁证》、卢弼《三国志集解》等都曾汇集《三国志》相关注释，但并未网罗殆尽。易培基《三国志补注》、赵幼文《三国志校笺》、吴金华《三国志校诂》《三国志丛考》等相关论著也无人汇集。至今为止，全面汇集《三国志》问世以来的所有整理研究的集注尚无，这是古籍整理学界的一项尚待补白的工作。

总体来看，已有成果的成就主要有三：

第一，陈寿《三国志》已有较全面而深入的整理研究，历经千年，群星璀璨，名家辈出，力作不断，呈现出繁荣的景象。整理研究者擅长考据，推理严密，以事实说话，用文献来推证，让人信服。潘眉、何焯、陈少章、李慈铭等已指出《谯周传》《杨戏传》《王肃传》《邴原传》《步骘传》等裴注与正文混杂问题，黄大受、崔曙庭、王廷洽、张子侠、吴金华等指出了《三国志》字数多于裴注。吴金华、刘奉文、孙景涛、苏耀宗、英秀林、阎玉文、倪永明、王彤伟等一批有分量的硕博论文利用简帛、敦煌写本、《续修四库全书》、海外汉籍等文献资源，对《三国志》进行了富有成效的专题研究，研究的深度与广度得到明显拓展。《益部耆旧传》已有陶宗仪、陈阳等辑佚，《诸葛亮集》已有张澍、李伯勋等辑佚。陈寿及其著述的整理研究已有良好开端。

第二，缪钺、杨耀坤、李纯蛟、韩毓璇、吕美泉等对《三国志》及其作者陈寿的研究情况进行了总结与研究，涉及文献学、语言学、文学、历史学等领域，力求还原历史真实，实现史书书法的准确揭示和相关人物的客观评价，为陈寿研究史奠定了较好的基础。

第三，李纯蛟编有陈寿生平考述与陈寿生平事迹年表，罗列编年史及相关证据，所言大多有理有据。

不过，现有成果也存在一定的不足：

第一，未准确区别《三国志》与裴注，注释与研究存在搜集不全、校注不周、核检不便等问题。研究偶有重复讨论、偏重专名、众说纷纭、繁琐寡要之嫌，人工翻检统计有误，部分结论稍显武断。学科分割，成果散见，参考不易，利用不便，亟待辑集类聚，定其是非。文献搜集难，辨伪难，校点难，查阅善本不易，《三国志》元典判断与校对不易，需彻底准确分割《三国志》与裴注、《三国演义》等；《益部耆旧传》《诸葛亮集》等已亡佚，辑录考辨较难，会耗费一定的时间、财力。

第二，研究极不平衡，研究对象过于高度集中。关注《三国志》较多，对《益部耆旧传》《诸葛亮集》等其他作品整理研究很少。《三国志》专书研究强，陈寿及著作系统研究薄弱。至今还缺乏集近百年新成果、新材料、新观点大成的汇注汇校汇评。辑佚、点校仍有疏漏讹误，整理研究质量还有待提高。

第三，研究重证据，轻理论；重史学，轻其他；国内多，国外少。陈寿研究较少，陈寿年谱有误，陈寿传记不详，有待补充修改。不少史实尚待考证，是非曲直有待断定。纪传关联不够，海外善本利用偏少，陈寿研究史等尚无。陈寿年谱与传记难写，不易客观公正。识断不易，精审更难，需有科学可靠的文献资源，需准确识断和洞察细微；本证为主，旁证为辅，多元论证，形成证据链，避免片面武断。

三、各家注疏引文不严格

《三国志集注》以中华书局一九五九年版点校本《三国志》为基础，汇集卢弼《三国志集解》、易培基《三国志补注》、赵幼文《三国志校笺》以及其他《三国志》研究论著。出土于吐鲁番、敦煌地区的六种古写本残卷也是重要的对校资料。

对原点校本的分段及标点符号按照国家标准采用最新标点符号，脚注引书的标点符号也采用最新标点符号。

对裴松之的音注，不采用夹注形式，一律统一为提行形式，前加"【裴注】"，字体用楷体，以便与正文、集解区别。

卢弼《三国志集解》前加"【集解】"。易培基《三国志补注》、赵幼文《三国志校笺》以及其他《三国志》研究论著用脚注按照时代先后顺序进行汇集，并用"【】"加以分割。我们若有补充或议论，则用"【杨按】"开头，以便区别。

《目录》根据传文重新编写。

脚注引用文献及前人成果时，统一使用简称，主要引书简称如下：

《三国志集注》引书简称一览表

全　　称	简　　称
陈景云《三国志辨误》	陈景云《辨误》
丁谦《三国志外国传地理考证》	丁谦《考证》
何焯《义门读书记》	何焯《读书记》
侯康《三国志补注续》	侯康《补注续》
康发祥《三国志补义》	康发祥《补义》
李慈铭《三国志札记》	李慈铭《札记》
李纯蛟《三国志研究》	李纯蛟《研究》
梁章钜《三国志旁证》	梁章钜《旁证》
卢弼《三国志集解》	卢弼《集解》
罗振玉《三国志证闻校勘记》	罗振玉《校勘记》
缪钺《三国志选注》	缪钺《选注》
潘眉《三国志考证》	潘眉《考证》
钱大昭《三国志辨疑》	钱大昭《辨疑》
钱仪吉《三国志证闻》	钱仪吉《证闻》
屈直敏《敦煌写本类书〈励忠节钞〉引〈三国志〉异文辑证》	屈直敏《辑证》
尚镕《三国志辨微》	尚镕《辨微》
沈家本《三国志琐言》	沈家本《琐言》
孙人和《三国志辨证》	孙人和《辨证》
王仁俊《三国志佚文》	王仁俊《佚文》
吴金华《三国志丛考》	吴金华《丛考》
吴金华《三国志校诂》	吴金华《校诂》

《三国志集注》札记

续表

吴金华《点校本三国志修订样稿》	吴金华《样稿》
徐绍桢《三国志质疑》	徐绍桢《质疑》
杨耀坤、揭克伦《今注本二十四史·三国志》	杨耀坤《今注》
易培基《三国志补注》	易培基《补注》
张元济《三国志校勘记》	张元济《校勘记》
赵一清《三国志注补》	赵一清《注补》
赵幼文《三国志校笺》	赵幼文《校笺》
周寿昌《三国志注证遗》	周寿昌《证遗》
周一良《三国志札记》	周一良《札记》

《三国志集注》一书整理这些校注及其相关研究的全部异文和校勘注释内容，把梁章钜《三国志旁证》，赵幼文《三国志校笺》，张元济《三国志校勘记》，易培基《三国志补注》，吴金华《三国志校诂》《三国志丛考》，杨耀坤、揭克伦《今注本二十四史·三国志》等研究论著全部录入到相应地方，读者一书在手，就可以看到所有相关论述，学术发展一目了然，各自的创新变化也准确明白。

对比可以看到前人时贤在引用过去研究论著并非逐字严格引用，存在一定差异，需要加以注意。下面举几个例证：

【杭世骏《补注》】杜氏《重典》曰："魏武王以礼送终之制，袭称之数，繁而无益，俗又过之。先自制送终衣服内箧，题识其上：'春、秋、冬、夏。'曰：'有不讳，随时以敛，金珥珠玉铜铁之物，一不得送。'"虞荔《鼎录》曰："'魏武帝铸一鼎于白鹿山，高一丈，纪征伐战阵之事。'古文篆书四足更作'鼎'，与太子名曰：'孝鼎'，画刻古来孝子姓名，小篆书。"《幽明录》曰："谯县城东因城为台，方

143

二十丈，高八尺。一尸，古之冢也。魏武即筑以为台，东面墙崩，金玉流出，取者多死，因复筑之。"《曹操别传》曰："操引兵入岘，发梁孝王冢，破棺，收金宝数万斤，天子闻之，立泣。"①

【梁章钜《旁证》】《宋书·礼志》"未得遵古也"句下有"百官临殿中者十五举音"一句。又云："魏武以送终制衣服四箧，题识其上，春秋冬夏日有不讳，随时以敛。金珥珠玉铜铁之物，一不得送。文帝遵奉，无所增加。及受禅，刻金玺，追加尊号。不敢开埏，乃为石室，藏玺埏首，示陵中无金银诸物也。"何焯曰："陆机《吊文》载《遗令》有云：'吾在军中，持法是也，至于小忿怒，大过失，不当效也。'注中亦宜备见。孙能传《剡溪漫笔》云：'司马温公语刘元城："昨看《三国志》，识破一事，曹操身后事，孰有大于禅代？遗令谆谆百言，下至分香买履、家人婢妾，无不处置详尽，而无一语及禅代事。是实以天下遗子孙，而身享汉臣之名。"'操心直为温公剖出，今《魏志》所载遗令，寥寥数语，其分香卖履、处置家人婢妾皆无之。裴松之注不载，岂所见有别本耶？"②

又如：

【侯康《补注续》】《魏卫敬侯碑》阴文曰："所著述渥（字有误）。解故训及文笔等甚多，皆已失坠。所注《孝经》固而（二字有误）仓颉冢碑，大篆书，在左冯翊利阳亭南道旁，及《华山下亭碑》《增算状》《殷叔时碑》《魏大飨碑》

---

① （清）杭世骏：《三国志补注》，北京：中华书局，1985年，第7页。按：《重典》当是《通典》讹误。
② （清）梁章钜：《三国志旁证》，福州：福建人民出版社，2000年，第49—50页。

《群臣上尊号奏》及《受禅石表》文,并在许;《繁昌尊号奏》《钟元常书受禅表》。觊并(二字亦有误。觊即敬侯名,碑文上称敬侯,不应此处直斥其名,与下并字义亦不贯)。金针八分书也。"王僧虔《能书人名录》云:"卫觊善草及古文,各尽其妙,草体微瘦,而笔迹精熟。"①

【梁章钜《旁证》】侯康曰:"《魏卫敬侯碑》阴文云〔杨耀坤校订:"云"侯康《补注续》作"曰"〕:'所著述渥字有误。解故训及笔等甚多,皆已失坠。所注《孝经》固而二字有误。仓颉冢碑大篆书在左冯翊利阳亭南道旁,及《华山下亭碑》《增算状殷叔时碑》《魏大飨碑》《群臣上尊号奏》及《受禅石表》文,并在许;《繁昌尊号奏》《钟元常书受禅表》。觊并二字亦有误。觊即敬侯名,碑文上称敬侯,不应此处直斥其名,与下"并"字义亦不贯。金针八分书也。'王僧虔《能书人名录》云:'卫觊善草及古文,略尽其妙,草体微瘦,而笔迹精熟。'"〔杨耀坤校订:侯康《补注续》。〕②

又如:

【侯康《补注续》】洪适曰:"刘焉在蜀,创置督义司马,助义襃金校尉,刘表在荆,亦置绥民校尉。汉衰,诸侯擅命,率意各置官属。"③

【梁章钜《旁证》】侯康曰:"洪适尝言,刘焉在蜀,创置督义司马、助义襃金校尉。刘表在荆,亦置绥民校尉。汉政既衰,诸侯擅命,率意各置官属"如此。〔杨耀坤校订:

---

① (清)侯康:《三国志补注续》,北京:商务印书馆,1937年,第49页。
② (清)梁章钜:《三国志旁证》,福州:福建人民出版社,2000年,第392页。
③ (清)侯康:《三国志补注续》,北京:商务印书馆,1937年,第60页。

侯康《补注续》。〗①

再如：

【赵一清《注补》】《后汉书·崔寔传》："寔从兄烈，其子钧，少交结英豪，有名称，为西河太守。献帝初，钧与袁绍俱起兵山东，董卓以是收烈，付郿狱锢之。卓既诛，拜烈城门校尉。及李傕入长安，为乱兵所杀。"而陈承祚遗之。卷末裴注引《傅子》曰："袁绍、崔钧之徒，虽为将帅，皆着缣巾。"即其人也。盖亦与上诸人同时起兵者。②

【卢弼《集解》】赵一清曰："《后汉书·崔寔传》：'寔从兄烈，烈子钧，少结交英豪，有名称，为西河太守。献帝初，钧与袁绍俱起兵山东，董卓以是收烈付郿狱，锢之。'卷末裴注引《傅子》曰：'袁绍、崔钧之徒，虽为将帅，皆着缣巾。'即其人盖亦与诸人同起兵者，而承祚遗之。"弼按：是时同起兵者，尚有广陵太守张超、长沙太守孙坚、青州刺史焦和。见《后汉书·袁绍传》《臧洪传》、袁宏《后汉纪》、《吴志·孙坚传》，又本志《刘表传》亦合兵，军襄阳。《蜀志·先主传》注引《英雄记》云："刘备亦起军讨董卓。"③

各书的体例有差异，除易培基《三国志补注》，赵幼文《三国志校笺》，杨耀坤、揭克伦《今注二十四史·三国志》之外，大多数三国志论著采用的是截取部分词句，然后加以考证的方法，要准确找到相关原文也不是一件容易的事情。相关论著之间

---

① （清）梁章钜：《三国志旁证》，福州：福建人民出版社，2000年，第498页。
② （清）赵一清：《三国志注补》，民国二十四年北京大学广雅书局刻本，1935年，第9页。
③ （晋）陈寿著，（南朝宋）裴松之注，卢弼集解，钱剑夫整理：《三国志集解》：上海：上海古籍出版社，2009年，第35页。

有重复,个别引文存在一定的差异,对此,逐一照原书录入,放入当页脚注,以方便读者。

总之,前人时贤在引用过去研究论著并非逐字严格引用,存在一定差异,需要加以注意。原注与后来注疏引用两个版本之间往往存在文字、句读等差异,反映了学术规范和整理研究随时代、学术发展而日益完善。至今学界尚无全面汇集整理陈寿《三国志》的校注,这给陈寿《三国志》研究带来了一定的不便,容易造成重复研究,浪费宝贵的人力和物力,从而阻碍了对陈寿《三国志》及三国文化的进一步研究。

四、易培基《三国志补注》等的困惑与思考

《魏志·乌丸鲜卑东夷传》:"辰王治月支国。臣智或加优呼臣云遣支报安邪踧支濆臣离儿不例拘邪秦支廉之号。其官有魏率善、邑君、归义侯、中郎将、都尉、伯长。"① 其中的"臣智或加优呼臣云遣支报安邪踧支濆臣离儿不例拘邪秦支廉之号"费解。尝问诸人,多不能解。怀疑:"优呼臣云遣支报安邪踧支濆臣离儿不例拘邪秦支廉"或许系若干称号,但未必是对应"率善邑君、归义侯、中郎将、都尉、伯长"等五个官职的当地读音或翻译。如果是对应那五个官职的当地读音或翻译,陈寿应该会写明的,裴注也会予以注明的。

林国赞《读三国志杂志》一书影印十分模糊,辨认十分困难。兰州大学历史文化学院图书馆原收藏的中华书局版已经亡佚。国图收藏的版本也难以看到,费尽周折才解决原来无法辨认

---

① (晋)陈寿:《三国志》,北京:中华书局,1959年,第850页。按:"率善、邑君",吴金华《三国志丛考》认为当作"率善邑君",所言在理,见吴金华《三国志丛考》,上海:上海古籍出版社,2000年,第254—255页。

的字，解决了暂时存疑待考的字词。可见，图书资料的获取并不容易，前人时贤的努力并不都能够被后人看到，容易导致重复研究，甚至倒退。

本次集注将赵一清《三国志注补》和易培基《三国志补注》进行点校。

清代赵一清《三国志注补》未见点校本，卢弼《集解》也没有将该书的全部内容都纳入，不少地方是节选。

易培基《三国志补注》目前仅仅有三篇论文涉及。易培基（1880—1937），湖南省善化（今长沙市）人，曾任湖南省立第一师范学校校长，故宫博物院首任院长，是中华人民共和国开国领袖毛泽东主席的老师。

在整理研究《三国志》的大型成果中，易培基的《三国志补注》至今仍属鲜为人知的一种，虽然它比近半个世纪以来很有影响的卢弼《三国志集解》还要早出版两年。易培基以吴氏"明景北宋本"的西爽堂本《三国志》这一明代的《三国志》善本为底本，对传世《三国志》及相关研究进行补注。该版本实胜南、北监及近刻诸本，具有不可取代的价值与功用，可惜由于该书稿实际上是一部未完手稿，书写也比较潦草，国内外也只有台北艺文印书馆在1955年影印出版，但一直深藏书山文海，令读者难以看到，以至于该书的价值未能被充分利用。

虽然易培基对明代的这一善本的整理工作没有完成，1955年出版的仅仅是其未完书稿，但是提供了可供校注的大量异文。我们统计了易培基写本《三国志补注》，注释共6671条（其中《魏书》3140条，《蜀书》1284条，《吴书》2247条），约三十万字。易培基《三国志补注》出版的印刷数量极少，专家学者多数未见或难以见到。加上易培基的书稿为手写草书，不容易辨认没有点校，没有现代标点符号，采用文末尾注的注释形式，阅读十分不便，容易导致误解。

　　同时，易培基写本《三国志补注》属于民国时期写本，而民国语言文字的真实使用情况也可以从该写本中得到一定程度的反映。该写本使用了不少民国时期的俗字俗语，可以据之研究民国俗字俗语，从中了解汉字从明清到当代的演变规范进程，总结其使用、定型、变化等规律，为当今汉字的规范、改革等提供参考。

　　对易培基《三国志补注》一书，吴金华在《略论易氏〈三国志补注〉》一文中已对其价值做过简单阐述，后又与弟子苏杰合作，专门撰文《易氏〈三国志补注〉评述》给以高度评价，之后再也未见有人对该书进行研究和论述，国内外对《三国志》的整理与研究也不见对该书的利用。

　　传世的陈乃乾校点本与赵幼文《三国志校笺》也有相当多的异文，有的与易培基《三国志补注》重复，有的是独立发现。其中陈乃乾校点本只有点，没有校，也没有校勘记。赵幼文《三国志校笺》也是采用文末尾注的注释形式，阅读十分不便，容易导致误解。四川大学杨耀坤校订的梁章钜《三国志旁证》也是如此，存在类似问题。已经出版的《三国志》新点校、新校注也未见对易培基《三国志》加以利用。

　　学界对民国时期的俗字研究还没有引起足够的重视，故研究成果极少。民国时期的俗语在内的词语研究也比较薄弱，研究范围也仅局限于传世文献，对真实的写本反而比较忽视。利用日记、档案、手稿的往往是历史、文学、文献领域的专家学者，语言文字方面的专家学者利用较少，这种状况亟待改变。

《今注本二十四史·三国志》评介

张 箭[*]

摘 要 杨耀坤、揭克伦两位老师的《今注本二十四史·三国志》，较之以前的同类著作，至少有两大特色和学术价值。一是部头最大，注文最长。部头大自然注文的内容就最丰富，研究得也最深，涉猎的问题和方面也最多。二是在中国古代史学史和古籍整理研究史上还给裴松之的古注做了注，且较详尽深入，具有拓展之功。

关键词 古籍整理 杨耀坤 《今注本二十四史·三国志》 特点和价值

由已故历史学家、中国古代史专家、古文献学家、国务院特殊津贴获得者、博士生导师杨耀坤教授（1937—2020）[①]及其夫人、四川师范大学附属中学高级教师、揭克伦女士共同校注的"今注本二十四史《三国志》"修订本，已于2020年7月由中国社会科学出版社正式出版发行。全书分装为十二册，245个印

---

[*] 作者简介：张箭，生于1955年，四川成都人，四川大学历史文化学院教授、博士生导师。主要研究方向：世界史、中国古代史、中西交通比较交流关系。

[①] 杨耀坤教授已于2020年7月不幸病逝，享年83岁。谨撰此小文聊以纪念，寄托哀思。

《今注本二十四史·三国志》评介

张,3820 页①,共 298 万字,堪称鸿篇巨制。

一

该书系由中华文化促进会主持编纂,国家"十一五"重点图书出版规划项目、国家财政部重大出版工程资助项目、中国社会科学院哲学社会科学创新工程学术出版资助项目成果,是《今注本二十四史》之一史。《今注本二十四史》于 1994 年由文化部批准立项,许嘉璐任工作委员会主任,高占祥、王石、段先念、于友先任副主任,张玉文任秘书长;张政烺任编纂委员会总编纂,赖长扬、孙晓任执行总编纂;何兹全、林甘泉、伍杰、陈高华、陈祖武、卜宪群、赵剑英任领导小组成员。2005 年该重大出版工程被新闻出版署列入"十一五"期间"国家重点图书出版规划项目",动员了全国三十余所科研院所和高等院校约三百位专家学者参与。故自 1995 年启动起,迄今已进行了 25 年。杨先生和揭女士也孜孜矻矻为之工作了二十多个春秋。如今终于修成正果,隆重出版,可喜可贺。

由于历史的原因,二十四史中仅前四史有古人注释,此后的二十史均无。而前四史的古注,多比以后的二十史成书还早,迫切需要今人予以注释。历史上,二十四史有很多的研究成果,但都是与原书文本分离的,非常有必要将他们结合到一起。近现代学术界对二十四史的研究成果仅局限于学术使用,不能为一般读者阅读利用,因此需要通过现代的语言注释二十四史,以帮助有大专及其以上文化程度的人读懂二十四史。

《今注本二十四史》这套书的基本特点是史家注史。其工作

---

① 按:这是正文的页码,正文前另有"出版说明"5 页、凡例 5 页、目录 25 页。

主要集中在三个方面：版本的改误纠谬、史实的正义疏通、史料的补充增益。由各史主编撰写《前言》，扼要介绍该史所涉及的时代背景、作者生平、写作过程、著作特点、史料价值、在史学史上的地位和研究概况。

这套书的学术目标有两个：一个是通过校勘，得到一套善本；一个是通过今注，得到一套最佳的注释本。即完成由史家校勘并加以注释的二十四史的新校勘新注释本。它从史家的角度出发，集数百年以来学界的研究成果，采取有图有文的注释形式，为二十四史创造出一整套代表当代学术水准的、权威的现代善本。

二

杨、揭二位先生的《三国志》，在《今注本二十四史》中率先推出，实属可喜可贺。较之以前的同类著作，该书至少有两大特色和学术价值。

一是部头最大、注文最长。陈寿（巴西安汉人，今四川南充人，233—297）所著《三国志》为中国古代二十四史之一，且为其中特别重要的前四史之一。前四史按所记载的时代（朝代）历史为序，即为《史记》《汉书》《后汉书》和《三国志》。若按作者生活的时代和成书年代，则《三国志》还比范晔（398—445）《后汉书》早一个半世纪。《三国志》历来为学界和世人看重，是了解认识魏、蜀、吴三国历史的最重要的史书和原始资料。陈寿《三国志》较简略，共36万余字（不含标点符号，下同），在纪传体史书中没有志和表。一百多年后，刘宋裴松之（372—451）为《三国志》做注，弥补了其较简略和没有志与表的缺点，新增注文共32万余字。这样，陈之正文和裴之注文合计68万余字。

《今注本二十四史·三国志》评介

因裴注成书时间与范晔（398—445）《后汉书》同时，故其性质和地位等同于经典古籍和原始资料文献。从此两书合并抄写、装订、刊印、流传。后世对《三国志》做注做研究的学者代不乏人，但都属于文言古注且不标点，包括民国时代成书、解放初期出版的卢弼先生《三国志集解》（约160万字）。那是当时为止的关于《三国志》的最详注本。中华人民共和国成立后，陈乃乾先生对《三国志》首次做了断句标点校改，并出少量的校勘记。1959年由中华书局出版了首个标点本，全书100万字（含标点符号等）。《今注本二十四史·三国志》比陈乃乾标点本多出近200万字，比卢弼《集解》多出138万字。注文长，自然注文的内容就最丰富，研究得也最深，涉猎的问题和方面也最多。

二是在中国古代史学史和古籍整理研究史上还给裴松之的古注做了注，且较详尽深入，具有拓展之功。《今注本二十四史·三国志》也兼有集解之性质，实乃集以往对陈寿《三国志》及裴松之注研究之大成，并有诸多创新和推进，可谓新意迭出，新见俯拾皆是。

《今注本二十四史》在编排印刷上也别具一格，匠心独运。即一段陈寿《三国志》，一段裴松之古注，一大段杨、揭今注。我们试看一点点，以便管中窥豹，知晓这套书的编排和杨、揭二老的注释风格与贡献。以《三国志》第一册第一篇第一段为例。《三国志》卷一《魏书一·武帝纪一》①：

太祖武皇帝，[3]沛国谯人也，[4]姓曹，讳操，字孟德，汉相国参之后。[一][5]桓帝世，曹腾为中常侍、大长秋，封费亭侯。[二][7]养子嵩嗣，官至太尉，[8]莫能审其生出本末。[二]嵩生

---

① 全书皆为繁体字、横排。本文按目前的通例调为简体字。原书陈寿文用小四号宋体字，裴松之古注用五号仿宋字，杨、揭今注用小五号宋体字。

太祖。

下面是裴松之的古注：

〔一〕〔《曹瞒传》曰〕[9]太祖一名吉利。小字阿瞒。

王沈《魏书》曰：[10]其先出于皇帝。当高阳世。陆终之子曰安，施为曹姓。[11]周武王克殷，存先世之后，封曹侠于邾。[12]春秋之世，与于盟会，逮至战国，为楚所灭。[13]子孙分流，或家于沛。汉高祖之起，曹参以功分平阳侯，[14]世袭爵土，绝而复绍。[15]至今适嗣国于容城。[16]

下面是杨、揭的今注：

[3] 太祖武皇帝：曹魏对曹操的专称。曹操并未做皇帝，其子曹丕代汉称帝建立魏王朝后，黄初元年（220），追尊他为武皇帝；黄初四年，定其庙号为太祖。又在《武帝纪》中，初称曹操为太祖；至汉献帝迁都于许，曹操为大将军后，则改称公（三公之公）；至曹操进爵为王，又改称王。（详殿本《考证》李清植说）

[4] 沛国：王国名。治所相县，在今安徽濉溪县西北。谯：县名，治所在今安徽亳州市。

[5] 相国：官名。西汉初，辅助皇帝、综理朝政的最高长官，后改称丞相，与太尉、御史大夫并称三公。参：曹参，西汉初人，汉高祖刘邦的功臣，后任相国。（见《汉书》卷三九《曹参传》）

[7] 费亭侯：亭侯，爵名。汉制，列侯大者食县邑，小者食乡、亭。东汉后期遂以食乡、亭者称为乡侯、亭侯。费亭在今河南永城市南。（本谢钟音《补三国疆域志补注》）

[9]《曹瞒传》曰：各本皆无此四字。《太平御览》卷九三引此注，有此四字。殿本《考证》李龙官曰："裴注所引

皆有书名,此为脱落无疑。"中华书局校点本(以下简称"校点本")即据以增补。今从之。《曹瞒传》,《隋书·经籍志》未著录,《旧唐书·经籍志》杂传类载有《曹瞒传》一卷,吴人作。章宗源《隋书经籍志考证》据《艺文类聚》百谷部所引,认为《曹瞒传》为吴人被山所撰。卢弼《集解》则认为"被山"是《艺文类聚》所引《风俗通》之文,不是人名①。

以上的杨、揭今注,涉及人物、地名、官名、爵名、古籍文本等。

我们再看一点最后的篇章。《三国志》卷六五《吴书二十·王楼贺韦华传第二十》:

> 书奏,皓深恨之。邵奉公贞正,亲近所惮。乃共谮邵于楼玄谤毁国事,具被诘责。玄见送南州,[46]邵复原职。后邵中恶风,口不能言。去职数月,皓疑其托疾,收付酒藏,[47]掠考千所,[48]邵卒无一言,竟见杀害,家属徙临海。[49]并下诏诛玄子孙,是岁天册元年也,[50]邵年四十九。〔一〕

以下是裴松之的古注:

> 〔一〕邵子循,字彦先。虞预《晋书》曰:循丁家祸,[51]流放海滨,吴平,还乡里。节操高厉,童龀②不群,言行举动,必以礼让。好学博闻,尤善《三礼》。[52]举秀才,[53]除阳羡、武康令。[54]顾荣、陆机、陆云表荐循曰:"伏见吴兴武康令贺循德量邃茂,才鉴清远,服膺道素,[55]风操凝峻,[56]历践(三)〔二〕城[57]……为一时儒宗。年六

---

① 杨耀坤、揭克伦:《今注本二十四史·三国志》,北京:中国社会科学出版社,2020年,第1册,第1—4页。
② 按:原书此处为"齓"字,本文按简体规范化改为"龀"字。

十,大兴二年卒,[69]追赠司空,[70]谥曰穆。循诸所著论,[71]并传于世。子熙,临海太守。

下面是杨、揭的今注:

[46] 南州:指广州。

[47] 酒藏:为朝廷酿酒藏酒之所。

[48] 千所:一千左右。刘淇《助字辨略》卷三谓所,"不定之辞,犹云'许'"。

[51] 丁:当,遭逢。《尔雅·释诂》:"丁,当也。"

[53] 秀才:汉魏选举科目之一。东汉称"茂才"。曹魏定为州举秀才,郡举孝廉。晋朝沿之。

[55] 道素:指道德纯朴。

[56] 凝峻:百衲本"凝"字作"疑",殿本、卢弼《集解》、校点本作"凝"。今从殿本等。凝峻,庄重高超。《淮南子·兵略训》"典凝如冬"高诱注:"凝,正也。"

[57] 二城:各本皆作"三城"。潘眉《考证》云:"当为'二城',谓阳羡、武康也。"《晋书》卷六八《贺循传》亦作"二城"。今从潘说据《晋书》改。

[71] 著论:《隋书·经籍志》集部录《贺循集》十八卷,又谓梁有二十卷,录一卷。《旧唐书·经籍志》《新唐书·艺文志》则皆著录《贺循集》二十卷①。

以上的杨、揭今注,涉及语言、词汇、文字、选举、数量、古籍文献等。

总之,杨、揭之今注,能有效帮助阅读《三国志》的大学生、研究生和业余爱好者正确理解,保质保量地达到了编纂委员

---

① 杨耀坤、揭克伦:《今注本二十四史·三国志》,北京:中国社会科学出版社,2020年,第12册,第3784—3791页。

会定下的目标任务：即"以帮助具有大专文化水准以上的读者读懂为限；以给研究者提供简要索引为限。注文力求做到：准确、质朴、简练、严谨、规范"①。同时，对于有关专业的专家学者来说，也有参考价值。

三

最后略叙和简析校注者杨老师、揭老师和该书的有关情况。杨耀坤先生生于1937年，是四川大学历史系历史学专业1957级的本科生（五年制），1962级的研究生（三年制）。揭克伦女士生于1944年，是四川大学历史系历史专业1963级的本科生（五年制）。在这个重大项目立项和实施的二十多年中，他们伉俪亲密合作，齐心协力。杨老师在中国古代史、古汉语方面非常专精；揭老师因为长期教授中学，古今中外的历史都要讲，自然比较广博，因此他们夫妇合作能相得益彰。给古籍进行今注今释，各方面的问题都可能碰到，都需要解决，有些类似于编纂百科辞典。更为重要的是，21世纪以来出版书籍一般都要求交电子本。揭老师相对年轻（小杨老师7岁），对新生事物接受得要快一些，所以她在计算机、打字、网络、手机、短信等信息工具的掌握方面要熟练一些。而且还学会了专业性强、多数文科学者都不会的操作技术，比如五笔打字、在电脑上造字（古籍整理研究涉及到许多电脑上打不出来的字，必须造字）、使用复印机复印资料（他们家为此还购买了复印机）。揭老师的加入大大加快了工作进度，也在一定程度上保证了注释和校对的质量。因此，《今注本二十四史·三国志》在2012年率先由巴蜀书社推出，是《今注

---

① 杨耀坤、揭克伦：《今注本二十四史·三国志·凡例》，北京：中国社会科学出版社，2020年，第1册，第3页。

本二十四史》中出版最早的一种。2012年版《今注本二十四史·三国志》全书为十二册，正文共3692页，字数达341万字。以后由于种种原因，《今注本二十四史》改由中国社会科学出版社全套出版。因为有了揭老师的加盟，《今注本二十四史·三国志》也成了该社最早推出的一批成果之一（共七部①）。预计全套书将在2023年出齐。祝愿《今注本二十四史》顺利出版，以飨读者，嘉惠学林。

在《今注本二十四史·三国志》于2012年正式出版以后，杨耀坤、揭克伦夫妇又对全书进行了全面的修订，精益求精，"焚膏继晷，掇拾残叶……炳烛之明，令人感佩！"②并遵照工作委员会、编纂委员会和出版社的希望进行了精简，统读全稿，补益新识。2020年版的《今注本二十四史·三国志》比2012年版少约43万字。所以，新版的《今注本二十四史·三国志》更加精炼、审慎、后出转精。

《今注本二十四史》的出版是中国古代史学史研究和古籍整理方面的标志性重大成果，对于弘扬和传承中华优秀传统文化有着重要的意义。我们相信《今注本二十四史·三国志》定会成为三国史研究者和读者的案头必备书籍。

---

① 按：它们是《三国志》（12册）、《宋书》（15册）、《南齐书》（8册）、《梁书》（7册）、《北史》（22册）、《隋书》（16册）、《金史》（18册）。

② 《编委会致杨先生治丧委员会唁电》，《今注本廿二史工作通讯》2020年总第51期。

《周易集注》版本源流述略

陈祎舒　王小红[*]

摘　要　来知德《周易集注》是明代乃至易学史上的重要著作。该书在明清乃至近代流传甚广，多次刊刻。明万历二十七年（1599）初刻于梁山，后合郭子章撰《来矣鲜先生易注序》于其中，被称为郭子章叙刻本，或梁山本，或郭子章本，也常被视为初刻本。此后，该书的流传情况十分复杂，从卷帙和内容来看，主要有十六卷和十五卷两种；而从版本来看，则呈现出主流的三大系统与删增难辨的特点，而张惟任虎林刻本、史念冲刻本和刘安刘删芟本，即为初刻本之后一直流传的《周易集注》三大主流版本系统。

关键词　来知德　《周易集注》　版本

---

[*] 作者简介：陈祎舒，生于1990年，陕西西安人，四川大学古籍整理研究所2017级历史文献学专业在读博士研究生；王小红，生于1973年，重庆梁平人，四川大学古籍整理研究所研究员，主要研究方向：历史文献学、巴蜀文化。

本文系国家社会科学基金项目（17BZS028）、四川省哲学社会科学研究基地项目（SC12E00）、国家社会科学基金重大项目《巴蜀全书》（10@ZH005）、四川省重大文化工程《巴蜀全书》（川宣[2012]110号）阶段性成果。

来知德（1525—1604），字矣鲜，号瞿唐①，又号不不子、十二峰道人，四川梁山（今重庆市梁平区）人。明代著名理学家、易学家、诗人。"幼有至行"②，遍读四书五经。事亲至孝，学宫授与"孝童"美誉。嘉靖三十一年（1552），以《礼经》中乡试第五名，闻名于川内。后两度会试不第，以亲疾，遂不就铨。父母相继殁，庐墓六年，不饮酒茹荤。服除，伤不及禄养，终身麻衣蔬食，誓不见有司。自言学莫邃于《易》，于是先后隐居釜山和求溪山中，悟《易》注《易》，历时三十余年完成《周易集注》。万历三十年（1602），四川总督王象乾、贵州巡抚郭子章合词论荐，特授翰林待诏。来知德以老疾辞，诏以所授官致仕。有司月给米三石，终其身。万历三十二年（1604），年七十三，卒。平生醉心学问，"以致知为本、尽伦为要"③。所著有《省觉录》《省事录》《理学辨疑》《心学晦明解》诸书，而《周易集注》一书，获士林赞誉，谓"始知千载真儒，直接孔氏之绝学，虽朱程复生，亦必屈服"④，以夫子称之。事迹详《明儒学案》《明史·来知德传》、同治《梁山县志》和《中国人名大辞典》。

来知德自序《周易集注》，称文王、周公立象，皆藏于《序卦》"错综"之中，故其注即以"错综"为主。其注《易经》，先释象义、字义与错综义；再加一圈以隔之，以释本卦本爻之义，即象数言于前而义理言于后也。对于百家诸儒之注，有言理可采者则集录，故曰"集注"。至于《系辞》上下传，则重为考订之；

---

① 按：黄宗羲《明儒学案》引作"瞿塘"，然现存《来瞿唐先生日录》两种刻本（万历版、道光版）及其他文献多引作"瞿唐"，故今统一作"瞿唐"。
② （清）张廷玉等《明史》卷二八三《来知德传》，中华书局标点本，1974年，第7291页。
③ （清）张廷玉等《明史》卷二八三《来知德传》，中华书局标点本，1974年，第7291页。
④ （明）张子功：《来瞿唐先生日录序》，见光绪《梁山县志》卷一〇上《艺文志》，清光绪二十年（1894）刊本。

《说卦》传，又广补八卦之象；前有《启蒙》二卷，不入卷数。注前还有易卦诸图及八卦正位、上下经篇及序文，以发明义理。

来氏于此书中，深究易象之旨，直接四圣。其自序该书云："自孔子没而《易》亡，已至今日矣，四圣之《易》如长夜者二千余年，其不可长叹也哉！"乃将《纂修性理大全》去取于其间，要附以数年所悟之象数，以成明时一代之书。"①其专取《系辞》"错综其数"以论易象，以象数阐释义理，以义理印证象数，以为"辞、变、象、占"同等重要，而又尤以"象"为所当先明，深疾王弼之"扫象言《易》"和宋儒之"得意忘象"，以为"舍象不可言《易》"，使失去了一千多年的象数，又回到了"四圣"原处。其特重易象，据《系辞》"参伍以变，错综其数"语，纵横探讨六十四卦衍生互环原理。"错者，阴阳相对也"，即两卦如乾与坤、艮与兑、坎与离等的同位各爻皆阴阳相反；"综"则"或上或下，颠之倒之"，亦即两别卦如姤综夬（姤乾上巽下，夬兑上乾下）、遁综大壮（遁乾上艮下，大壮震上乾下）、节综涣（节坎上兑下，涣巽上坎下）、屯综蒙（屯坎上震下，蒙艮上坎下）的上卦、下卦互相颠倒。至于上下卦之间，乃"中爻者，二三四五所合之卦也"。卦之相生又有"变"焉，"变者，阳变阴、阴变阳也"。又谓"错综""中爻"与"变"有内在理数，卦之错反映"天地造化之理"，即宇宙中"独阴独阳不能生成，故有刚必有柔，有男必有女"的阴阳相对之理；卦之综反映宇宙中阴阳"流行不常，原非死物胶固一定者，故颠倒之，可上可下"的阴阳上下升降或消长流行之理；"中爻"则是"阴阳内外相连属"之关系；"变"反映乾、坤卦因阴阳爻变化而产生另一新卦的原理。来氏以为，《易》以象为主"，并且"假象以寓理"，以为舍

---

① （明）来知德：《周易集注·周易集注原序》，清文渊阁《四库全书》本。

象而止言其理,并非圣人作《易》以教天下之本意,故其解《周易》,能兼合象数、义理为一,"皆先释象义字义及错综义,然后训本卦本爻正意"①。《周易集注》卷首有《圆图》至《天下混沌图》,图解周易,乃来注另一特色。《圆图》尤具创意,自谓"注既成,乃僭于伏羲、文王圆图之前新画一图,以见圣人作《易》之原",以为"理气、象数、阴阳、老少、往来、进退、常变、吉凶,皆寓乎其中"②。

来知德于《周易集注》释易论易,兼包汉、宋,融会贯通象数、义理,涵化、扬榷诸家之说而独发己见,参互旁通,自成一说,在明代盛极一时,"当时推为绝学"③,"李鹏岳曰'三川学者',庄泰岩曰'圣世真儒',来熙安曰'远继绝学',郭青宇曰'瞿唐瑞气',王省庵曰'昭代真儒',以太守则郭梦菊曰'东川高士'李对吾曰'闻道大儒',李柱宇曰'西川孟子',董愿庵曰'清和人圣',以邑令则蔡熙恒曰'一代大儒',刘太和曰'秘传千古',徐约原曰'孔孟衣钵',汪昆麓曰'西南正学'"④,数公靡不景仰。书成刊刻,时人徐博卿、郭子章、戴诰、张云章、郑继芳、高举、张惟任、黄汝亨等作序推介,明清多次重刊此书。自今日观之,其上下经各十八卦乃本之旧说,而所说中爻之象亦即汉以来互体之法,唯来氏专明斯义,较先儒为详而已。因其自序中屡见"四圣之易千载长夜"之语,其以此书自负太过之情实溢于言表,故后人对此书褒贬亦颇不一。清胡煦曰:"来矣鲜生

---

① (清)永瑢等:《四库全书总目》卷五《周易集注》提要,北京:中华书局,1965年,第30页。
② (明)来知德:《周易集注·梁山来知德圆图》,清文渊阁《四库全书》本。
③ (清)永瑢等:《四库全书总目》卷五《周易集注》提要,北京:中华书局,1965年,第30页。
④ (明)王德元:《来瞿唐先生行状》,见同治《梁山县志》卷一六《艺文志》,清同治六年(1867)增刻本。

诸儒之后，独能上追虞、荀，广搜博览，益其未备，订其舛讹，务使理由象出，亦可谓好学深思、不为理障者矣。第于本源有所未探，则顾小而遗大，拘末而弃本者，犹不免焉。"① 周中孚也说："《自序》又称'自孔子没而四圣之《易》如长夜者两千余年'，又谓'《易》非真有实事也，非真有实理也，惟存此象而已'，此则瞿塘何自信之过，而蔑视汉唐以来之儒先耶！所列杂卦反对，上下经皆十八卦诸说，先儒已有言之，亦非其创获也。《易》故圣人设卦观象之书，要之有理而后有象，谓《易》非有实事可也，谓非有实理可乎？此所以来后人之攻之也。"② 是不失为持平之论。就深思力索之治学精神及此书所具之深刻内涵而言，来知德在明代乃至易学史上都是值得称道的。

来氏《周易集注》在明清乃至近代流传甚广，多次刊刻，祁承㸁《澹生堂藏书目》、佚名《近古堂书目》、赵琦美《脉望馆书目》、董其昌《玄赏斋书目》、徐𬳿《徐氏家藏书目》、黄虞稷《千顷堂书目》、钱曾《述古堂藏书目录》、万斯同《明史·艺文志》、徐乾学《传是楼书目》、朱彝尊《经义考》、永瑢等《四库全书总目》、嵇璜《续文献通考》、吴焯《绣谷亭熏习录》、卢文弨《经籍考》、周中孚《郑堂读书记》、耿文光《万卷精华楼藏书记》、丁仁《八千卷楼书目》等书目著录。从各家著录来看，来知德的《周易集注》，从卷帙和内容来看，主要有十六卷和十五卷两种；而从后世流传的版本来看，则呈现出主流的三大系统与删增难辨的特点。

---

① （清）胡煦：《周易函书序》，《葆璞堂集·文集》卷一，清乾隆刻本。
② （清）周中孚：《郑堂读书记》，《清人书目题跋丛刊·八》，北京：中华书局，1993年，第374页。

根据来知德门生戴诰和时任梁山县令徐博卿所作的跋、序来看①，《周易集注》初刻于梁山，刻成时间为万历二十七年（1599）。两年后，万历辛丑（1601），与来知德早在万历十六年（1588）相交相知的郭子章（号青螺）撰《来矣鲜先生易注序》，或合入初刻本中，被后世称为郭子章叙刻本，还多被称为梁山本，或郭子章本，也常被视为《周易集注》的初刻本。此后，该书多次刊刻，仅明代就有万历年间张惟任刻本、张之厚刻本、雷叔闻删节本，崇祯年间史念冲刻本、刘安刘删芝本。其中，张之厚刻本和雷叔闻删节本不见于明清目录书中，现代目录书中也少见，目前仅发现前者藏于山东省博物馆，后者藏于中山大学图书馆。而张惟任虎林刻本、史念冲刻本和刘安刘删芝本，就是自初刻本之后一直流传的《周易集注》三大主流版本系统。

一、张惟任刻本系统

万历三十八年（1610），张惟任刊刻《周易集注》于浙江虎林（今杭州），后世简称此本为虎林本，或张惟任刻本，或张惟任虎林本。此本后来流传较广，主要有康熙二十七年（1688）崔华宝廉堂本，康熙六十一年（1722）俞卿删改本，以及在宝廉堂本基础上抄录的《四库全书》本。

---

① 按，戴诰跋曰："诰秦中致仕归田，欲梓是书，先生以未就辞之。天启文明，恭遇闽中徐侯来令吾梁，首□是书，慨然捐俸梓之。邑大夫建吾古公、春城李公及不肖诰感侯高谊，各少补工费。通学诸友助费者诰不能悉纪。……时万历己亥夏午月吉旦，门生戴诰顿首谨识。"表明此前戴诰欲刻此书，被先生告知"未就"而未成功，而万历己亥年（1599）的这次刊刻是初刻。费用由县令徐博卿、门生古之贤、李纶、戴诰及其他通学诸友捐俸相助，表明这次初刻尚非官刻。

（一）张惟任虎林刻本

张惟任（1561—1628），字仲衡，又字希声或希尹，别号觉庵，陕西潼关（今陕西潼关县）人。万历己卯（1579）举人，授巫山令。擢御史，巡按河南，巡盐两浙，升大理寺卿。天启六年（1626）十二月致仕，死后葬于潼关南原。张惟任任巫山县令时与来知德交往甚厚，他爱重来氏之书而刻之。其序《周易集注》云："先生《易注》，其本原程、朱，会通诸儒，而阐明未备者良多，其精义妙法俱自错综出，大中丞青螺郭公已表章其旨。海内称慕之而不尽见其板，在蜀者又多漫漶灭没。予令巫山时，与先生有往还，敬其人，爱重其书，爰历吴越下蒞司重订之，而梓以流布焉。讵敢云知《易》知命，庶几续韦编之遗，不晦先生苦心而已。万历庚戌岁阳月，关中张惟任仲衡父撰。"①又序后《重刻来瞿唐先生易经集注订校姓氏》落款为"大明万历三十八年重校刻于浙之虎林郡南屏山"②，表明其刊刻此本原因、时间和地点，且此本乃郭子章序刻本的重刻。

根据《中国古籍总目》和《中国古籍善本书目》的著录，此本现有北京师范大学图书馆、西北大学图书馆、首都师范大学图书馆、中央党校图书馆、日本内阁文库、日本尊经阁文库、日本大阪图书馆等多种藏本。其中，北京师范大学图书馆、西北大学图书馆藏本的正文版式均是半页九行二十字，白口，单鱼尾，四周单边，但序跋却不相同，前者卷首有徐博卿、郭子章、来知德、张惟任、黄汝亨五篇序文，先是徐、郭二序，六行大字刻

---

① （明）张惟任：《来矣鲜先生易注序》，来知德《周易集注》卷首，北京师范大学图书馆藏明万历三十八年（1610）张惟任虎林刻本。

② （明）来知德：《周易集注》卷首《重刻来瞿唐先生易经集注订校姓氏》，北京师范大学图书馆藏明万历三十八年（1610）张惟任虎林刻本。

写；继之是来知德原序，九行小字刻写；最后是张、黄二序，六行大字手写上板；后者卷首仅有张惟任、高举二序。根据卷首《重刻来瞿唐先生易经集注订校姓氏》记载"高举、郑继芳、张惟任仝订正，黄汝亨校正"来看，虎林本当为此四人合作刊刻。因此，可以推测，该本全本或有徐博卿、郭子章、来知德、郑继芳、高举、张惟任、黄汝亨七序①，另有戴浩之跋，而在流传中这些序跋渐有脱佚，以致后世难窥该本全貌。

虎林刻本是现存最早的《周易集注》版本。台湾"中央图书馆"馆藏有所谓的《周易集注》"梁山刊本"，但笔者将北京师范大学图书馆藏虎林本与此本进行比对，可以发现两者的行款、版式、字体均一致，差别在于台湾"中央图书馆"藏本较北京师范大学图书馆藏本的讹误更少，似有改正，如改卷二第七页下第一行第二字"贞"作"真"，改卷五噬嗑卦"履校"为"屦校"，删卷九第十八页下第四行倒第二字"于"，等等，表明此所谓的"梁山刊本"实为虎林本之重修本。

虎林版的内容及分卷情况大致如下：卷首除序之外，还有《重刻来瞿唐先生易经集注订校姓氏》《易注杂说诸图》《来知德易学六十四卦启蒙》，正文十六卷，卷末为戴浩跋。需要说明的是，在此本卷首所列《易注杂说诸图总目》中，《来知德易学六十四卦启蒙》《来知德考订系辞上下传补订说卦传》位于《来知德周易集注改正分卷图》与《来知德发明孔子十翼图》之前，而实际的内容排序，则是《来知德易学六十四卦启蒙》列于《易注杂说诸图》之后；而《来知德考订系辞上下传补订说卦传》分为《考订周易系辞上下传》与《补订周易说卦传》两部分，共同组成卷十六。这种处理，成为区别张惟任虎林刻本系统与其他刻本

---

① 按，在虎林本基础上重刻的崔华宝廉堂本，卷首所载序跋，在张、黄二序之前即有郑、高二序。

系统的重要标志。张惟任虎林本在刊刻过程中，还脱漏了《旅》卦九四爻象辞及注文内容，后来据此本重刻者皆沿袭此脱漏。这一刊刻失误，也成为张惟任虎林刻本系统与其他刻本系统的重要区别。

（二）崔华宝廉堂刻本

康熙二十七年（1688），两淮盐运使崔华捐俸重刻《周易集注》于扬州官署宝廉堂，后世多称宝廉堂本，或崔华本，或崔华宝廉堂本。此版后藏敦仁堂，故又称敦仁堂本。根据该本收录的序文、《来瞿唐先生易经集注原订姓氏》以及正文内容卷次，可以断定此本之底本乃张惟任虎林刻本。底本之获得，谢开宠作序有云："戊辰春，过维扬，两淮转运使莲生崔公祖，余同年友也，雅好藏书，一切典籍购访不遗余力。余以来先生《易注》拳拳者数矣，兹幸于姑苏旧肆中获此遗编，归以示余，相与击节赏叹。因捐俸重镌，公之海内焉。"[①] 即崔华从姑苏旧肆所购得。崔华不仅购书，还捐俸重刻，并作序称誉来知德撰此书，"发明前圣因子取象之意，而补诸如训诂所未及……增订诸图说，分列综卦错卦，及剖晰中爻，独备诸理解，虽四圣人复起，有不能易其言者。然后知前古圣人之取象，原本乎易中一定之理，朗如日星在天、江河行地，确然不可移易，而非有所悬拟臆度于其间也。先生之致力于《易》也深矣，先生之为功于四圣人也大矣"。序文的落款曰："康熙二十七年岁次戊辰仲冬上浣，赐进士出身、总理两淮江广河南等处都转运盐使司加敕兼盐法道副使、前扬州府

[①] （清）谢开宠：《序》，来知德《周易集注》卷首，上海书店1990年影印清康熙二十七年（1688）崔华宝廉堂刻本。

事、平山后学崔华莲生父题于盐署之宝廉堂。"① 考崔华其人，《清史稿》有传："崔华，字莲生，直隶平山人。顺治十六年进士。康熙六年，授浙江开化知县，政务宽平，建塾校艺，士争向学。县旧有里总，主赋税，横派滋扰，除之。又以虚粮为累，请豁于上官，未竟其事。十三年，耿藩乱作，县南垦户多闽人，竖旗以应，城守千总吴正通贼，陷城，露刃相逼，华从间道出，檄召十六都义勇郑大来、夏祚等，涕泣开谕，立聚万人，躬冒矢石，阅五日，城遂复。总督李之芳上其事，诏嘉之。"② 可见崔华是能吏。除此之外，他还喜藏书刻书读书，尝谓子弟曰："吾拙宦凡三十年，无以遗汝辈，能读父书足矣！"③ 或许正是受家风之影响，崔华的三个儿子都参与了这次校订《周易集注》，故该书每卷之首题为："平山后学崔华重订，男崔峦齐、崔岱齐、崔嚳齐同校。"其中，崔峦齐、崔岱齐与来知德的渊源颇深，崔峦齐"任四川梁山县知县，敕封文林郎，性情洁清，素守廉隅"④。崔岱齐也于雍正二年（1724）任梁山县令⑤，他深于易学，撰有《环山楼大易》⑥，还为此次刊刻的《周易集注》撰写跋语。可见崔华父子对来氏易学的弘扬、对知德故里梁山的建设都做出了重要贡献。

---

① （清）崔华：《重刻易经来注序》，来知德《周易集注》卷首，上海书店1990年影印清康熙二十七年（1688）崔华宝廉堂刻本。
② （民国）赵尔巽：《清史稿》卷四七六《崔华传》，北京：中华书局，1977年，第12992—12993页。
③ （清）赵士麟：《凉庄道西岳崔公墓志铭》，见刘士铭等（雍正）《朔平府志》卷一二《艺文志》，清雍正十三年（1735）刻本。
④ （清）王涤心修、郭程先纂：（咸丰）《平山县志》，《中国地方志集成·河北府县志辑十》，上海：上海书店，第166页。
⑤ 《梁山县志》云："国朝知县……崔峦齐，直隶岁贡，雍正二年任。"（光绪《梁山县志》，《中国地方志集成·四川府县志辑五四》，成都：巴蜀书社，第216页。）
⑥ （清）王涤心修、郭程先纂：（咸丰）《平山县志》，《中国地方志集成·河北府县志辑十》，上海：上海书店，第172、173页。

崔华宝廉堂本此次所刻新序，共有崔华、谢开宠、王方岐三序，收录的旧序则有郑继芳、高举、张惟任、黄汝亨、郭子章五序，以及崔岱齐的《跋》，不再收录最初的徐博卿《序》和戴诰《跋》。正文版式为半页九行二十字，白口，单鱼尾，四周单边，基本与张惟任虎林刻本相同。全书的内容依次为：崔华、谢开宠、王方岐《序》，《重刻来瞿塘先生易经集注校订姓氏》（校订崔华宝廉堂本的人员名录），郑继芳、高举、张惟任、黄汝亨、郭子章《序》，《来瞿唐先生易经集注原订姓氏》（崔华宝廉堂所依据之底本虎林本的校订人员名录），《易注杂说诸图总目》《易注杂说诸图》《来知德易学六十四卦启蒙》，正文卷一至卷十六，崔岱齐跋。值得说明的是，该本收录的张惟任《序》，脱漏了"不溯所自出，犹人终日言宗祖子孙而不知其耦……文王序之以为卦，孔子所谓刚柔相"一段文字，并且也沿袭张惟任虎林刻本，脱漏《旅》卦九四爻象辞及注文内容。尽管如此，在具体的文字讹误方面，崔华宝廉堂本较之张惟任虎林刻本要少很多。例如，卷一《乾》卦初九爻辞注，张惟任虎林刻本误作"以断一卦之吉凶"，崔华宝廉堂本作"以断一爻之吉凶"，其中的"卦"改"爻"为是；卷七《遁》卦九三爻辞注，张惟任虎林刻本作"■■儿犹小也"，其中有两个墨钉，崔华宝廉堂本无墨钉，作"哀此"为是。类似的情况，据不完全统计，共有约150处之多。当然，二者反之的情况也有，如卷二《需》卦卦辞注，张惟任虎林刻本作"则光明而亨通矣"，不误；崔华宝廉堂本则将其中的"亨"误作"事"；卷八《损》卦初九爻辞注，张惟任虎林刻本作"'身事'之意"，完整；崔华宝廉堂本则是"身事"二字为两空格"□□"。类似的情况有十余处。两种版本相较，崔华宝廉堂本文字讹误少，或许是两方面的原因所致，一是在重刻之前错误已被学人指出不少，或者重刊校订者仔细校订所发现；二是崔华宝廉堂本依据的底本不是最初的虎林本，而是类似今台湾"中央图书馆"所藏所谓的《周易集注》"梁山刊本"，即许多讹误已被订正的虎林本之重修本。另外，崔华宝廉堂刻本对"夷狄""夷夏"之说予以避讳改字，但这种情况也仅有十二处。总体而言，崔华宝廉堂刻本的文字讹误较张惟任虎林刻本为少。

据笔者梳理，天津市图书馆、四川省图书馆、重庆市图书馆、福建师大图书馆、北京大学图书馆、上海图书馆等图书馆藏有崔华宝廉堂刻本。此外，北京大学图书馆还藏有刊于康熙六十一年（1722）左右的俞卿刻本，此本以崔华宝廉堂本为底本，进行了较大的删改，并有俞卿参与撰写的《义象合参序》附于末；韩国高丽大学图书馆藏有乾隆十一年（1746）翻刻崔华宝廉堂刻本的怀德堂本。

（三）《四库全书》本

《周易集注》问世后，信其说者颇多，故《四库全书》亦收录。《四库全书》本收录的《周易集注》的底本为"浙江巡抚采进本"，从内容来看，该底本当为崔华宝廉堂刻本。全书内容除"提要"外，依次是来知德原序、"卷首上"（包括《上下经篇义》《易经字义》《〈周易集注〉改正分卷图》《来知德发明孔子十翼图》《易注杂说》）、"卷首下"（为《易学启蒙》）、正文卷一至卷十六。正文中脱漏《旅》卦九四爻象辞及注文内容，一如张惟任虎林刻本和崔华宝廉堂本。较之崔华宝廉堂本，《四库全书》本将正文前内容称卷首，并将篇目顺序做了调整。至于调整的原因，或许正如陈培荣所说："北大崔华本和四库全书本将属于《总目》（即《易注杂说诸图总目》）里的《上下经篇义》《易经字义》《改正分卷图》《发明孔子十翼图》等四篇独立起来，置于《总目》之前，然而其篇名仍保留在《总目》之中。这可能是将此四篇视作全书的眉眼，起目之目作用。"①

当然，《四库全书》本《周易集注》有避讳的问题，全书"玄"字与"弘"字皆缺笔，而涉及"胡""虏""夷""狄"类的部分词汇，也如崔华宝廉堂刻本，更换字词以代之。然较之崔华宝廉堂刻本，《四库全书》本的避讳欠严格，有时"夷狄"之名径直抄录，少有以方框代之者。笔者认为这一情况可能与乾隆四十二年（1703）的降旨有关："乾隆四十二年十一月十四日，奉上谕：前日批览四库全书馆所进《宗泽集》，内将'夷'字改写'彝'字，'狄'字改写'敌'字……'夷狄'二字，屡见于经书，若有心改避，转为非理……谕该馆臣，嗣后务悉心详校，毋再轻率干咎，钦此。"② 乾隆皇帝既然已有钦旨，四库馆臣也不免乐于恢复部分《周易集注》的原貌。

二、史念冲刻本系统

史念冲刻本乃史应选（字念冲）所辑刻。《中国古籍总目》著录该版本云："《周易来注》十五卷，《上下经篇义》《易经字义》《易学六十四卦启蒙》，明来知德撰，明史应选辑，明沈际飞订异。明崇祯五年沈际飞刻本。"台湾《国立中央图书馆善本序跋集录》载："《周易来注》十五卷，卷首二卷四册，明来知德撰，沈际飞订补，明崇祯壬申（五年）刊本，朱笔批校。"卷首只载陈仁锡、田大本与史念冲的三篇序文，乃此本新序。

史念冲本的刊刻时间，可从为此本刊刻新撰之三篇序文来考

---

① 陈培荣：《来知德〈周易集注〉初刻本考》，北京大学《儒藏》编纂与研究中心《儒家典籍与思想研究》第 1 辑，北京：北京大学出版社，2013 年，第 206 页。
② （清）永瑢等：《四库全书总目》卷首一《圣论》，北京：中华书局，1965 年，第 5 页。

察。陈仁锡序末尾落款为"崇祯壬申仲春，长洲陈仁锡书于潜确居"，"崇祯壬申仲春"即崇祯五年（1632）；田大本序末尾落款是"重光协洽之岁涂月春前一日，和溪田大本道生父题"，"重光协洽"为太岁纪年法，即崇祯四年辛未（1631）；史念冲序末尾落款为"崇祯辛未腊月谷旦，覃怀史应选念冲甫题于姑苏之凝清亭"，"崇祯辛未腊月谷旦"，即崇祯四年（1631）。三篇序文出现了前后一年之差的两个时间，实属正常，不是问题。真正的问题是：刊刻的时间与序文的时间一致吗？若是，究竟刻成是在崇祯四年抑或五年？崔华宝廉堂本王方岐序《周易集注》云："瞿唐来先生注《易》若干卷，史念冲先生序而梓之，盖在明季之壬申岁也。先生既没，而西蜀屡经兵燹，板毁无存，世之传者绝少。"① 王方岐指明"史念冲先生序而梓之"，则史念冲刊刻此书的时间当与其作序时间一致，即为崇祯五年（1632）。两友人先作序并置于前，刊刻者史念冲后作序并置于后，以表刊刻者自谦，实乃古书刊刻所常见。王方岐在崔华宝廉堂刻本刊印之际为来知德《周易集注》作序，当对该书的版本流传有所考证，其说具有一定的可信度。考史念冲其人，本名史应选，字念冲，河内覃怀（今河南沁阳市）人。万历四十四年（1616）进士，天启三年（1623）任无为（今安徽无为县）知州，崇祯二年（1629）任苏州知府，后以坐累降去。清初授济南知府，升南瑞道，逾限罢。史念冲自崇祯二年始知苏州，其后几年在苏州兴学宫、修乡祠、刻文献等，多有功业。他序《周易集注》落款地点为"姑苏之凝清亭"，正与其时在苏州知府任上相符合。

为该本《周易集注》作序的陈仁锡和田大本二人，也与来知德及易学颇有渊源。陈仁锡，字明卿，号芝台，长洲人。《明史》

---

① （清）王方岐：《重刻来先生易注序》，来知德《周易集注》卷首，上海书店1990年影印清康熙二十七年（1688）崔华宝廉堂刻本。

有传:"陈仁锡,字明卿,长洲人。父允坚,进士。历知诸暨、崇德二县。仁锡年十九,举万历二十五年(1597)乡试。闻武进钱一本善《易》,往师之,得其指要。久不第,益究心经史之学,多所论著……仁锡讲求经济,有志天下事,性好学,喜著书,一时馆阁中博洽者鲜其俦云。"① 陈仁锡作为明末学者,且曾跟随钱一本(1546—1617)习《易》,他对于来氏易学自然是有所知晓。田大本,四川定远(今岳池县)人。天启五年(1625)进士,曾任安庆知府,精乾象,后致仕去。根据田大本《序》所云:"余生同壤,景先喆,读遗书,以错综印希夷之河雒数,昭察云为,若燃犀牛渚。时联曹念冲先生,湛研理数,每谭辄神往久之,以帙留家笥,未副其请,而念翁出典吴城,南北阻修,是编几与鱼雁共杳。无何,余外补皖城,例谒过吴,欢然道故,秉烛梦寐,载信前约,谊弗敢秘,全册归之。越十五旬,吴门纸价翔涌,而瞿塘氏之教大著,夫行或使之存乎数焉,讵偶然哉?"② 此序末落款为"和溪田大本",考清雍正《四川通志》述"岳池县"沿革云:"和溪废县:在县西二十里,宋置。《九域志》:'新明县有和溪镇。'《舆地纪胜》:'开禧三年,太守閆伯敏奏乞升镇为县,属广安军。'元省入岳池。"③ 可知田大本序中所云"和溪",正是四川省所辖县,而来知德故里梁山县也隶属四川,故田大本于序中称自己与来知德"同壤"。或许正是这种同乡之谊,他前往安徽上任的途中,特地到苏州,将与史念冲约定的来知德书交与史氏刊刻,并在此版书面世之际撰序推介。田大本提供的

---

① (清)张廷玉等:《明史》卷二八八《陈仁锡传》,中华书局标点本,第7394、7395页。
② (清)田大本:《序》,来知德《周易来注》卷首,明崇祯五年(1632)史念冲刻本。
③ (清)黄廷桂纂修、张晋生编纂:(雍正)《四川通志》卷二六《古迹》,清文渊阁《四库全书》本。

来知德《周易集注》究竟为哪一版，从现存数据无法确考，但从以其为底本的史念冲本的卷帙和内容来看，吴伟认为"与虎林本无关，则极有可能是郭本之翻刻本。而此后亦不见有续刻史刻本者，则可将其自定为一系"[1]，其说较为合理，故学者多将史念冲本作为独立的版本系统，视之为与张惟任虎林刻本系统、刘安刘删芟本系统并列的明代《周易集注》的三大版本系统。

史念冲刻本的版式为半页十行二十二字，白口，单鱼尾，四周单边。正文内容为十五卷。与张惟任虎林刻本不同的是，张惟任虎林刻本卷十六为《考订系辞上下传》与《补订说卦传》，史念冲刻本则作为附录列于相关内容之末，如考定《系辞》部分，以《附来知德考订第八章》《附来知德考订第五章》为名，分别附于卷十三《系辞上传》、卷十四《系辞下传》注末；补定《说卦》部分，则以《附来知德补定第十一章》为名，附于卷十五《说卦传》注末。就文本的具体内容来看，史念冲刻本与另外两大系统刻本有一些不同之处，如卷二《讼》卦象辞注，史念冲刻本作"下若健而不险，必不生讼；险而不健，必不能讼。惟二者具全，所以名讼"，另两大系统刻本均脱"惟二者具全"；卷九《夬》卦九四爻象辞注，史念冲刻本作："'聪'者，听也。听之不聪，理不明也。"张惟任虎林刻本为："'聪'者，听也。听之不能明其理也。"刘安刘删芟本云："'聪'者，听也。听之不能明其理也。"卷九《井》卦卦前注，史念冲刻本作"巽为木，汲水者，以木承水而上，亦井之义也"。张惟任虎林刻本为"巽为水，汲水者，以木承水而上，亦井之义也"。刘安刘删芟本作"坎为水，汲水者，以木承水而上，亦井之义也"。可见史念冲刻本较张惟任虎林刻本、刘安刘删芟本更为合理。值得注意的是，《旅》

---

[1] 吴伟：《〈周易集注〉的早期版本》，《图书情报工作》2011年第11期。

卦九四爻象辞及象辞注，张惟任虎林刻本系统皆脱漏，史念冲刻本系统与刘安刘删芰本系统的象辞注内容不一致。

史念冲刻本如下：

《象》曰："旅于处"，未得位也。"得其资斧"，心未快也。

以阳居阴，不得其位，故旅于暂处之地，况阴柔相应，难与共事，资斧外必有不得者矣，心安得快乎？

据刘安刘删芰本重刻的康熙高扇映刻本如下：

《象》曰："旅于处"，未得位也。"得其资斧"，心未快也。

旅以得位而安。二之"即次"，艮土之止也。四之"于处"，离火之燥也。资斧虽得，然处位不宁，应与非人，心焉得快？亦得暂息耳，未得位也。

以上两个版本的象辞注内容不一致，原因何在？孰是孰非？笔者查询康熙三十六年（1697）由高暄修订刊刻的《周易集注》，其将《周易》经、传分开，《旅》卦九四爻象辞注位于卷四，文字与史念冲刻本完全相同，可以印证史念冲刻本不误。高扇映刻本此处内容不同，笔者推测这部分内容可能是将凌夫惇圈点内容误作原书文字，若能找到高扇映刻本的底本加以比对，这个问题就能得到解决。以上四例，表明证明史念冲刻本独立于另外两大刻本系统之外，自成一系。至于史念冲刻本的底本渊源，还有待于进一步探究。

史念冲刻本后世流传较少，翻刻本也几乎未见于世。据《中国古籍总目》著录，该本现藏于青海省民族学院图书馆、天津市图书馆、云南省图书馆、南京图书馆、台湾"国立中央图书馆"、日本静嘉堂文库等。天津市图书馆馆藏善本，仅有正文卷一至卷十五;台湾"国立中央图书馆"藏本,除正文卷一至卷十五外,卷首还有陈仁锡、田大本与史念冲的三篇序文、《易注杂说诸图总目》及该目所列除《来知德考定系辞上下传补定说卦传》外的所有分图。两个藏本都有朱红批注,但批注位置和内容不尽相同,显然出自不同人之手。

三、刘安刘刻本系统

在来知德《周易集注》的三大刻本系统之中,所谓的刘安刘本系统最为复杂,清初高奣映在此本基础上重刻,形成后世广泛流传、并不断被翻刻的康熙高奣映朝爽堂刻本。

(一)刘安刘刻本

文献多载该本最初是由刘安刘对郭子章序刻本进行删芟后重刻重印的。所谓刘安刘,原名刘之勃,字安刘[1],一字安侯[2],陕西凤翔人,明崇祯七年(1634)进士,授行人,擢御史。上节财六议疏、陈东厂三弊,朝廷俱纳之。刘之勃于崇祯十五年(1642)出按四川,四川多遭乱,其尽心抚绥,力请缓赋省刑兴学。崇祯十六年(1643)八月十三日,刘之勃上《来知德从祀疏》,但因战乱未经通行,刘之勃本人也在甲申(1644)八月张献忠陷成都时被执杀。在此《疏》中,刘之勃云:"知德遗书所

---

[1] (清)达灵阿修,周方炯纂:(乾隆)《凤翔府志》卷七《人物》,清乾隆三十一年(1766)刻本。雍正《陕西通志》同。按,高奣映在《瞿唐先生傅》中云"崇祯癸未,柱史刘君安刘疏请祀典",也作"安刘"。后世学者多据高奣映之说,称此本为刘安刘本。

[2] (清)王功成续纂、韩奕续修:(康熙)《陕西通志》卷二〇中《人物》,清康熙五十年(1711)刻本;韩铺修纂:(雍正)《凤翔县志》卷六《人物志》,清雍正十一年(1733)刻本。《明史》本传同。

录,自《易注》《大学古本》及《格物图解》而外,颇及应酬词语,刊字亦不无差讹,臣亦不敢削正一字,以失本来,除此就原板刷印进览,并送解部备察。"① 表明他自己并未对《来注》进行删改,仅"就原板刷印进览",重印而已。然清初高斅映重刻来知德《周易集注》时,却在《凡例》中说"刘安刘重刻,芟烦覆重复之语",指出刘之勃进行了重刻工作,重刻时进行了删芟。为何会出现重刻时删芟重印与仅重印二说的不一致?从理论上说,刘之勃本人之说,理当可信;然较之早期的郭子章序刻本,高斅映所见的刘安刘本在内容上的确有删芟,因此,以上二说似乎都没有错。据笔者推测,或许刘之勃所据"原板",正是据郭子章序刻本删芟之本,而高斅映却错将此删芟工作归之于刘之勃。另外,从刘之勃任职四川的时间来看,崇祯十五年(1642)到成都,崇祯十六年(1643)八月上《来知德从祀疏》,前后仅一年左右的时间,在如此短的时间里,他据原板重印《周易集注》而非删芟重刻重印,似乎更令人信服。在重印之时,刘之勃亦撰序,正如当年郭子章在原版之前增刻序文一样。

(二)高斅映朝爽堂刻本

从前述可知,刘安刘处理《周易集注》的具体情况难以考证。不仅如此,该本还在流传过程中消失,造成后世难窥其原貌。庆幸的是,清朝初年,凌夫惇曾圈点此本,并由高斅映于康熙十六年(1677)刊刻行世。凌夫惇《重刻来瞿唐夫子易注序》云:"偶得瞿唐《注》于成都肆中,贾用不售,购求以归……甲寅冬,巡宪元廓高公祖来镇渝,勤恤民隐,博访耆旧……偶见惇

---

① (明)刘之勃:《来知德从祀疏》,见清符永培纂修嘉庆《梁山县志》卷一〇上《艺文志》,清光绪二十年(1894)重刊本。

圈点来《注》，欲刻以传世。"① 其所谓"巡宪元廓高公祖"，即高斋映。凌夫惇，字厚子，永川人（今重庆市永川区），崇祯十六年癸未（1643）进士，授通政司观政，除贵州思南府推官，随擢临沅观察。永历加太仆寺少卿，提督云贵学政。清初挈家回家乡永川，知者欲荐之起，坚辞不就，杜门不出，日惟课子赋诗。著有《批点易经来注》《学庸贯通解》《归里集》等书。高斋映，字雪君，一字符廓，号问米居士、结璘山叟，白族（或彝族），原籍江西庐陵，云南姚安人。清康熙二年（1663），袭姚安府土同知，十二年（1673）擢升提刑，分巡川东，二十年（1681），特授参政。他博通经史，兼修佛学，曾著《读易要说》《太极明辩》《妙香国草》等。高斋映正是在分巡川东之际，与凌夫惇结交并刊刻了凌夫惇圈点的《周易集注》。高氏记载此事云："映浪游巴蜀，访获学使凌厚子先生圈点瞿唐《易经图象全解》一书。归，因以合之。凌公捐资付梓。庐陵后学高斋映雪君父拜撰于川东官署。"② 并于重刻此书《凡例》中说："来注初刻于郭青螺，重刻于刘安刘……兹存郭、刘，以见后先剞劂。""是集访经数岁，校经几手，翻写五过，始付杀青。始于乙卯之仲春，告竣于丁巳之孟春，阅月二十四，梓工一十二。"③ 这些信息说明，凌夫惇于成都书肆中所购底本，正是刘安刘本，并由此形成了凌氏圈点高氏刊刻的一个新版本——康熙十六年（1677）高斋映朝爽堂刻本。该本最初刊刻于康熙十四年（1672），完成于康熙十六年。关于"朝爽堂"，清嘉庆《大清一统志》于"重庆府"之

---

① （明）凌夫惇：《重刻来瞿唐夫子易注序》，见严灵峰《无求备斋易经集成·周易来注》卷首，台北：成文出版社有限公司影印清朝爽堂重刊本，1976年。
② （明）高斋映：《重刻来瞿唐夫子易注序》，见严灵峰《无求备斋易经集成·周易来注》卷首，台北：成文出版社有限公司影印清朝爽堂重刊本，1976年。
③ （明）高斋映：《新刻来瞿唐先生易注·凡例》，见严灵峰《无求备斋易经集成·周易来注》卷首，台北：成文出版社有限公司影印清朝爽堂重刊本，1976年。

"古迹"条曰:"朝爽堂,在綦江县南。《舆地纪胜》:在南平军倅厅。又有亭曰晚静,曰横壁,曰枕流,曰溪堂。俯临江皋,观览胜地。"① 嘉庆《四川通志》引《舆地纪胜》和《大清一统志》之说。高奣映于康熙十三年(1674)分巡川东兵备道,驻地即官署在重庆府,故重庆府的朝爽堂为其初刻《周易集注》之处亦是合理的。

康熙十六年高奣映朝爽堂初刻本目前已不见于世,或已亡佚,但在此本基础上的翻刻和重刻者众多,形成了一大系列,我们姑且称之为"高奣映刻本系统"。该刻本的内容,除正文十五卷外,还有首末各一卷。首一卷有凌夫惇序、高奣映序、来知德原序、高氏重刊凡例、目录、圆图及补遗,以及高奣映《读瞿唐来夫子易注要说》、《来瞿唐先生易学六十四卦启蒙》附高奣映跋、《上下经篇义》《易经字义》《改正分卷图》《发明孔子十翼图》,末一卷为图一卷。据《凡例》所说"兹存郭、刘,以见后先剖劂",该本还应当有郭子章和刘之勃序文,然不知何故,在目前存世的高奣映刻本系统中,并无此二序。民国《姚安县志》中名为《来矣鲜先生易注序》的高奣映序文,内容也与高奣映刻本系统中的高奣映序文有较大出入。值得一提的是,该本《图像补遗》中的"太极图",高奣映误将图下所附文字"其中间一圈乃太极之本体也"一段刻作"非中间一圈乃太极之本体也",虽然"其"与"非"仅为一字之差,却使得其中的含义大相径庭。高奣映刻本系统的各种版本都延续了这一错误,造成后世学者在理解来知德释太极之义时产生了一些不必要的困惑。另外,卷末附图与卷首之"图像补遗",也成为高奣映刻本系统在内容上与其他版本最大的不同。高奣映在《凡例》说:"分卷悉依来氏次

---

① (清)穆彰阿:(嘉庆)《大清一统志》卷三八八,《四部丛刊续编》景旧抄本。

定，而以'图像''启蒙'列之卷首，'采图'附之卷末，所以阐前人启迪之心，资后学博览之益。"① 可知卷首内容当是来知德所撰（卷首《图像补遗》，当采自《来瞿唐先生日录》），而卷末"采图"，则是由高奣映搜集整理前人易图成就所做的资料汇编，并非出自来知德之手。

虽然高奣映康熙朝爽堂初刻本目前不能确定是否依旧存世，但有关朝爽堂的翻刻本与递修本则较为常见，如文选楼藏版、李连福承刻本、芸生堂刻本、道光二十六年（1846）来锡蕃配补本、六宜轩藏板本等。此外，该系统具有代表性的版本还有：雍正七年（1729）周大璋刻本、嘉庆十四年（1809）符永培宁远堂刻本、同治十年（1871）刘建德刻本，以及民国八年（1919）上海江东书局石印本。

（三）雍正周大璋刻本

雍正七年（1729），周大璋于南京重刻高奣映朝爽堂本。周氏自序云："余少读《易》，每求其象而不得，得来注小刻于坊贾，图不备，注不全，窃意非来子手订也。近得原本于蜀，支分条晰，一睹了然。滁上冯子粹中相与印证，至精且详。喜之甚，不敢自秘，亟授梓以公海内，并望学《易》诸君子即其象而求之，体于心，行于身，以无负来子苦心探索之意。是为序。"落款为"时雍正七年己酉季秋，皖桐后学周大璋聘侯氏拜撰于金陵宝旭书舍"②。周大璋，字聘侯，号笔锋，安徽桐城人。康熙五十六年（1717）岁贡，雍正二年甲辰（1724）进士，雍正五年

---

① （明）高奣映：《新刻来瞿唐先生易注·凡例》，见严灵峰《无求备斋易经集成·周易来注》卷首，台北：成文出版社有限公司影印清朝爽堂重刊本，1976年。

② （清）周大璋：《重刻来先生易经图注全解序》，见嘉庆《梁山县志》卷一〇《艺文志》，清光绪二十年（1894）重刊本。

(1727)任湖南龙阳县（今湖南汉寿县）知县，雍正七年（1729）十二月因年老改任华亭县（今上海松江区）教谕。序文中提到的"冯子粹中"即冯祚泰，字粹中，安徽滁州人，乾隆十七年任申（1752）举人。而周大璋所谓"近得原本于蜀"，当指高奣映朝爽堂本。再看周大璋刻本，扉页牌记"庐陵高雪君先生鉴定，永川凌厚子先生原点"之后，有"桐城周聘侯先生重校"，且每卷首页下方亦如此。此本为周大璋重刻朝爽堂本，但在版式、字体、内容方面并未做太多的改动，甚至在版心处仍沿袭旧本，下端依旧刻有"朝爽堂"三字。在序文方面，此本增加了周大璋序，此序半页六行十四字，手写上板。此外还有高奣映序，其字体行款，书写格式沿袭了朝爽堂本，但删去了凌夫悼序。此本对部分图像形式也稍有改动，最明显的就是将"伏羲六十四卦圆图"中对应两卦之间的联机省去，此后在周大璋本基础上的诸重刻本皆沿用此图形式。

由于嘉庆时符永培宁远堂本是在周大璋本基础上的重刻本，且符永培本亦载有周大璋序，导致当前各类目录书中经常把符永培宁远堂本与周大璋本混为同一版本。周大璋本存世较少，根据韩国《奎章阁图书—中国本综合目录》中的版本著录信息，可以确定奎章阁所藏朝爽堂《新刻来瞿唐先生易注》即周大璋本。

（四）嘉庆符永培刻本

嘉庆十四年（1809），梁山县令符永培在周大璋本基础上进行重刻，其版心下端有"宁远堂"字样，因此一些图书馆藏目录书著录时也称宁远堂本。符永培，字子田，河南宁陵人，监生，嘉庆七年（1802）任梁山知县，后升会理州知州，未任卒。符永培任梁山知县时重刻来知德《周易集注》，并跋云："岁己巳，谋于其裔既修茔域，复购得《易注》，读之自维谫陋，虽亦渎为体念，其敢妄有发明？爰捐资重刊，以广其传。俾此邦乡先正用心之苦，用心之专，久而益著。因缀数语于简末云。"① 此本扉页牌记书名"重刻易经来注"，旁有刊刻年代"嘉庆己巳"。版心由"朝爽堂"改作"宁远堂"。跋中所谓"岁己巳"以及牌记之中的"嘉庆己巳"，即嘉庆十四年（1809）。

该本的版式、字体、内容上几乎延续了周大璋本。卷首序文，增加符永培跋。图像方面，宁远堂本也继承周大璋本，将"伏羲六十四卦圆图"中对应两卦之间的联机省去。由于符永培宁远堂刻本前有周大璋序，周序落款时间为"雍正七年己酉季秋"，当前许多图书馆藏目录书据此错把符永培宁远堂本刊刻时间定作雍正七年②，这显然与事实不符。另外，学者吴伟在《〈周易集注〉的早期版本》一文中，认为"宁远堂本是崔华本的另一重刊本"，又说宁远堂本"所收序跋与目次与朝爽堂刊本稍异，但其承续关系比较明显"③，前后矛盾。符永培宁远堂本目前在各类图书馆藏目录书中的著录较为普遍，另外在宁远堂基础上的翻刻本、递修本也多存于世。

（五）同治刘建德刻本

同治九年（1870），刘建德在湖南长沙据朝爽堂本重刻《周易集注》。郭嵩焘为此书作序云："刘馨室观察以吾楚于此书流传未广，刻之长沙。"④ 据此可以确定此次重刻工作的主持者与刻书地点是长沙。此序的落款时间为"同治十年冬十有二月"，可

---

① （清）符永培：《重刻易经来注跋》，《来瞿唐先生易注》卷首，清嘉庆十四年（1809）符永培宁远堂刻本。
② 按，如中华书局2009年出版的《中国古籍总目》。
③ 吴伟：《〈周易集注〉的早期版本》，《图书情报工作》2011年第11期。
④ （清）郭嵩焘：《养知书屋集·文集》卷四《重刻瞿唐来氏〈周易集注〉序》，清光绪十八年（1892）刻本。

知此本刻成的大致时间。考刘建德其人：刘建德，号馨室，广东驻防汉军正白旗人，道光十一年（1831）辛卯举人，道光二十九年（1849）任石门知县，咸丰三年（1853）任湘潭知县，后任湖北补用道员。郭嵩焘序中称刘建德为"观察"，所谓观察，并非清代正式官制，而是对道员的雅称，刘建德时任湖北补用道员，正好可以与之应证。刘建德身为汉八旗，其自序落款作"沈阳后学刘建德馨室谨序"，沈阳当指自己的祖籍。此外，李元度序与刘建德序也记述此次重刊之事。李元度序云："顾其书虽流布艺林，后学不能尽得而读之。兹同志诸君在湘匄赀重刻，以表章先儒绝业，甚盛举也。"[1] 刘建德自序曰："早年得读是书，即奉为珍秘。己巳春，由鄂返粤，侨寓湘垣，知湘中此书尚乏，颇思重刊。适涂生禹门与袁君萼仙、左君升甫、张君养泉、邹君秋舫同志诸公，皆欲翻刻是书，以广流传而公同好，与鄙见不谋而合。因思湘阴郭筠仙中丞、平江李次青方伯，夙精易学，爰请商订，皆以为善。乃急鸠赀重付梓人，成此盛举，俾是书流传日广，庶几后之学者，易知四圣人之微言秘旨，而来先生《易注》画图之功亦并垂不朽矣。"[2] 再看另外两篇序文的作者：郭嵩焘（1818—1891），字筠仙，湖南湘阴人。晚清著名的外交家、政治家，中国首位驻外使节，《清史稿》列传第二百三十三存其传。同治二年（1863）任广东巡抚，后因官场倾轧，于同治五年（1866）解职回乡，于长沙城南书院及思贤讲舍讲学，直至光绪初年重返政坛。郭嵩焘序写于同治十年（1871），此时正逢郭氏长沙讲学期间，刘序称之为"中丞"，当指其解职之前所任广东

---

[1] （清）李元度：《天岳山馆文钞》卷二六《重刻〈周易来注〉序》，清光绪六年（1880）爽溪精舍刊本。

[2] （清）刘建德：《新刻来瞿唐先生易注》卷首《序》，清同治九年（1870）沈阳刘建德重刊本。

巡抚一职。李元度（1821—1887），字次青，又字笏庭，湖南平江县人，《清史稿》有传。同治初年，李元度于贵州剿教匪有功，擢云南按察使，旋以终养开缺回籍。李序亦写于同治十年，此时亦解职在家。刘序称之为"方伯"，也是指其曾任云南按察使一职。刘建德本增加序文三篇，依序分别为郭嵩焘、李元度和刘建德序文。其中郭序半页八行二十二字。李序半页八行二十字，无界栏，且字体为隶书写刻。刘序半页八行二十字，亦无界栏，但字体为楷书写刻。刘本删去高奣映序与凌夫惇序，但保留来知德自序。从正文版式与内容上看，刘本依旧沿用了朝爽堂本的特点，甚至在正文的每卷首页，皆刻有"庐陵高雪君奣映鉴定""永川凌厚子夫纯原点"的字样，这里把凌夫惇之名误刻作"夫纯"，当是一个小的纰漏。刘本版心下端略去"朝爽堂"三字，而在每页鱼尾上端加刻一字，分别以"乾""坤""巽""震""坎""离""艮""兑"八字进行篇章区分。

此本虽然为刘建德主持刊刻，但由于郭嵩焘为之作序，加之郭嵩焘声名显赫，为后世所熟知，因此当前诸多馆藏目录书在著录版本信息时，皆称此本为郭嵩焘本，刘建德于同治九年（1870）完成刻书并作序文，不过郭序与李序的落款时间为同治十年，所以版本信息称此本为郭嵩焘本时多以同治十年作为此本刊刻完成的年代。

（六）民国上海江东书局石印本

上海江东书局本石印本《周易集注》，日本《广岛大学文学部旧藏汉籍目录》载此本版本云："《新刻来瞿唐先生易注》十五卷，首一卷，末一卷。明来知德撰，民国八年（1919）上海江东书局石印本，8册。"① 由于江东书局本前并无添加新序，也没有任何关于此版本的介绍，这里将刊印时间定为民国八年，不知何据。笔者曾目验两套江东书局本，其中内容上完全一致，不过在函套签条处，书名"来注易经图解"下端文字略有差异：一套作"上海江东茂记书局印行"，另一套作"己未夏日唐驼著"。这里的"己未"当是指民国己未年，即1919年，这恰好与上述所载出版时间相一致。《广岛大学文学部旧藏汉籍目录》可能也正是据此确定的刊印时间。至于刊印者唐驼（1871—1938），原名守衡，字孜权，号曲人，江苏武进人，我国近代印刷业的开拓者，知名书法家。江东书局本从内容上看，此本收录有凌夫惇与高畜映序，但在"来图补遗"处，缺"以秦始皇论一人混沌"图，且无高畜映撰《瞿唐来矣鲜先生本传》，这恰好与《无求备斋易经集成》影印文选楼藏朝爽堂重刊本相同（《无求备斋易经集成》所据文选楼藏本此外还缺"上下经篇义""易经字义""改正分卷图"与"发明孔子十翼图"）。据此可以推知江东书局本所据之本或为文选楼藏朝爽堂重刊本。

江东书局本自刊印成书后，流传较广。台湾曾于20世纪70年代据此本多次影印重刊。台湾民乐出版社曾于1971年影印出版此书。中国孔学会亦在同年影印出版此书，而成都巴蜀书社又在1988年对中国孔学会影印本再次影印出版。中国孔学会影印本在书末附学者郑灿撰《易经来注图解校订识要》与《系上九章阙文之疑》。其中《易经来注图解校订识要》云"敦仁堂藏版之崔华本夙为士林珍视者……"②，然敦仁堂藏版，书前扉页牌记

---

① ［日］赤迫照子：《广岛大学文学部旧藏汉籍目录》，东京大学东洋文化研究所附属东方学研究情报中心，2016年，第4页。
② 孙炳炎：《订正〈易经来注图解〉》附录一，台北：中国孔学会，1971年，第1页。

书名为"易经来注图解",书名左侧旁有"读《易》了然""敦仁堂藏板"字样,右侧为"庐陵高雪君先生鉴定""永川凌厚子先生原点",出自高斋映系统,但此本观其正文,却是崔华本内容,在正文每卷起始处还有"平山后学崔华重订,男峦、岱、罿齐同校"。更使人感到疑惑的是,此本最后竟然还收录了出自高斋映刻本系统书末之"《周易》采图"的内容。

四、其他刻本系统

除以上三大刻本系统外,目前存世的《周易集注》还有一些似乎无法直接归入以上三类者,如万历年间的张之厚刻本和雷叔闻删节本、清初冯邦荣重订本、康熙二十九年(1690)高毓麒刻本、康熙三十六年(1697)高暄刻本等。不少版本因馆藏条件不便检索等原因无法查看版式和内容,兹仅梳理康熙三十六年高暄刻本。

高暄,字楚石,山西稷山人,邑庠生。根据其所撰《重订来先生易注小引》中落款为"康熙岁在丁丑,春王三月朔旦,稷山后学高暄熏沐谨题于愿学书院之近圣居,时年七十有七",可以推知高暄生于1620年。高氏精于易学,《稷山县志》载其曾撰《易经朱注删补》,"朱注"或当为"来注"之误。高暄本《周易集注》在内容排序上作了较大的调整,正如《重订来先生易注小引》中所云:"暄受先生罔极之恩,谬为事事,不敢为异同,就中忧深辨力、辞气颇激者节数字,间亦窃取其意更数字。始于甲子中秋,终于丙子春暮,反复研穷,盖欲天下后世知先生不得已之苦心,仍不失温厚和平之致。至于经传混淆,朱子《本义》依吕子所定次序改正,详载上经注,历历可考。永乐间,又复乱之,薛子《读书录》叹其失朱子之意。先生亦有心发明'十翼',

见其一班。……暄也下愚,敢曰自任,只遵朱子改正次序,成书以俟有力者永复孔氏之旧固。"① 据此可知,高暄对《周易集注》之中的内容有过部分的删节与改动,而在卷次的编排上,则从朱熹《本义》依吕祖谦所定之次序。故高氏在正文之前作《发明朱子〈本义〉上经注》,其中涉及卷次安排的叙述如下:"吕东莱谓《系辞》传言二篇之策,'二篇'谓上下《经》,是孔子时已分上下《经》矣,而晁氏合之,何耶?因更订为《经》二卷、《传》十卷,复孔子之旧。朱子从之而作《本义》焉。明永乐中,纂修《大全》,以程《传》为主,而以《本义》分附程《传》之后,其后刊行《本义》者,就《大全》中撮取之故。今所传之《本义》,非朱子当年之《本义》矣。幸《上经》条注犹存,因发明其义,窃附明时误刊《本义》之由,跂望明公巨儒体朱子之心,复孔子之旧,先圣有赖,后学有赖。"② 吕祖谦曾于淳熙八年(1181)五月定《古周易》十二篇。朱子《本义》最初则用吕祖谦所定经传分离之古本。但随着明初胡广等人《周易传义大全》的编订,以程颐《易传》之次序定《周易本义》之次序,这样就出现了后来四卷本的《周易本义》。高暄对此本内容次序上进行的变动,正是为了使《周易集注》也依照朱子《周易本义》最初的编排方式,意欲恢复《周易》古本之面貌,并引来知德"发明孔子十翼图"作为其改动之合理性的依据。

再看高暄本的版式与内容。此本版式为半页九行二十五字,白口,无鱼尾,四周双边,无界栏。此本仅载来知德自序与高暄序(即《重订来先生易注小引》)。序文后有高暄所撰《周易集注

---

① (清)高暄:《重订来先生易注小引》,见来知德《周易集注》卷首,康熙三十六年(1697)高暄刻本。
② (清)高暄:《重订来先生易注小引》,见来知德《周易集注》卷首,康熙三十六年(1697)高暄刻本。

凡例》，主要是对来知德取象的总结与例证。在易图方面，高本于之前增加了吴澄变换朱熹黑白点《河图》《洛书》所出的"马背旋毛河图"与"神龟甲坼洛书"。而在"改正分卷图"部分，高氏则遵从经传分离的原则，进行了一些相应的改动，并注明"依朱子考订次序改正"，最后还增加了"改正卦歌"。正文部分，按照经传分离的原则，经根据上下分为二卷，至于传的"十翼"则各为一卷，按顺序分别为：《彖上》《彖下》《大象》《小象》《文言》《系辞上》《系辞下》《说卦》《序卦》《杂卦》。经传共计十二卷，相应的来知德注文则分附于经传之后。高氏在正文前撰《发明朱子〈本义〉上经注》，而且直接将《周易本义》中朱子对"周易上经"的注文代替来知德原有注文，作为其分卷的依据。正文每卷开篇处，皆印有"梁山来知德集注，稷山后学高暄重订"的字样。而在此本目录"六十四卦启蒙"之后著有"来知德考定《系辞》上下传""补定《说卦》传"，但却不见于正文中。

关于高暄本的版本源流，高暄《重订来先生易注小引》之中并没有述及，但我们可以通过全书的内容来判断。首先，高暄本中载有《旅》卦九四爻象辞及注文内容（内容与史念冲本相同），可知高暄本非虎林刻本系统。再看此本图像部分，无"来图补遗"以及高翯映朝爽堂系统本卷末"周易采图"的内容。另一方面，高暄本虽然对原文亦有删节和改动，但对比高翯映朝爽堂刻本系统，改动最多的《乾》《坤》二卦经传之注文，具体内容上并不一致，相比之下，高暄本做出的改动远小于高翯映朝爽堂刻本系统。那么高暄本最有可能出自史念冲刻本系统，但是二者也有所不同，如《讼》卦彖辞注及《夬》卦九四爻象辞注。高暄本可视作独立于上述三大刻本系统之外的又一版本系统。有关高暄本的版本著录，未见于目前各类馆藏古籍目录书中。

《周易集注》以上各版本系统，以张惟任刻本系统和刘安刘本系统流传最为广泛。而今日较为流行者有三种：一是上海书店影印宝廉堂《易经集注》本（1988），属于张惟任刻本系统；二是巴蜀书社影印《易经来注图解》本（郑灿订正，1989），属于刘安刘本系统；三是上海古籍出版社《四库易学丛刊》本（1990），乃抄录宝廉堂本而成。

何志高《易经本意》、吕调阳《易一贯》叙录两种

田 君[*]

摘 要 何志高与吕调阳皆为清后期巴蜀易学人物,且有学术传承关系。《易经本意》为何志高治学代表作,其批注经传,大抵阐扬程朱易说,证之以史事,援引多属切当;每每论及《周易》之凡例,多为研《易》心得所萃,非数十年寝馈其中者不能道也,分析易例,论列卦义,统合诸卦,总结规律,此乃全书之精华焉;卷首、卷末备论《周易》图说,何氏重视易图之学,既为正文经传批注之辅,亦可考知清代巴蜀易图学之统绪焉。《易一贯》为吕调阳易学领域主要成果,探求作《易》修教之本旨,实以象学贯通诸卦,揭示变、占之例,论列参、伍、错、综、动之情状;以恒、泰、咸三卦为根本,据来知德之象数,采周敦颐、张载之义

---

[*] 作者简介:田君,生于1981年,湖北省武汉市人,四川大学古籍整理研究所副研究员、硕士研究生导师。主要研究方向:历史文献学、中华乐学、礼学、易学、周秦儒学研究等。

本文系四川大学中国语言文学与中华文化全球传播学科群建设专项经费项目"儒学文献溯源:旧史经典化与经典儒学化"(XKQZQN010)阶段性成果。

何志高《易经本意》、吕调阳《易一贯》叙录两种

理,大要归于洛书数理方位;其正编经传解说,乃卷首图说通论之实践运用,而卷首图说通论,系正编经传解说之理论方法,此帙当属系统撰述,原有指导思想存焉,即所谓"易一贯"者也;吕氏舍注自求,不拘先儒成说,虽不免附会之嫌,然易道广大,辗转多通,哲学体悟,本无定论,贵在自成其说,可资考察象学卦变,亦是书之特色耳。

关键词 何志高 《易经本意》 吕调阳 《易一贯》 叙录

一、何志高《易经本意》叙录

收录于清道光十八年刊刻《西夏经义》,日本京都帝国大学藏本、辽宁省图书馆藏本。

何志高,生卒年不详,清四川夔州府万县(今重庆市万州区)人。据同治五年(1866)刊《增修万县志》卷二九《士女志·贤哲》,其中"学行"类"国朝"(清代)门,据著录人物有"何志高"条。何志高,字西夏,为邑廪生,闭户穷经数十年。方志卷首又有万县知县冯卓怀《万县志原序》,知此志初修于乾隆十年(1745),增修成书于咸丰十年(1860),则何氏所处时代,必在咸丰之前,其人既闭户穷经数十年,则为道光间万县廪生。《增修万县志》称何氏"为人坦直,喜洁好静,淡于科名。闭户穷经,每大寒暑不辍,意有所得,中夜数起,或遇疑难纷结,寝食俱废,如是者数十年"[①],何氏隐居穷乡僻壤,皓首穷经,矢志不渝,闭门修书,慎独之至也,不愧隐君子,著述废寝

---

① (清)张琴修,范泰衡纂:《增修万县志》卷二九,清同治五年(1866)刊本。

忘食，其学殊为难得。据《西夏经义》序跋①，何志高有子名贞干、有孙名佩融、有裔孙名绍先，其子孙辈皆称其为"西夏先生"。辽宁省图书馆藏清道光十八年（1838）刻《西夏经义》本，是书封面亦署名"西夏先生著"，则"西夏"当属其号，并非其表字，则《增修万县志》记载间或未允。何志高撰有《易经本意》《释书》《释诗》《春秋大传补说》《礼论》《大象榖语》《四书论》《中庸注》等，统称为《西夏经义》。今有《西夏经义》十三卷行世，包括《易经本意》六卷（正文四卷、卷首一卷、卷末一卷）、《释诗》一卷、《释书》一卷、《礼论》一卷、《春秋大传补说》四卷。

《易经本意》为何志高治易学代表作，目录题名"《易经本意图象经传注说》"，盖为书全名，《易经本意》则省称耳。是书卷首为《易经图说》一卷，曾抽出别行刊本行世，包括《易序》《立象说》《命象说》《爻例说》《筮占说》（目录误作《占筮说》）《十二经卦应辰说》《八卦居方说》《序卦说》《河图说》《洛书说》《易义上》《易义下》十二篇论文，与《伏羲氏易象本图》《命象表》《大衍数》《筮策象数》《十二经卦应辰》《八卦居方》《周易上篇卦序》《周易下篇卦序》（目录误作《周易序卦》）《河图》《洛书》十组易图，论文与易图交互为证。何氏卷首论文大义明晰，提纲挈领，可供研易者参考，其《伏羲氏易象本图》，谓为伏羲氏易象之本，盖何氏臆造，不足为凭，当取自邵雍《六十四卦次序横图》。

是书正文为《周易本意》四卷，何氏欲恢复《易经》原有篇第，仅经文分上下篇，不以《彖传》《象传》附经。前两卷为经

---

① （清）何志高：《西夏经义》序跋，清道光十八年（1838）刻本。按：关于何志高《易经本意》，已详列本书所据古籍版本，则此条引用本书者，为简明计，皆不出注，下同。

何志高《易经本意》、吕调阳《易一贯》叙录两种

文逐卦批注，卷一为《周易上篇注》，涵盖"上经"从乾卦至离卦共三十卦；卷二为《周易下篇注》，涵盖"下经"从咸卦到未济卦共三十四卦；后两卷为传文通篇批注，卷三为《易传集注》，起首有何志高《易传序》，其后以经文上下篇为界，分为"彖象上"与"彖象下"，将《彖传》与《象传》配合行文，以《周易》两篇十翼论之，虽不与经文相杂，然《彖传》《象传》相糅，亦属体例不纯者，于《彖》《象》之后，《文言传》亦单列成篇，何氏皆随文按语批注之；卷四亦为《易传集注》，起首有何志高小序，总论《系辞》来源以及"大传"与"小传"之别，其后分为《系辞上传》《系辞下传》《说卦》《序卦》《杂卦》，何氏皆随文按语批注之。《周易本意》四卷批注经传，何氏大抵阐扬程朱易说，以《周易程氏传》《周易本义》为出发点，阐发义理，论说平实，并证之以史事，援引多属切当。黄寿祺《易学群书平议》卷五论是书曰"盖宗法程传、朱义，而益之以李光、杨万里之说欤"[①]，颇得其要旨。另有值得注意之处，何氏于此四卷中，于相关经传批注之后，每每论及《周易》之凡例，多为研易心得所萃，非数十年寝馈其中者不能道也，分析《易》例，论列卦义，统合诸卦，总结规律，此乃全书之精华焉。

是书卷末《大易演图》一卷，起首有何志高《演图序》，概论伏羲之图，其后分别为《易象全图》及《全图说》、《六十四卦直列图》及《直列说》、《直列分方图》及《分方说》、《六十四卦反对图》《反对表》及《反对说》、《六十四卦横布图》及《横布说》、《六十四卦七成图》及《七成说》、《卦变例》及《卦变说》、《上篇序卦图》《下篇序卦图》及《序卦说》、《六十四卦月令图》及《月令说》、《六十四卦帝载图》及《帝载说》，十组图说相配

---

① 黄寿祺：《易学群书平议》，北京：北京师范大学出版社，1988年，第131页。

而行，共十二图表与十说，另有《杂说》十八条、《辨正》十一条附焉。是书卷首、卷末备论《周易》图说，可见何氏重视易图之学，既为正文经传批注之辅，亦可考知清代巴蜀易图学之统绪焉。

是书版本皆出自《西夏经义》本，《西夏经义》有清道光十八年（1838）刻本与光绪十四年（1888）翻刻本。辽宁省图书馆藏清道光十八年（1838）刻《西夏经义》本，上海古籍出版社《续修四库全书》第33册据之影印，封面题记为南浦三涂邱藏版，此本卷一至卷末，每卷首页右下钤"东北图书馆藏书印"。是书另有一藏本，缺卷首卷末两卷，仅存正文四卷，每卷首页右上钤"京都帝国大学图书印"，并有"大正"年号，为日本京都帝国大学藏本，与《续修四库全书》本相比较，两本内容并无区别，版式亦完全一致，盖为同一版本之不同藏本耳。是书续四库本，经过缩印处理，字小而近于漫漶，日本京都帝国大学藏本则保持版本原貌，眉目清楚，可作为工作底本，至于所缺卷首卷末两卷，可据续四库本补齐，其间所引用诸书，则以原书他校之。何志高其人其书，学界罕有关注，此为是书首次点校，一空依傍，不当之处，敬请指正，若有讹谬，容俟后订，特此说明焉。

二、吕调阳《易一贯》

收录于清光绪十四年刊刻《观象庐丛书》，吕氏门人叶长高原刻本、台湾新文丰出版公司《丛书集成续编》影印本。

吕调阳（1832—1892），字晴笠，号竹庐，清四川彭县（今四川省彭州市）人，居于西郊乡檀木村，同治三年（1864）举人。曾任彭县九峰书院山长、凤楼书院主讲，讲授"经世致用"之学，兼及历史舆地、训诂、考证等，常率生徒走出书院，考察

何志高《易经本意》、吕调阳《易一贯》叙录两种

山川名胜、风物民情,开书院教学之新风。受教弟子甚众,邑人翰林院编修贺维翰出其门下。其长子吕兰秉承家学,通晓舆地,绘有彭县、什邡舆地图。光绪四年(1878)重修《彭县志》,吕氏任县志协纂,并亲撰《山川》《田功》等志。光绪十八年(1892)受聘编纂成都、华阳两县志,实地测绘伊始,积劳成疾而卒,享年六十。吕氏绝意仕进,淡泊苦读,晚年居于彭县城北惜字宫寓所,潜心治学,勤于著述,平生撰述汇辑为《观象庐丛书》二十七种四十四册,丛书颜体"观象庐",尤可见吕氏易学旨趣。丛书收有《易一贯》五卷(附《图说》一卷)、《六书十二声传》十二卷(附《古律吕考》一卷)、《商周彝器释铭》六卷、《解字赘言》一卷、《志学编八种》三册(《大学节训》一卷、《中庸节训》一卷、《洪范原数》一卷、《释天》一卷、《重订谈天正议》一卷、《三代纪年考》一卷、《周官司徒类考》一卷、《考工记考》一卷附图一卷)、《释地三种》五册(《群经释地》六卷、《古史释地》三卷、《诸子释地》一卷)、《五藏山经传》五卷、《海内经附传》一卷、《汉地理志详释》四卷、《曰若篇》七卷、《史表号名通释》三卷、《诗序议》四卷、《逸经释》一卷、《论孟疑义》一卷、《舆地今古图考》二十二卷、《穆天子传释》一卷、《齐民要术》校订十卷、《越南图说》重订六卷,此外尚有《海录》二卷、《惧谋篇》一卷、《足财书》一卷、《蜀语》一卷等,可谓著述宏富,建树良多矣。

是书为吕调阳易学领域之主要成果,正编《经传解说》五卷,卷首《图说通论》一卷,共六卷。书首有吕氏自序,书尾有吕氏跋语[①],详述撰作缘由,咸丰七年(1857)春,吕氏手自抄

---

① (清)吕调阳:《易一贯》跋语,清光绪十四年刊刻《观象庐丛书》本,第6册。按:关于吕调阳《易一贯》,已详列本书所据古籍版本,则此条引用本书者,为简明计,皆不出注,下同。

录来知德《易经集注》，观来注而有疑，因舍注自求诸《易》，自抒体悟心得，阅月十九，至咸丰八年（1858）秋九月，勒为成书。吕氏治学自成一说，舍注自求者，非惟是书，吕氏注解《山海经》，所撰《五藏山经传》亦然，融会贯通，径自发挥，此乃吕氏学术风格。名曰"一贯"者，探求作《易》修教之本旨，实以象学贯通诸卦，揭示变、占之例，论列参、伍、错、综、动之情状，"一"者，图之五、十，卦之恒也，寂然不动也，"贯"者，图之三、八，卦之泰也，通也，所谓"一以贯之"，则图之一、六，卦之咸也，感也，归根结蒂，象数而已矣。吕氏是书，通篇以恒、泰、咸三卦为根本，据来知德之象数，采周敦颐、张载之义理，大要归于洛书数理方位。

按《观象庐丛书》叶长高原刻本，是书卷首，为《图说通论》一卷，共收易图二十二幅，如河洛先天太极诸图，属历代所传旧图，其他如"则图画卦""则书定位""范围""昼夜""日出入""分至朔望""生生"诸图，一空依傍，皆为吕氏自创。所创易图，既有新见，亦有臆造，可谓得失参半；除所列易图外，尚有《圣贤学〈易〉总说》《观〈易〉总说》《读〈易〉赘言》《河图数说》（解《河图图》）、《洛书数说》（解《洛书图》）、《太极数象理气说》（解《古太极图》）、《则图画卦说》（解《则图画卦图》）、《生蓍说》（解《生蓍图》）、《则书定位说》（解《则书定位图》）、《成象成形说》（解《八卦定位图》《八卦五行图》）、《四时变通说》（解《范围四时变通图》）、《范围准河图数说》（解《范围图》《范围准河图数图》）、《范围本洛书数说》（解《范围图》《范围本洛书数图》）、《乾知大始坤作成物说》（合洛书于河图）、《二气五行说》（解《河洛二气五行图》）、《卦变说》《原易名》《八卦名》《六十四卦名》《六虚说》《卦序说》《十二次宿躔说》（解《十二月朔望图》《分至朔望图》）、《播五行于四时说》（解

何志高《易经本意》、吕调阳《易一贯》叙录两种

《五行代王图》)、《昼夜说》(解《昼夜图》)、《日月出没说》(解《日出入图》《分至日月图》《四时日月朔望图》)、《混辟说》(解《古太极图》)、《乾坤六子说》(解《生生图》)、《辨例》《广象》《方数》三十篇易学论文,皆吕氏易学之立论根据,逻辑起点,庶几在此,实则正编经传解说之方法论焉。是书正编,为经传解说五卷,卷一、卷二解说《易经》上经三十卦;卷三、卷四解说《易经》下经三十四卦,皆依六十四卦次序,逐一注解经文;卷五解说《易传》,分为《系辞上传》解说、《系辞下传》解说、《说卦传》解说(附《参两九六辨》)、《序卦传》(仅录白文,其解说散见于上文六十四卦起首)、《杂卦传》解说,皆分章依次注解传文。综观是书,正编《经传解说》,乃卷首《图说通论》之实践运用;而卷首《图说通论》,系正编《经传解说》之理论方法。遂可见吕氏此帙,非随手札记之俦,当属系统撰述,原有指导思想存焉,即所谓"易一贯"者也。

《检斋读易提要》吴承仕论是书曰"吕氏独称恒、泰、咸,又以恒、泰、咸傅之天地生成数之五、十、三、八、一、六,向壁虚造,已不审其所谓。其所谓《范围图》,以既济、未济、否、泰、损、益、咸、恒八卦配九宫数;所为《分至朔望图》,以明夷、晋配二至之朔,讼、需配望,以蹇、解配二分之朔,家人、睽配望。揆之汉宋易家卦气爻辰诸法,无一合者,鲁莽灭裂,若此者盖不可一二数。又谓《文言》为孔子述文王之意;《说卦传》'天地定位'至'八卦相错'一节,'帝出乎震'至'成言乎艮'一节,皆为文王之言,而'数往者顺'与'万物出乎震'各节,则孔子之言也。加之分析文字,穿穴不根",其所谓《古太极图》并考,于"汉宋派别,河洛异同,皆所不晓"云云①。考吴氏所

---

① (民国)吴承仕:《检斋读易提要》,见张善文整理《尚氏易学存稿校理》第三卷,北京:中国大百科全书出版社,2005年,第5页。

论，吕氏喜好怪迂附会，治学前无所承，诚是书之病矣；然舍注自求，不拘于先儒成说，径自发挥，贯通象数，于六十四卦，逐一论列卦变，参伍错综，纵横系联，观象玩辞，观变玩占，用功可谓勤矣，虽不免附会之嫌，易道广大，辗转多通，哲学体悟，本无定论，吕氏贵在自成其说，可资考察象学卦变之用，亦是书之特色耳。

是书版本皆出自《观象庐丛书》，清光绪十四年（1888）吕氏门人叶长高刊刻，《易一贯》见于丛书第一册至第六册，台湾新文丰出版公司《丛书集成续编》哲学类第 31 册据之影印。是书《丛书集成续编》本与原刻本相较，为四拼一缩印，且将卷五《易传》解说，置于卷首《图说通论》之后、卷一卷二《易经》上经三十卦解说之前，其余版式皆同，盖《丛书集成续编》影印之际，重排卷次所致，于是书内容，实无二致。今据《观象庐丛书》叶长高刊刻原本为工作底本，于吕氏行文引据之处，详作校勘。校勘记所据"宋本《周易》"者，版本为国家图书馆出版社 2017 年影印《宋本周易》，其余校勘出注，涉及较广，皆据相关古籍通行本。此为是书首次整理，空所依傍，不当之处，容俟后订，特此说明焉。

清代《周易集解》注疏二种整理前言

陈冬冬[*]

摘　要　唐代李鼎祚《周易集解》是保存汉魏象数《易》学最为系统的著作。清代李富孙《李氏易解剩义》从唐宋经史著作中，搜集李鼎祚《周易集解》遗漏的汉魏象数《易》说，作为《集解》的补注。李道平《周易集解纂疏》在惠栋、张惠言学说基础上，对《周易集解》二千余条注文加以疏解，是清代《周易》新疏中最为完备者。二书均为清代《易》学反对义理、图书之学，试图恢复象数《易》学风格的代表作。

关键词　《周易集解》　李富孙　《李氏易解剩义》　李道平　《周易集解纂疏》

---

[*] 陈冬冬，生于1983年，男，湖北武汉人，历史学博士、博士后，华中师范大学历史文献研究所副教授、硕士生导师。主要研究方向：历史文献学、清代学术史。

一、《李氏易解剩义》整理前言

（一）李富孙的生平与著作

李富孙（1764—1843），字既汸，号香沚，一号芗沚，嘉兴人。《清史列传》卷六九、《清史稿》卷四八二、《清儒学案》卷一四四皆有其传，又有自著《校经廎自定年谱》。嘉庆六年（1801）拔贡，曾主讲丽正书院，永康从公书院，义乌绣川书院、金沙书院、安澜书院等处。五世祖良年，字武曹，康熙中试博学鸿词不第。与兄绳远、弟符并有诗名，与朱彝尊并称"朱李"，有《秋锦山房集》二十二卷、《外集》三卷传世。从祖李集，字敬堂，乾隆二十八年（1673）进士，官至郎县知县。精研经学，以汉、唐为宗，著有《周易愿学编》《尚书信古录》《毛诗无邪训》《愿学斋文钞》等。

富孙幼承家学，与长兄超孙、从弟遇孙并称"后三李"。三人曾于乾隆四十八年（1783）至五十一年（1786），受业于从祖李集之愿学斋。李集对三位晚辈的授课内容十分广泛："朝夕听讲论时艺之外，兼及经史古学。手授《日知录》，令日读十叶，言此书《三通》之精华也，熟复之必有得于明体达用。始知求经学，诵《文选》，学古今体诗，并纵览先征士公所藏诸书。……读汉唐注疏，作《十三经注疏会记》，并参究宋元诸儒及本朝陆清献、汤文正、张杨园先生之书，于省身克己，稍有所得。"[①] 以《日知录》《十三经注疏》等考据学为主，兼及理学、诗文，为李富孙打下了良好的家学基础。

---

① （清）李富孙：《校经廎自定年谱》，《北京图书馆藏珍本年谱丛刊》，北京：北京图书馆出版社，1999年，第128册，第412—413页。

富孙长而出游，受业于卢文弨、钱大昕、王昶、孙星衍等乾嘉名儒。受学于阮元最久。嘉庆二年（1797），"秋，学使阮公按试禾郡，录成一帙，试毕进见，大加称善"①，始与阮元结识。嘉庆五年（1800），"抚军阮公送入紫阳书院肄业，遂执挚门下"②，开始对阮氏执弟子礼。嘉庆六年（1801），"抚军阮师送入敷文书院肄业。……阮师又送入诂经精舍肄业"③。嘉庆八年（1803），"至省谒见阮师，仍送入诂经精舍"④。在阮元的帮助下进入紫阳书院、敷文书院、诂经精舍等处学习，特别是在阮氏亲自创办的诂经精舍学习期间，学问大有长进。《清史稿》称富孙肄业诂经精舍后，"湛深经术，尤好读《易》"⑤，学问大进。

富孙又与同里冯登府友善。道光二年（1822），"三月，往金坛与冯柳东吉士登府、徐砚芬表弟林衡仿禾中举行恤嫠会"⑥，始与冯氏订交。《清史列传》称："与同县李富孙交尤密，每著一书，辄与商榷。"⑦ 故《清儒学案》附李氏于冯氏《柳东学案》云："柳东治经，搜集遗说异文，疏证精密；于石经致力尤勤，荟萃历代诸刻及诸家考订之说，折衷求是，可称集成之书。同里李氏群从，志同道合，互相切劘。芎沚、杏邨研经皆以精博称，

---

① （清）李富孙：《校经廎自定年谱》，《北京图书馆藏珍本年谱丛刊》，北京：北京图书馆出版社，1999年，第128册，第420页。
② （清）李富孙：《校经廎自定年谱》，《北京图书馆藏珍本年谱丛刊》，北京：北京图书馆出版社，1999年，第128册，第423页。
③ （清）李富孙：《校经廎自定年谱》，《北京图书馆藏珍本年谱丛刊》，北京：北京图书馆出版社，1999年，第128册，第423页。
④ （清）李富孙：《校经廎自定年谱》，《北京图书馆藏珍本年谱丛刊》，北京：北京图书馆出版社，1999年，第128册，第425页。
⑤ 赵尔巽：《清史稿》卷四八二《儒林三》，北京：中华书局，1977年，第13260页。
⑥ （清）李富孙：《校经廎自定年谱》，《北京图书馆藏珍本年谱丛刊》，北京：北京图书馆出版社，1999年，第128册，第435—436页。
⑦ （清）佚名撰，王钟翰点校：《清史列传》卷六九《冯登府传》，北京：中华书局，1987年，第5597页。

与柳东相颉颃焉。"[1] 可知李氏兄弟与冯氏同好考订之学，治经以精密博通著称。

富孙著作有《李氏易解剩义》三卷，"斥图、书之说"[2]；《李氏易解校异》一卷，"柳东称为资州功臣，定宇直友"[3]；《七经异文释文》五十卷，"于诸经传本异文异诂，皆为搜集考证"[4]；又有《汉魏六朝墓铭纂例》四卷、《鹤征录》八卷、《后录》十二卷、《曝书亭词注》七卷、《梅里志》十六卷、《校经庼文稿》十八卷。

（二）《李氏易解剩义》的创作、内容与成就

《李氏易解剩义》的创作肇始于乾隆四十八年（1783）。李富孙在《剩义序》中称："予自癸卯岁读书于愿学斋，从祖敬堂先生教富孙读《易》。因纵观万善堂所藏《易解》不下百种。"[5] 富孙受业于从祖李集时曾专门学习《易》学，又得查阅家族藏书楼中百种《易》学著作，其家学积淀为《剩义》的创作打下了基础。据《剩义序》落款，此书初步完成于乾隆五十五年（1790）；又据种学斋本《跋》，此书曾于嘉庆十五年（1810）进行修订。

《剩义》凡三卷，主要内容为从唐宋经史著作中，搜集李鼎祚《周易集解》遗漏的汉魏象数《易》说，作为《集解》的补

---

[1] 徐世昌等编纂，沈芝盈、梁运华点校：《清儒学案》卷一四四《柳东学案》，北京：中华书局，2008年，第5635页。
[2] 徐世昌等编纂，沈芝盈、梁运华点校：《清儒学案》卷一四四《柳东学案》，北京：中华书局，2008年，第5652页。
[3] 徐世昌等编纂，沈芝盈、梁运华点校：《清儒学案》卷一四四《柳东学案》，北京：中华书局，2008年，第5652页。
[4] 徐世昌等编纂，沈芝盈、梁运华点校：《清儒学案》卷一四四《柳东学案》，北京：中华书局，2008年，第5652页。
[5] （清）李富孙：《李氏易解剩义》卷首《李氏易解剩义序》，《续修四库全书》，上海：上海古籍出版社2002年，第27册，第614页。

注。其体例首先列出需要补注的经文，其次在补注中列举诸家经说，再次注明补注出处。例如，卷一《乾卦》九二，先列经文"九二，见龙在田，利见大人"①；再举郑玄、王肃、向秀三家说解，"郑玄曰：九二利见九五之大人"②。"王肃曰：大人，圣人在位之目。"③"向秀曰：圣人在位，谓之大人。"④；后列三家之出处，郑说见《正义》，王说见《释文》《文选注》卷四十七，向说见《史记集解》卷二十六，分门别类、原原本本。下文九三、上九有补注则出经文、补注，九四、九五因无补注而并省经文，内容严谨简约。

《李氏易解剩义》的主要成就如下：

其一，批判图说，肯定汉《易》。

清初学者，大力抨击宋代理学家作为立说依据的《河图》《洛书》之说，为恢复汉代《易》学扫清了道路。例如，黄宗羲《易学象数论》将前代象数《易》学概括为八卦、六爻、象形、爻位、反对、方位、互体七象，以及纳甲、动爻、卦变、先天四象，认为前者为圣人之象，后者为后儒之伪象。胡渭的《易图明辨》引证精详，在清初批判宋元图书《易》学的著作中成就最高。他"引据旧文，互相参证"⑤，对《河图》《洛书》《先天》《太极》等宋明理学作为立说依据的《易》图，均作了穷根溯源

---

① （清）李富孙：《李氏易解剩义》卷一，《续修四库全书》，上海：上海古籍出版社，2002年，第27册，第616页。
② （清）李富孙：《李氏易解剩义》卷一，《续修四库全书》，上海：上海古籍出版社，2002年，第27册，第616页。
③ （清）李富孙：《李氏易解剩义》卷一，《续修四库全书》，上海：上海古籍出版社，2002年，第27册，第616页。
④ （清）李富孙：《李氏易解剩义》卷一，《续修四库全书》，上海：上海古籍出版社，2002年，第27册，第616页。
⑤ （清）永瑢等：《四库全书总目》卷六《易图明辨》提要，北京：中华书局，1965年，第40页。

的批判。

乾嘉学者，则以辑佚、阐发汉代《易》说，力图恢复汉代象数《易》学的原貌为特色。例如，惠栋《周易述》以收集汉人荀爽、虞翻之说为主，参以孟喜、京房、郑玄诸人学说为经注，又以己意阐发汉人之说为疏。《易汉学》则以梳理汉代《易》学源流，分门别类收集介绍各《易》学家的学说为主旨。《易例》以概括汉人旧说，发明《易》例，作为治《易》的门径。经过惠氏的努力，汉代主要《周易》学说的原貌已被勾勒出来。张惠言在惠栋的基础上，不再将汉代《易》学当做一个整体来进行考察，而是根据家法分门别类进行介绍。张氏最为重视集两汉象数《易》学之大成虞翻《易》学，在《周易虞氏义》《周易虞氏消息》等书中，初步恢复了虞氏《易》的原貌。在《周易荀氏九家易》《周易郑荀义》《易纬略义》等书中，部分重建了郑玄、荀爽及汉代《易纬》学说。

李富孙在《剩义》中继承了清代的《易》学取向。他一方面批判"图说"之学："顾自宋以后，多惑于图说，而《易》为方术之书，于圣人寡过之义，去之远矣。……至宋陈、邵之学出，本道家之术，创为图说，转相授受。举羲、文、周、孔之所未及，汉以后诸儒之所未言者，附会穿凿，以自神其说。理其理而非《易》之所谓理，数其数而非《易》之所谓数，直欲驾前圣而上之，而《易》道愈晦矣。"①认为宋代陈抟、邵雍等人，借助道教学说创造"图说"，穿凿附会，扰乱了《易》学的发展。一方面肯定汉代《易》学："天《易》之为书，理与象而已。汉人去古未遥，师师相承。……盖《易》学有三派，有汉儒之学，

---

① （清）李富孙：《李氏易解剩义》卷首《李氏易解剩义序》，《续修四库全书》，上海：上海古籍出版社，2002年，第27册，第614页。

郑、虞、荀、陆诸家精矣。"①认为汉人距离先秦不远,具有师承,郑玄、荀爽、虞翻、陆绩等汉魏《易》学家,均有很高的学术成就。

其二,广搜诸家,补注《集解》。

清代学者推崇的汉代象数《易》学,自魏王弼"扫象讥互"、提倡义理之学后,影响日渐减小。唐孔颖达《周易正义》专取王弼、韩康伯之注,两汉《易》说渐次亡佚、几无全本。唐时蜀人李鼎祚著《周易集解》一书,收集汉魏《易》说三十余家,保存了汉《易》的大体面貌,可以说是唐代《易》学和巴蜀学术的杰出代表。乾嘉学者惠栋、张惠言等表彰汉学、恢复象数,也以李鼎祚《周易集解》作为最重要的数据源。

李富孙一方面肯定《集解》的学术价值,汉儒"其注解论说,惜多散佚不存。唐资州李鼎祚辑汉以来三十六家之说成《易解》十卷,汉学之存于今者,犹得见其一二,其所系岂浅鲜哉。……予窃叹资州之解,精微广大,圣贤遗旨,略见于此。嗜之好之,殆不啻刍豢之悦我口也"②。认为《集解》保存了孟喜、荀爽、郑玄、虞翻等三十六家《易》说③,是保存汉代象数《易》学最全面的资料。另一方面也指出《集解》仍有遗漏:"然其于三十六家之说,尚多未采。"④

---

① (清)李富孙:《李氏易解剩义》卷首《李氏易解剩义序》,《续修四库全书》,上海:上海古籍出版社,2002年,第27册,第614页。
② (清)李富孙:《李氏易解剩义》卷首《李氏易解剩义序》,《续修四库全书》,上海:上海古籍出版社,2002年,第27册,第614页。
③ 按:《周易集解》所辑《易》注,据《中兴书目》凡三十二家,朱睦㮮考增二家,朱彝尊考增三家,合《子夏传》为三十六家。又据潘雨廷考增三家,实为三十九家。参见(清)李道平撰,潘雨廷点校:《周易集解纂疏》卷首《点校体例》,北京:中华书局,1994年,第1页。
④ (清)李富孙:《李氏易解剩义》卷首《李氏易解剩义序》,《续修四库全书》,上海:上海古籍出版社,2002年,第27册,第614页。

正因为《周易集解》具有重要的数据价值，但仍有遗漏，故而李富孙认为其尚有继续辑补的可能："其遗文剩义，间见于陆氏《释文》，《易》《书》《诗》《三礼》《春秋》《尔雅义疏》及《史记集解》《后汉书注》、隋唐《书》、李善《文选注》《初学记》《北堂书钞》《太平御览》、唐宋人《易》说等书，犹可搜辑。爰于披读之余，缀而录之，以附其后。"① 从陆德明《经典释文》、唐宋诸经义疏、古注、类书等处继续辑录李鼎祚未收的汉魏象数《易》说，作为《集解》的补注。在收录时较为严谨，"其伪本与有完书者不录"②，不收伪书及未曾亡佚者。

清人为李鼎祚《周易集解》做补注工作的，尚有孙星衍《孙氏周易集解》。该书将王弼《周易注》、李鼎祚《集解》及古注所录马融、郑玄等人学说汇为一书，即在王注、《集解》后补充若干孙氏自辑古注。孙书相比《剩义》，在观点上不排斥魏晋义理《易》学，补入王弼注，显得观点更为通达；在资料补充完善程度上，则补入古注数量稍嫌不足。孙书成于嘉庆三年（1798），李富孙在嘉庆十五年（1810）修订《剩义》时，曾对二书做过比较："近阳湖孙观察渊如先生纂《周易集解》，于资州《易解》之外，复采汉魏晋唐诸人《易说》，最有功于古学。顷以参校三十余家之说，予本得多一百余条。"③ 可见《剩义》是清人《周易集解》补注中资料最为丰富的。

李鼎祚《周易集解》是保存汉人《易》学最为系统的数据汇编，又是唐代巴蜀学术的杰出代表。李富孙之《李氏易解剩义》

---

① （清）李富孙：《李氏易解剩义》卷首《李氏易解剩义序》，《续修四库全书》，上海：上海古籍出版社，2002年，第27册，第614页。

② （清）李富孙：《李氏易解剩义》卷首《李氏易解剩义序》，《续修四库全书》，上海：上海古籍出版社，2002年，第27册，第614页。

③ （清）李富孙：《李氏易解剩义》卷首《李氏易解剩义序》，《续修四库全书》，上海：上海古籍出版社，2002年，第27册，第659页。

在《集解》基础上，百尺竿头、更进一步，可谓汉《易》及蜀学之功臣。

（三）《李氏易解剩义》的版本与整理

《李氏易解剩义》除《丛书集成初编》收入以《读画斋丛书》为底本的排印本外，并无经过精细校勘的整理。鉴于该书对研究清代《易》学史与巴蜀学术均具有较高价值，故整理者不揣谫陋，对该书进行了点校。

《李氏易解剩义》的版本有清嘉庆四年（1799）顾修《读画斋丛书》本、嘉庆十八年（1813）种学斋刻本、光绪朱记荣《槐庐丛书》本、南海黄任恒《翠琅玕馆丛书》本等。初刻本《读画斋丛书》本，据李富孙乾隆五十五年（1790）完成的初稿刊刻。种学斋刻本，则是以李氏嘉庆十五年（1810）的修订本为基础付梓。种学斋本卷末李富孙《跋》云："是编向为桐溪顾氏刻《读画斋丛书》中，然尚有脱漏舛误处。今重加订补，或可免疏陋之失。"① 又云："至资州之书，有海盐胡氏、常熟毛氏、德州卢氏诸雕本，亥豕之讹，均所不免，予悉为校正。"② 可见种学斋本是李氏亲自在《读画斋丛书》本基础上进行了大规模修订的成果。李氏在该本中对《读画斋丛书》的内容进行了校订补充，又广收异本对李鼎祚《周易集解》的原文进行了校勘，在《剩义》诸本中堪称善本。本次整理选取种学斋为底本，《读画斋丛书》本为校本，对全书进行校勘，并加以标点。对各本的异文除显而易见的错误，一律列举出校；可以判断者择善而从，并在校记中

---

① （清）李富孙:《李氏易解剩义》卷末《跋》,《续修四库全书》, 上海：上海古籍出版社, 2002 年, 第 27 册, 第 659 页。
② （清）李富孙:《李氏易解剩义》卷末《跋》,《续修四库全书》, 上海：上海古籍出版社, 2002 年, 第 27 册, 第 659 页。

说明理由；不能判断者，则在校记中说明义可两存。

二、《周易集解纂疏》整理前言

（一）李道平的生平与著作

李道平（1788—1843），字遵王，号远山、蒲眠、涢上先生，私谥端文，湖北安陆人。其先世出自西蜀，始祖李梧为明四川简州举人，万历时任安陆学官，遂著籍于此。李梧四传至之华，之华子文一，国子监监生。文一早卒，长子春圃，贡生；四子滋懋，字懋旃，晚号懋翁，"儒业未就，长而货殖，遂饶于赀"[①]，以经商为生，中年后隐居养疾。道平即滋懋之子。

道平少时，父督其诵读甚严，又随伯父春圃入塾读书。幼年有志于科举，读书勤苦而多病，童子时即通宋五子书，长而博通经史诸书。嘉庆十三年（1808），补府学生员。十八年（1813），选为拔贡生，候选直隶州州判。二十三年（1818），恩科乡试中式第四十一名举人，拣选知县。其后参加会试七次，五次为房官所荐，却始终未能中试。道光十二年（1832），恩科会试选为国史馆誊录。前大学士英和重其品学，为之援纳内阁中书，道平婉言辞谢。誊录任满后注选知县，又以教谕待铨归里，专心讲学。道光二十三年（1843），莅任嘉鱼县教谕。次年七月，参与甲辰恩科乡试阅卷时染疟疾。次月事毕返任后，卒于嘉鱼县教谕任上。赠修职郎、例授文林郎，妻席氏，子二：守南、守侗，女二。

---

① （清）李道平：《有获斋文集》卷五《先君行状》，民国十年（1921）安陆李氏刊本。

李道平治学"考订之学宗汉儒,义理之学宗宋儒"①,著述丰富,有《周易集解纂疏》《易筮遗占》《诗旨述三》《四书外义》《理学正传》《读经款启录》《读史款启录》《款启余录》《丧礼从宜》《安陆文献考》《安陆旧志刊补》《涢小纪》《有获斋文集》《有获斋古文诗集》《辛壬赋存》《有获斋试律》《春秋经义》《四书时文》等十余种书籍,又任《安陆县志》复纂。惜或未刊刻,或已亡佚,传世者除《周易集解纂疏》外,尚有《易筮遗占》、道光《安陆县志》《有获斋文集》。

《易筮遗占》一卷,完成于道光四年(1824),是《周易集解纂疏》的先声。李氏认为《周易》本于卜筮,但古代卜筮之法尽失,故而考证古人占筮之法,以成此书。有光绪十七年(1891)三余草堂刊本。

道光《安陆县志》四十卷,王履谦主修、蒋炯原纂、李道平复纂。编纂历时数十年,嘉庆二十三年(1818)蒋炯首先开始编撰并邀请李道平参与纂修,道光二十三年(1843)李道平在蒋炯原稿基础上修改定稿,咸丰三年(1853)年由李廷锡最终刊刻出版。该书编纂精详,品质较康熙五年(1666)沈会霖主持编纂的《德安安陆郡县志》为高。

《有获斋文集》十卷,为李道平孙声惪及曾孙志寯等人编撰。书名取自于李道平自取室名"有获斋"。道平生前并未手定文集,去世后由其次子守侗"辑写成帙"②,编成稿本。但咸丰十一年(1861),太平军攻占安陆,"兵燹陷郡,稿本荡然"③。后李氏长

---

① 徐世昌等编纂,沈芝盈、梁运华点校:《清儒学案》卷二〇六《诸儒学案十二·李先生道平》,北京:中华书局,2008年,第7997页。
② (清)李道平:《有获斋文集》卷首《目录题词》,民国十年(1921)安陆李氏刊本。
③ (清)李道平:《有获斋文集》卷首《目录题词》,民国十年(1921)安陆李氏刊本。

孙、次孙邕惪、洸惪重新整理遗文,"即次抄录者,计目七十有八,散佚之后,仅有此尔"①。光绪十五年(1885),李氏幼孙孚惪委托湖北武昌籍学者张裕钊加以整理,但"釐理未及半,先生(张裕钊)以事赴襄阳"②。最后,邕惪、洸惪、孚惪渐次去世,李氏仅存的三孙声惪及其子志寯,"乃不惭谫陋,仿姚氏《类纂》,略加编次"③,并承学者谭献鉴定,最后于民国十年(1921)将《有获斋文集》刊刻行世。有民国十年(1921)安陆李氏家刻本,及民国二十三年(1934)安陆陈宧念园刊本(分卷改为六卷)。

(二)《周易集解纂疏》的学术成就

李道平著作价值最高者首推《周易集解纂疏》,该书一般分为三十六卷、卷首一卷,三余草堂本改分为十卷。汉代《易》学以象数为主,魏王弼注《易》扫象讥互,致汉《易》浸微。晋唐以后,惟唐人李鼎祚著《周易集解》一书,保存汉魏《周易》古注三十余家。清人推崇汉学,复兴汉《易》,尤以吴派学者为甚。惠栋著《易汉学》《周易述》,主荀爽、虞翻而为之作疏;张惠言著成《周易虞氏易》,将虞翻《易》学发挥尽致。道平循惠、张之书而治汉《易》,《纂疏》一书,乃能取集汉《易》大成之《周易集解》为注,对李书二千余条注文皆加疏通;并加"案""愚案"三百余条,汇通考证诸家之说;又集《诸家易说凡例》,概括汉人《易》例。是书集清人治汉《易》之大成,亦为清代《周

---

① (清)李道平:《有获斋文集》卷首《目录题词》,民国十年(1921)安陆李氏刊本。
② (清)李道平:《有获斋文集》卷首《目录题词》,民国十年(1921)安陆李氏刊本。
③ (清)李道平:《有获斋文集》卷首《目录题词》,民国十年(1921)安陆李氏刊本。

易》新疏中最为完备者。光绪时，翰林编修王懿荣奏请以清人诸经注疏颁行学官，列《纂疏》为首，该书遂知名于世。《周易集解纂疏》的学术成就有如下几点：

1. 保存汉代、唐代《易》学成果。

汉代《易》学上承先秦，师承有序；主要采用象数《易》学的方法，利用互卦、卦变、卦气、消息、纳甲、飞伏、升降等《易》例，由象数而通义理。魏晋王弼等人"扫象讥互"，直求义理，虽有文意简明之得，亦存尽废象数、祖尚虚无之弊。唐孔颖达《周易正义》又专取王弼、韩康伯之注，两汉《易》说渐次亡佚、几无全本。幸有唐时蜀人李鼎祚著《周易集解》一书，存汉魏《易》说三十余家，方能窥见汉儒《易》学之大概。清代乾嘉学者学风质朴，信而好古。惠栋、张惠言表彰汉学，恢复汉《易》，多取材于《集解》。李道平《周易集解纂疏》博采众家、间附己说，对《周易集解》中近三千节汉魏《易》说逐条加以疏通，使《集解》全书之义涣然冰释。借助《纂疏》一书，方能对汉代象数《易》学众多《易》例，及其背后所蕴含的学术思想，有较为全面的了解。而李鼎祚搜集汉人《易》说著成《集解》，不仅有"刊辅嗣之野文，补康成之逸象。"[①] 恢复汉《易》的目的；也有"权舆三教，钤键九流"[②]，建立唐代《易》学的愿望。借助李道平之《纂疏》，亦有助于了解李鼎祚《集解》所代表唐代《易》学的基本面貌。

2. 乾嘉《易》学的集大成之作。

中国古代《易》学，以汉《易》为代表的象数《易》学及宋

[①] （清）李道平撰，潘雨廷点校：《周易集解纂疏》卷首《周易集解序》，北京：中华书局，1994年，第8页。

[②] （清）李道平撰，潘雨廷点校：《周易集解纂疏》卷首《周易集解序》，北京：中华书局，1994年，第5页。

《易》为代表的义理《易》学为两大主要流派。清代《易》学发展，则以批判宋《易》和恢复汉《易》为主要倾向。清初学者黄宗羲、胡渭分别在《易学象数论》《易图明辨》等著作中批判了宋人的图书《易》学和先天《易》学，为清代汉《易》的复兴廓清了道路。清代中叶之后，乾嘉考据大兴，学者大都推崇汉学。以《易》学而论，则以恢复汉《易》为己任。吴派学者惠栋著有《易汉学》《周易述》等著作，初步恢复了郑玄爻辰、虞翻纳甲、荀爽升降及京房世应飞伏等汉人《易》说的面貌。张惠言在惠氏的基础上，著有《周易虞氏义》《周易郑氏义》《周易荀氏九家义》《周易郑荀义》《易义别录》《易纬略义》等书，能够分别师法阐发各家汉魏《易》学，特别是虞翻学说的大义。乾嘉学者既多欲恢复汉《易》，而汉人《易》学著作多已亡佚，仅依赖唐人李鼎祚《周易集解》作为最基本的数据源。惠栋、张惠言治汉《易》亦多取材于《集解》。李道平以惠氏、张氏之说为主，又以清儒考据之法加以案语，为《周易集解》作一新疏，不仅为汉《易》数据做了系统注释，也对乾嘉《易》学做了系统总结，是清代《易》学的集大成之作。

3. 巴蜀《易》学的杰出代表。

位于今四川、重庆的巴蜀地区，具有悠久历史、神秘灿烂的地域文化。两汉时期巴蜀《易》学兴起，象数《易》学即成为其显著特色，直至元明时期仍未改变。特别是自三国魏王弼《周易注》批判象数，肯定义理；唐孔颖达《周易正义》又以王注为根据，使得义理《易》学在唐代占据了压倒性优势。只有中唐时资州（今四川资中县）人李鼎祚不满于这一局面，开始采辑汉人《易》说，提倡象数之学，编成了《周易集解》，以汉魏象数《易》说为主，集腋成裘、汇聚群言，与义理之学分庭抗礼。

清代以后，巴蜀《易》学进入衰落期。晚清张之洞推广乾嘉学术之前，巴蜀地区学者大都远离当时的学术主流。《易》学方面，虽然出现了李开先、胡世安、李调元、刘沅等学者，但总体上在全国产生的影响有限。正是在这一背景下，祖籍四川的李道平应运而生，将巴蜀《易》学传统与时代潮流相结合，产生了全国影响。李氏家族祖籍四川简州（今四川简阳市），其先祖李梧为万历举人，因担任湖北安陆县（今湖北安陆市）学官，方才定居安陆。简州与《易》学名家扬雄家乡蜀郡成都（今四川郫县）、李鼎祚、黄泽家乡资州（今四川资中县）的距离均在百里以内，相距不远，便于进行学术传播与交流。李道平家族居蜀期间可能受到过巴蜀学者《易》学风格的影响，为其日后治学打下了基础。

李道平在治学的整体风格上带有巴蜀《易》学的特点。巴蜀《易》学自汉代以后，长期具有"术数发达，象数盛行"的特色[①]。李道平在其《易》学代表作《周易集解纂疏》中主要坚持了以象数解《易》的特色，在《易筮遗占》中考证了先秦占筮方法，都体现了巴蜀《易》学的特色。

李氏在具体学说观点上，也可能受到巴蜀学者影响。例如其《周易集解纂疏》，就是在唐代巴蜀学者李鼎祚《周易集解》的基础上完成。且李氏在受到清代主流学风影响之前就注意到该书的价值，试图有所阐发。"予少时尝取其书读之，隐辞奥义，深邃难窥。予不自揆，辄欲有所阐发，以通窔宣幽。"[②] 后来在惠栋、张惠言的影响下，利用乾嘉考据学，才完成了对此书的注释。李道平在接触惠、张之学之前，就已认识到《周易集解》的价值，

---

① 金生杨：《巴蜀易学综论》，见《儒藏论坛》第 2 辑，成都：四川大学出版社，2007 年，第 38—40 页。

② （清）李道平撰，潘雨廷点校：《周易集解纂疏》卷首《周易集解纂疏自序》，北京：中华书局，1994 年，第 2 页。

很可能与其家族本居于四川,受到巴蜀《易》学影响有关。

清代巴蜀地区学者长期没有受到乾嘉学风影响,在同光年间张之洞督学四川,聘请王闿运主讲尊经书院后,才产生了廖平等少数具有全国影响的学者。而早在嘉道时期,祖籍四川的李道平,便继承了汉代以来巴蜀象数《易》学的传统,推广了蜀人李鼎祚集象数易学之大成的《周易集解》,可谓巴蜀《易》学之功臣。

(三)《周易集解纂疏》的版本与整理

《周易集解纂疏》的主要版本有以下三种:

1. 有获斋本

有获斋本刊刻于道光二十二年(1842),"有获斋"即是李道平的室名。该本是李氏在世时的家刻本,也是《纂疏》的初刻本。因咸丰十一年(1861)太平军攻入安陆,该本"刊行未久,版毁于寇"[①],流传不广。其实该本在国家图书馆、湖北省图书馆均有馆藏,索书号分别为64013、经一2523。以国家图书馆藏本为例,一函八册,三十六卷,封面镌有"周易集解纂疏、安陆李远山著、八十一翁寇钫题首",封二有牌记"道光壬寅秋杪、有获斋开雕"。半页十行、行二十二字,左右双边,白口,单鱼尾。该本为杨守敬、朱师辙及松坡图书馆旧藏,卷首自下而上钤有"激素飞清阁藏书记"朱文方印、"飞青阁藏书印"白文方印(均为杨守敬藏书印)、"朱师辙观"白文方印、"松坡图书馆藏"朱文长方印,"激素飞清阁藏书记"左侧又钤有"北京图书馆藏"朱文长方印。

该书分卷情况为,卷首收有李道平《周易集解纂疏自序》、

---

① (清)李道平:《周易集解纂疏》卷首《重刊纂疏王序》,见严灵峰主编《无求备斋易经集成》,台北:成文出版有限公司,1975年,第93册,第6页。

李鼎祚《周易集解序》及李道平《周易集解纂疏凡例》《周易集解纂疏诸家说易凡例》，正文三十六卷。每卷末有校勘者姓名，如卷一为"男守南冠风、守侗同人校"，卷五为"婿毛秀松益轩校"，卷九为"受业汉阳吴长庚少白校"，卷十为"同邑李光勋建侯校"，均为李道平亲属、门人或邑人。

该本存在校勘不精、"舛误颇甚"的缺点①，但作为其亲属、门生整理的初刻本，在诸本中最为接近《纂疏》原貌。由于传本稀少，近代以来又无影印或排印本，其价值仍有待进一步挖掘。

2. 思贤书局本

该本为王先谦主持的湖南官书局思贤书局刻本。思贤书局前身为光绪五年（1879）郭嵩焘设立的思贤讲舍刻书处。光绪十七年（1891），王先谦接任后将思贤讲舍刻书处与传忠书局合并，以湖南盐务公所拨款作为资金来源。思贤书局是晚清重要的官书局之一，经费较有保障，又延请了郭嵩焘、王闿运、叶德辉等硕学鸿儒参与编校，出版了不少质量较高著作。《纂疏》因系清代《易》学代表作，故得到王先谦的重视，得以在思贤书局出版。光绪十二年（1886），王先谦在江苏主持《皇清经解续编》时，"左君绍佐邮寄是书，以未遑考订置之"②。后王懿荣奏请以本朝人所著经义颁行学官，"李君袞然居首，天下咸知有《纂疏》一书"③。王氏携此书南归长沙，委托陈宝彝详加校订，于接掌思贤书局首年刊刻出版。

该本一函四册，半页十一行、行二十四字，小注双行、行二

---

① （清）李道平：《周易集解纂疏》卷首《重校纂疏识略》，见严灵峰主编《无求备斋易经集成》，台北：成文出版有限公司，1975年，第93册，第7页。

② （清）李道平：《周易集解纂疏》卷首《重刊纂疏王序》，见严灵峰主编《无求备斋易经集成》，台北：成文出版有限公司，1975年，第93册，第6页。

③ （清）李道平：《周易集解纂疏》卷首《重刊纂疏王序》，见严灵峰主编《无求备斋易经集成》，台北：成文出版有限公司，1975年，第93册，第6页。

十四字,左右双边,白口,单鱼尾。卷首除有获斋本原有诸序文、凡例之外,又加入了王先谦《重刊纂疏序》、陈宝彝《重校纂疏识略》,对《纂疏》的价值及版本有详细介绍;正文分卷与有获斋本相同。

思贤书局作为官书局,编校者多为名家,所刻书大都校勘细致、号为善本。陈宝彝对《纂疏》的校订,"覆检征引元文,详加厘正,暇颣就涤,精英焕然"①,纠正了《纂疏》的不少错误。

3. 三余草堂本

清代道光、咸丰年间,各省掀起汇编刊刻地方《丛书》的热潮,一时间《云南丛书》《金华丛书》《吴兴丛书》等层出不穷。受此风气影响,光绪十七年(1891)湖北学政的赵尚辅组织整理了湖北先贤作品三十一种,由三余草堂刊刻为《湖北丛书》。

该本一函十册,封面镌有"周易集解纂疏十卷附易筮遗占一卷",封二有牌记"光绪辛卯三余草堂藏版",半页十行、行十八字,四周单边,黑口,双鱼尾。分卷如下,卷首序文、凡例同有获斋本;正文十卷,分卷既与有获斋本、思贤书局本分为三十六卷不同,复与王弼《周易注》十卷本有异。

以上版本中,有获斋本为初刻本,思贤书局本为精校本,各有长处。思贤书局本在有获斋本的基础上改正了引文及其他误刻多处,但存在盲目根据通行善本校改原书的问题,对《纂疏》的引文一味据通行本回改、并未出校,有可能破坏《纂疏》的本来面貌。两相比较,有获斋本胜于思贤书局本。三余草堂本则刊刻时间不及有获斋本,校勘质量不及思贤书局本。

目前《周易集解纂疏》的影印、排印本,绝大多数以十卷三余草堂本作为底本,仅有一种影印本选择三十六卷思贤书局本作

---

① (清)李道平:《周易集解纂疏》卷首《重刊纂疏王序》,见严灵峰主编《无求备斋易经集成》,台北:成文出版有限公司,1975年,第93册,第6页。

为底本，均未依据或参考有获斋本。特别是中华书局整理本，选择三余草堂本作为底本，思贤书局本为参校本，遗漏了最为重要的有获斋本。《纂疏》的原貌和版本源流，未能得到充分反映。鉴于《周易集解纂疏》有较高的学术价值，而已有点校本在底本选择上存在局限。故整理者不揣冒昧，以有获斋本为底本，思贤书局本、三余草堂本为参校本，对该书进行了重新整理。对各本的异文除显而易见的错误，一律列举出校，并尽量做出判断、择善而从，在校记中说明理由；对于思贤书局本大段校改有获斋本引文的情况，为保存底本原貌，仅在校记中列举异文，供读者参考。

刘沅《周易》《尚书》二经《恒解》提要

舒大刚　舒　星[*]

摘　要　刘沅于《周易》《尚书》《诗经》《周礼》《仪礼》《礼记》《春秋》《四书》皆有《恒解》,于《大学古本》和《孝经》有《直解》,从而构成"十三经恒解"的规模。刘沅解经,先明经例,再融会古今,折中汉宋,合和程朱陆王,择善而从,不主一家。其解说平易通俗,务接地气,便于理解,以切日用。本文对刘氏《周易恒解》《尚书恒解》加以提要,以便人们阅读二经时,先于其体例、内容大概有所了解。

关键词　刘沅　槐轩　十三经　恒解

一、《周易恒解》提要

《周易恒解》五卷,清刘沅撰。西充鲜于氏藏版《槐轩全书》本。

---

[*] 作者简介:舒大刚,生于1959年,重庆秀山人,四川大学中华文化研究院国际儒学研究院、古籍整理研究所教授,主要研究方向:历史文献、儒学文献、巴蜀文化;舒星,生于1983年,重庆秀山人,四川大学哲学系讲师。

刘沅《周易》《尚书》二经《恒解》提要

刘沅（1768—1855），字止唐，一字讷如，号清阳居士，四川双流人。后居成都纯化街讲学授道，因居处有百年老槐，浓荫翳然，故号所居曰"槐轩"。乾隆五十年（1785）中双流县庠生第一名，五十七年（1792）由拔贡中试举人。后曾三赴京师参加会试，均不售。乃绝念仕途，回家奉母。道光六年（1826），选授湖北天门县知县，而沅"安贫乐道，不愿外任，改授国子监典簿，寻乞假归，遂隐居教授"①。咸丰五年（1855）卒，享年88岁。沅一生著述甚丰，后人辑刻为《槐轩全书》，其他单行者不与焉。

沅于二十一岁始立馆授徒，讲学四十年，"著弟子籍者前后以千数，成进士登贤书者百余人，明经贡士三百余人，熏沐善良得为孝子悌弟贤名播乡间者指不胜屈"②。弟子、再传弟子及家学传人遍布西南，著名者有李思栋、刘恒典、孙海山、樊道恒、郑寿全等门人，及刘咸焌、刘咸荥、刘咸炘、刘咸炘等裔孙，世称"槐轩学派"，刘沅也被誉为"塾师之雄""川西夫子"，蒙文通更赞其为"一代之雄，数百年来一人而已"（《四川方志序》）。

刘沅学问渊博，尤邃于经学。其于"六经""七传""四书"道书等，俱有阐释。《周易恒解》既其群经恒解之一种。该书凡五卷（其中第五卷又分上下，实为六卷），卷首有《义例》《图说》二篇，合之则为八卷也。刘沅解经，取其正大实用，不重虚玄，不事穿凿。书前有嘉庆庚辰（1820）九月初一《自序》，首标"一理也，而天地人物莫不由之，故曰道"；又说："人为万物之灵，其气得阴阳之正，而其性即天地之理。"于是将理、道、性与阴阳、气结合起来。"穷理尽性以至于命，则人一天地，而凡万事万

---

① 清国史馆：《国史馆本传（刘沅传）》，见《槐轩全书》卷首，成都：巴蜀书社，2006年，第5页。
② 清国史馆：《国史馆本传（刘沅传）》，见《槐轩全书》卷首，成都：巴蜀书社，2006年，第6—7页。

物,悉有以得其中和"云云。人本来是万物之灵,万化中最最精致的,可是常常又多入歧途,"天人合一"之旨未必个个皆知,日用常行之伦未必时时落着。于是才有"天泄图书,以开圣人之智;圣法天地,而立卦爻之文",如是《易经》便得以产生。有此《易经》,万事万物的形象及原理尽在其中,天下后世的"性命伦常之事,幽明始终之情"亦不出其外。人们根据六十四卦,可以推知"阴阳动静",也可以"阐幽达显,占变知来",人的生活就自在自强,主动明白矣。后天之"礼乐教化"已有《诗》《书》《礼》《乐》等经典记载清楚,而伏羲以前之先天原理,则端赖《易经》来"设卦观象",启蒙发覆。所以他说:"《易》故为文字之祖,王功圣德之全。"然而"历代诸儒"解说《易经》,"或仅貌玄虚,或徒求术数,即言理之家,亦每舍经而从传,顾此而失彼",都未得四圣《易》学之正脉。于是他"极之于天地"以求自然之规律性认识;"准之于人伦",务切于人伦日用;"以孔为宗",用孔子"十翼"来论断卦爻之义;"折衷前人之绪论",参考和摘取先儒合理见解。务必"平心酌理",取得不悖天理、不违人性、不背经传、不弃诸儒的四不违效果。这是他撰著此书之用意。同时他又自立规范:"不敢雷同,不敢好异","词多训诂",取便"人人皆晓",故名其书曰《恒解》。

"恒解"者,常解也,盖以常言,通天常,说常理,以便日用常行。由于他将天理之常经、人伦之常行,与乎孔子之常典、诸儒之常言数者结合起来,就比其他诸儒独抱遗经究始终的《易》解,高出许多。故其弟子傅泰(凝志)在《周易恒解》题词中就说:"注《易》者何止千百家,先生以孔子为宗,随文诂义,支其枝叶。读者必博考诸家之说,再细玩《恒解》,乃见其义之精当。"

为了揭橥《周易恒解》的解《易》原则,刘沅还在卷首写了二十条《义例》,通过这些义例,可以较为全面地了解刘沅的

《易》学思想。

如第一条据《周礼》太卜掌"三易之法",《连山》《归藏》《周易》"经卦皆八,其别皆六十有四",判断"六十四卦皆伏羲所定无疑"。第二条《连山》首艮,"艮,止也。天地之化,不止则不能蓄生机;人心之神,不止则不能育道德";《归藏》首坤,"土,天地之元,亦惟中黄胎育""万物皆致养于坤"。一者揭示万物生成之元,一者揭示万物长成之终,都揭示"天人合一之义"。但是艮、坤二卦只揭示了山和土的客观可能,没有体现出人力内容,故《周易》以乾、坤居首,又用《周易》来命名,"周"是国名,体现出人参天地之化育的能动性。第三条重申"卦词文王所作,爻词周公所作"的说法,"按之经文吻合,无庸异议"。第四条"古《周易》经传各分,自费氏(直)始以《彖》《象》《文言》杂入卦中,王弼以《象》本释经,宜相附近,分爻之《象辞》各附当爻",引起宋人反对,但是就像《左传》"分传附经"一样,"取其易晓","辅嗣(王弼)亦然,无大害义",所以刘氏主张解经家"当从之以便学者"。第五条说"《诗》道性情,《书》纪政事,《礼》经人伦,《乐》和天地,《春秋》存善恶是非之公,以经理王道",各主一端,但是"要皆不出《易》之范围",因此他重申"故《易》者,圣德王功之全",这也是《汉书·艺文志》"五经"主五常,"而《易》为之原"的固定思维。"天人万物之理"其象万殊,但"约其归,则'时中'二字而已",适时用中,既时且中,就是《易经》要揭示的根本法则。同时他又提出:"象数、理气不可偏废,要在学者神而明之,变而通之",象数是汉学,理气是宋学,刘沅也提倡汉宋兼治,不可偏废也。第六条谈如何对待"卜筮"问题,认为"卜筮为《易》之大端",是《易》中之一法,但是圣人之所以设为筮法的"本意",乃是"欲人知吉凶生于善恶,而天人本无二理";"君子观象玩占，要在慎动修身。""平时讲明义理，临事而有不决，则卜筮以叩于神明。"有疑乃问，道理显豁，没有疑问，就没有必要溺于卜筮。卜筮求助的"神明"是什么呢？"神明者，天地之迹，秉理以司功化者也。"天地之迹即天地自然的运行规律，"理"即规律性表达，能够体会自然法则，按规律办事促进事情成功者，就是神明，"神明"并不是高高在上作威作福的妖魔鬼怪。在术数与义理之间，刘沅赞赏王弼、程朱"专以理言"的态度，只因见其说理还有不通之处（"多滞"），"不足为典要"，故才另起炉灶，撰写此书。

第七条说"程传""朱义""优于前贤"，但是"其瑕疵亦复不少，不可概为附会"，只能"折衷取之"。第八条提出："象不可废，亦不可泥；数不可无，亦不可拘；理散于万象，象统于一理。"主张将象、数、理统一起来，并以理为帅。第九条批评朱子《易学启蒙》"推究蓍数，沾沾于奇偶变化"，有失"圣人教人之意"，为"逐末"本之为，故《恒解》摒弃，"不复列《筮仪》于卷端"。第十条讲"卦变之法"，认为"占变之法，以动为占，以理为断"，不必"一一比而合之"，如果事事拘于卦变，"反不足以尽神明变化之用"。第十一条讲"卦序"，当以文王所定亦即今《周易》六十四卦排列顺序为是，其原理在孔子的《序卦传》中已经揭示了。第十二条盛赞"孔子《十翼》发明易道已尽"！反对历代诸儒"或不尽通其意，而多别为他说"的做法等等。

接下来，他还讨论了"算法、历法、音律等数，皆起于图、书"，但因不是"圣人作《易》本旨"，故亦略之；赞成朱子"人须是经历天下许多事变，读《易》方知各有一理"；"六经"皆孔子所定，《易经》尤其是孔子"韦编三绝"之学，"穷极精微"，"一字增损不得"；先天、后天、小圆图及大方圆图，"出自陈希夷"，"其义广大精微"；最后一条还注意到"古者卜筮之辞多用音和","文王彖辞间有用韵者","周公爻辞用韵处较文王为多,至孔子《象辞》则通用韵"等现象。

可见一篇《义例》将刘沅《易》学态度、治经方法,以及写作该书的宗旨、立场,都讲明白了,相当于一篇"刘氏版"的《周易概论》。

刘氏注经,光明正大,通俗易懂,而不故作高深,蹈虚履空,以博玄妙之名。如其于"周易上经"下解云:"伏羲画卦,以象三才,有交易、变易、不易之义,故后人名曰《易》。彖辞,文王所系;爻辞,周公所系。上彖、下彖、大象、小象、文言、系辞上、系辞下、说卦、序卦、杂卦,孔子所作,古称《十翼》。"(以上解"易"字)又说:"夏《易》名《连山》,商《易》名《归藏》,其书不传。此书成于文王周公,故曰《周易》。"(以上解"周易"得名)

又说:"简帙重大,故分为上下二篇。"(以上解"上经"二字)。真是字字有针对,语语有所指。又解《乾卦》卦象曰:"一,奇数也。一之出于〇,连之为一。"又说:"伏羲仰观俯察,见天地之间莫非阴阳二气,周浃流衍,乃取图、书而则之,画一奇以象阳,画一偶以象阴。"又说:"天一地二,数得三,阴阳相生相交之义已寓,故为三画而成卦,以象三才。"(此解三画经卦产生)"倍之为六,以阴阳二气皆老于六也。"(此解六画别卦产生)"此卦六画皆奇,阳之纯而健之至也。纯阳至健者惟天,故象天而名其卦为乾,"(此解乾卦产生)"不曰天而曰乾,天犹以形体言,乾则举其性情之纯健,而形体亦该焉矣。"(此解乾卦命名原理)语言干净利落,浅显明白。真如其《义例》标榜的:"注经之法,取其简要""愚意欲令下愚皆晓,故不以简直玄妙之语,求悦高明而避词费,以滋众疑焉"。

其于各爻解读,皆参以乘承比应关系和三才贵贱地位,而进行说明，间或亦采用"卦变""互体"等法。既明其本相，又申其教义。如乾初九"潜龙勿用"："潜，藏也；龙，阳物，变化莫测，故象乾。初九，阳气方萌，居于卦下，象龙潜而未出者，未可施用。"（以上解本相）又曰："故周公教人占得此爻，当养晦俟时，勿用之也。"（这是申明教化之义）。其解"九三君子终日乾乾"曰：九三"居下卦之终，互体变离，离为日，故曰'终日'。"（这是用互体解九三之象）解"九五飞龙在天，利见大人"："六画卦五为天；三画之卦五为人，故曰天曰人也。"都极契合爻象。又解"上九，亢龙有悔""用九，见群龙无首吉"曰："阳极于九"，"纯阳刚德"而"居上之极，有悔之之理"；"居上九而为九所用，不能用九，故至于亢。用九则穷上返下，易飞为潜。乾元之理，终始回圜，所不利"矣。

在逐爻句解释每卦的卦爻辞后，每卦后还有一篇《附解》，略当一卦的总论或补充说明。如乾卦，既逐一解释卦辞爻辞、大象、小象、象传、文言，然后乃立《附解》说明乾卦的"元亨利贞"，是"元亨""利贞"组合的两个偏正结构，意谓欲得"大亨通"当"利于贞正"，而反对后儒将"元亨利贞"讲成"仁义礼智"。同时说："用九、用六，明系承'上九''上六'而言"，反亢为中，不是针对"全书九六"说的，意味九与六并非不可用，但是不能处极而过分，"过刚过柔则非"！

其他各卦皆然，如坤卦末尾《附解》，提出"天地未分，太极居天地之始；天地既分，太极居天地之中。天地即太极之体也"。天地与太极本一体，只是有形与无形的区别而已。又说："天包乎地，地居天中，天地曷可强分哉？"天地在视觉上可分，是因为人处其中，其实天地一体，如阴阳之不可离。又说："伏羲画卦，纯阴纯阳取象天地，以天地阴阳本无偏胜，故能万古而不毁也。"天地、阴阳相辅相成，不存在谁偏谁正的问题。假如

刘沅《周易》《尚书》二经《恒解》提要

"阴阳一偏胜,则灾异立至"。似此之类,皆能补充引申本卦经传之义。屯卦《附解》又提出:"一卦有一卦之义,各爻有各爻之义,爻与爻参互错综,又有其义。故《易》之为书,广大悉备,不可执一而谈也。"则具有读《易》的普遍性。

可是尚秉和先生当年参加《续修四库全书总目提要》项目,所撰《周易恒解》提要却对书评价不高,谓"沅自谓不必沾沾求合于传注,唯期不谬于圣人,徒为大言,不足重也"[①]。然而观其所举,不过"《连山》首艮,《归藏》首坤,《周易》首乾坤",以为坤卦并非首卦,而不知《周易》如此安排,实有重天地、首乾坤之意;又沅说"程朱皆衍王弼"义理之说,有贬低理学宗师之嫌;其"用九""用六"乃承"上九""上六"而言之说,有违历代大儒之说。所举诸条,皆沅《义例》中文字,可能尚氏亦未真正通读《周易恒解》全书,便匆匆做结论,有失偏颇。

无独有偶,潘雨庭《读易提要》亦有《刘沅〈周易恒解〉提要》,潘则认为:"夫以程、朱衍王氏说,不可谓无见;论王氏之见多滞,亦是。"并且指出《恒解》"于解经文颇重乎文理,于每卦每章末,皆著《附解》以总论之,理多可取"。并举其对《小畜》《同人》卦的论述,"皆能深切卦义";于《复卦》说:"乾孕于坤之中而为性,坤藏于乾之中而为命",解《说卦》"穷理"句"性即理也,在天曰命,在人曰性"云云,"此释性命之学,亦有见";又其解《井卦》"初'井泥',二'井谷',皆废井也;三'井渫',渫初之泥;四'井甃',甃二之谷,既渫且甃,则井道全矣。故五'井冽泉寒',而上六'井收勿幕',乃'大成'其及物之功。"特别合乎井卦各爻连续之意义("是犹本比爻之义")。又赞其解《震卦》说"震之为义者三:天之震,雷也;事之震,

---

[①] 中国科学院图书馆整理:《续修四库全书总目提要》"经部·易类"《周易恒解》提要,北京:中华书局,1993年,第127页。

忧患也；心之震，戒惧也"云云。① 则是潘先生认真读过《恒解》，故能心知其意，而能平允衡定其价值。

二、《尚书恒解》提要

《尚书恒解》六卷，清刘沅撰。西充鲜于氏藏版《槐轩全书》本。

刘沅有《周易恒解》，已著录。他遍注群经，于《易》《书》《诗》《礼》《春秋》用功至勤，《尚书恒解》即其群经《恒解》之一。该书前有其自为《序》，提出"先王治天下之大法，莫要于《书》；《书》者，盖古史之遗也"命题。《尚书》既是历史文献遗存，也是"先王"治理天下之"大法"所在。为何《尚书》独载尧以来？他认为不是因为黄炎时期没有"制作"，而是由于当时"经画未详"，文献难征。帝尧有"巍巍之德"，又聚集"群圣之臣"，"礼乐文章，灿然具备"，故"夫子删《书》，托始于此"。《序》认为，孔子是圣人，如果从政，也是周公一类人物（"夫子苟得志于时，犹周公也"）；只可惜他仕宦不显，才走上立言垂教道路："身既不遇，则删定圣人之迹，以诏将来。"他还对《尚书》今古文流传进行梳理："考诸汉代，今文古文原自分行，其彰可据。特今文立于学官，而古文私相授受，不特经多残阙，即安国《传》文，亦非旧矣。"不过他并不赞成宋、清诸儒疑古过勇，反对"后儒因《传》之不可尽信，遂并经文而益疑之"。以为"读古人之书，必深悉古人之情事，而又以圣人中正之理衡之，然后不迷于趋向"。主张对《古文尚书》一分为二，信其可信，疑其可疑。

在进入正解前，他写有《凡例》《书序辨正》两篇，一以解

---

① 潘雨廷：《刘沅〈周易恒解〉提要》，见《读易提要》，上海：上海古籍出版社，2003年，第430—432页。

决《尚书》经学诸问题，一以解决《书序》真假问题。

《凡例》共二十一条，每条都很重要。第一条讨论文明肇始。他引旧传孔安国《尚书序》以"伏羲氏始画八卦，造书契"作为中华文明文字起源标志；又引其"伏羲、神农、黄帝之书，谓之《三坟》，言大道也；少昊、颛顼、高辛、唐、虞之书，谓之《五典》，言常道也"，《三坟》《五典》标志着经典文献产生。不过，他并不以《孔序》所举最早，而更有追索。他认为"三皇五帝，言者不一，当以天皇、地皇、人皇为是；五帝，儒者沿《家语》孔子之言，然孔子乃云金、木、水、火、土分司化育之神，曰五帝"。在中原"三皇五帝"体系外，另立"天皇、地皇、人皇"的"三才皇"和"水、火、木、金、土"这"五行帝"体系。说"天皇、地皇、人皇，开辟草昧，不应无书，但简略耳"。也就是说，中华文明及其文献早在开辟、文明肇造的天、地、人"三才皇"时代就有了，不必等到伏羲或黄帝仓颉时才有。又曰："五帝之神，分司上天功化，有德者可以为之，而必凿指何人，且终古只此数人，于义为不通。"五帝是揭示掌握"五行"相生相胜原理的神人，不必定指为某氏某人。这一文明观与巴蜀早期流行"天皇、地皇、人皇"的"三才皇"信仰，和"青、赤、白、黑、黄帝"的"五色帝"崇拜，若合符契，于此可见刘沅经学中深厚的巴蜀文化特色。第二条批评孔安国《序》"八卦之说，谓之《八索》；九州之志，谓之《九丘》"和"孔子赞《易》道以黜《八索》；述职方以除《九丘》"等说法。认为如果果然系"古帝王经世之书，不应孔门无传"；"果属上世帝王之书，必有发明，孔子不应黜之"。

接下来的第三至十四条，皆论《尚书》今古文问题。如说《书》有今古文，今文者，伏生所传；古文者，孔安国得之壁中者也""今文列于学官，而古文行于民间"。批评孔安国《序》说"伏生失其本经，口以传授"，卫宏说"伏生老，不能正言，使其女传言教（晁）错",全不可靠！史云孔安国得壁中《书》是可信的,但"安国所作之《传》未经奏上,而后世所传安国《传》非其原书,或后人有所增损",故他解经只于其中"略取一二"。孔壁得古文事,经《史记》《汉书》等记载,实有其事,清人"阎百诗、惠栋等必尽斥古文为伪",实不可取；"其中或有后人增入者,要以义理断之"。又曰："安国所献古文,汉代时师已争相传受。"他考证有刘歆、尹敏、周防、孔僖、丁鸿、杨沦等,皆传《古文尚书》。而杜林又于西州得"漆书《古文尚书》,"贾逵、马融、郑玄,皆为之注。"故今之《书》,古文未必尽安国原本,而其义可存,则存之矣；今安国《书传》,亦非安国原本,而其说可采,亦采之矣。"其去取的标准就是义理和教化,"《古文尚书》其义不谬于圣人,即以为安国真古文,未尝不可"。他批评："后世儒者多斥古文之伪,而今文中文义多不能详,其错简亦不能辨,则于圣人微言大义,固未深彻；徒抉摘于字句之间,呶呶争论,亦何益也?"又曰："孔安国去伏生已远……其得壁经时,不能校正讹误,并不知《小序》非孔作,徒以先代遗文,珍重奉行。史迁亦然。"故他要对《小序》进行再次考察。"梅颐所上《孔传》,既未必安国旧本；而姚〔方〕兴于大航头所得《舜典》二十八字,尤非原文。"因此他对《孔传》尚取其一二,于二十八字却全部摒弃不取。他认为"伏生《大传》","其言不雅驯,首尾不伦,未必伏生作",故"当阙之"。他对朱熹怀疑《书大序》,认为没有道理,因其"全文古朴,自是汉人本色"；倒是"《小序》,可疑"。

第十五条讲"《泰誓》真书,久已亡逸",董仲舒尚引及之；马融所见乃杜林"漆书",已非原本。"今《泰誓》三篇,于先秦诸书所引,皆有之矣,而义多悖谬",绝不是孔壁所藏、仲舒所见、安国所传者,"其为伪撰显然"。第十六条否定宋人吴才老以

"古文文从字顺，非若伏生之《书》诘曲聱牙"，以此判定古文，十分不妥，"学者不深惟义理，徒求之语言文字，以定真赝，所谓信道不笃也"！第十七条辨《孔丛子》引孔子"《书》有五观"说："帝《典》可以观美，《大禹谟》《禹贡》可以观事，《皋陶谟》《益稷》可以观政，《洪范》可以观度，《泰誓》可以观义，'五诰'可以观仁，《甫刑》可以观诫。"认为"此决非孔子之言"，因为"政事与仁义，圣王所同，似不必强为分别"。第十八条批评宋儒误解《孟子》"尧舜性之，汤武反之"，认为"汤武革命"逊于"尧舜揖让"；沅认为孟子乃"论其初用功之难易"（尧舜时民风淳朴，故行仁义事若夙成；汤武时民风已经凋落，行仁义有违人情不免困难）。夫子《易传》讲"天道革而四时成，汤武革命，顺乎天而应乎人"，以"革命譬天道，岂有不合哉"？"揖让"是因势而为，"革命"也是顺时之举。故"夫子所谓'及其成功一也'，彼此便无分别"。如果像宋儒那样讲，汤武革命就成"篡窃"借口矣，"其为名教害非浅也"。他再次提醒："学者当以圣人之心，求圣人之书，然后得其至是，而不为众说淆乱。"一切要以是否有益教化而准，故其第十九条就很赞成王应麟说："《仲虺之诰》，言仁之始也；《汤诰》，言性之始也；《太甲》，言诚之始也；《说命》，言学之始也，皆见于《商书》。"其实这几篇皆晚出伪古文，只因其中有提倡"仁""性""诚""学"，有益世教，故得到王应麟赞赏，也得到刘沅赞成。他还赞成薛瑄下面的说法"可谓知言"："《易》虽古于《书》，然伏羲时，但有卦画而无文辞，文辞实始于《书》。故凡言德、言圣、言神、言心、言道、言中、言性、言天、言命、言诚、言善、言一之类，诸性理之名，多见于《书》。"看来刘沅与薛氏价值观一致，只要对世教有益，文献本身的真伪早晚，可以不太重要。

第二十条讨论《尚书》收文的体裁，孔颖达说："《书》体为例有十：曰典，曰谟，曰贡，曰歌，曰誓，曰诰，曰训，曰命，曰征，曰范。"刘沅认为这于"初学"有"条理"地掌握《尚书》文法有帮助，但还没突出《尚书》取材的价值观。因此南宋郑樵之说更赢得他的赞成："《书》有一篇备数篇之体者。五十八篇之中，圣人取予之意，各有所主：有取于治乱兴废之所由者，如典、谟、训、诰、汤誓之类是也；有世不得以为治，而有取其言以传远者，如《五子之歌》《君雅》《冏命》是也。有取其事者，有取其意者，有特记其时者，有以示戒劝者，与《三百篇》之美刺、二百二十四年之褒贬无以异。"说《尚书》各篇删取有用意有目的，与《诗经》美刺、《春秋》褒贬决相类似。他还赞成董鼎批评"陆德明以六体分正、摄"（"盖以典、谟、训、诰、誓、命名篇者为正，不以名篇而在六体之类者为摄"），认为："古之为书者，随时书事成言，取辞之达意而已。岂如后之作文者，求必合体制也？"因此他指出："《书》虽史籍，经夫子删订，即为夫子之书。"不仅要"以《书》教人"，而且要"身体力行"。何必"分门别户，摘句寻章，互相非驳"乎？

最后一条，是他对于蔡沈《书集传》（也是朱门唯一《书》学著作）的看法，认为："《蔡传》之优者亦多，而误者尤不少"，"海内名流"批评指瑕者"必多著作"。这些著作不能尽窥，也不必尽辨，姑"就先儒成说"，"求合经文本旨"，再推寻"圣人之心"；进而用"圣人之心，以去取千百世之心"。这样便达到"圣经"以"维持天理"，天理以"教天下后世"之目的。

可见刘沅《凡例》涉及中华文明起源（三才皇、五行帝）、今古文《尚书》、《尚书》大小序、孔安国《传》、诸儒注疏等问题。他对此采取通达态度，不绝对排斥，也不故步自封，而皆取决于是否有益世教。

接下来是《书序辨正》，对《尚书》百篇《小序》进行辨析。

《尚书》今文二十八篇（或二十九篇），篇各有《序》；古文五十八篇，也每篇皆有《小序》。此外，汉以来还传着"百篇《书序》"。乃孔安国得之孔府壁中，安国以为"《书序》，序所以为作者之意"，但未明确说是谁人所作。司马迁写《史记》将"百篇序"皆记入相关各处。从西汉后期刘歆开始，不断有班固、马融、郑玄、王肃等人出来指证"《书序》为孔子所作"。到宋代，朱熹弟子蔡沈著《书集传》时，发现"《序》文虽颇依文立义，而识见浅陋，无所发明，其间至有与经相戾者。于已亡之篇，则依阿简略，尤无所补。其非孔子作明甚"，于是才将百篇集中起来，"合《序》为一篇，以附卷末，疏其可者"。刘沅觉得"此意甚善"，于是"亦仍其例，而复更为条辨之"。如第一节《小序》云："昔在帝尧，聪明文思，光宅天下，将逊于位，让于虞舜，作《尧典》。"又说："虞舜侧微，尧闻之聪明，将使嗣位，历试诸艰，作《舜典》。"刘沅辨说："《尧典》《舜典》，古本合为一篇，尧舜同德，舜摄位而终尧之事，及其即位，则无事矣。故孔子曰'无为而治'。兹分为二，而所以序其作之之故，亦得其旨。""二典"原本为一篇，现在却出来两篇"序"，非伪而何？第二节云："帝厘下立方，设居方，则生分类。作《汨作》《九共》九篇、《槀饫》。"这是多篇共一"序"，刘沅批评说："凡十一篇，俱无从考其义类，而共止一序，其伪尤显然可见。孔氏安国等尚必为之疏解，不亦误乎！"《小序》如此文不对题，义不雅驯之处尚多。更为滑稽的是，原本《书》篇有《序》，"百篇序"却又有《小序》，真是叠床架屋，如"西旅献獒，太保作《旅獒》"，我们打开《旅獒》，前面就有"惟克商，遂通道于九夷、八蛮，西旅底贡厥獒，太保乃作《旅獒》，用训于王"一段，这与揭示作者本事的所谓《序》，有何区别？因此刘沅说："经文'惟克商'二十七字，即原序也。亦似可无庸复为此序。"似此之类，刘沅皆一一予以指瑕摘谬，以揭其伪。

其解经，皆先释字词、掌故，再对文义进行串讲。如卷一解《虞书》，先释"虞"字："虞，国名，后因以为有天下之号。"再释"虞书"："书本十六篇，今存五篇。而伏生有《尧典》无《舜典》，《皋陶》《益稷》合一篇，无《大禹谟》。从其旧，实得三篇。"此讲文献传承情况。"自晋以前皆《虞夏书》，未有分为二者"；"逮东晋梅氏书出，始析为二，第于义无大害，故仍之"，此讲文献分合情况。"夏史臣追记而为此书也"，此讲本篇作者。又解《尧典》："尧，唐帝名。古礼质，尚无庙号等制，故尧舜禹皆以名传。"此讲古礼古俗。又"尊之曰典，言其可为后世之常法也"，引释文献名。"古有《尧典》而无《舜典》，汉儒始析为二，今仍合之，以存其旧"，此讲本篇分合。对其正文"曰若稽古，帝尧曰放勋，钦明文思安安，允恭克让，光被四表，格于上下"，先逐一对"曰、曰若、稽古、放、钦、钦明、文思、安安、允、克、格、四表、上下"等词进行解读，然后串讲："言稽古帝尧，可谓至德，其钦明文思，本于自然而无勉强，信乎其恭而能让，故光辉被四表而格上下。"在篇末亦有《附解》一篇，先讨论本篇原止《尧典》（含舜事）一篇，《孟子》引二十八载帝乃殂落，《汉书·王莽传》引十有二州，皆云《尧典》。至"齐明帝建武中，吴兴姚方兴言于大航头习得《舜典》一篇上之"，《舜典》乃从《尧典》分出。继而说姚氏所得"《舜典》首二十八字"，"上文'钦哉'句文气未完，下'慎徽'以下，详尧试舜事，以二十八字横梗于中，实为不顺耳"。又批评王柏在"舜让于德弗嗣"下增"尧咨尔舜"二十四字，于"敬敷五教在宽"下增"劳之来之"二十二字，虽然有孔孟引语为据，然孔孟所引未必是《尧典》之文。继下来讲尧制历明时及相关问题；禹既为鲧子，为何不在其父失败前帮他；四岳是一人还是四人？尧赐婚舜于历山;《大戴礼记》说尧是黄帝玄孙,则尧与舜为同高祖兄弟,俱不可信;舜"纳于大麓",表明舜处变不惊;"璇玑玉衡"有若后之浑天仪,等等。都是对正文解释的重要补充或辨析。

如前所述,刘氏解经,对宋以来怀疑的"晚出《古文尚书》",不是一棍子打死,一方面他仿蔡沈做法,篇篇注明"今文无,古文有"(或"今文古并有")以示区别,同时又根据其内容而区别对待。如对《大禹谟》(今文无,古文有),题解说:"此篇历来疑其伪者甚多,然词义粹美,非后人所能伪造也。第中有错简,宜酌之。"特别是对中"人心惟危,道心惟微,惟精惟一,允执厥中"大加赞赏:"道心,性也;人心,情也。性为体,情为用,本不可分,但情动易入于妄,故危;性静难极于纯,故微。精以晰,其几一,以守其至正,常守至中,德乃无瑕。执,固守之意。尧、舜、禹皆圣人,相戒以守道之意如此!"又《五子之歌》(此篇今文无,古文有)"按《史记》亦言太康之弟作《五子之歌》,则其来旧矣。第歌体不类夏时,前人多疑之",阎若璩、胡渭都以其用韵不协而生怀疑,毛奇龄则以为"五子述祖以为歌,原可无韵";刘氏也赞成说:"未可以后世韵语例之也,且其义正大,忠厚温柔之意宛然,故当存焉。"然而对于《泰誓》三篇,《书序》说是武王伐纣,师渡孟津,作《泰誓》,刘氏以为不可信。他一则在《书序辨正》中说:"《泰誓》三篇早亡,今所传三篇,语多谬戾,间有与孔孟所引合者,亦系后人缀辑之辞。"又于正文解题中考证:"《泰誓》为武王伐纣时作,本无确据,伏生二十八篇既有《牧誓》,孟子所称又有《武成》,则《泰誓》似可以不作。汉武帝时伪《泰誓》出,与伏生今文合为二十九篇行世,先儒多斥其非。至东晋复有《泰誓》三篇,诸儒以此较《国语》《礼记》、荀、孟诸书,所引皆合,故不敢疑。然今考其文义悖谬,多不类于圣人,安得不别其是非而致误将来邪?"同时他又在《泰誓上》的《附解》中指出："篇中言'元后作民父母','纣失君师之道，不足以宠绥四方'，义极正大，可为后世人君箴规。"对其中内容亦是区别对待。

由上可知，刘沅著《尚书恒解》既不是盲目地崇信经典或古注；也不是怀疑一切，攻其一点，不及其余；更不是维护某一名贤名著，曲为周全。而是正心诚意，有益教化；折衷去取，一本于心。对此，江瀚在《续修四库全书总目提要》提要本书时，明确予以肯定："是书以义理为主，亦兼考订，不非孔传及蔡传。"又说其辨《书序》，用意正大。"故虽谓古文非伪，言其中或有后人增入者，在以义理断之"；又赞成其"合《尧典》《舜典》为一，而姚方兴所得大航头二十八字，则竟去之，其见解最卓"。唯对其以"文义粹美"保留《大禹谟》，云"斯则失之"。但又列举沅更多可取的诠解，如解《禹贡》"三江"，赞成东坡申明郑玄之说，以为"北江、南江、中江也"，云其"尤为明晰"。谓"跨邛州芦山雅安者，蒙山也；自大渡水以外，皆蔡山也"，《禹贡》以此二山，该遍西南诸山，云其"亦不为无见"。又说他对《泰誓》三篇和《武成》辨伪，"洵不愧求其可信而后信之言"。解《金縢》"居东"为"东征东夷"，《鸱鸮》之诗是"托为鸟言，若文王语"，"以告成王使念骨肉之凋残，勿以戡乱为喜"，云"其解并善"。最后江瀚还感慨道："蜀人说经，往往好新奇，如沅者，抑可谓拔乎其萃者矣！"① 斯言也，真刘氏槐轩学之真知己也。

---

① 中国科学院图书馆整理：《续修四库全书总目提要》"经部·书类"《书经恒解》提要，北京：中华书局，1993年，第242—243页。

巴蜀史料六种提要

杨世文[*]

摘 要 巴蜀文化以其鲜明的特色,在中华文化大家庭中占据了十分重要的地位。作为巴蜀文化的载体,历代学人为我们留下了汗牛充栋、丰富多彩的文献史料,这些史料涉及面广,举凡政治、经济、文化、军事、社会以及思想学术、地理民族、民风民俗等内容,一应俱全。它们是巴蜀文化的载体,也是我们传承中华文明的重要资源。兹选录六种,略作提要,抛砖引玉。

关键词 巴蜀 史料 提要

一、黄休复《茅亭客话》

《茅亭客话》十卷,宋初黄休复撰。休复字归本,一作端本,蜀人(亦有作江夏人者,当为郡望),约活动于北宋咸平之前。他长期在成都居住,与当时蜀中文人李畋、张及、任玠及画家孙知微、童仁益等为友。好道术,曾受道于处士李谌,鬻丹养亲,隐居不仕。通《春秋》学,曾校勘过《左传》《公羊传》《穀梁

---

[*] 作者简介:杨世文,生于1965年,重庆潼南人,四川大学古籍整理研究所研究员、博士生导师。主要研究方向:历史文献学、儒学文化、中国学术史等。

传》。兼精画学,潜心画艺,收藏甚富。他收集唐乾元至宋乾德间与蜀地有关的画史资料,大约在北宋景德年间撰成《益州名画录》三卷,为研究巴蜀艺术史的重要著作。并著有《茅亭客话》十卷行世。

据晁公武《郡斋读书志》卷一三称:"茅亭,其所居也。暇日,宾客话言及虚无变化、谣俗卜筮,虽异端而合道,旨属惩劝者,皆录之。"①《茅亭客话》所录,多涉神怪,尤多道家灵验、炼丹服药及导引之类事,也保存了一些蜀地珍贵史料,其中不乏黄休复所亲见亲闻,价值极高。其书所记时间范围,始于五代前蜀、后蜀,终于宋真宗时,所记皆为蜀中轶事,无一条旁涉他郡,比较真实地反映了五代到宋初的巴蜀历史文化。据李畋作《益州名画录序》称,黄休复通《春秋》学,又称其鬻丹养亲。该书论烧炼、服饵、导引之术,胪列道家灵迹居全书之大半,足证其娴于丹法。其余记录虽多及神怪,而往往能借以劝戒,对于研究五代到宋初巴蜀宗教文化也极有参考价值。

此书有多种刻本和抄本传世②。最早版本为宋刻本,流传稀少。黄丕烈曾购得之。据钱曾《述古堂书目》所记:"元祐癸酉,西平清真子石京为后序,募工镂板以广其传。"③可知为宋哲宗元祐癸酉(1093)时刊行,此后世人罕见其本。直至清咸丰三年(1853)胡珽刊《琳琅秘室丛书》,将此宋刻本以木活字排印。另外有两抄本,一是钱馨室家藏旧抄本,一是穴砚斋抄本。与钱氏抄本相比,"无论字之与宋刻合,穴砚斋本为佳。若要存宋刻面

---

① (宋)晁公武撰,孙猛校证:《郡斋读书志校正》,上海:上海古籍出版社,1990年,第590页。
② 详见封树芬《〈茅亭客话〉版本源流考述》,见南京大学文学古典文献研究所主办《古典文献研究》第十七辑下卷,南京:凤凰出版社,2014年,第182—191页。
③ (清)钱曾原著,(清)管庭芬、章钰校证:《藏园批注读书敏求记校证》卷三,北京:中华书局,2012年,第255页。

目,则此手校者为胜矣"①。黄丕烈称此本"取对宋板大段相同,中有正文写为小字者,宋板如是,故仍之"②可知亦从宋板抄出,纸墨精良,端楷缮写,字画秀遒。缪荃孙在光绪年间刊《对雨楼丛书》时收此抄本加以影印,扉页有"景穴砚斋抄本茅亭客话十卷",下页为"江阴缪氏对雨楼丛书黄冈陶子麟刻",后录某识语,次为石京《茅亭客话后序》及黄尧圃《题识》,下为目录及正文,行款格式均同于穴砚斋抄本,每半页十二行,每行二十字,顶格书写,四边单栏,白口,版心上方题"茅亭客话"及卷数,中为页码,下方题"穴砚斋缮写"(每卷仅首页版心才有此五字),内容每条均有标题。此外民国十二年(1923)沔阳卢靖慎始基斋《湖北先正遗书》又据《对雨楼丛书》本影印,民国十五年(1926)张钧衡《择是居丛书初集》也据缪氏《对雨楼丛书》本景印。这些影印本使穴砚斋抄本广为流传。

二、句延庆《锦里耆旧传》

《锦里耆旧传》,又名《成都理乱记》,北宋句延庆撰。延庆字昌裔,华阳(今四川成都)人,自题称前荣州应灵县令。其余生平事迹不详。

陈振孙《直斋书录解题》著录"《锦里耆旧传》八卷、《续传》十卷,前应灵县令平阳句延庆昌裔撰"③,"平阳"当为"华阳"之误。陈振孙又曰:"开宝三年,秘书丞刘蔚知荣州得此传。

---

① (清)黄丕烈撰,余鸣鸿、占旭东点校:《黄丕烈藏书题跋集》,上海:上海古籍出版社,2015年,第350页。

② (清)黄丕烈撰,余鸣鸿、占旭东点校:《黄丕烈藏书题跋集》,上海:上海古籍出版社,2015年,第349页。

③ (宋)陈振孙撰,徐小蛮、顾美华点校:《直斋书录解题》卷七,上海:上海古籍出版社,2015年,第200页。

其词芜秽,请延庆修之,改曰《成都理乱记》。天成之后,别加编次,起咸通九载,迄乾德四年,百余年蜀事,大略具矣。"①可知此书原名《锦里耆旧传》,后来经过修订改名《成都理乱记》。所记蜀中事实,起于唐宗咸通九年(868),终于北宋乾德四年(966),反映唐末五代至宋初约一百年间巴蜀地区的历史。

《宋史·艺文志》著录句延庆《成都理乱记》八卷,《文献通考》著录《锦里耆旧传》八卷。今本只有四卷,起于唐僖宗中和五年(886),无懿宗咸通年间的史事。《四库全书总目》云:"振孙又称,自平蜀后迄祥符己酉,朝廷命令、政事因革以至李顺等作乱之迹,皆略载之,张约为之序。延庆在开宝时,去祥符尚远,似不能续记至是,而平蜀后史事及张约序,今本亦无之。疑振孙所见《宋志》八卷之本,出于后人所增益。此本四卷或犹延庆之旧也。"② 其实《直斋书录解题》在著录《锦里耆旧传》八卷的同时又著录《续传》十卷,称"蜀人张绪所撰。起乾德乙丑,迄祥符己酉。自平蜀之后,朝廷命令、官僚姓名及政事因革,以至李顺、王均、刘旴作乱之迹,皆略载之。知新繁县太常博士张约为之序"③。可知《续记》为另一人作,四库馆臣没有细读陈氏《解题》。

该书虽以"耆旧传"为名,却不以人系事,并非传记之体,其体例与编年体相近。所录前后两蜀兴废之迹简明扼要,而对于诏敕、章表、书檄之文载之独详。其中如前蜀咸康元年唐兵至成都,王宗弼劫迁王衍于西宫,司马光《资治通鉴》系于十一月甲

---

① (宋)陈振孙撰,徐小蛮、顾美华点校:《直斋书录解题》卷七,上海:上海古籍出版社,2015年,第200页。
② (清)永瑢等:《四库全书总目》卷六六《锦里耆旧传》提要,北京:中华书局,1965年,第586页。
③ (宋)陈振孙撰,徐小蛮、顾美华点校:《直斋书录解题》卷七,上海:上海古籍出版社,2015年,第200—201页。

辰，而此书作乙巳。又宋太祖赐后蜀主孟昶诏一首，其文多与《宋史》不同，如此之类，都皆可以备参考。该书版本主要有《四库全书》本、《读画斋丛书》本、《丛书集成初编》本、清抄本等。

三、宋祁《益部方物略记》

《益部方物略记》一卷，宋代宋祁撰。宋祁（998—1061），字子京，小字选郎。祖籍安陆（今湖北安陆），高祖父宋绅徙居开封府雍丘县，遂为雍丘（今河南民权）人。北宋著名政治家、文学家、史学家、词人。天圣二年（1024）进士，初任复州军事推官，召试直史馆。历官龙图阁学士、史馆修撰、知制诰。曾与欧阳修等合修《新唐书》，前后长达十余年。书成，进工部尚书，拜翰林学士承旨。嘉祐六年（1061）卒，年六十四，谥景文。宋祁与其兄宋庠并有文名，时称"二宋"。诗词语言工丽，因《玉楼春》词中有"红杏枝头春意闹"句，世人称其为"红杏尚书"。著作主要有《新唐书》《景文集》《宋景文笔记》《宋景文杂说》等。范镇为其撰《神道碑》。《宋史》有传。

宋仁宗嘉祐元年（1056）八月，宋祁特迁吏部侍郎，知益州。是年宋祁年近六十，以老年之躯经陕入蜀，途经古蜀道，多作诗以记。如《景文集》卷六《次陕郊》："惊风吹客梦，西落剑南天"[①]；卷八《次梓潼》："拥条孤狖啸，戏荇一凫沉。不是无樽酒，其谁共献斟"[②]；卷八《次剑门》："谁惮老销髀，自怜生

[①]（宋）宋祁：《景文集》卷六，见《丛书集成初编》第1872册，北京：中华书局，1985年，第63页。

[②]（宋）宋祁：《景文集》卷八，见《丛书集成初编》第1873册，北京：中华书局，1985年，第90页。

入关"①。嘉祐二年（1057）二月抵达成都，交接州事。在蜀期间，修撰《唐书》不辍。《东轩笔录》卷一五记："宋子京博学能文章，天资蕴藉，好游宴，以矜持自喜，晚年知成都，带《唐书》于本任刊修，每宴罢，盥漱毕，开寝门，垂帘，燃二椽烛，媵婢夹侍，和墨伸纸，远近观者，皆知为尚书修《唐书》矣，望之如神仙焉。"②在任与官绅唱和，多赋诗赞蜀中之繁华。如《景文集》卷一五《成都》："风物繁雄古奥区，十年伧父巧论都。云藏海客星间石，花识文君酒处垆。两剑作关屏对绕，二江联派练平铺。此时全盛超西汉，还有渊云抒颂无？"③《岁稔务闲因美成都繁富》："岷峨俗美汉条宽，野实呈秋照露寒。卖剑得牛人息盗，乞浆逢酒里余欢。锦波濯彩霞湔浦，硱浪催轮雪沸滩。告稔不须腾驿奏，自应铜爵报长安。"④据宋祁《景文集》卷四八《题辞·西州猥稿系题》说："惟览山川、采谣俗、观风云怪奇、草荣木悴、岁时故新、朋昵判合，时寓诸诗。"⑤他的这些诗篇反映了他对蜀地的深厚感情。

宋祁对蜀地的热爱，除见诸诗文之外，更编撰了一部《益部方物略记》，备述巴蜀地区动植物状况。《自序》云："益为西南一都会，左阻剑门，右负夷蕃，内坦夷数百里，环以长江，裹以复岑，川陆盛气，碍而不得东，回薄蜿蜒，还负一方，为珍木、为

---

① （宋）宋祁：《景文集》卷八，见《丛书集成初编》第1873册，北京：中华书局，1985年，第90页。

② （宋）魏泰撰，李裕民点校：《东轩笔录》卷一五，《历代史料笔记丛刊·唐宋史料笔记》，北京：中华书局，1983年，第171页。

③ （宋）宋祁：《景文集》卷一五，见《丛书集成初编》第1874册，北京：中华书局，1985年，第175页。

④ （宋）宋祁：《景文集》卷一五，见《丛书集成初编》第1874册，北京：中华书局，1985年，第176页。

⑤ （宋）宋祁：《景文集》卷四八，见《丛书集成初编》第1879册，北京：中华书局，1985年，第619页。

怪草、为鸟、鱼、芋、稻之饶，日旸雨，雨嘘和，吐妍层出，杂见不可胜状，殆岷精缊灵，示（阙）瑢于兹壤也。嘉祐建元之明年，予来领州，得东阳沈立所录剑南方物二十八种。按名索实，尚未之尽，故遍询西人，又益数十物，列而图之，物为之赞，图视状，赞言生之所以然，更名《益部方物略记》。凡东方所无及有而自异，皆取之，冀裨风土聚邱之遗云。"[1] 据《序》可知，宋祁有感于蜀中物产富饶，而不满意于沈立所录，故根据自己的实地考察和访询，撰成此书。其书录蜀中动植物，凡草木之属四十一，药之属九，鸟兽之属八，虫鱼之属七，共六十五种，列而图之，各系以赞，而附注其形状于题下。可惜今本只有赞，而无图。

南宋王应麟《玉海·地理》著录该书，称《嘉祐益部方物略记图赞》。元陶宗仪《说郛》引称《益部方物赞》。《四库全书总目》称其书"赞皆古雅，盖力摹郭璞《山海经图赞》，往往近之。注则颇伤蹇涩，亦每似所作《新唐书》"[2]。该书是一部有很高价值的区域动植物著作，对于研究巴蜀历史上的物产、风俗、民情有重要参考价值。传世版本甚多，以明清刻、抄本为主，主要有《秘册汇函》本、《津逮秘书》（汲古阁本、景汲古阁本）、《说郛》（宛委山堂本）、《四库全书》本、《学津讨原》本、《湖北先正遗书》本、《丛书集成初编》本等。

四、赵居信《蜀汉本末》

元人赵居信《蜀汉本末》一卷，是关于三国蜀汉的一部史书。赵居信，字季明，元许州（今河南许昌）人。居信聪颖过

---

[1] （宋）宋祁：《益部方物略记·自序》，《湖北先正遗书》本。
[2] （清）永瑢等：《四库全书总目》卷七〇《益部方物略记》提要，北京：中华书局，1965年，第623页。

人，日记万言，至元二十九年（1292），与胡祗遹、程巨夫、姚燧、王恽等十人被召赴阙赐对，官集贤侍讲学士。至治三年（1323），丞相拜住以硕德老儒荐，授翰林学士承旨。后追封梁国公。除著有《蜀汉本末》外，还著有《史评》《经说》《理学正宗》《礼经葬制》等书。事迹散见于《元史》卷一七、卷二八、卷一七二，《元史续编》卷九等。雍正《河南通志》卷六五有小传。

《蜀汉本末》依照朱熹《通鉴纲目》之说，所记时间起自汉桓帝延熹四年（161）昭烈帝刘备之生，终于晋泰始七年（271）后主刘禅之亡。该书也采用"纲目体"的形式，史实部分主要依据《通鉴纲目》之三国部分，以蜀汉为正统，以魏、吴为偏霸，反映三国时期的重要大事。史实之下，往往附以评论，摘录真德秀、胡寅、尹起莘诸家的史评。书末有《总论》一篇，称至元戊子（1288）秋亡友何从政示以朱子《通鉴纲目》一书，居信读之，不胜叹服，于是撰成《蜀汉本末论》。到至元辛卯（1291），又集诸儒精义于柏林书院，欲附论于纸尾，但因原稿不见而止。直到延祐甲寅（1314），获得曹彦谦手书本，于是序而编之。

该书《钦定续文献通考》著录为三卷，《文渊阁书目》著录一部三册，《千顷堂书目》著录三卷。《四库全书总目》列入存目，为浙江范氏天一阁藏本。现存版本流传较少，主要有元至正十一年（1351）建宁路建安书院刻本（国图）、明蓝格抄本、清抄本（国图、北大）等。我们根据元至正十一年刻本进行点校，并用《三国志》《资治通鉴》《通鉴纲目》等相关内容进行校勘，改正了部分讹字，并对一些脱漏文字做了补充。

五、张邦伸《锦里新编》

《锦里新编》是清代四川广汉人张邦伸编纂的一部系统全面

反映清代前期四川历史文化的史籍,对于研究巴蜀史具有很高的价值。

张邦伸(1737—1803),字石臣,号云谷,清乾隆丁巳(1737)三月初八日生,汉州张家后营(今广汉新平镇)人。自幼颖悟过人,工书法,善属文。年十八补博士弟子员,后肄业于著名的成都锦江书院,课业优异,文名籍甚。乾隆二十四年(1759)己卯科举人,会试大挑一等,分发河南,任辉县县令。邑中蠹吏狼狈为奸,乘隙滋事,邦伸力治之,吏民畏服。补光州州判,其地民俗剽悍,群盗出没,邦伸惩渠首,小者闻风敛迹。清理积案,共结三千八百余案,无上控者。值岁偶歉,蝗蝻为灾,邦伸督夫扑捕,不遗余力。一年后年授襄城知县,重视减轻民役负担,开通湛、汝诸水以利民田。清理讼狱,以致囹圄空虚无囚犯达半年时间,可谓政理民和,案牍清简。乾隆三十九年(1774),固始县大饥,灾民蜂涌入城,相聚罢市,局势混乱,眼看就要酿成民变。大府知张邦伸为贤吏,紧急调邦伸任襄城知县去处理。张邦伸到任后,遍历乡村,晓以大义,发给籽种口粮,人心才慢慢安定下来。邦伸又请求拨邻邑库贮银五万两付之,而且又自捐谷六千余石,设粥厂五所,煮粥以赈灾民,全活者数十万人,恩信流著,民有私祀之者。考城县黄河决口,张邦伸督开引河二十三丈,调派五千夫卒,经过二十日终于堵住了缺口。他又治理清河、曲河、湛河,引水灌溉民田,民得其利。河南巡抚欲嘉奖其功,将要上闻,张邦伸以母老为由力辞,请求归养,时年四十五岁。他回到家乡后,居林下二十年,以著述自乐。督课子弟与受业诸生,首倡建祠,助修文庙。乐善好施,有人借债后无力偿还,他即焚其券,免其债。嘉庆癸亥(1803)十一月二十五日卒于家，年六十七。①

《汉州志》称张邦伸治绩为"政理民和，案牍清简"。张邦伸不仅为良吏，文化修养也很高。他爱好作诗，诗作约有四千篇，可惜多亡佚不传。其他著作也很丰富，有《锦里新编》十六卷、《光郡通志》六十八卷、《古绳乡志略》十二卷、《云栈纪程》八卷、《地理正宗》八卷、《云谷年谱》二卷、《云谷文钞》四卷、《云谷诗钞》八卷，《西园唱和集》一卷、《热河纪行草》一卷、《排律韵会》四卷、《全蜀诗汇》十二卷、《氾南诗钞》四卷、《唐诗正音》十卷、《明诗七律选》二卷、《庆诞录》一卷等书数十种，是清代四川著述较多的学者之一。清国史馆将其生平事迹采入《文苑传》。孙桐生《国朝全蜀诗钞》、徐世昌《晚晴簃诗汇》录有其诗作。嘉庆《四川通志》、嘉庆《汉州志》卷二五、《益州书画录》有张邦伸传。

《锦里新编》共十六卷，成书于嘉庆五年（1800），主要记叙清代蜀中人物和史事，上自清初，下迄嘉庆初。分名宦、文秩、武功、儒林、忠义、孝友、节烈、流寓、异人、方技、高僧、贼侵、边防、异闻十四门，分类非常明确。凡《明史》已载或科第系明朝者不录，故可以补充正史之缺。该书对于研究明末到清代中前期四川历史文化有重要的参考价值。如对张献忠"大顺"政权的记载，满清王朝对四川的经营，以及清代前期的四川人物、风俗、宗教、民族、学术、文化情况的记载，不少是其亲见、亲闻，有相当可靠的来源，多为第一手资料。故历来为研究巴蜀史的学者所重。如他记载了清初大吏李国英、赦浴、于成龙等人对四川的经营及其贡献，记录了清初四川学人费密、彭遵泗、彭端淑、林愈蕃、王新命、李仙根、张鹏翮、周煌等人的学术贡献。

---

① （清）刘长庚等：《汉州志》卷二五《人物》，清嘉庆十七年（1812）刻本。

其中周煌出使琉球，著《琉球国志略》，是我们研究钓鱼岛问题的重要文献。其他如对江口沉银的记载（卷十六《江口淘银》），已经得到近年考古的证明。仅以上数例，即可见该书的重要价值。

该书编成之后，即于清嘉庆五年（1800）由嶍峨周氏敦彝堂刊行。此版现存不多，国内主要有国图、上图、川图、北大、南大等图书馆藏本。民国二年（1913）成都存古书局据嘉庆刻本翻刻，1984年12月巴蜀书社据嘉庆五年本影印，流传较广。

六、张澍《蜀典》

《蜀典》十二卷，清张澍撰。张澍（1776—1847），字百瀹，又字寿谷、时霖等，号介侯、鸠民、介白，凉州武威县（今甘肃武威市）人，清代著名学者。澍九岁丧母，幼承父教，后又从名师刘作垣学。史载张澍读书过目不忘，文章巨丽倾一时。乾隆五十九年（1794）中乡试，年犹未弱冠，典试者惊叹其才华，疑为异人。嘉庆四年（1799）成进士，入翰林院，为庶吉士，充实录馆纂修，未几引疾归。后起任贵州玉屏、四川屏山等知县。丁父忧，再起为江西永新知县，署临江通判，改泸溪县令，以缓漕免职。道光十年冬（1830），引疾辞职。道光十二年（1832），由南昌移居西安书院门街和乐巷，专门从事著述，直至病逝。藏书处称"二酉堂"，辑《二酉堂丛书》三十六种，所搜集以地方文献为多。其学长于考证、舆地以及姓氏、谱牒。著述约七八十种，涉及经学、地方史学、姓氏学、谱牒学、金石学、文学等。已刊、未刊著作主要有：《西夏姓氏录》一卷、《养素堂文集》三十五卷、《养素堂诗集》二十六卷、《姓氏寻源》四十五卷、《姓氏辩误》三十卷、《凉州府志备考》四十卷、《续敦煌实录》五卷，以及《续黔书》《诗小序翼》《元史姓氏录》《帝王世纪辑本》《鹊野诗微》《文字指归》《韵学一得》《小学识别》《迭字谱》《天文管窥》《消夏录》等。

张澍的治学领域非常广泛，他在出任四川屏山、兴文、大足、铜梁、南溪等地知县时，特别关注巴蜀地方史料的搜集整理。在署理大足知县时，他曾主持纂修《大足县志》八卷；他编撰的《诸葛忠武侯文集》，系当时所编的较早、也是较完备的一部诸葛亮文集。嘉庆二十年（1815）春，张澍被檄署理兴文知县，后因苦于腹泻，请假六月，养疴叙郡，闲暇之余，"念蜀都文献，近世烟尘，古也有志，炳灵载英。游目所及，涉想所经，辄用著录，佐以援证"①，搜集巴蜀史料。嘉庆二十二年（1817）秋闱，张澍在成都看到杨芳灿纂修的《四川通志》，"展阅莺然，叹其掌录之繁富也，遂取所辑，覆加审示，缺略宏多，不复增益，名曰《蜀典》，以质鸿彦，非以为纠缪，非以为补遗。"② 于清嘉庆二十三年（1818）成书十二卷③。虽然《蜀典》材料多取自《四川通志》，但在体例方面多有创获，近于类书。

该书分为堪舆、人物、居寓、宦迹、故事、风俗、方言、器物、动植、著作、姓氏等十一个大类，每个大类下又分若干个小类，共计一千一百零七个小类，全方位、多角度地展示了内容丰富、特色鲜明的巴蜀文化。其中，卷一《堪舆类》（上、下），包括了"五亥""蜀云""井络"等八十六个小类；卷二《人物类》，包括了"奇相""涂山氏江州""苌宏不葬蜀"等五十一小类；卷三《居寓类》，包括了"华胥居华渚""伏羲游蜀"等三十九小类；卷四《宦迹类》，包括了"严君""张若""林挚斩蜀守"等

---

① （清）张澍：《蜀典·自序》，光绪二年（1876）四川尊经书院刻本。
② （清）张澍：《蜀典·自序》，光绪二年（1876）四川尊经书院刻本。
③ （清）张澍：《蜀典·自序》，光绪二年（1876）四川尊经书院刻本。

一百三十三小类；卷五《故事类》，包括了"樊英救成都火""蛟畏铁""斗牛戏"等五十五小类；卷六《风俗类》，包括了"蜀俗""蚕市""盆草""别岁"等四十一小类；卷七《方言类》，包括了"不律""梁""谲"等一百零七个小类；卷八《器物类》，包括了"张仪鼎""犍为磬汉中钟""严君平卜卦钱"等八十六类；卷九《动植类》，包括了"朱橘""阴沉木""风连"等九十二小类；卷十《著作类》（上、下），包括了"李冰碑""杨终赋雷电""杨终晨风诗"等四十个小类；卷十一《姓氏类》（上、下）和卷十二《姓氏类》，共包括"蜀无姓""蜀山氏""涂山氏""青阳氏"等在内的三百七十七个姓氏。从《蜀典》的类目即可以看出，该书取材十分广博，其中材料最为广泛、考证最为翔实的，是风俗、方言、器物、姓氏四大类，占全书总篇幅的一半以上。在这四大类中，张澍集中展示了巴蜀文化独特的内涵和特点，反映了巴蜀社会生活的各个侧面，是研究巴蜀史地不可多得的文献资料。

该书有道光十四年（1834）张氏安怀堂刻本。光绪二年（1876）四川尊经书院据此本重刊，《续修四库全书》据浙江图书馆藏道光十四年张氏安怀堂刻本影印。卷首有张澍于嘉庆二十三年（1818）正月十五日撰的《蜀典序》、道光十三年八月初二日署富顺县事安县知县受业文泉杨得质序。

蜀人别集提要举隅

郭 齐*

摘 要 蜀人自古尚文，其别集沧桑湮灭之余，今尚存一二百种，不可谓不富。《巴蜀全书》综罗其要，校勘标点，辑佚辨伪，爬剔编勒，期为学界提供最新之整理成果，以便读者。此特先摘数种蜀人别集提要予以发表，以就正于方家。还望时贤不吝赐教，是所愿望。

关键词 巴蜀文化　蜀人别集　蜀集作家　蜀集提要

一、《李尤集》

李尤，字伯仁，广汉雒（今四川广汉雒城）人，东汉文史学家。少以文章知名，贾逵荐其有司马相如、扬雄之风，召诣东观，受诏作赋、铭，拜兰台令史。和帝崩，作《哀册》。安帝时，为谏议大夫，诏与谒者仆射刘珍等共撰《东观汉记》。后帝废太子为济阴王，尤上书谏争。顺帝立，迁乐安相。卒，年八十三。著有文集五卷，佚。《后汉书》卷八〇上有传。

---

* 作者简介：郭齐，生于1952年，四川资中人，四川大学古籍整理研究所研究员、博士研究生导师。主要研究方向：宋代文化、历史文献学。

尤以文学显，然整体成就不高，后人多有批评。如挚虞《文章流别论》言其"自山河都邑至刀笔符契无不有铭，而文多秽病"①，《文心雕龙》评其赋铭"志慕鸿裁，而才力沈膇，垂翼不飞"②，"李尤积篇，义俭辞碎"③，今人亦评价不高，至多列为二流作家。但也不可一概而论，其《函谷关赋》被誉为"关塞赋之祖"，其大量的铭文创作实践，也为此体的发展做出了重要贡献，因此在后代仍然产生了不小的影响，被各种文献大量引用。刘孝威《谢敕赉画屏风启》云："冯商莫能赋，李尤谁敢铭"④；《尚书令史八十》云："傅武仲下笔不休，李伯仁文章见称"⑤；《文房四谱》卷五云："铭著李尤，书投苏竟"⑥；《祇欠庵集》卷七《拟修漏刻进表》云："县象著明，雕李尤之箴；维皇作极，铸陆倕之序"⑦；《虚白斋存稿》卷七《直庐续集·皇上肇建辟雍释奠讲学礼成恭纪五言长律十首谨序》云："惭怍赋于李尤，慕授书于班固"⑧；《含经堂集》卷三《函谷汉关》云："旧险移杨仆，

---

① （宋）李昉等：《太平御览》卷五九〇，清文渊阁《四库全书》本。
② （梁）刘勰著，黄叔琳注，李详补注，杨明照校注拾遗：《增订文心雕龙校注》卷一〇《才略第四十七》，《中国文学研究典籍丛刊》，北京：中华书局，2012年，第570页。
③ （梁）刘勰著，黄叔琳注，李详补注，杨明照校注拾遗：《增订文心雕龙校注》卷三《名箴第十一》，《中国文学研究典籍丛刊》，北京：中华书局，2012年，第139页。
④ （清）严可均辑，冯瑞生审订：《全梁文》卷六一，北京：商务印书馆，1999年，第683页。
⑤ （隋）虞世南：《北堂书钞》，天津：天津古籍出版社，1988年，第242页。
⑥ （宋）苏易简等撰，朱学博整理校点：《文房四谱（外十七种）》卷四《墨谱》，见顾宏义主编《宋元谱录丛编》，上海：上海书店出版社，2015年，第80页。
⑦ （清）吴蕃昌：《祇欠庵集》卷七，见沈乃文主编《明别集丛刊》第5辑，合肥：黄山书社，2015年，第91册，第445页。
⑧ （清）吴寿昌：《虚白斋存稿》卷七《直庐续集·皇上肇建辟雍释奠讲学礼成恭纪五言长律十首谨序》，乾隆五十五年（1790）刻本。

新铭著李尤"①；《养素堂文集》卷一《三十辐共一毂赋》云：
"仰法天效地之德，爰继李尤以著铭"②；《皇清文颖》卷三〇熊
赐履《屏风铭》云："立则端直，处必廉方。善哉李尤，其言孔
彰"③，均可见后人之肯定与推崇。

李尤文集久佚，其作品散见于群籍，其中以类书为大宗。
《后汉书》本传称"所著诗、赋、铭、诔、颂、七叹、哀典，凡
二十八篇"④，可见其作以韵文为主。梅鼎祚《东汉文纪》、张溥
《汉魏六朝百三家集》、严可均《全上古三代秦汉三国六朝文》为
李尤作品辑佚，尤以严辑《全文》为最全。该书之《全后汉文》
收录李尤赋六篇，铭八十六篇，凡九十二篇。今即以此为基础，
再据程章灿《先唐赋辑补》增《果赋》一篇，据逯钦立《先秦汉
魏晋南北朝诗》增《九曲歌》《武功歌》二首，广校群籍，并参
考王彦龙未刊硕士学位论文《李尤研究及李尤集校注》，进行校
点整理，以飨学者。由于今存李尤文大多为残篇，群籍或各录其
片段，且文有异同。今辑众书所载，共成百衲，而于各篇之末标
注主要出处，以清眉目。文字则择善而从，择要出校，以避繁
复。期以此存尤作于万一，读者谅之。

二、《范太史集》

范祖禹（1041—1098），字淳甫，一字梦得，成都华阳（今

---

① （清）徐元文：《含经堂集》卷三《函谷汉关》，见《清代诗文集汇编》第132册，上海：上海古籍出版社，2010年，第268页。
② 马积高，叶幼明主编，陈建华副主编：《历代词赋总汇》清代卷，长沙：湖南文艺出版社，2014年，第15册，第14146页。
③ （清）李光地：《皇清文颖》卷三〇，清文渊阁《四库全书》本。
④ （南朝宋）范晔撰，（唐）李贤等：《后汉书》卷八〇上，北京：中华书局，1965年，第2616页。

四川成都）人。嘉祐八年（1063）登进士甲科，授试校书郎、知资州龙水县。熙宁三年（1070），与司马光同修《资治通鉴》，在洛十五年，不事进取，潜心著述，有唐二百八十余年丛目及长编实掌之。元丰七年（1084）《通鉴》成，迁秘书省正字。历右正言、著作佐郎、实录院检讨官、著作郎兼侍讲。元祐四年（1089），迁右谏议大夫，依前兼侍讲，充实录院修撰，寻拜给事中。次年监修国史，进礼部侍郎。七年（1092），为翰林学士、翰林侍讲学士。八年（1093），又为翰林学士兼侍讲、知制诰、兼知国史院事。绍圣初，哲宗亲政，复行新法，祖禹以"元祐旧党"，出知陕州，继逐于永州、贺州、宾州、化州等地安置。元符元年（1098）十月卒于化州，年五十八。祖禹久在经筵、史馆，与修《神宗实录》，著《唐鉴》《帝学》《古文孝经说》等，又有文集五十五卷存世。《宋史》卷三三七有传。

祖禹为北宋中期著名史学家，与范镇、范冲并称为"三范修史"。所著《唐鉴》尤为有名，时称"唐鉴公"。为人为官正直敢言，王安石、富弼皆深许之。司马光称其"智识明敏，而性行温良，如不能言；好学能文，而谦晦不伐，如无所有；操守坚正，而圭角不露，如不胜衣"[1]。《四库提要》言"其在迩英，守经据正，号讲官第一。史臣称其开陈治道，区别邪正，辨释事宜，平易明白，洞见底蕴。故本传载所上疏至十五六篇，而集中章奏尤多，类皆湛深经术，练达事务，深有裨于献纳"[2]。"然其大端伉直，持论切当，要自无愧于醇儒，固不以一瑕掩也。当时以贾谊、陆贽比之，良亦庶几云"[3]。

---

[1]（宋）司马光：《传家集》卷四五，清文渊阁《四库全书》本。
[2]（清）永瑢等：《四库全书总目》卷一五三《范太史集》提要，北京：中华书局，1965年，第1321页。
[3]（清）永瑢等：《四库全书总目》卷一五三《范太史集》提要，北京：中华书局，1965年，第1321页。

《范太史集》五十五卷，卷一至三为诗，卷四至卷六为表状、札子；卷七至十二为表；卷十三至二十六为奏议；卷二十七为进故事；卷二十八至三十三为翰林词草；卷三十四为启、状；卷三十五为赋、论、策问；卷三十六为记、序、铭、书、传；卷三十七为青词、祭告文、诔文、哀词；卷三十八至五十五为墓志铭、神道碑、皇族墓志铭、皇族石记。此次整理，以影印清文渊阁《四库全书》《范太史集》为底本，参校魏锡曾校清抄本《太史范文公文集》（简称魏校本）、另辑得佚文二十三篇，编为《补遗》一卷，附于本集之末。

三、《华阳集》

王珪（1019—1085），字禹玉，成都华阳（今四川成都）人。庆历二年（1042）举进士甲科，授大理评事，通判扬州。召直集贤院，为盐铁判官、修起居注。为接伴契丹使、贺正旦使。进知制诰、知审官院，为翰林学士、知开封府。治平四年（1067），令兼端明殿学士，许以大用。神宗即位，迁学士承旨。自起居舍人四迁为给事中，进尚书礼部侍郎。熙宁三年（1070），拜参知政事。九年（1076），进同中书门下平章事、集贤殿大学士。元丰五年（1082），拜尚书左仆射兼门下侍郎。仁宗加号礼成，封郇国公。八年（1085），与定策立太子，改封岐国公。是年五月，卒于位，年六十七，赠太师，谥曰文恭。绍圣中，朝臣追论旧过，珪追贬万安军司户参军，削子籍。徽宗即位，还其官封。蔡京秉政，复夺赠谥，至政和中复之。珪在相位无所建明，率阿谀奉承，时人戏称"三旨相公"。然以文学进，其文闳侈瑰丽，自成一家。典内外制十八年，朝廷大典策，多出其手，词林称之。尝监修《两朝国史》《国朝会要》。有《华阳集》一百卷。《宋史》

卷三一二有传。

《华阳集》佚于明代,清乾隆中四库馆臣自《永乐大典》辑得诗文,厘为六十卷。又搜采其遗闻逸事及后人评论,为附录十卷。其集卷一至六为诗,卷七、八为状札,卷九至四十为制词,是为大宗,计此类十之七八已网罗其中。卷四十一至四十四为表,四十五为议,四十六为启,四十七为祭文,四十八以下为碑铭。

除《四库全书》本而外,现存此集尚有武英殿聚珍版书。该本除编序及个别篇目、文字与四库本有异而外,最大的不同是删削了青词、密词、道场文、斋文、乐语等"而究非文章正轨,不可为训"① 者,从而缩编为四十卷,无附录。此外还有数种清刻本,皆承四库辑本而来。

作为诸本源头的四库辑本,由于馆臣的不负责任,做得比较粗疏,从而使得该集存在较多的误收和漏辑。这方面清代以来学者已作过不少专题研究,如劳格在《读书杂识》中率先指出集中二十九首诗当删,四首诗当补;宋业春考出四首诗为张耒所作;陈伟庆指出一首诗为王安石所作;栾贵明《四库辑本别集拾遗》新辑得馆臣漏落者十三篇诗文;《全宋文》新辑得佚文三十一篇;《全宋诗》新辑得佚诗十二篇及若干残句;王传龙、王一方新辑得佚诗文九篇,吴洪泽《宋代蜀文辑存校补》新辑得佚文三篇等。而笔者在整理过程中,亦新发现诸家所未言及的误收文一篇。以上成果理应在新整理本中得到反映。

此次整理,以影印清文渊阁《四库全书》作底本,参校武英殿聚珍版本(简称殿本)及他本。对于误收诗文的处理,鉴于有的还缺乏坚确证据,有的还存有争议,故采用先保留误收原文,暂不删除,以校记指出的方式,以示慎重。所辑得遗诗遗文亦采

---

① (清)永瑢等:《四库全书总目》卷一五二《华阳集》提要,北京:中华书局,1965年,第1314页。

用同样原则,信而有征者编为《华阳集补遗》一卷,置于正集之后;尚需商榷者暂不补入,留待他日,读者详之。

四、《鲜于谏议集》

鲜于侁(1019—1087),字子骏,阆州(治今四川阆中)人。景祐五年(1038)进士及第,为江陵右司理参军。改著作佐郎,知河南府伊阙县事。庆历中,调黟令,摄治婺源。通判绵州,历屯田、都官员外郎,通判保安军,签书永兴军判官厅公事。神宗时言事称旨,除利州路转运判官。反对王安石新法,以为不利于民,安石不能强,神宗纳之。寻擢副使,兼提举常平。熙宁十年(1077),移京东西路转运使。元丰元年(1078),徙知扬州。四年(1081),复朝请大夫,管勾西京留守司御史台。八年(1085),再除京东西路转运使,兼管莱芜、利国二监。元祐元年(1086)四月,召为太常少卿。七月,除大理卿。九月,拜左谏议大夫。在职三月,以疾求去,除集贤殿修撰、知陈州。元祐二年(1087)五月卒于任,年六十九。绍圣四年(1097),以入党籍追官。绍兴十一年(1141)特追复。

侁为官清正干练,为人诚直,能举荐贤良,所荐刘挚、苏轼、苏辙、范祖禹等人,皆智能有识之士。深于经学,为诗平淡渊粹。著有《诗传》六十卷、《周易圣断》七卷、《典说》一卷、《治世谠言》七卷、《谏垣奏稿》二卷、《刀笔集》三卷、文集二十卷。事见秦观《鲜于子骏行状》、范镇《鲜于谏议墓志铭》。《宋史》卷三四四有传。

侁集久佚,《永乐大典》《宋文鉴》《宋诗纪事补遗》《宋代蜀文辑存》等书录其诗五十余首,文十一篇。《全宋诗》收录其诗四十七首,《全宋文》收录其文三十篇。今录现存侁诗文,新辑得侁诗文八则,并注明出处,按体裁编为二卷,以存其原集之一二。

五、《净德集》

吕陶(1028—1104),字符钧,号净德,先世自眉州彭山(今四川省眉山市彭州区)徙成都(今四川省成都市),遂为成都人。皇祐五年(1053)进士,授绵谷县主簿,调铜梁令,知寿阳县,为太原府签书判官。熙宁三年(1070)制举入等,言新法不便,通判蜀州,改知彭州。十年(1077),以言时弊,责监怀安商税。起知广安军,召为司门郎中。元祐元年(1086),擢殿中侍御史,迁左司谏。以涉党争,出为梓州运判,改淮南,成都府路转运副使。入为起居舍人,改中书舍人。使辽还,进给事中。绍圣初,出知陈州,移潞州、梓州。后夺职,贬库部员外郎分司,衡州居住。徽宗立,复集贤殿修撰、知梓州。崇宁元年(1102)致仕归。三年(1104)卒,年七十七,遗令不作碑志。陶秉性亢直,直言敢谏,人以刘安世、范祖禹、贾谊比之。然不容于世,数被责罚,被目为蜀党,入元祐党人碑。《宋史》卷三四六有传。

《宋史·艺文志》载陶有集六十卷,久佚。今本三十八卷(文津阁本作三十六卷),乃四库馆臣从《永乐大典》中辑出,称陶集已什得七八。其中,文津阁《四库全书》本较清文渊阁《四库全书》多出文二十四篇,此次整理即以之为底本,校以清文渊阁《四库全书》(简称文渊阁本)、武英殿聚珍本(简称殿本)。另辑得佚诗文八十二篇,编为《补遗》七卷。原集卷三十二之《范才元参议求酒于延平使君邀予同赋谨次其韵》、卷三十六之《致政侍郎知郡学士赓和诗凡数篇谨用元韵寄呈知郡学士》、卷三十八之《次韵分司南京李诚之待制求酒二首》分别为张元幹、彭汝砺、苏辙所作，馆臣误收①，今删去不录。

六、《雁湖集》

李壁（1159—1222），字季章，号雁湖居士，眉州丹棱（今四川丹棱）人，焘子。以父荫入官，登绍熙元年（1190）进士第，召试，为秘书省正字。宁宗即位，徙著作佐郎兼刑部郎，擢礼部侍郎，兼直学士院，进权礼部尚书。开禧二年（1206）七月，拜参知政事，与韩侂胄共谋伐金。宋军败，史弥远诛侂胄，壁实预闻，兼同知枢密院事。后谪居抚州，复提举宫观，起知遂宁府。嘉定十五年（1222）六月卒，年六十四，谥文懿。著述甚富，于典章制度尤综练。著有《雁湖集》一百卷、《涓尘录》三卷、《中兴战功录》三卷、《中兴诸臣奏议》若干卷、《内外制》二十卷、《援毫录》八十卷、《临汝闲书》一百五十卷、《王荆文公诗笺注》五十卷。生平见真德秀《故资政殿学士李公神道碑》（《西山先生真文忠公文集》卷四一）。《宋史》卷三九八有传。

《雁湖集》久佚，其诗文散见于《永乐大典》等群书之中。民国以来辑佚成果主要有傅增湘《宋代蜀文辑存》《全宋文》《全宋诗》及吴洪泽《宋代蜀文辑存校补》等。今综罗诸书，参校取舍，编为三卷，以存原集之万一。

七、《张魏公集》

张浚（1097—1164），字德远，自号紫岩，汉州绵竹（今四川绵竹）人，南宋名臣、学者。政和八年（1118）进士，调山南

---

① 李应：《吕陶误收诗考》，《中国典籍与文化》2006年第3期。

府士曹参军。靖康初，为太常簿。高宗即位，驰赴应天府，授枢密院编修官。改虞部郎中，擢殿中侍御史，迁侍御史。任礼部侍郎，授御营使司参赞军事。建炎三年（1129）苗、刘之变，勤王有功，除知枢密院事。四年（1130），出为川陕宣抚处置使。绍兴四年（1134），复召为知枢密院事。五年（1135），除尚书右仆射、同中书门下平章事、兼知枢密院事，都督诸路军马。十二年（1142），封和国公。秦桧执政，贬徙在外十余年。三十一年（1161），金完颜亮率军南侵，复观文殿大学士、判潭州，改判建康府。孝宗登极，复枢密使。隆兴元年（1163），除少傅、江淮东西路宣抚使，节制建康镇江府池州江阴军屯驻军马，进封魏国公。二年（1164）罢相，八月卒，年六十八。累赠太师，谥忠献。著有《紫岩易传》十卷，《论语解》四卷，《春秋解》六卷，《中庸解》一卷，《诗书礼解》三卷，《建炎复辟平江实录》一卷，《丁巳潇湘录》，文集十卷，奏议二十卷。生平事见朱熹《张公行状》（《晦庵先生朱文公文集》卷九五、九六），杨万里《张魏公传》（《诚斋集》卷一一五），《宋史》卷三六一有传。

浚挺身为国，肩负重任，以忠义称，然几起几伏，功过参半，人谓其志大才疏，卒无建树。身为重臣，不废学术，深于经学。其子栻过庭面命，耳濡目染，终成一代大儒，亦有家学渊源矣。浚文集、奏议集均已亡佚，仅存《中兴备览》三卷，含奏议四十一篇。民国年间有黄尚毅辑本《张魏公集》一卷，民国十九年与《紫岩居士易传》合刊于绵竹，仅收文二十五篇，诗二首，疏漏无取。《全宋文》重辑其文三百五十一篇（王晓波整理），《全宋诗》辑其诗九篇（崔统华整理，其中一篇非张浚作，当删），《宋代蜀文辑存校补》（吴洪泽编）增辑文六十篇。今以数书为基础，加整理者新辑得佚诗文六十一篇，统编为二十卷，以略见其文章议论之一二。

八、《李文肃集》

李壁（1161—1238），字季允，号悦斋，眉州丹棱（今四川丹棱）人，焘子。登绍熙元年（1190）进士第。任秘书省正字，除校书郎。历知江陵、潼川、常德、夔州。开禧、嘉定间历湖北、成都提刑。召为吏部郎官，兼国史院编修官，擢秘书少监、起居舍人，江东制置副使。绍定四年（1231）除四川制置使、知成都府。召赴阙，拜权刑部尚书。嘉熙元年（1237）为同知枢密院事、四川宣抚使、知成都。明年，为沿江制置副使，兼知鄂州。六月卒，谥文肃。著有《李文肃集》《皇宋十朝纲要》《续帝学》《赵鼎行状》《公侯守宰士庶通礼》等。生平事迹见《鹤山集》卷六四《跋静春先生刘子澄帖》、《宋会要辑稿》蕃夷五之六九、方域一八之二七、《南宋馆阁续录》卷七至卷九，《宋史》卷三九、四一、四二、二〇三、二〇四，《宋史翼》卷二五，《南宋制抚年表》卷上下。

《李文肃集》久佚，唯部分诗文散见于《宋会要辑稿》、诸文集及方志等。民国以来辑佚者主要有傅增湘《宋代蜀文辑存》《全宋文》《全宋诗》及吴洪泽《宋代蜀文辑存校补》数家。今综罗诸书，参校取舍，编为二卷，以存原集之万一。

九、《方舟集》

李石（1108—1181），本名知几，感梦兆改名石，而以知几为字。号方舟子，资州盘石（今四川资中县北）人。绍兴二十一年（1151）登进士乙科。初任成都户曹掾，召入朝，任太学博士。自试院论罢，除成都学官，入主石室，就学者如云，闽越之士至不远万里而来，刻石题诸生名几千人。后知黎州。乾道中召为都官员外郎,复罢,出知合州,又知眉州。终成都府路转运判官,再遭论罢。石自幼好学,负才名。其诗文渊源于眉山苏氏,执政者又荐其文似黄庭坚而秀润过之。小词亦以风致称,醉吟之余,格调脱俗。长于经学,尤邃《易》《春秋》。为人耿介善谑,指言时弊,议论剀切,直情径行,不阿权贵,故仕途坎坷。淳熙八年(1181)卒。著有《方舟易学》《续博物志》《方舟集》《世系手纪》等。《宋史》不为立传,事迹见所撰《自叙》及《建炎以来朝野杂记》乙集卷一三、《宋史翼》卷二八本传等。

《直斋书录解题》载《方舟集》五十卷、《后集》二十卷,《两宋名贤小集》亦称其集七十卷,原书早佚。清四库馆臣自《永乐大典》辑录其诗文杂著,编为二十四卷。此次整理,以影印清文渊阁《四库全书》本《方舟集》为底本,参校清乾隆翰林院抄本(简称清抄本)。复辑得佚文三十八篇,编为补遗一卷,附于全集之末。

十、《九华集》

员兴宗(？—1170),字显道,号九华,陵州(治今四川仁寿)人。少屏居著书于郡之九华山,人莫见其面。绍兴二十七年(1157)进士,权差黎州教授。乾道初召试禁林,赐诰第一,为太学教授者二年。擢校书郎、国史编修,晋著作郎、实录院检讨,与修四朝国史。国有大议,皆直言敢谏,遇事不可,即指陈利害,如茹物于中,一吐为快。以忤权贵,夺官奉祠而去,侨居润州。乾道六年(1170)卒。著有《辩言》《九华集》。生平事见本集《答程用之书》《上宰相书》《上四叔承事书》及卷首李心传序、附录王颐祭文、宝印祭文、《南宋馆阁录》卷七、卷八等。

兴宗为人长身而广额,神和而气舒,然颇著气节。李心传序称其"居言语风议之官而正色不回,有殒无二"①;《四库提要》称其"然所上奏议,大抵毅然抗论,指陈时弊,多引绳批根之言。"②"则其经济气节,均有实事,非徒侈空谈者矣"③,"盖亦独立自好之士也"④,可见其大节。《提要》又称其"集中多与张栻、陆九渊往复书简,盖亦讲学之家"⑤,其论"皆具有特识,其他亦多中理要"⑥,而"兴宗为之考核源委,具见精博。今答书一通,具在其中。学问淹雅,亦未易及"⑦,足见其亦富于学术。为文追求甚高,李序称其文"传者众矣,高古简严,惟陈言之务去,极其所就,必欲至杜韩而后止,李柳而降,非所愿也"⑧,赵汝愚祭文至以欧阳修、苏洵为比;《四库提要》言"虽其文力追韩柳,不无锤炼过甚之弊,然骨力峭劲,要无南渡以后冗长芜蔓之习,亦一作者也"⑨,要为公论。

据焦竑《国史经籍志》,兴宗原集五十卷,乃宝庆三年(1227)其孙荣祖编,久佚。今本二十五卷,乃四库馆臣从《永乐大典》辑出。今以清文渊阁《四库全书》为底本,卷帙、附录仍旧。另辑得佚诗文二十八篇,以为《补遗》。

---

① (宋)员兴宗:《九华集》卷首,清文渊阁《四库全书》本。
② (清)永瑢等:《四库全书总目》卷一六〇《九华集》提要,北京:中华书局,1965年,第1378页。
③ (清)永瑢等:《四库全书总目》卷一六〇《九华集》提要,北京:中华书局,1965年,第1378页。
④ (宋)员兴宗:《辩言》卷首,清文渊阁《四库全书》本。
⑤ (清)永瑢等:《四库全书总目》卷一六〇《九华集》提要,北京:中华书局,1965年,第1378页。
⑥ (清)永瑢等:《四库全书总目》卷一二一《辩言》提要,北京:中华书局,1965年,第1042页。
⑦ (清)永瑢等:《四库全书总目》卷一六〇《九华集》提要,北京:中华书局,1965年,第1378页。
⑧ (宋)员兴宗:《九华集》卷首,清文渊阁《四库全书》本。
⑨ (清)永瑢等:《四库全书总目》卷一六〇《九华集》提要,北京:中华书局,1965年,第1378页。

十一、《陵阳先生集》

牟𪩘（1227—1311），字献之，一字献甫，学者称陵阳先生，隆州井研（今四川井研）人，徙湖州吴兴（今浙江省湖州市吴兴区）。以父荫入仕，复举进士，尝知武冈军，提点两浙东路刑狱公事。历大理正、侍右郎中，累官朝奉大夫、大理少卿，以忤贾似道去官。晚尝守越，元兵陷临安，即杜门不出，闭户穷经达三十六年。至大四年（1311）卒，年八十五。《元诗选》称其以先朝耆宿巋然不缁，元贞、大德之间年在耄耋，岿然备一时文献，为后生之所矜式。𪩘学有所宗，与父子才、子应龙自为师友，讨论经学，以义理相切磨，于诸经皆有成说，其《六经音考》盛行于世。善为文，王士禛《居易录》称其诗有坡、谷门风，杂文皆典实详雅，有《陵阳集》二十四卷传世。生平事见《宋史翼》卷三四本传，《吴兴备志》卷一二，光绪《井研县志》卷三一，《元诗选》初集卷八及《四库全书总目提要》。

此次整理，以民国吴兴刘氏嘉业堂所刊《吴兴丛书》本《陵阳先生集》为底本，参校乾隆十二年（1747）周永年刻《陵阳先生集》、清文渊阁《四库全书》（简称库本）、傅增湘校勘本（简称傅校本）及国家图书馆所藏清抄本（简称清抄本），仍原书为二十四卷。复辑得佚诗文二十三篇，附于书末，为《补遗》。

十二、《莲峰集》

史尧弼（1118—？），字唐英，世称莲峰先生，眉州（治今四川眉山）人。绍兴二年（1132），李焘十八岁为眉州解元，尧弼居第二，年仅十四。束书东游，张浚在潭州，乃以古乐府、《洪范》

等论赞之。浚谓其大类东坡,留馆于潭,与子栻游,每开以正大之学。绍兴二十七年(1157),偕其弟尧夫登第。三十一年,金兵渡淮,进至长江,张浚复起,尧弼策其"勿用兵乃可,不然必再败"①,已而果然,人以为知言。乾道二年(1166)省斋作《莲峰集序》,有"天下学士欲拜下风而不得"②之言,知尧弼必卒于绍兴末乾道初之数年间。事见《莲峰集》卷首省斋、任清全二序。

尧弼幼颖异,以文行称,不仕而卒,时人惜之。据焦竑《国史经籍志》、孙能传《内阁藏书目录》,所著有《莲峰集》(或称《莲峰先生家集》)三十卷。宋人任清全称"绍兴中,史唐英之名满于搢绅间,天下知名士也"。③张炜题其《莲峰集》后云:"夺得莲峰秀,英名馥迩遐。文章腾气焰,句律炼聱牙。一梗江湖客,三朝忠义家。欲评清绝处,雪月照梅花。"④《四库提要》称其"天姿卓绝,其诗纵横排宕,摆脱恒蹊。其论策诸篇明白晓畅,澜翻不穷,亦有不可羁勒之气,大抵有其乡苏氏之遗风"⑤,可以想见其为人。

原集久佚,四库馆臣从《永乐大典》中辑出诗文,编为十卷。今仍其旧,以文渊阁《四库全书》为底本,另辑得佚诗文九篇,以为《补遗》。

十三、《崐崃山房集》

张佳胤(1526—1588),避雍正帝讳又作佳印、佳允,字肖

---

① (宋)史尧弼:《莲峰集》卷首,清文渊阁《四库全书》本。
② (宋)史尧弼:《莲峰集》卷首,清文渊阁《四库全书》本。
③ (宋)史尧弼:《莲峰集》卷首,清文渊阁《四库全书》本。
④ (宋)陈起:《江湖后集》卷一〇,清文渊阁《四库全书》本。
⑤ (清)永瑢等:《四库全书总目》卷一六一《莲峰集》提要,北京:中华书局,1965年,第1384页。

甫、肖夫，初号庐山，改号居来山人（又作崌崃山人），重庆府铜梁县（今重庆市铜梁区）人，明代大臣、文学家。嘉靖二十九年（1550）进士，授滑县令，升户部主事，改兵部职方、精膳主事。以不附严嵩父子，贬为陈州同知。四十一年（1562），转守蒲州，寻调河南按察司佥事，兵备颍州。再调云南提学佥事。隆庆元年（1567），任广西布政司左参议，旋任大名兵备副使，分守甘州。迁山西按察使，升右佥都御史，巡抚应天十府，平定安庆兵变，击退来犯倭寇。万历三年（1575），起南京鸿胪卿，就转光禄卿，擢右副都御史，巡抚保定，丁忧归。服除，复巡抚保定、陕西、宣府，入为兵部右侍郎。杭州兵变，以少司马兼右佥都御史，署浙江巡抚。勘乱有功，诏嘉奖，赐飞鱼服，拜都察院右都御史，兼兵部左侍郎。十一年（1583），任兵部尚书，协理京营戎政。改兼左副都御史，总督蓟、辽、保定军务。遣部将李成梁屡破鞑靼插汉儿部，以功加太子少保、太保。旋召还，主持兵部事务，赐一品诰命。以得罪中贵，谢病归。十六年（1588）闰六月十六日卒，年六十二。追赠少保，谥"襄宪"，《明史》有传。著有《崌崃集》六十五卷，补《华阳国志》一卷，《奏议》二十二卷，主修《嘉靖滑县志》。吴文治编《明诗话全编》载有《张佳胤诗话》八十一则，上海古籍出版社《古代山水诗一百首》选录其《登函关城楼》一首。又曾刻《越绝书》《华阳国志》《奚囊蠹余》《天目先生集》等书多部，嘉惠学人。

佳胤文韬武略，既著政声，亦工诗文，为明文坛"嘉靖后五子"之一。与李攀龙、王世贞、宗臣、吴国伦唱和，深受复古主张影响，主格调，讲法度，大力摈斥当时文坛空浮主理之弊，强调文学尤其是诗歌创作中的真情贯注。研究者认为，"他先于公安三袁而标举性灵说,成为这一学说的首倡者"①。其作品尤以五、七律及七言古诗最具代表性,内容丰富,感情真实,风格俊朗,有较高的艺术性。

佳胤卒后,王世贞哀叹"庙隳伟栋,国陨长城"②,钱谦益赞其"镇雄边、定大变,入正枢席,以功名始终。才气纵横,高才贵仕兼而得之,近代所罕见也"③,查继佐称其"乃独沉毅,藏用不露,非止诗人已也。料边故长,颇有成绩,定浙、闽不过反掌"④,朱彝尊《静志居诗话》评其"诗律精严,高视千古。李时远云:'闳博纵肆,凌驾前人'"⑤。其事功文学为众贤所重如此。而《四库全书》仅列其集为存目,称"论者谓其诗文才气纵横,而颇乏深致。盖雄心大略,不耐研思于字句间也"⑥,评价不高。

《崌崃集》今存版本主要有明万历间刻六十五卷本,今藏国家图书馆。卷一为赋,卷二至卷二十九为诗,卷三十至卷六十四为杂文,末一卷附录刘黄裳所撰《张公行状》、王世贞所撰《张公墓志铭》,又载同时诸人所作序、记等十一篇。又有万历十五年(1587)张宗载刻《张居来集》三十五卷,二十二年张叔尔刻《居来先生集》六十五卷,《目录》六卷,民国二十一年(1932)成都义学林排印《张居来集》六十六卷,《目录》一卷等。今以《四库全书存目丛书补编》影印明万历刻本为底本,校以其他各本及相关文献,卷目一仍其旧,精加标点,以便读者焉。

---

① 郑家治:《性灵说首倡者张佳胤之诗歌本质论》,《重庆文理学院学报》(社会科学版) 2010 年第 5 期。
② (明) 王世贞:《弇州四部稿·续稿》卷一五五,清文渊阁《四库全书》本。
③ (清) 钱谦益:《列朝诗集·丁集》卷六《张宫保佳胤》,顺治九年(1652)毛氏汲古阁刻本。
④ (清) 查继佐:《罪惟录·列传》卷一〇《张佳胤》,四部丛刊三遍景手稿本。
⑤ 吴文治主编:《明诗话全编》,南京:江苏古籍出版社,1997 年,第 4618 页。
⑥ (清) 永瑢等:《四库全书总目》卷一七八《居来山房集》提要,北京:中华书局,1965 年,第 1597 页。

《巴蜀全书》别集类提要二则

黄锦君[*]

摘　要　度正是理学家朱熹的坚定追随者，其现存的《性善堂稿》有不少有关理学方面的内容，是研究宋代理学、尤其是四川理学的重要文献。度正又曾在巴蜀多地为官，也有不少内容集中反映了其为政一方的思考和作为。度正另撰有《濂溪先生周元公年表》，对宋代理学创始人周敦颐的研究也具有特别重要的意义。高斯得早年曾佐李心传修国史，其《耻堂存稿》也颇具史志特点，其中有不少内容可补正史记载之不足。高斯得一生忠直，无论在朝或在地方，都以敢言著称，故其诗文也往往直面现实，对南宋末年的政治、军事、朝廷、地方等的研究都具有独到的参考价值和意义。

关键词　度正　性善堂稿　高斯得　耻堂存稿

一、宋度正《性善堂稿》提要

度正（1166—1235），宋合州巴川（今重庆铜梁）人。字周

---

[*] 作者简介：黄锦君，生于1960年，四川崇州人，四川大学古籍整理研究所副研究员。主要研究方向：宋代文献、宋代文化等。

卿，号性善。光宗绍熙元年（1190）进士，曾从朱熹问学。宁宗庆元间为遂宁户掾，又为益昌教官，嘉泰中为成都府路提点刑狱司干办公事，嘉定初为成都府学教授，又为成都华阳知县，后通判嘉定府、知怀安军、知重庆府、权夔州提刑等。理宗绍定中为国子监丞，迁军器少监，进太常少卿，迁权礼部侍郎兼侍右郎官、兼同修国史、实录院同修撰，除礼部侍郎，致仕。端平二年（1235）卒，年七十。《宋史》卷四二二有传。

度正现存著述有《性善堂稿》及《濂溪先生周元公年表》两种。《性善堂稿》十五卷，诗四卷，文十一卷，卷一五言古诗，卷二七言古诗，卷三五言律诗、七言律诗，卷四七言律诗、五言排律、七言绝句等，卷五表、笺、状，卷六奏疏，卷七札子、书，卷八启，卷九启、序，卷十序、记，卷十一记，卷十二颂、铭、赞、祀文，卷十三祭文、碑铭、墓志铭，卷十四墓志铭、跋，卷十五跋。

《性善堂稿》诗文包含了作者有关生平、仕宦、学说、交游等多个方面的内容。其中有关家世、婚姻、从学、仕宦等的记载，大大补充了《宋史》本传记载的不足。诸如仕宦一项，《宋史》本传有关其举进士之后的地方历官都没有记载，大约将近三十年的相关事迹实为空白，而《性善堂稿》中，相应内容则在其诗文中有所反映，稍作勾稽，不难还原其间的大致状况。度正做地方官的时间长，担任过不同职务，对社会民情有一定了解，在各个任上也有一些作为。如其奏札《条奏便民五事》《重庆府到任条奏便民五事》《上本路运使论夫钱札子》等都提出了所在面临的实际问题，并给出了相应的一些解决办法，如《条奏便民五事》就提出修治城郭、训习民兵、分岁币饷军、敕戎帅选将、禁约社火等事项，反映了其对地方防务及其安全方面的考虑。《上本路运使论夫钱札子》则仗义执言，指斥上级官员对百姓的层层盘剥和搜刮,体现了对社会底层人群的同情。在《代吴侍郎谢到任表》中,提出了"劝农桑以固邦本,兴学校以正人心,宽赋役以苏疲氓,表廉隅以激贪吏"①的为政次第,反映了宋代士人在地方治理方面的共同理念和积极态度。

  作为川籍理学家,度正少承父师之训,服膺周、程之学,问学朱熹,一生致力于理学的继承与发展。庆元党禁期间,度正不顾政治风波险恶,前往福建拜访朱子,并接受朱子的教诲。其《怀安到任谢表》对此有云:"往返万里,夷险一心,遂得'收放心'一言以归,乃知'不远复'三字之训。"②表达了对朱熹的坚定追随。在朱子理学体系中,度正对其易学理论尤为重视,其《书易学启蒙后》《书晦庵易学启蒙后》等文,对朱子的易学著作进行了精辟的论述。而在《晦庵先生画像赞·序》中,度正云:"惟吾先生自致知、格物、诚意、正心,扩而充之,有以极夫治国、平天下之道。自太极动静生阴生阳引而伸之,有以尽夫天地万物之变,圣门所传,至是粲然复明矣。"③宋代理学奠基人周敦颐曾在度正的家乡合州任职,度正对之尤为尊仰,度正《祭府学三贤文》言其"绍开绝学,建图立极,昭示后世"④,《嘉定三年秋八月上丁释奠四贤文》《又告四贤文》等也反映了类似的内容。为了使先贤的事迹不至于湮没不传,度正竭尽心力,撰写了《濂溪先生周元公年表》,对濂溪先生的生平进行了详细的勾勒和叙述,以弘扬濂溪先生对理学之开创之功。度正还撰有《权夔宪举晁亚夫遗逸奏状》等,记载了当时四川理学人物的事迹,对宋代四川理学的研究也提供了很多宝贵的线索。

---

① (宋)度正:《性善堂稿》卷五《表》,清文渊阁《四库全书》本。
② (宋)度正:《性善堂稿》卷五《表》,清文渊阁《四库全书》本。
③ (宋)度正:《性善堂稿》卷一二《赞》,清文渊阁《四库全书》本。
④ (宋)度正:《性善堂稿》卷一二《祀文》,清文渊阁《四库全书》本。

度正一生经历颇丰，交游广泛，《性善堂稿》中也有充分反映。在其交游名录中，除有师生之谊的朱熹、刘光祖之外，还有不少当时有影响的人物，诸如时任四川安抚制置使的张栻门人吴猎、时任利州守的眉山唐氏门中的唐铬等人。《性善堂稿》中还有很多纪实类文字，涉及当时社会百态，对研究相关的历史社会都具有独到的价值。

《性善堂稿》成书较早，理宗宝庆改元（1225），曹彦约撰有《跋性善堂后集》一文，是度正诗文在此之前即有结集，文云："今观《性善堂后集》则其平日所作，固已磊落于歌行，而谆复于书、序、记、跋，反复于宏议，而微妙于至理。"① 理宗淳祐九年（1249），赵希弁所编的《郡斋读书志》之《附志》"别集类四"载："《性善堂稿》十五卷，右度正周卿之文也，曹文简公彦约为之序。"② 时曹彦约、度正二人已作古，其所著录的当是所见《性善堂稿》的传世之本，所言曹彦约之"序"疑即为《昌谷集》中所载之"跋"，而此处之《性善堂稿》，也疑即为前之《性善堂后集》。

历元明而至清，四库馆臣在编纂《四库全书》时，《性善堂稿》已不存。《四库提要》云："自明以来，世久失传。今从《永乐大典》中采撮裒次，以类排纂，仍析为十五卷，以还其旧。"③ 同时，四库馆臣已发现辑本仍有遗漏，举度正刊朱子集所撰《序》及《宋史》本传所载《论庙制》两文为例。今以清文渊阁《四库全书》为底本，《性善堂稿》原十五卷，今又辑得集外诗二首，文九篇，合为一卷，全书总为十六卷。又，《性善堂稿》内

---

① （宋）曹彦约：《昌谷集》卷一七《跋》，清文渊阁《四库全书》本。
② （宋）晁公武撰，孙猛校证：《郡斋读书志校证》，上海：上海古籍出版社，1990年，第1201页。
③ （清）永瑢等：《四库全书总目》卷一六二《性善堂稿》提要，北京：中华书局，1965年，第1389页。

有双行小注，一部分为度正原注，一部分为四库馆臣所出校语，度正原注仍随文保留，仅由双行小字改为单行小字；四库馆臣校语从正文中移出，列入校记，并加以注明，以与新出校记相区别。

《性善堂稿》附《濂溪先生周元公年表》一卷，吴洪泽点校。该《年表》以宋刻本《元公周先生濂溪集》附录《年表》为底本，并参校明刻本、《正谊堂丛书》本所附《年谱》进行整理，今一并收入《巴蜀全书》集部别集《度正卷》，以见度正传世文字之全貌。

二、宋高斯得《耻堂存稿》提要

高斯得（1201—?），宋邛州蒲江（今四川蒲江）人，本名斯信，字不妄，号耻堂。利州路提点刑狱知沔州高稼子。少从李坤臣学，理宗绍定二年（1229）进士，授文林郎、利州路观察推官。辟差四川茶马干办公事。李心传以著作佐郎领史事，修《国朝会要》，辟为检阅文字。端平二年（1235）九月，父稼战没于沔，斯得哀伤不已，无意仕进。李心传修四朝史，辟为史馆检阅，分修光、宁二帝《纪》，迁史馆校勘。时史嵩之当国，应诏上封事，迕史嵩之。迁太常寺主簿，仍兼史馆校勘。添差通判绍兴府，又添差通判台州。杜范入相，召为太常博士，迁秘书郎。屡上章，论时相及群臣，遭众人合力排摈，差知严州。严州四面环山，土薄民贫，斯得善为之，有惠于百姓。迁浙东提点刑狱，劾知滁州赵善瀚等人。移湖南提点刑狱，荐徐经孙等六人，并惩治不法富民等。加直秘阁、湖南转运判官改尚右郎官，改礼部郎中，内批兼侍立修注官，因极论时事，罢。逾年，任福建路计度转运副使，又罢。度宗即位，召为秘书监，擢起居舍人兼国史院编修官、实录院检讨官兼侍讲，兼权工部侍郎，遂兼同修国史、实录院同修撰，仍兼侍讲。迁工部侍郎，以显文阁待制知建宁府。度宗崩，以权兵部尚书召，擢翰林学士、知制诰兼侍读，进端明殿学士、签书枢密院事兼参知政事，同提举编修《敕令》及《经武要略》。论贾似道误国，与丞相留梦炎不合，罢。宋亡，隐居苕霅间，卒。《宋史》本传论云："斯得屡起而屡仆于权臣之手，及其再起，宋事已非。"① 所著有《易肤说》《诗肤说》《仪礼合抄》《增损刊正杜佑通典》《徽宗长编》《孝宗系年要录》《耻堂文集》等。《宋史》卷四百九有传。

今传高斯得《耻堂存稿》共八卷，卷一奏疏，卷二经筵故事，卷三论、说，卷四记、序，卷五书事、题跋、铭、赞、答问、文，卷六五言古诗，卷七七言古诗，卷八五言律、五言长律、七言律、七言绝句、乐语等。元人龚璛所撰《序》列于卷首。

《耻堂存稿》篇幅不大，但内容却不单薄。高斯得一生忠直，深以国家命运为忧，为官虽几起几落，但上疏言事，不避权臣，不惧贬黜，理宗曾称之为"硬汉"。《耻堂存稿》首列"奏疏"，弹劾权臣当国、台谏不力、侍从虚设，直言皇嗣不立、国本动摇，民心不稳，力陈边备不整、财政亏空、刑赏不公，以及民生凋敝等等亟待解决且影响国运之大事。"经筵故事"是以前朝典故及故事等对皇上进行启发教育的内容，高斯得在此则着重对君王之执持、选官、择将、厚民、后宫等问题进言，表达了对君王的期待和规谏。"论"的部分也有类似的内容，如直接阐发自己对君臣关系等敏感问题的看法等。高斯得曾协助李心传修《国朝会要》《四朝史》，并承担部分内容的撰写。《耻堂存稿》中有不

---

① （元）脱脱等：《宋史》卷四〇九，北京：中华书局，1985年，第12334页。

少篇章也类似史志，保留了不少极具史料价值的文本。如"记"中的《公安南阳二书院记》不仅记载了蒙军入侵襄、蜀残害百姓时的惨绝状况："自吾有兵难，襄、蜀之人十九血于虎口。"[1] 还记录了制置使孟珙"当金革之时，谈俎豆之事"[2]，兴办书院，安置流民士人的善举。《钱塘南山开化寺记》，记载了当时杭州南山众多寺院中一个小小的新建寺院的成立及其与内廷的关系，反映了当时帝后向佛的情况，为研究后妃与佛教的关系提供了一个难得的实例。"书事"类篇章的内容也独具史料价值，《四库提要》特别指出："其'书事'诸篇据所亲历，纪录真确，尤足以裨《宋史》之缺。"[3] 其"书事"指《书咸淳五年事》《贾似道大逆不道留梦炎拟旨取问事》《书留梦炎见逐本末》等。集中还有字说、序跋、铭赞、答问、谕俗文等，也在不同程度上反映了作者生平的思想、学说、为官等方面的内容。高斯得诗共有三卷，其内容与其文极为相似，大多感怀世事，直抒胸臆，诗风激昂沉郁。《四库提要》言其"悯时忧国之念，一概托之于歌诗"[4]。其中也有大量纪实诗，如《鸡祸诗》《冬大雷电》等，堪称诗史。

据元人龚璛所撰《序》，高斯得诗文集成于其孙之手，《宋史》本传载高斯得有《耻堂文集》，但卷次不详。清人编纂《四库全书》之时，《耻堂文集》已佚。清四库馆臣据《永乐大典》，辑得高斯得诗文为《耻堂存稿》八卷，其中文五卷、诗三卷。《耻堂存稿》有清文渊阁《四库全书》，还有武英殿聚珍版本，其后还有一些仿武英殿本的重刻本，如清光绪元年（1875）四川蒲江鹤山祠刻本等。

---

[1] （宋）高斯得：《耻堂存稿》卷四《记》，清文渊阁《四库全书》本。
[2] （宋）高斯得：《耻堂存稿》卷四《记》，清文渊阁《四库全书》本。
[3] （宋）高斯得：《耻堂存稿》卷首，清文渊阁《四库全书》本。
[4] （清）永瑢等：《四库全书总目》卷一六四《耻堂存稿》提要，北京：中华书局，1965年，第1404页。

《耻堂存稿》的清文渊阁《四库全书》与武英殿聚珍版本内容基本一致，武英殿本稍晚，在篇目的编排上作了新的调整，还编了简明目录。但武英殿本删去了原来的"乐语"部分，且在文字上也时有错讹，故今仍以清文渊阁《四库全书》为底本，并校以同治八年（1869）重刊武英殿聚珍版本（简称武英殿本）、民国十五年（1926）蒲江民治书报社据本县鹤山祠版本校印本（简称鹤山祠本）。今又辑得诗一首、遗文八篇为一卷，共为九卷。

　　文渊阁《四库全书》本《耻堂存稿》原无目录，今新编目录一卷置于卷首。原书卷前《四库提要》及元人龚璛《序》今作为附录挪至卷末。原底本有双行小注，一为作者原注，一为四库馆臣所出校记。作者原注仍随文保留，仅由双行小字改为单行小字，四库馆臣校记则从正文中移出，列入校记，并标明其为原校，以与新出校记相区别。

新石器时代巴蜀地区的神灵信仰

李远国　李黎鹤[*]

摘　要　古代的巴蜀，有着悠久而独立的文化，其源头可追溯到新石器时代晚期。200万年前的"直立人巫山亚种"及"晚期智人"资阳人的发现，证明巴蜀地区乃是人类起源、农业起源、文明起源的重要发祥地。新石器时代晚期，巴蜀的神灵信仰已经形成，并成为人们最为重要的精神支柱。

关键词　新石器时代　巴蜀　神灵信仰

一、巴蜀文化的肇始起源

据古人类学家研究，亚洲高原可能是人类的摇篮，而中国长江流域上游的云、贵、川地区位于人类的起源地范围之内，当属人类起源地之一。近年来的考古发现，也证明了这一点。如这里相继发现了1400万年前的开远腊玛古猿，800万年前的禄丰腊

---

[*] 作者简介：李远国，生于1950年，四川成都人，四川省社会科学院研究员，主要研究方向：道教、巴蜀文化；李黎鹤，生于1985年，四川成都人，四川传媒学院讲师，主要研究方向：道教、图像学。

玛古猿，300—400万年前的元谋腊玛古猿，250万年前的"东方人"及170万年的元谋人。这些腊玛古猿和早期人类化石及石器，有力地加强了人类起源于亚洲南部的论据。① 根据现有资料来看，中国境内的早期人类是从长江流域上游的云贵高原逐渐向长江下游和黄河流域扩散、迁徙的。

四川资阳黄鳝溪发现的一块头盖骨、一块骨椎和大量共生的化石动物群，如剑齿象、犀牛、猛犸象、猪獾、鬣狗、箭猪、竹鼠、水鹿、猪、牛、马、虎、麂、龟、鱼等。这具头骨具有明显的蒙古利亚人种的特征和某些原始性。古人类学家吴汝康认定资阳人系旧石器晚期的早期新人类型，其生活年代距今大约在数万年至10余万年之间。

长江流域现已发现的旧石器时代早期遗址还有元谋猿人、巫山猿人、郧县猿人、郧西猿人、和县猿人、巢县人、贵州观音洞文化和湖北大冶县章山乡石龙头文化遗存。晚期智人的人骨化石的主要地点，有贵州普定县的穿洞古人类遗址，是继北京周口店遗址之后一次极其重要的发现。该遗址经国家考古队两次发掘，出土人类完整头骨两件，哺乳动物碎骨18000件，单个牙齿500多枚，动物化石13个属或种；出土石制器物20000余件，骨器1000余件，其中以骨锥最多，另有骨铲、骨针、骨棒等。此外，发现用火遗迹多处。这些留存于长江上游的古人类活动遗址，为研究中国西南原始社会提供了丰富的实物资料。

进入新石器时代后，考古发现的文化遗存分布更为广泛，到目前为止，以成都平原为中心的长江上游地区已发现和发掘的新石器时代遗址达两百多处，如星罗棋布般广泛分布。东起巫山，西至雅砻江、大渡河，北自阆中，南到长宁，其时代大致在距今

---

① 贾兰坡：《中国大陆上的远古居民》，天津：天津人民出版社，1978年；云南博物馆：《十年来云南文物考古新发现及研究》，北京：文物出版社，1990年。

8000—4000年之间。不仅表明人们的活动范围比旧石器时代广泛得多，而且经济文化生活也得到提高。

在四川东部，有著名的大溪文化遗址。西部主要有广元营盘梁细石器遗址，这是新石器时代早期的文化遗址。绵阳边堆山遗址是比成都宝墩文化遗址稍早的文化，其基本特征显现出边堆山遗址与成都平原蜀文化有一定的承袭关系。川西高原和山地则有安宁河谷的西昌礼州遗址、岷江上游汶川、茂县、理县等地20多处遗址，大渡河流域汉源的多处遗址，青衣江流域的天全、芦山、夹江、峨眉等地的30多处遗址。它们说明盆地西部边缘和横断山脉，早有新石器时代的人类在活动。四川星罗棋布的新石器时代文化遗存，为巴蜀文明的起源和形成准备了基础，创造了有利条件。巫山大溪遗址、广汉三星堆遗址、大邑五龙战国巴蜀墓葬、茂汶别列、勒石村石棺墓葬遗址、喜德大石墓、西昌坝河堡子大石墓、珙县悬棺葬等发现的宗教资料，反映了上古时期巴蜀的宗教状况。

从川西北高原峡谷区，沿横断山脉向南，到川西南高山河谷区，是一个文化和民族走廊地带，这里的新石器时代文化也呈现出复杂多样的面貌。川西北高原峡谷区的岷江上游河谷中，曾发现有类似于马家窑文化的彩陶文化遗存，时代可能早到距今5000年前，但并未深入到四川盆地之内。另有一些地方特色突出的新石器时代晚期文化出现，如中路文化等，在5000—3000年前形成自身的发展。川西南高山河谷区的安宁河、雅砻江流域，新石器时代晚期文化的典型遗址有横栏山遗址、礼州遗址、轿顶山遗址等，地方特色明显，有些年代可延续到距今3000多年,并与商周秦汉时期西南夷一些少数民族文化遗存有某种联系。①

四川盆地中心区的新石器文化出现较晚,大约到4500—4000年间的新石器时代晚期阶段,以成都平原为中心的川西地区新石器时代文化才迅速发展起来,形成了具有本地特色的"宝墩文化"。其中最大的宝墩遗址面积达66万平方米。当时的经济应已是定居农业为主,渔猎为辅的混合经济。生活用具中的大量灰陶从考古学上反映出与中原龙山文化不同的特征,而为蜀文化所独有。六座古城的时代,在距今3700—4500年之间,其文化内涵有互相继承和连接的关系。最早的是宝墩遗址,芒城紧接宝墩晚期,双河稍晚于芒城而接近于古城和鱼凫的早期。古城早期与鱼凫早期面貌接近,而鱼凫晚期则为诸遗址中最晚一期的文化,并与继后出现的高度发达的三星堆文化有直接的关系,成为巴蜀文化和文明起源发展进程中的重要一环。

从三星堆文化的经济情况看,经过上千年的长期定居,巴蜀农业有了很大发展,使用着多种耕作工具,也有一定的防洪和灌溉技术。大量的酒器的发现,既反映了酿酒技术的发展,也表明有较多的粮食剩余。成堆的兽骨,表现出畜牧业的发展。宏大精美的青铜器群,规整细致的玉石礼器,反映了手工业、青铜铸造业等技术高度发达,冶炼、铸造技术先进,具有相当大的规模和很高的水平。从泥范和石器半成品看,制作的作坊就在遗址群

---

① 王仁湘、叶茂林:《四川盆地北缘新石器时代考古新收获》,《三星堆与巴蜀文化》,成都:巴蜀书社,1993年;林向:《大溪文化与巫山大溪遗址》,《中国考古学会第二次年会论文集》,北京:文物出版社,1982年;西昌市文物管理所:《四川西昌市横栏山新石器时代遗址调查》,《考古》1998年第2期;礼州遗址联合考古发掘队:《四川西昌礼州新石器时代遗址》,《考古学报》1980年第4期;四川凉山州博物馆、四川盐源县文化馆:《四川盐源县轿顶山发现新石器时代遗址》,《考古》1996年第9期;成都市文物考古研究所、四川大学历史系考古教研室、早稻田大学长江流域文化研究所:《宝墩遗址》,日本:阿普有限会社,2000年。

内。制陶业继续进步,并形成自己一套造型特征和艺术风格。夯土、土坯砖、木构梁架的使用表明,建筑技术也达到很高的水平。三星堆出土的大量生产生活用品,众多的装饰品,礼器和祭祀用神器,证明当时已完成第二次社会大分工:手工业从农业中分化出来成为独立的行业。海贝、玉石璧瑗的大量出现,反映了商品经济已经开始,财产和货币的占有逐步集中。器物群中多种文化因素和遥远的海洋产品的发现,说明贸易和交通也取得很大发展,第三次社会大分工也已开始。绘画、雕塑、装饰和多种礼仪用品的发现,表现了三星堆时期美术、舞蹈、音乐等方面发展到一个高峰。这些出土文物反映当时人们对天象、地理、动物、植物乃至物理、天文、数学等方面有了相当水平的观察和认识,在利用和改造自然方面取得了不少科学技术成果。

这种稻作文明的一个突出特征,就是与自然生态环境的高度协调,较好地利用了自然条件,又较少地造成生态环境的破坏。因而才有"爰有膏菽、膏稻、膏黍、膏稷,百谷自生,冬夏播琴。鸾鸟自歌,凤鸟自舞,灵寿实华,草木所聚。爰有百兽,相群爰处"①。的天府之况,并在此基础上创造出了灿烂的古蜀文明和宗教文化。

在新石器时代早期,原始宗教已经有了固定的形式,并且得到了进一步的发展。在进入有史时代之前,它的历史是依靠口耳相传的传说来构建的,即为古史传说时代。据现在已得到的考古学认识,三星堆、金沙出土了大量的夏商时代文物;东起巫山、万县,西至芦山、石棉,北抵广元,南达犍为、宜宾,成都附近各县出土的兵器上的文字、图语等,其时代上起商周,下至西汉,形象地反映了巴蜀悠久的历史,塑造了大量的神话人物。正是依

---

① 袁珂:《山海经校注》,上海:上海古籍出版社,1980年,第445页。

靠那些神话与传说，我们可以勾勒史前时代渺茫的历史图景。

二、以"巴""蜀"为图腾的古代民族

  巴蜀与巴蜀民族的得名，反映上古西南地区有以"巴""蜀"为图腾的民族。所谓"巴"，是指一种蛇。其源头是《山海经》之"巴蛇食象"记载，许慎《说文解字》引此为证。蛇作为巴人的图腾，曾是巴人的象征。所谓"蜀"，是一种动物，是蚕，《说文》解释"蜀"字，就是"葵（桑）中虫"的意思，也就是通常所说的野蚕。古蜀的开国始祖是蚕丛氏。蚕丛氏最初是从岷江上游兴起的，死后就葬在叠溪的蚕陵山。在传说中，蚕丛氏是中华人文始祖黄帝的后裔。《史记·五帝本纪》说："黄帝居轩辕之丘，而娶于西陵之女，是为嫘祖。嫘祖为黄帝正妃，生二子，其后皆有天下：其一曰玄嚣，是为青阳，青阳降居江水；其二曰昌意，降居若水。昌意娶蜀山氏女，曰昌仆。生高阳，高阳有圣德焉。黄帝崩，葬桥山。其孙昌意之子高阳立，是为帝颛顼也。"[①]此句话的意思是说黄帝的儿子昌意分封在若水（今雅砻江一带），后来娶了蜀山氏的女子为妻。因山多"蜀"，所以称蜀山，生活在这里的古代部落便称为蜀山氏。以"蚕"作为族名，说明古代蜀人很早就养桑蚕了，所以蜀山氏又被称为蚕丛氏。他是后来三星堆蜀人的嫡系祖先。

  根基于万物有灵的观念，是宗教最原始的形态。万物有灵的产生，是原始宗教赖以形成和发展的基础，并在这种基础上相继产生了自然崇拜、图腾崇拜、祖先崇拜等原始宗教形式。这些原始宗教形式，尽管其产生的序列有先有后，但在其发展过程中，

---

  ① （汉）司马迁撰，（南朝宋）裴骃集解，（唐）司马贞索隐，（唐）张守节正义：《史记·五帝本纪》，北京：中华书局，1982年，第10页。

却始终与万物有灵观念紧密地联系在一起,映现着原始人的思维观念。在原始人看来,他们周围的一切事物都有神秘性,周围的动物、植物,任何一种自然现象,都可能直接影响着他们的生活。

人的依赖感是宗教的基础,祈求、祭祀、崇拜,又是依赖感的具体表现。原始人相信,每个人都有灵魂,人死后灵魂不但可以继续活着,而且还有更高超的本领,它既能造福于人也会给人带来灾难。因此,那些生前曾为本氏族的生存和发展起过作用的祖先灵魂,成了怀念和祈求的对象。所以,常采取各种形式对祖先灵魂进行崇拜。中国原始初民,在灵魂观念之下编构了种种灵魂存在的奇异画面,这就形成原始人的祖先崇拜。祖先崇拜又是鬼魂崇拜的自然产物。在原始人看来,被崇拜的灵魂始终保佑着它的后人,从某种意义上讲,被崇拜的神灵应该与自己有一定的血缘关系,所以说祖先崇拜还具有图腾崇拜的诸多因素。

原始墓葬表现的祖先崇拜的第一个方面是头的朝向。每一处原始社会氏族公共墓地里头的朝向,基本上是一致的。实际上,这里面包含着两种不同的信念:第一种是,人死后灵魂要回到氏族原来的地方去,因此在埋葬死者时,都把头朝着他应去的方向。第二种是,人世间还存在着另一个世界,人死后要让他们到那里去生活,因此在埋葬死者时,把他的头朝着这个世界所处的方向。三星堆、金沙遗址的墓葬朝向皆为北偏西 $45°—55°$,同为朝向岷山。

古蜀的大石崇拜发源于蚕丛氏,"蚕丛氏始居岷山石室",石室即"累石为室"的邛笼。岷江上游的石棺葬,其实也是模仿石室内建筑的墓穴。当蚕丛氏从岷江上游至成都平原后,便以不同形式的大石建筑来寄托对祖先及其生存环境的崇拜。此即古人所谓"祭如在,祭神如神在"。大石即为蜀人先祖灵魂和石砌建筑灵魂的共同载体，亦即二者相结合的物化形式。

令人感兴趣的是，三星堆的玉、铜器共生的大石，明显显示出大石崇拜的遗迹。无独有偶，在岷江上游理县佳山寨石棺葬中，也出土了一块不规则的梯形自然石块。两者虽然异时异地，但其大石崇拜传统如出一辙，绝非偶然。另一饶有兴味的事实是，三星堆一号坑的方向为北偏西45°，二号坑为北偏西55°，共同朝向蚕丛氏所兴起的岷山。而同一时期成都羊子山土台大型礼仪建筑，方向也是北偏西55°，同样朝向蚕丛氏发源地岷山。这一系列现象无不显示出其中的深刻的内在联系，说明其源头都在岷山，都与蚕丛氏始居岷山石室有不可分割的渊源关系。可见，蜀国大石崇拜源于对岷山的崇拜，是对蚕丛及其所居岷山加以顶礼膜拜的信仰综合体。

在蜀国先民心目中，高山亦是人神交通往来的天梯。以高山为天梯，见于《山海经》记载的就有昆仑、肇山、巫山、登葆山、灵山等。其中最著名者是昆仑。《山海经·西山经》曰："西南四百里，曰昆仑之丘，是实惟帝之下都，神陆吾司之。其神状虎身而九尾，人面而虎爪，是神也。"[1]《海内西经》曰："海内昆仑之虚，在西北，帝之下都。昆仑之虚，方圆八百里，高万仞。上有木禾，长五寻，大五围。面有九井，以玉为槛。面有九门，门有开明兽守之，百神之所在。在八隅之岩，赤水之际，非仁羿莫能上冈之岩。"[2] 昆仑虚即昆仑丘。可见昆仑是天帝在下界的都邑。《淮南子·地形训》云："昆仑之丘，或上倍之，是谓凉风之山，登之乃不死。或上倍之，是谓悬圃，登之乃灵，能使

---

[1] 袁珂：《山海经校注》，上海：上海古籍出版社，1980年，第47页。
[2] 袁珂：《山海经校注》，上海：上海古籍出版社，1980年，第294页。

风雨。或上倍之,乃维上天,登之乃神,是谓太帝之居。"①

显然《山海经》等古籍所说的"昆仑"不仅一处,因此对后世认识昆仑究竟在什么地方,一直是一个困扰学界的难题。据袁珂校注本《山海经》统计,原文对"昆仑"的记载共计17处,分别见于《西山经》《北山经》《海外南经》《海外北经》《海内西经》《海内北经》《海内东经》《大荒西经》和《大荒北经》。书中对有关"昆仑"的称谓包括"昆仑""昆仑丘""昆仑虚""昆仑山"四种,由于"山""丘""虚"之间的释义分歧,有研究者对不同称谓含义是否相同这一问题进行过非常精细的考究。黄刚先生指出:"'虚'字的理解,郭璞注:'虚,山下基也。'《尔雅·释地》:'三成为昆仑丘。'毕沅:'是昆仑者,高山皆得名之。'袁珂先生补充道:'昆仑旧本亦作崑崙,盖从俗书也。'这就指明了昆仑本义为高大之山。虚指高大之山的根基,可以覆盖四方,形容昆仑所占面积的广阔。文中涉及的昆仑虚、昆仑丘等词组,意义近似,只不过"丘"侧重于对其总体形态的拟写。"②

昆仑是个千古之谜。神话学家们大多认为,在中国古代文献里,"昆仑"有两义:一是地理的昆仑,一是神话的昆仑。地理昆仑的地望究竟在哪里?这个问题始终困扰着一代代的学者,出现过许许多多的说法,至今也还是难有定论。凌纯声在《昆仑丘与西王母》一文中,捡其重要的论点,列举了丁山《论炎帝大岳与昆仑山》、卫聚贤《昆仑与陆浑》、苏雪林《昆仑之谜》、程发轫《昆仑之谜读后感》、杜而未《昆仑文化与不死观念》、徐高阮《昆仑丘和禹神话》六家之言,再加上他自己的昆仑即"坛墠"

---

① (汉)刘安编,何宁撰:《淮南子集释》卷四《地形训》,见《新编诸子集成》第1辑,北京:中华书局,1998年,上册,第328页。
② 黄刚:《论〈山海经〉中昆仑的实义所指——兼议与其相关的物类事项》,《青海社会科学》2014年第6期。

之说，就是七家。① 那么，这座神圣的昆仑究竟在什么地方，从战国时以来，一直是一个困扰历史学界的难题。尤其是对"昆仑"真实地理所在地的考辨，更是众说纷纭，莫衷一是。

刘宗迪认为"昆仑山原本只是神话地理学中的一座神山，与现实地理无关，而研究者却孜孜于求索其在现实地理中的方位，可谓缘木求鱼，求之愈深而淆乱愈甚"②。叶舒宪指出，昆仑在《山海经》的记叙中是河源、玉源以及西王母所在地为一体的文明发祥地，玉料出自河中，而河水被想象成来自天上，从而与高大且产玉的昆仑山系形成一整套的神话信仰。这样的神话体系"不宜套用西方的学术分科范式，把昆仑玉山看成虚构的文学神话，或把河出昆仑视为谬误的地理学"③。苏雪林更直接名之为"昆仑之谜"。她说："中国古代历史与地理，本皆朦胧混杂，如隐一团迷雾之中。昆仑者，亦此迷雾中事物之一者。"④

看来不同时期的文献和不同的民族都有将"昆仑"用于确指的某一山体，所以"昆仑"一名出现在西北的多个地方。其实，昆仑的位置有广义和狭义两种理解。顾颉刚先生认为《山海经》中的昆仑既像是在甘肃，又像是在青海，也像是在新疆。这一理解实际上就是认为昆仑是一个较大的范围，位于甘、青、新的毗邻地域。⑤ 谭其骧先生认为《五藏山经》中的昆仑位于酒泉南面的甘、青交界处的祁连山脉的高峰，则是狭义的理解。⑥

蒙文通先生认为海内昆仑就是岷山，其云："《山海经·海内

---

① 凌纯声：《昆仑丘与西王母》，《中国边疆民族与环太平洋文化》，台北：联经出版事业公司，1979年。
② 刘宗迪：《昆仑原型考——〈山海经〉研究之五》，《文化研究》2003年第3期。
③ 叶舒宪：《河出昆仑神话地理发微》，《民族艺术》2016年第6期。
④ 苏雪林：《昆仑之谜·引言》，台北："中央文物供应社"，1956年。
⑤ 顾颉刚：《山海经中的昆仑区》，《中国社会科学》1982年第2期。
⑥ 谭其骧：《论〈五藏山经〉的地域范围》，中国《山海经》学术研讨会编辑《〈山海经〉新探》，成都：四川省社会科学院出版社，1986年。

西经》言:'河水出(昆仑)东北隅以行其北。'则昆仑应在黄河之西南。《大荒北经》言'若木生昆仑山西'(据《水经·若水注》引)。《海内经》言:'黑水、青水之间,有木名曰若木,若水出焉。'是昆仑在若水上源之东。若水即后之鸦砻江,若水之东即鸦砻江之东,在鸦砻江上源之东、黄河之南之昆仑,自非岷山莫属。是昆仑为岷山之高峰。《海内西经》言:'海内昆仑之墟在西北,高万仞,面有九门,门有开明兽守之。'又言:'昆仑南渊深三百仞,开明兽身大类虎而九首,东向立昆仑上。'复言开明西、北、东、南,凡四见。开明亦蜀王之称,是开明神(兽)与开明王应有关系。开明兽立昆仑上,昆仑既为蜀山,宜与蜀王有关系。"①

海内昆仑是指四川西部地区的这一说法,还可以找到一些旁证。如《海内经》说:"西南黑水之间,有都广之野,后稷葬焉。"②郭璞云:"其城方三百里,盖天下之中,素女所出也。"③所谓"素女",盖古之神女。徐锴《说文系传》说:"黄帝使素女鼓五十弦琴,黄帝悲,乃分之为二十五弦。"④杨慎云:"素女在青城天谷,今名玉女洞。"⑤

"都广""或作广都",即后之双流县。《华阳国志·蜀志》:"冰又通笮道文井江,径临邛,与蒙溪分水白木江会武阳天社山下,合江。又导洛通山洛水,或出瀑口,经什邡,与郫别江会新都大渡。又有绵水,出紫岩山,经绵竹入洛,东流过资中,会江江阳。皆溉灌稻田,膏润稼穑。是以蜀川人称郫、繁曰膏腴,

---

① 蒙文通撰,蒙默整理:《蒙文通全集》,成都:巴蜀书社,2015年,第4册,第491—492页。
② 袁珂:《山海经校注》,上海:上海古籍出版社,1980年,第445页。
③ 袁珂:《山海经校注》,上海:上海古籍出版社,1980年,第445页。
④ 袁珂:《山海经校注》,上海:上海古籍出版社,1980年,第445页。
⑤ 袁珂:《山海经校注》,上海:上海古籍出版社,1980年,第445页。

绵、洛为浸沃也。又识齐水脉，穿广都盐井、诸陂池，蜀于是盛有养生之饶焉。"① "广都县，蜀郡西三十里，元朔二年置。有盐井、渔田之饶。大豪冯氏有鱼池盐井，县凡有小井十数所。江有鱼漕梁，山有铁矿。江西有好稻田。有望川原，穿山崖过水二十里。"② 北宋张君房谓素女于广都来，教黄帝以鼓五十弦瑟。③

曹学佺指出，广都即后之双流县，今属成都。"扬雄《蜀本纪》云：'蜀王据有巴蜀之地，本治广都樊乡，徙居成都者也。'"④ "宋吕大防《合江亭记》云：'江沱自岷而别，张若、李冰之守蜀，始作堋以捷水，而辟沟以酾之，大溉蜀郡、广都之田，用以富饶。今成都二水，此江沱支流，来自西北，而汇于府之东南，乃所谓二江双流者也。'"⑤ "古迹有盘古祠。徐整《三五历记》云：'天地浑沌如鸡子，盘古生其中。八万四千岁，天地开辟，清阳为天，浊阴为地。盘古在其中，一日九变，神于天，圣于地。天日高一丈，地日厚一丈，盘古日长一丈。如此满八万四千岁，天极高，地极深，盘古极长。后乃有三皇。数起于一，立于三，成于五，盛于七，处于九，故天去地九万里也。'此《寰宇记》所引。罗泌《路史》亦云：'于广都得盘古之祀矣。'"⑥ 天师观，"《纪胜》云：'在广都县北，张道陵祠也。坛

---

① （晋）常璩著，刘琳校注：《华阳国志新校注》卷三《蜀志》，成都：四川大学出版社，2015年，第116页。
② （晋）常璩著，刘琳校注：《华阳国志新校注》卷三《蜀志》，成都：四川大学出版社，2015年，第136页。
③ （宋）张君房：《云笈七签》卷一〇〇，《道藏》，北京：文物出版社，1988年，第22册，第680页。
④ （明）曹学佺撰，杨世文校点：《蜀中广记》卷一《蜀中名胜记第一》，上海：上海古籍出版社，2020年，上册，第13页。
⑤ （明）曹学佺撰，杨世文校点：《蜀中广记》卷二《蜀中名胜记第二》，上海：上海古籍出版社，2020年，上册，第31页。
⑥ （明）曹学佺撰，杨世文校点：《蜀中广记》卷五《蜀中名胜记第五》，上海：上海古籍出版社，2020年，上册，第55页。

下有井，名伏鬼井.'赵阅道《记》：'华阳县衡山有井，妖怪藏其中。道陵运石以镇之，鬼妖乃绝。邑人为立祠，植杖井旁，今为乔木，曰戒鬼木矣'"①。综上所述，黑水之间，都广之野，即海内昆仑所在之处，在今四川西部，为天下之中。

此外，邓少琴先生亦谓岷山为昆仑之伯仲，"岷即昆仑也，古代地名人名有复音，有单音，昆仑一辞由复音变为单音，而为岷""黑水即今称之金沙江，汶山即岷山，即今巴颜喀喇山，河水在其北，江水（即黑水）在其南，《海内西经》所称昆仑之虚，河水出东北隅，黑水出西北隅，古今所述情况是一致的。"②"古称黄河源出昆仑，应即流经大积石而为今阿尼马卿山，东延则为岷山、米仓、大巴山等，蜿蜒于四川北部、甘肃、陕西之间，为江汉两水之界山。"③所谓"巴颜喀喇山"，在四川边境与岷山及邛崃山等相接，成山原状，海拔 6000 米左右，多雪峰、冰川，正是古称的"昆仑之虚"。据《尔雅·释丘》言："丘一成为敦丘，再成为陶丘，再成锐上为融丘，三成为昆仑丘。"④ 注："昆仑山三重，故以名也。"⑤

邓少琴先生指出："今之巴颜喀喇山南麓，如石渠、德格等地属丘状高原地貌类型，可明显分为三重。第一重海拔 3700—4300 米，为河谷底部之河漫滩及其阶地上沼泽地，其间满布苔

---

① （明）曹学佺撰，杨世文校点：《蜀中广记》卷五《蜀中名胜记第五》，上海：上海古籍出版社，2020 年，上册，第 56 页。
② 邓少琴：《蜀故新诠》，《邓少琴西南民族史地论集》，成都：巴蜀书社，2001 年，上册，第 91 页。
③ 邓少琴：《川江古代航运的开发》，《邓少琴西南民族史地论集》，成都：巴蜀书社，2001 年，上册，第 349 页。
④ （晋）郭璞注，王世伟校点：《尔雅》，上海：上海古籍出版社，2015 年，第 108 页。
⑤ （晋）郭璞注，王世伟校点：《尔雅》，上海：上海古籍出版社，2015 年，第 108 页。

草形成草墩,故谓之'敦丘';第二重海拔4200—4800米,为河谷两岸蜿蜒分布之高原低丘,丘体浑圆,有似反扣陶钵,故谓之曰'陶丘';第三重海拔4800米以上,系雪线以上之极高地,常年积雪冰川,冰冻风化作用十分强烈,岩石多着地衣,植被矮化,多呈紫色,有'紫山'之称,在雪线附近冰雪冬冻夏融,故谓之'融丘'。"[1]

卫聚贤说:"在蒙古语中昆仑有横义,言新疆南及青海南北的东西大横山脉为昆仑山,是以有敦煌地,树敦城,陆浑人,王母与启母神,因为古今音读之不同,而有各种记载之歧异,是以分化成各种不同之事物与人物。"[2] 冯广宏说:《海荒经》中的地理记载是围绕昆仑山进行的,昆仑山的大概位置就在中国的河源附近。[3] 他得出的结论与其他主流学者们得出的结论有一个相同之处,就是大体确定了"昆仑丘"就在河湟谷地西王母的领地之中。根据黄刚的研究,其确切的地理位置现今存在昆仑山脉与祁连山脉的西北段、青海高原、鄂尔多斯高原、横断山脉、秦岭、贺兰山、岷山、五台山甚至中国之外等至中国之外等多种说法,而后主流才渐集中于现今新疆和西藏间的昆仑山脉。[4]

从蚕丛至柏灌、鱼凫、杜宇、开明,五世相及,被蜀人赋予这些祖先以美丽的传说。如果从这五祖的名称及其传说的内涵来分析,明显是指蜀人生活方式所经历的五个经济时代:蚕丛氏以桑蚕为特征,是采集时代。柏灌氏是狩猎时代。鱼凫氏是"随王

---

[1] 邓少琴:《〈山海经〉昆仑之丘应即青藏高原巴颜喀拉山》,《邓少琴西南民族史地论集》,成都:巴蜀书社,2001年,上册,第504页。
[2] 卫聚贤:《昆仑与陆浑》,《说文月刊》1939年第9期。
[3] 冯广宏:《〈山海经·海荒经〉是远古西部地理记载》,《文史杂志》2007年第5期。
[4] 黄刚:《论〈山海经〉中昆仑的实义所指——兼议与其相关的物类事项》,《青海社会科学》2014年第6期。

新石器时代巴蜀地区的神灵信仰

所处致市焉,民无定处"的渔猎、畜牧时代。杜宇又号土主,教民耕作,是农业的时代;又号"蒲卑",即制服卑下湿地之意,是治理湿地发展初级农业的时代。开明是城市文明初期鼎盛,进入生产经济的时代。这个古史发展系统反映了蜀人创造自己的生活方式的历史轨迹,同中原华夏文化系统所称谓的由"取牺牲以供庖厨"的伏羲过渡到"耕而作陶"的神农的过程极其相似,古蜀五祖实际上是历史进程中五个重要的里程碑。

从伏羲、人皇、黄帝、颛顼、大禹,到蚕丛、柏灌、鱼凫、杜宇、开明等巴蜀历代的先王,因其神异的事迹与奇异的形象而被推崇为神灵,并享誉于世。伏羲是中华民族的人文始祖,居三皇之中,其形象为蛇身人首。伏羲氏以龙为图腾,龙图腾的形成源于伏羲。其后的人皇、黄帝、颛顼、大禹皆奉龙(蛇)为图腾。晋王嘉《拾遗记》曰:"昔者人皇,蛇身九首,肇自开辟。"① 这一远古的部族,以九首蛇为族徽。事实上,由黄帝而昌意,由昌意而颛顼,由颛顼而鲧,由鲧而禹,其间是部落或氏族分化的结果。黄帝、昌意、颛顼、鲧、禹既是具体的部族领袖,同时还是部族的名称。

在部族的分化当中,以血缘为纽带的亲属关系依然存在,原有的图腾物仍旧受到人们的崇拜。夏部族人认定自己出于黄帝族,与古老的黄帝部落有着悠久的血缘关系。而由黄帝部落传承下来的各种图腾,在夏部族的图腾观念中自然被保留下来,并占据举足轻重的地位。《山海经·大荒西经》云:"有鱼偏枯,名曰鱼妇。颛顼死即复苏。风道北来,天乃大水泉,蛇乃化为鱼,是为鱼妇。"② 意为死去的颛顼因风从北方吹来,泉水奔涌,乘蛇化为鱼的机会,附在鱼的身上,因而重新获得生命,成为半人半

---

① 车吉心:《中华野史》,济南:泰山出版社,1999年,第1册,第781页。
② 袁珂:《山海经校注》,上海:上海古籍出版社,1980年,第416页。

鱼的鱼妇。颛顼族以鱼为图腾,那么在鲧、禹时代也必然有颛顼族鱼图腾崇拜的痕迹。《说文解字》:"鲧,鱼也。从鱼,系声。"① 正因为鲧为鱼属,禹氏族也有鱼图腾的遗俗。《说文解字》谓:"禹,虫也。"段玉裁注:"禹,虫也。夏王以为名。"②

从文献记载来看,从鲧、禹、启追溯到黄帝族,均有鱼龙图腾的崇拜。《山海经·海内经》:"黄帝生骆明,骆明生白马,白马是为鲧。"③《周礼·夏官·廋人》说:"马,八尺曰龙。"④ 在远古时期,龙作为图腾,其形象并不确定。至禹、启时,更有禹、启御龙的一些传说。晋王嘉《拾遗记》云:"禹尽力沟洫,导川夷岳,黄龙曳尾于前,玄龟负青泥于后。"⑤ 这里的黄龙、玄龟实指以此为图腾的氏族,在禹平治水土的过程中,做出过巨大贡献。

关于蜀国,《华阳国志·蜀志》曰:"蜀之为国,肇于人皇,与巴同囿。"⑥ 罗泌《路史》卷三说:"地皇氏逸,于有人皇。九男相象,其身九章,胡洮龙躯,骧道达腋,出刑马山提地之国。"⑦ 至西周时,蜀侯称王立国。《华阳国志·蜀志》曰:"周失纲纪,蜀先称王。有蜀侯蚕丛,其目纵,始称王。死,作石棺石椁,国人从之,故俗以石棺椁为纵目人冢也。次王曰柏灌。次王曰鱼凫。"⑧ 于是,我们在三星堆遗址中看到了许多表现"纵

---

① 丁福保:《说文解字诂林》,北京:中华书局,1988年,第12册,第11409页。
② 丁福保:《说文解字诂林》,北京:中华书局,1988年,第15册,第14072页。
③ 袁珂:《山海经校注》,上海:上海古籍出版社,1980年,第465页。
④ (清)阮元:《十三经注疏》,北京:中华书局,1988年,上册,第86页。
⑤ 车吉心:《中华野史》,济南:泰山出版社,1999年,第1册,第784页
⑥ (晋)常璩著,刘琳校注:《华阳国志新校注》卷三《蜀志》,成都:四川大学出版社,2015年,第97页。
⑦ (宋)罗泌:《路史》卷二,清文渊阁《四库全书》本。
⑧ (晋)常璩著,刘琳校注:《华阳国志新校注》卷三《蜀志》,成都:四川大学出版社,2015年,第99—100页。

目"的文物,不仅数量众多,而且地位显著、造型奇异,说明当时人们有一种崇拜眼睛的特殊习俗。

最引人注目的,是那种突目人面具,眼球极度夸张,瞳孔部分呈圆柱状向前突出。此外,还有数十对"眼形铜饰件",包括菱形、勾云形、圆泡形等十多种形式,周边均有榫孔,可以组装或单独悬挂,表现了对眼睛特有的敬重。"眼睛"纹常常作为主题花纹出现在重要图案的中心部分,如大立人像头顶花冠的两侧、身披法衣的双肩中心,就有一对巨大的"眼睛"纹。这些实例证明,崇拜眼睛是蜀人信仰观念中的一项重要内容。这种崇拜的社会内涵和精神实质,是对以"纵目"为特征的蜀人始祖之神蚕丛氏的崇拜。史籍记载下来的蜀人的始祖名叫"蚕丛",其墓葬称为"纵目人冢"。三星堆大量出现突目巨眼的图像,正是蜀祖蚕丛神像的具体体现。以面具眼饰来表现祖先崇拜观念,构成了三星堆原始宗教体系的特有组成部分。

对"鸟"的崇拜在当时十分盛行,具体表现在三星堆文物中大量出现各种奇异的鸟造型上。其数量之多达到上百件,型式也有十余种。有的呈现为"人首鸟身"的精灵,这些立鸟可能具有神的使者、太阳负载者和氏族图腾等多方面的文化内涵。此外,还有许多单独的圆雕立鸟、大型鹰头状饰件、做成铃铛的鹰鸟,以及众多片状飞鸟饰件等。特别值得一提的是,在神坛方型顶部的四个立面正中,各有一只双翅展开的"人首鸟身"像,其显赫的地位表明它是神坛上的一位主神。至于被一双飞鸟悬空托起的"鸟爪人象",更是一个乘鸟腾升的大神。在金杖上有四组结构完全相同的徽记图案,各有一只箭羽将鸟和鱼组合在一起,刻绘于象征王者的头像之上,显然是一种图腾衍化而成的族徽。对鸟鱼的崇拜在当时具有如此突出的地位,使不少学者认为它们所代表的正是三星堆古国的主人以鱼凫为图腾标志的古代蜀国一代统治集团"鱼凫氏"的族徽。

在川东地区，巴人亦有着自己的图腾。巴人是由清江"白虎之巴"与渝水"巴蛇之巴"两大系为主融合而成的，且"蛇""虎"二部亦各率多族。故史载巴人有苴、共、奴、獽、蜑、夷、庸、濮诸部族，"巴虎"有巴氏、樊氏、瞫氏、相氏、郑氏等五姓，"巴蛇"（板楯）有七姓等。故"蛇""虎"均为巴人最著名的图腾，而被虎、蛇所合并的各部落的图腾也大多被保存下来。龙蛇、白虎成为巴人的图腾，并精美地铸造于巴族独特的铜器上。

虎钮錞于，通高 68 厘米，上径 36 厘米，底径 28 厘米，重 30 公斤。通体完整，平顶，顶上饰有一虎纽，肩部浑圆隆起，周边有较宽的唇边，腔体比例甚高，下口较直，音质优良，造型厚重，形体硕大。造型栩栩如生，虎头微扬，口部微张，虎尾向上卷曲，虎身向下沉，呈腾跃状，动感十足，不怒而威，在虎钮的周围，还分布着五组"巴蜀图语"：椎髻人面、羽人击鼓与独木舟、鱼与勾连云纹、手心纹、神鸟与四蒂纹，形象地反映巴族各部落的图腾崇拜，它们皆应是巴族各部落之图徽。

邓少琴先生详细地解读了这些图纹，他说：据《后汉书·南蛮西南夷列传》引《世本》云：巴人之王"廪君死，魂魄世为白虎"。故白虎当为最初巴人王族（清江一系）的图腾，进而成为整个巴族的图腾。所以图中心的白虎，乃是巴族之总图腾。而边上形象相同的白虎，则是代表出自"赤穴"的巴氏一支的图腾。周边的一鱼纹，上面是一条鱼，其下菱形，乃鱼形的图案化，此形累见于出土的巴人印章之上。据《左传》载公元前 611 年秦人、巴人从楚师灭庸国，巴人分得鱼邑。巴得鱼邑后，以鱼为图腾的鱼人也成为巴族一支了。靠近鱼纹的为蟾纹，虽已图案化，但其菱形之身及四肢仍极明显。《华阳国志·巴志》云："诸县北有貜、蜑，又有蟾夷也。"① 此之"蟾夷"，乃巴虎最早的五支兄弟氏族中瞫氏，可见蟾为其图腾。

其四为"手心纹"，这是与虎纹同为最典型的巴人图徽，且经常与虎纹同出于兵器之上，巴人印章之上亦常见之。据邓少琴先生考辨，其心形应是蛇，乃"巴蛇之巴"人的图腾。因"巴蛇"与"巴虎"同为巴人中两大主系，故此纹在巴蜀铜器中尤为普遍。

其五为"貜纹"，此即武落钟离巴人五姓之一的"相"氏。《华阳国志·巴志》云："有奴、貜、夷、蜑之蛮民"② "多貜、蜑之民"③，以其从"犭"看来，当为一种四足兽，但无法确知其为何兽。

其六为船、鼓、星、鸟一组图案。太皞伏羲氏本"风"姓，风即凤凰，正是图中大鸟之形，乃示其为风姓、咸鸟之后。此凤之形亦见于巴人印章之上，当即《路史·国名记》中所说"风姓之巴"的图腾。

其七为樊篱纹，此乃巴人五姓中"樊"姓的图腾。樊（范）为巴中之大姓，故此图又见于巴人印章之上。

其八为人头纹，此乃"椎髻"人的特征。西南夷中诸族中有"椎髻"的氏系，氏系中最著名的一支当属蜀人。在开明氏上代杜宇氏为王之后，蜀人族迁入川东融入巴人部落，似当如此，故此椎髻人头像很可能即蜀裔之图腾。

其九为菱形花纹，巴人印章中亦见此纹，疑为姬姓巴王室之图徽？

---

① （晋）常璩著，刘琳校注：《华阳国志新校注》卷一《巴志》，成都：四川大学出版社，2015年，第43页。
② （晋）常璩著，刘琳校注：《华阳国志新校注》卷一《巴志》，成都：四川大学出版社，2015年，第35页。
③ （晋）常璩著，刘琳校注：《华阳国志新校注》卷一《巴志》，成都：四川大学出版社，2015年，第39页。

其十为蝉纹,此处图纹极简,但别处一些青铜上常为极精美形象,可为旁证。廪君率部西迁至盐阳,曾射杀盐神,降伏"诸虫",此蝉当为所兼并的"诸虫"部族的图腾。综上所述,这件錞于上的十一种图案形象,皆巴人及其所并之部族的图腾。[1]

白虎为巴族的总图腾,这是因为巴族之祖廪君死后魂化为虎。《后汉书·南蛮西南夷列传》记载"廪君死,魂魄世为白虎"[2]。故巴人以虎饮人血,遂以人祀。在巴蜀、鄂西、湘西历代出土文物多有虎图腾印记,巴人一直保持着对白虎图腾的信仰,在他们的兵器上铸以虎纹,在乐器錞于上安以虎钮,铜钲上刻上虎纹。

《山海经·海内经》载:"西南有巴国。太皞生咸鸟,咸鸟生乘厘,乘厘生后照,后照是始为巴人。"[3] 太皞是谁?《世本·帝系篇》说:"太皞伏羲氏。"原来太皞就是伏羲。按此说,咸鸟、乘厘、后照都是伏羲的后裔,那么,太皞、黄帝,也是巴人的祖先。所谓"人皇始出,继地皇之后,兄弟九人分理九州,为九囿,人皇居中州,制八辅。华阳之壤,梁岷之域,是其一囿,囿中之国则巴、蜀矣。其分野:舆鬼、东井。其君上世未闻。五帝以来,黄帝、高阳之支庶世为侯伯。及禹治水,命州巴、蜀,以属梁州"[4]。又说明其对巴蜀整体文化的认同性。

与蜀国一样,巴国亦有仙道的传统。常璩《华阳国志》:"江州县郡治。涂山有禹王祠及涂后祠。北水有铭书,词云:'汉初,

---

[1] 邓少琴:《巴人的图腾——兼谈图腾的并存》,《邓少琴西南民族史地论集》,成都:巴蜀书社,2001年,上册,第314—317页。
[2] (南朝宋)范晔,(唐)李贤等注:《后汉书》卷八六,中华书局,1965年,第2840页。
[3] 袁珂:《山海经校注》,上海:上海古籍出版社,1980年,第453页。
[4] (晋)常璩著,刘琳校注:《华阳国志新校注》卷一《巴志》,成都:四川大学出版社,2015年,第5页。

犍为张君为太守，忽得仙道，从此升渡。'今民曰：'张府君祠。'"① 在巴国又有一个由巫师主持的巫咸国，历史上著名的十大巫师就居住在这里。《山海经·海外西经》载："巫咸国在女丑北，右手操青蛇，左手操赤蛇，在登葆山，群巫所从上下也。"② 珂案：《大荒西经》云："大荒之中，有山名曰丰沮玉门，日月所入。有灵山，巫咸、巫即、巫盼、巫彭、巫姑、巫真、巫礼、巫抵、巫谢、巫罗十巫，从此升降，百药爰在。"③《大荒南经》云："大荒之中……又有登备之山。"④ 郭璞注："即登葆山，群巫所从上下也。"⑤ 则巫咸国者，乃一群巫师组织之国家也。⑥

这个巫咸国又被称为巫载国。《山海经·大荒南经》载："有载民之国。帝舜生无淫，降载处，是谓巫载民。巫载民盼姓，食谷，不绩不经，服也；不稼不穑，食也。爰有歌舞之鸟，鸾鸟自歌，凤鸟自舞。爰有百兽，相群爰处，百谷所聚。"⑦ 那么巫载国的具体地域，究竟在何处呢？任乃强先生认为即位于瞿塘峡东口（大溪口）与巫峡西口（巫溪口）之间的宽阔地带，并与大宁河谷和大溪河谷紧紧相连，涵盖了今巫山县和巫溪县的全部地域。所谓"巫载国"之"国"，并非国家，只是氏族公社或部落联盟。任乃强先生认为：这里盛产丹砂和盐，盐发现初期，在五千年前，约与中原的黄帝相当。"巫盐外销初期，也可称为巫载民族形成期……已销到大巴山区的庸、濮诸部族去""巫盐出峡时期，也可

---

① （晋）常璩著，刘琳校注：《华阳国志新校注》卷一《巴志》，成都：四川大学出版社，2015年，第29页。
② 袁珂：《山海经校注》，上海：上海古籍出版社，1980年，第219页。
③ 袁珂：《山海经校注》，上海：上海古籍出版社，1980年，第396页。
④ 袁珂：《山海经校注》，上海：上海古籍出版社，1980年，第369页。
⑤ 袁珂：《山海经校注》，上海：上海古籍出版社，1980年，第369页。
⑥ （唐）段成式撰，许逸民校笺：《酉阳杂俎校笺》前集卷一四《诺皋记上》，北京：中华书局，2015年，第981—983页。
⑦ 袁珂：《山海经校注》，上海：上海古籍出版社，1980年，第371—372页。

称巫䥽民族的极盛时期……巫盐通过夔峡畅销于四川盆地,通过巫峡而畅销于云梦盆地,以及黔中高原等广阔地区。"①

任乃强先生的上述推断是建立在文献记载和考古发掘基础之上的。从 1959 年至 1975 年,考古工作队在距巫山县城 45 公里的夔峡东口(即大溪口)、长江南岸的三级台地上,进行了三次发掘,共发掘出遗址 500 平方米、墓葬 208 座、出土文物 1700 多件,这就是"大溪遗址",这地区正是巫䥽文化的核心地带。考古界确认大溪遗址距今约 5200 年,在发掘的墓葬中发现有大量的鱼骨。任乃强认为:这表明这里有大量的巫䥽部落民众聚居,且有用鱼殉葬的习俗。而鱼容易腐朽,为了保鲜,非用盐腌制不可,说明殉葬时必定使用了大量食盐。这只有拥有宝源山盐泉的巫䥽部落才能办到。

第二便是巫䥽国盛产丹砂。《大荒南经》载:"有巫山者,西有黄鸟。帝药,八斋。黄鸟于巫山,司此玄蛇。"② 郭璞注:"天地神仙药在此也。"③ 任乃强先生根据十巫降灵山采药的记载,推想巫师就是到巫山采药,从而改进巫泉煮盐和开采丹山朱砂的祖师。刘不朽指出,古籍中的巫山"应理解为大巴山南麓巫溪、巫山这一带之山地河谷,它既产盐,也产丹砂和其他矿产、物产"④。丹砂即硫化汞,水银之氧化物,《神农本草经》称丹砂为药之上品。由此可见,原始先民视之为长生不死或起死回生的仙药,固不足为怪。"十巫"和"巫咸"的活动证明,他们不仅是原始部落中"上天入地"沟通人与神灵、自然三者关系的宗教教主,而且还是致力于采药治病的神医,制盐、炼丹的祖师。

---

① 任乃强:《四川上古史新探》,成都:四川人民出版社,1986 年,第 222 页。
② 袁珂:《山海经校注》,上海:上海古籍出版社,1980 年,第 366 页。
③ 袁珂:《山海经校注》,上海:上海古籍出版社,1980 年,第 366 页。
④ 刘不朽:《三峡探奥》,重庆:长江出版社,2006 年,第 308 页。

三、巴蜀神灵信仰的主要特征

巴蜀文化是由多种文化成分有机汇合而成的,表现出由部落联盟发展而成的"三星堆古国"的社会结构特点。三星堆出土文物有不少形制奇特,不仅在四川首次发现,而且在全国也较为罕见。还有些器物似乎又与其他文化有着密切的联系,与中原、东南、西南乃至西亚都有一定关系。多种文化的存在,特别是在祭祀坑器物群中汇合,反映的似乎是以部落联盟形式构成的古国的结构特点,是各地各氏族部落,乃至各民族聚集到一起所形成的文化。他们带来的不同文化,汇合在一处,为三星堆文化所吸收,以实物形式存留了下来。这一时期的国家,可能主要以结盟方式和宗教信仰习俗来维系,其地域范围大约是不固定的,或许尚没有形成明确的国界。这种联盟式的蜀国,主要可能是以其文化和宗教的力量来吸引远方的部落前来参加盟会。从大量海贝、象牙、金器、玉器的发现,证明广大西南山区甚至南方沿海,都在三星堆古国的交往范围之内。吸收众多的氏族部落和多种文化,正是三星堆古国的又一特点。

三星堆文化与周围其他文化曾有过某些特定的关系。如三星堆一号祭祀坑出土的骑虎铜人像,经研究,其原型可能是良渚文化中盛行的人面神像,说明两地、两个文化之间曾有过某种特殊的关系。三星堆铜牌饰和陶器群的研究证明,它与河南二里头文化有过密切的关系。三星堆铜器群和玉器群研究证明,它与商文化有过直接的关系。三星堆金杖、金面具、神树等,可能与西亚文明有某种关系。甚至作家苏三,指认三星堆文化主要属于犹太文明,并且提出一个令人匪夷所思的观点:三星堆文明来源是"西方",这个文明的创造者主体为红海沿岸古闪族人,以及沿途的伊朗人和印度人。①

　　这种奇异的观点并非今天才有,早在二十世纪初期,英国牧师陶然士先后出版了《青衣羌——羌人的历史、习俗和宗教》《中国最早的传教士:古代的以色列人》等著作,探索了一些有关羌族的习俗与宗教观念。1924年3月12日,他在成都华西边疆研究会上演讲《羌族宗教的基本观念》中初次提出羌族宗教"只能是一神教,和犹太人的宗教同源"②。

　　造成这种融合现象,可能有历史、地理、民族、经济、军事、政治等诸多方面的原因,其中宗教信仰和祭祀活动形成的联系,应该是不容忽视的重要因素之一。三星堆古城由于经常举行宏大而神圣的宗教祭祀活动,加上它强大的经济文化实力,吸引了远近众多族群和国家前来交往,使三星堆古城成为多种文化交汇在一起的古代文明中心。三星堆铜人像的形象、装束、大小有很多不同,可能是参加祭祀者来自许多不同的民族或群体,众多的动物雕像则可能是代表不同氏族部落的图腾。各种文化往来的时间和情况可能有所不同,但大型宗教活动的吸引力产生的强大凝聚作用或许是其中的一个重要原因。三星堆古城大约已经成为了一个兴盛的宗教祭祀中心,它以祭祀活动的形式实现了文化的融合和社会的繁荣。它正是以开放的姿态实现了多元文化的撞击和融合,在吸收众多外来因素时,进行了实质性改进和创新,才创造出独具特色而又光彩夺目的古蜀文明。③

　　就文化特征与宗教信仰而言,由于众多少数民族不断地来来

---

　　① 苏三:《三星堆文化大猜想——中华民族与古犹太人血缘关系的破解》,北京:中国社会科学出版社,2004年。

　　② Rev T. Torrance, *China's First Missionaries*. DanielShaw Co. Chicago, Illinois, U. S A. 2nd Edition (1988):125. 转引自孔含鑫《边疆与大学的边界:多元文化视觉下的羌与康区族群教育研究》,北京:中国科学技术出版社,2015年,第17页。

　　③ 赵殿增:《略论古蜀文明的形态特征》,《中华文化论坛》2005年第4期。

往往，必然带来各种各样的文化要素、宗教信仰，这又给古老的巴蜀文化增添了新的活力与奇异的色彩，并呈现出一种普遍的文化现象，那就是神奇的仙道和驱鬼的巫术非常流行。结合广汉三星堆遗址的一系列考古发现，证明早在三四千年以前，成都平原早已形成了一个独具特色的古文明中心，其宗教观念及祭祀礼仪相当发达。其后，随着正一道在汉代的兴起，佛教的传入，儒释道三教并存，成为巴蜀宗教文化的主体。

从三星堆文化中可以看出许多外来文化因素。一是来自中国的中原地区，主要有罍和尊等青铜器、透雕风格青铜牌饰、玉石礼器、陶盉等。综观这些文物，多数为非日常生活用器，而是与祭祀等礼仪活动有关。不难发现，它们中的绝大多数与二里头文化或商文化的同类器物十分相似。如三星堆一号祭祀坑出土的骑虎铜人像，经研究其原型可能是良渚文化中盛行的人面神像；三星堆铜牌饰和陶器群经研究证明它与河南二里头文化有过密切的关系；三星堆铜器群和玉器群经研究证明它与商文化有过直接的关系。这就说明三星堆文化的创造者们，他们曾与中原地区的夏商王朝有过较为密切的往来。

一是来自辽远的西亚地区。许多用于祭祀的青铜器，特别是金杖、金面罩、青铜人像、兽面像等，它们具有明显的近东文化风格，可以从美索不达米亚和古代埃及出土文物中找到踪迹。如三星堆一号祭祀坑出土的金杖重近500多克，金杖系用纯金皮包卷在木杖上而成，长1.42米，高度齐肩而无杖首。从形制上看，它与西亚、埃及较晚时期的权杖相似。在美索不达米亚和古埃及古文明里，权杖象征至高无上的神权和王权。权杖上通常绘制有图案，描绘胜利者的功勋，或叙述某件关乎国家命运的大事。同样，三星堆金杖亦在杖身上端刻有平雕图案，画面为鱼凫王国图腾等，它是蜀王的通神之物，是用以沟通天地人神的法器。众所周知,古代中国文明是用"九鼎"象征至高无上的王权,并已形成了与史籍记载的礼制相合的用鼎制度。因此作为古蜀国王权、神权最高的象征物的金杖,其来源并非巴蜀本土或中国其他区域,却同近东古代文明的风格一致,功能相同,因而极有可能是吸收了西亚文明再创作而制成。

与金杖同时出土的众多青铜像,亦包含着西亚、埃及文明的文化因素。其中一些"高鼻深目,颧面突出,阔嘴大耳"的神像,明显当为西亚民族崇拜的偶像。李复华、王家佑《三星堆宗教内涵试探》即言:"彩陶上的卍字纹,三星堆的五旋纹两相近似。(20世纪)30年代认为楚国立鹤莲花壶的莲花是印度文化的代表,中国也有古莲。三星堆挂饰莲瓣铜铃等似有中印文化交流。"① "可称为混合群神的万象神宫中千姿百态。筒眼、大耳、鼻饰的'杜鹃'瞿灵,鹤腿鸟王,各式大巫,金面天神,虎脸神,各显神通。特别是还有西方高鼻人种(塞种?)。这些神头都没有神身。也许他们是插在木柱上(树桩),用麻衣或兽皮为身服。杜鹃头和立人像是天上鸟母和人间大巫。这样的万象神宫不亚于商周王朝规格档次。也许正是蜀山承继中夏文化的具体象征。无怪乎三星堆玉器与中夏一致。三星堆玉器与良渚文化却具有相同模式。金杖上的并列三人与楚帛画四方十二生肖图中的三头人近似。又与双流机场战国时蜀人铜矛上的三头人类似。特别值得一提的跪坐,发自后反卷向前,棱眼人像。他与良渚文化中的骑虎人像完全一样。足以说明良渚骑虎人与此同一属系。"②

历史文献与考古资料已经说明,巴蜀文明与近东文明之间的文化交流早在公元前14世纪时就已存在,其间文化因素的交流往还,就是经由葱岭玉石之路进行的。在《史记》《三国志》及

---

① 李复华、王家佑:《三星堆宗教内涵试探》,《宗教学研究》1999年第3期。
② 李复华、王家佑:《三星堆宗教内涵试探》,《宗教学研究》1999年第3期。

《魏略·西戎传》里有所提及早期巴蜀通往西方的道路。从三星堆遗址发现的海贝、象牙、金杖、青铜像中的文化因素来看，这时的三星堆文明有繁华的商贸，同时说明正是通过葱岭玉石之路，古蜀与域外、海外进行贸易交往、文化交流。

东汉之际，印度的佛教亦沿南方丝绸之路传入四川。属于典型的汉代佛教文物主要有：乐山麻浩崖墓浮雕佛像、乐山柿子湾崖墓浮雕佛像、什邡汉墓画像砖上的佛塔和菩提树、彭山东汉崖墓摇钱树树座上一佛二菩萨像、绵阳何家山东汉崖墓摇钱树树干上的佛像、忠县汉墓摇钱树树干上一佛二菩萨像、宜宾黄山东汉墓坐青狮上的佛像、西昌汉墓画像砖上的梵文朱书佛号、芦山汉墓青铜佛像，等等。1989年11月在绵阳何家山东汉崖墓出土的铜摇钱树树干上，纵向按一定间隔分铸5尊大小形态完全一致的佛像，佛像头后有椭圆形顶光，顶有肉髻并刻发纹，唇上有髭，穿通肩式袈裟，结跏趺坐，右手施无畏印。[①] 这当是中国最早的铜佛像之一。另外，1972年在什邡皂角乡白果村东汉砖石墓出土的画像砖上，刻有佛塔与菩提树[②]，这是上座部佛教国家最重要的礼拜物，而佛塔与菩提树的搭配很少同时出现在中国北方。因此什邡汉墓画像砖上的三座佛塔和两棵菩提树，便可能是在中国迄今发现的最早的佛塔、菩提树图案。以上两处实物出土地点都是位于川滇缅道上，由此可以推断，川滇缅道也是佛教传入四川的一个通道。

南方丝绸之路亦为道教的创立和传播提供了通道。东汉顺帝年间，张陵在四川鹤鸣山创立五斗米道，其所立二十四治中的第七治是蒙秦治，蒙秦治设在越嶲郡。据《汉书·地理志》载，越嶲郡辖邛都、遂久、灵关道、台登、定筰、会无、青岭等十五

---

① 何志国：《四川绵阳何家山东汉崖墓清理简报》，《文物》1991年第3期。
② 谢志高：《四川汉代画像砖上的佛塔图像》，《四川文物》1987年第4期。

县,辖境略相当于今四川省凉山彝族自治州、渡口市及云南省祥云、大姚县以北,丽江县以东一带地区,其郡治邛都即今凉山州西昌市,这一地区正好在南方丝绸之路的要道上。可见,居住在南方丝绸之路的彝族民众早在汉晋之际已开始接纳道教。

印度学者雷易教授在他的《古代中世纪印度化学史》一书中说,印度泰米尔文文献记载,南印度密教的18位成就者中有两位是中国人,泰米尔名字叫博迦尔和普里巴尼,他们于公元三世纪时去印度传播道教禁咒、医术和炼丹术等,博迦尔曾带弟子回中国学习,学成又回到印度。[1] 荷兰汉学家高罗佩指出:"由于基于止精法的房中秘术从纪元初便盛行于中国,而其时在印度却毫无迹象,所以很明显金刚乘的这一特点当是经阿萨姆邦从中国传入印度……圣地伽玛迦亚和希里哈塔为中国房中秘术传入印度的可能途径提供了一条线索。这两个地点都位于阿萨姆邦境内。这个邦是个巫术盛行的地区。当地妇女的地位比在印度本土要高,并与中国来往密切。七世纪迦摩缕波王帕斯卡尔拉跋摩为真言乘术士,自称他的王朝是受封于中国,并与唐王朝经常往来。"[2] 英国李约瑟博士亦认为,道教的性理论和实践盛行于中国是在公元二至六世纪,这是在印度的密教崇拜兴起之前。所以,"乍看起来密教似乎是印度传到中国的舶来品。但是更细致地考查年代,我们就会考虑到,整个事情至少很有可能真正是属于道教的"[3]。实际的情形是,先是道教从中国输入印度,然后才是密教回头又输入中国,即"很可能密教是外国教授中国人他

---

[1] 黄心川:《道教与密教》,台北《中华佛学学报》1999年第7期。
[2] [荷兰] 高罗佩著,李零等译:《中国古代房内考》,上海:上海人民出版社,1990年,第472—473页。
[3] [英] 李约瑟著,何兆武等译:《中国科学技术史》,北京:科学出版社,2018年,第456页。

们本来已经很熟悉的东西的又一例证"①。

四川社会科学院的张毅（汶江）先生认为，印度佛教中的密宗，既不是来自印度教，也不是来自佛教，而是来自道教。印度古代的迦摩缕波不仅很早就和中国有直接而频繁的交往，而且也是密宗的滥觞之地。他说道教传播印度，主要是通过滇缅线，即今所谓南方丝绸之路进行的。② 根据此论，中国道教传播路线为：西端连接南丝绸之路终点的印度密宗发源地迦摩缕波（阿萨姆），东端连接西南丝绸之路另一终点，即道教天师道发源地川西成都地区。大约在公元二世纪到四世纪间，佛教沿南丝绸之路东传的同时，巴蜀天师道的"黄赤合气之道"与房中之术亦循同一路线西传，由此刺激了邻近中国的迦摩缕波地区奉"五摩字真言"的"外道"流传，最后衍变为佛教密宗，并于公元八世纪又回传到中国汉藏地区。这是中外宗教文化交流的一个典型。

---

① ［德］恰托巴底亚耶著，王世安译：《顺世论》，北京：商务印书馆，1996年，第415页。
② 汶江：《试论道教对印度的影响》，《南亚与东南亚资料》1982年2期。

新都杨氏家族及其勤俭清白家训家风

王小红[*]

摘　要　新都杨氏家族是明代蜀中有名的书香门第，被蜀人称为"一门七进士，宰相状元家"，在明代政治、文化等领域做出过重大贡献。该家族在明代的兴盛，与其良好的家风家训有着密切的关系。新都杨氏家训反映出他们注重对子孙后代道德品格的培养，一以贯之地倡导和传承勤俭清白的家风。

关键词　新都杨氏家族　家训　家风　清白

家族是以血缘、婚姻、姓氏为基础组成的社会群体，是传统中国社会的基层组织形式。自家族产生以来就一直在社会中扮演着重要的角色，尤其是在春秋战国时期，剧烈的社会变动以及广泛的人才需求，使得西周以前流传数百年的贵族制度和固有的社会阶层逐渐崩溃，也使中国从此走上了构建具有纵向人才流动的社会阶层制度的道路。而科举制度的实行促进了人才流动及其社

---

[*] 作者简介：王小红，生于1973年，重庆梁平人，四川大学古籍整理研究所研究员。主要研究方向：历史文献学、中国儒学、巴蜀文化。

会阶层变化的加大加快，不少家族凭借科举这条道路，迅速崛起，成为社会名门，从而荣耀于天下。然而在激烈的社会竞争中如果不积极进取，曾经的望族又会逐渐衰落，这几乎成为中国古代尤其是唐宋以后家族兴衰的常态。因此，家族与一个地方社会的发展密切相关，正如当代著名经济学家吴大琨所说："在中国的历史上，家族一直在社会的发展中占着非常重要的地位。要弄清楚一个地区的文化发展情况，就必须弄清楚这一地区的代表性家族的情况，两者是分不开的。"① 很显然，这里的"代表性家族"指的是望族。正因为如此，一个家族为了长久兴旺，往往对其子孙的立身处世、持家治业予以教诲，语言表述或长或短，一代代流传下来，成为家训。在中国历史上，家训对个人的修身、齐家乃至治国、平天下都发挥着重要的作用。

新都杨氏家族是明代蜀中有名的书香门第，从入川第四代杨春开始，到第七代杨有仁止，共有杨春、杨廷和、杨廷仪、杨慎、杨惇、杨恂、杨有仁，一门四代蝉联登科，举六进士和一状元，还出了一位宰相，因此被誉为"一门七进士，宰相状元家"。尤其是杨廷和，以"除难定策"之功、"救时宰相"之誉名垂史册；其子杨慎，自幼饱览群书，以"博学""饶著"著称于世，被誉为"明代三才子"之首，也是明代四川唯一的状元，可谓在明代政治、文化等领域做出过重大贡献。新都杨氏家族能取得如此成就，固然与他们的勤奋好学有关，当然也离不开杨氏优良的家风家训。在清光绪二十一年（1895）版《杨氏族谱》和民国二十年（1931）版《新都杨氏家谱》中，都详细记载了杨氏家训。这些家训反映出杨氏家族尤其注重对子孙道德品格的引导。同时，其家族勤俭尚廉的家风也世代相传。

---

① 吴大琨：《笔谈吴文化》，《文史知识》1990 年第 11 期。

一、新都杨氏家族

新都杨氏出于姬姓①，几经流传，始居江西庐陵（今江西吉安市）。据熊过《杨少师石斋先生墓表》记载，杨廷和的先世为庐陵人②。简绍芳编纂杨慎年谱也持此说，云"公姓杨氏，讳慎，字用修，别号升庵。其先庐陵人"③。明代大学者李贽沿用其说："公名慎，字用修，别号升庵，其先庐陵人。"④ 另据杨氏族人杨志仁述其祖父杨廷和行状也云"杨氏之先，世为庐陵人"⑤，可见新都杨氏曾世为江西庐陵人。庐陵自宋代以后，名人辈出，人文荟萃，有"文章节义之邦"和"江南望郡"之美誉。南宋王象之在《舆地纪胜》中清楚地记下庐陵盛况："庐陵人厖淳，率多寿考。衣冠所萃，艺文儒术，斯之为盛。""吉为大邦，文风盛于江右。"⑥ 新都杨氏之先多世生活在衣冠荟萃、文

---

① 《新唐书·宰相世系表》记载："杨氏出自姬姓，周宣王子尚父封为杨侯。一云晋武公子伯侨生文，文生突，羊舌大夫也。又云晋之公族食邑于羊舌，凡三县：一曰铜鞮，二曰杨氏，三曰平阳。突生职，职五子：赤、肸、鲋、虎、季凤。赤字伯华，为铜鞮大夫，生子容。肸字叔向，亦曰叔誉。鲋字叔鱼。虎字叔黑，号'羊舌四族'。叔向，晋太傅，食采杨氏，其地平阳杨氏县是也。叔向生伯石，字食我，以邑为氏，号曰杨石，党于祁盈，盈得罪于晋，并灭羊舌氏，叔向子孙逃于华山仙谷，遂居华阴。"见（宋）欧阳修、宋祁：《新唐书》卷七一下《宰相世系表》，北京：中华书局，1975年，第2346页。

② （清）张奉书修撰：《新都县志》卷一一《艺文志》，清道光二十四年（1844）尊经阁藏版。

③ （明）简绍芳：《赠光禄卿前翰林修撰升庵杨慎年谱》，（明）杨慎撰，丰家骅校证《丹铅总录校证》附录，中华书局2019年版，第1306页。

④ （明）李贽：《续藏书》卷二六《修撰杨公》，明万历三十九年（1611）王惟俨刻本。

⑤ （明）杨志仁：《杨廷和行状》，（明）焦竑辑《国朝献征录》卷一五，明万历四十四年（1616）徐象枟曼山馆刻本。

⑥ （南宋）王象之：《舆地纪胜》卷三一《江南西路·吉州·风俗形胜》，《续修四库全书》史部第584册第347页。

风盛行的庐陵,自然深受其地域风气的浸润,以至于后来杨氏族人虽几经流离迁徙,都依然秉承庐陵的文化基因,在来到四川新都这个适宜的环境后,又重新破土而出,绽放出更耀眼的光芒。

元朝末年,杨世贤因避欧祥之乱,从江西庐陵迁徙至湖北麻城。后又避红巾军乱,入川占籍新都。故李东阳《杨公神道碑铭》记载:"上世本楚人,元季徙蜀,居成都之新都。"① 刘春《杨留耕行状》也说:"其先楚人,元季避乱入蜀,占籍新都,今为新都县人。"② 简绍芳《赠光禄卿前翰林修撰升庵杨慎年谱》亦载:"六世祖讳世贤者,元末避欧祥之乱,徙楚麻城",再避红巾军之乱,"乃入蜀,居新都。"③ 可见杨氏在湖北麻城短暂居住后再迁徙至四川新都。

新都位于成都平原,"自汉以来,为蜀中三都之一"④,今属成都市管辖,建城历史约2800年。《蜀中广记》记载:"《华阳国志》:'蜀以成都、广都、新都为三都,号名城。'古语云:广汉有二雒,新都为上雒,建宁、中江为下雒也。《寰宇记》云:'新都县本汉旧县,属广汉郡,后置新都郡,故城在今县东。太康中又为县,隋移理于此。'按《晋史》:武帝咸宁二年,封子该为新都王,以新都郡为新都国矣。"⑤ 成都平原地势平坦,土壤肥沃,气候温和,又有都江堰水利灌溉系统,被誉为"沃野千里,天府

---

① (清)张奉书修撰:《新都县志》卷一一《艺文》,清道光二十四年(1844)尊经阁藏版。

② (清)张奉书修撰:《新都县志》卷一一《艺文》,清道光二十四年(1844)尊经阁藏版。

③ (明)简绍芳:《赠光禄卿前翰林修撰升庵杨慎年谱》,(明)杨慎撰,丰家骅校证《丹铅总录校证》附录,北京:中华书局,2019年,第1306页。

④ (清)张奉书修撰:《新都县志》卷一《舆地志》,清道光二十四年(1844)尊经阁藏版。

⑤ (明)曹学佺撰,杨世文校点:《蜀中广记》卷五《蜀中名胜记第五》,上海:上海古籍出版社,2020年,上册,第53页。

之土"①。唐以后,新都县一直隶属成都府,位于府北。成都府自古乃人才辈出、人文荟萃之地。地处成都平原、毗邻蜀中政治中心成都府的新都县,世受"天府"浓郁的人文氛围的浸润。除了人杰地灵外,新都还素有醇厚的风俗。明代四川监察御史卢雍于正德十二年(1517)来巡按蜀中,曾奉敕三次前往新都,劝此时在家守制的杨廷和起复入朝辅政,"见其邑讼简民淳,意必有贤达之化孚于其乡"②,深为嘉赏其醇厚的民风。另据清赵钟辰《魏福堂传》记载魏德瑞原本是漳南人,后其祖魏文兰"乾隆初,寻兄入川,见升庵之里,有醇俗焉,始寄迹"③。可见新都民风淳朴。杨氏家族出现在新都,自然离不开这片土地的孕育和滋养。章太炎说:"视天下之郁苍苍,立学术者无所因。各因地齐、政俗、材性发舒,而名一家。"④ 这里虽然说的是学术,但"地齐""政俗"这两个因素同时也直接关系到文化世家的形成和发展。

新都杨氏家族源于"文章节义之邦"江西庐陵,后避乱移徙湖北麻城,再迁入古蜀"三都"之一的新都,可谓是几经波折。其后经过数代人的不懈努力,杨氏家族逐渐在新都站稳脚跟,并成为蜀中有名的书香门第。

新都杨氏入蜀始祖乃杨世贤。其子杨寿山,隐德弗仕,"乐

---

① (晋)陈寿:《三国志·蜀志》卷五《诸葛亮传》,北京:中华书局,1982年,第912页。

② (明)卢雍:《新都乡贤祠记》,(清)张奉书修撰《新都县志》卷一二《艺文》,清道光二十四年(1844)尊经阁藏版。

③ (清)张奉书修撰:《新都县志》卷一三《艺文》,清道光二十四年(1844)尊经阁藏版。

④ 章太炎:《章太炎全集》卷三《訄书》重订本《原学第一》,上海:上海人民出版社,1984年,第133页。

善行谊,乡间化之"①。杨寿山子杨玫,以明经成贡士,后授贵州永宁吏目,成为新都杨氏家族第一位以科举获取功名的人。史载其为官"廉洁平恕"②。杨玫凡三娶,原配郭氏,生二子:远、政,在杨玫逝世后相继夭亡;娶羊氏,无出;再娶熊氏,生三子一女:长子曰春、次子曰惠、三子曰哲,女适太仆寺丞单麟文。

杨春幼年随父官永宁,父卒后,随母熊氏护丧归新都。杨春于成化元年(1465)举于乡,成化十七年(1481)举进士,历官行人司正、湖广按察司佥事。经过杨玫、杨春两代人的努力,杨氏家族俨然成为蜀中颇有名望的士人家族。

杨春一生两娶,原配夫人叶氏生五子:长子廷和、次子廷平、三子廷仪、四子廷简、五子廷宣;侧室王氏生二子:廷历、廷中。另有女四。杨廷和、杨廷仪皆中进士,杨廷平、杨廷宣均为举人,杨廷历荫为国子监生,杨廷中入县学为生员。其中,长子杨廷和于成化十四年(1479)中进士,"子先父举进士"③,不但成为明代科举史上的奇观,而且其入翰林,登宰辅,使新都杨氏家族自是"相业家声,为西蜀望族矣"④。而随着其子杨慎登进士第一人——状元及第,成为明代蜀中唯一的状元,新都杨氏家族的声望也达到了顶峰。

杨廷和,字介夫。四岁学声律,过目不忘,人称"神童",年十二举于乡(参加四川省乡试中举),十九岁中进士。选庶吉士,授检讨。弘治二年(1489)进修撰。修《宪宗实录》成,以

---

① (明)简绍芳:《赠光禄卿前翰林修撰升庵杨慎年谱》,(明)杨慎撰,丰家骅校证《丹铅总录校证》附录,北京:中华书局,2019年,第1306页。

② (清)张奉书修撰:《新都县志》卷九《人物志·杨玫》,清道光二十四年(1844)尊经阁藏版。

③ (明)沈德符:《万历野获编》卷一六《科场》,清道光七年(1827)姚氏刻同治八年补修本。

④ 朱韬:《成都市新都区出土明代杨恒墓志铭考释》附《明故大理寺右寺副杨君用贞墓志铭并志盖》,《四川文物》2007年第1期。

预纂修进侍读,改左春坊左中允,侍皇太子讲读。修《会典》成,拜为左春坊大学士。正德二年(1507)充日讲官,入东阁,专典诰敕。以讲筵指斥佞幸,揭发大宦官刘瑾,传旨改任南京吏部左侍郎。五月迁南京户部尚书。又三月召还,进兼文渊阁大学士,参预机务。翌年加少保,兼太子太保。刘瑾摘其所修《会典》小误,夺其俸禄二级。不久以修《孝宗实录》成,复俸禄。后入阁,谏帝诛刘瑾,天下大快。正德十六年(1521)三月,武宗崩,无嗣,弟朱厚熜以藩王继位,以杨廷和总政。时江彬拥有重兵,欲谋反,杨廷和以计诛之,内外相庆。杨廷和又革除积弊,黜退奸佞;裁减冗兵闲官,减免兵役数十万,年积库粮一百五十三万二千石,放遣宫女,停京师不急之务;收行宫金宝归库,朝纲整肃。后嘉靖帝欲尊生身父母为帝后,杨廷和据礼力争,忤帝,削职为民。嘉靖八年(1529)卒于家,年七十一岁。久之,嘉靖帝问大学士李时太仓所积几何,时对曰:"可支数年。由陛下初年诏书裁革冗员所致。"帝慨然曰:"此杨廷和功,不可没也。"[1] 隆庆元年(1567),赠太保,谥文忠。可见杨廷和对明代后期政治腐败、宦官专权的危亡局势进行了一系列整饬和革新,故《明史》评价他"诛大奸,决大策,扶危定倾,功在社稷"[2]。

杨慎,字用修,号升庵。少时聪颖过人,十一岁能诗,十二岁拟作《吊古战场文》《过秦论》,人皆惊叹不已。十三岁举于乡。十四岁随父入京,作《黄叶》诗,尚书李东阳见而喜,进之门下。二十四岁中状元,任翰林院修撰。世宗继位,任经筵讲

---

[1] (清)张廷玉等:《明史》卷一九〇《杨廷和传》,北京:中华书局,1974年,第5039页。

[2] (清)张廷玉等:《明史》卷一九〇《杨廷和传》,北京:中华书局,1974年,第5051页。

官，纂修《武宗实录》。嘉靖年间，因"大礼议"事，触帝怒，受廷杖，被谪戍云南永昌卫（今云南保山市）。其在云南旧志不改，游历各地，潜心著述，"凡宇宙名物之广，经史百家之奥，下至稗官小说之微，医卜技能、草木虫鱼之细，靡不究心多识，阐其理，博其趣，而订其讹谬焉"[①]，完成了《滇程记》《滇载记》等许多著作。他还热心于讲学授徒，各族士子皆从其游，其中"杨门七子"最有名。嘉靖三十一年（1552），有司役民于海口（今昆明滇池西）造田害民，杨慎上书请巡抚赵炳然作罢，民皆感其德。三十七年（1558），患疾归蜀，戍边三十余年的杨慎才同黄峨相见，夫妻百感交集，恍如隔世。未几，复被云南巡抚遣人逮还戍所。他悲愤交集，于次年七月六日卒于戍所，年七十二岁。穆宗时，追赠光禄少卿。后人对杨慎多有评价，李贽在《续焚书》中说："升庵先生固是才学卓越，人品俊伟，然得弟读之，益光彩焕发，流光于百世也。"[②] 近现代学者陈寅恪说："杨用修为人，才高学博，有明一代，罕有其匹。"[③]

杨氏家族自明代定居四川新都以后，家族成员不断地通过业儒以入仕，大者登台阁，小者为衙吏，成为科举、政治、文化学术声望于一身的西蜀名门望族。

[①] （明）简绍芳：《赠光禄卿前翰林修撰升庵杨慎年谱》，（明）杨慎撰，丰家骅校证《丹铅总录校证》附录，北京：中华书局，2019年，第1317页。
[②] （明）李贽：《与方讱庵》，《续焚书》卷一，明刻本。
[③] 陈寅恪：《柳如是别传》第五章，上海：上海古籍出版社，1980年，第1120页。

表1 新都杨氏家族明代世系简表

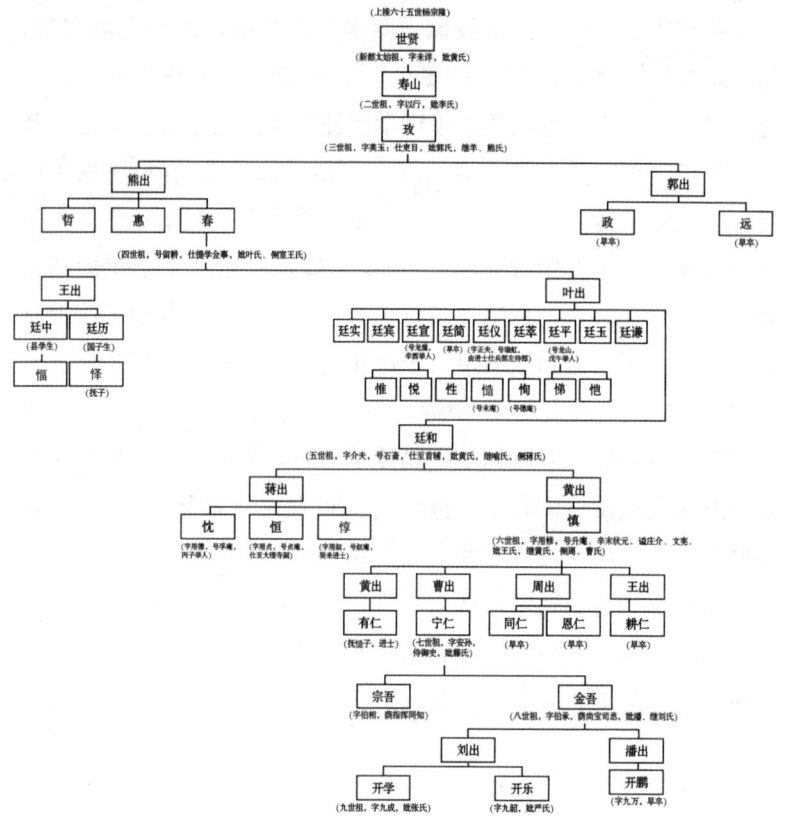

(资料来源:成都市新都区升庵生平馆)

新都杨氏家族及其勤俭清白家训家风

图1 新都杨氏宗祠与杨氏家谱

二、新都杨氏家训

在可追溯的历史中，我们可以发现新都杨氏家族虽然在不同历史时期有着不同内容的家训，但却一以贯之地表达出勤俭清廉的家风。

(一) 远祖杨震与杨氏"四知"家训

杨震乃新都杨氏远祖。《后汉纪》记载杨震事迹云：

> 震字伯起，弘农华阴人也。博学无所不究，数十年不应州郡之命，众人谓晚暮，而震志业愈笃。年过五十，乃应州郡之命。大将军邓骘闻而辟之，以为贤。举茂才，累迁荆州刺史、东莱太守。当之郡，道经昌邑，故茂才王密为昌邑令，谒见，至夜怀金十斤遗震。震曰："故人知君，君不知故人也？"密曰："暮夜无知者。"震曰："君知，我知，天知，地知。何故无知？"密惭愧而出。震言行不愧于心，皆此类也。①

由此可见，杨震清正廉洁、刚正不阿，故其为世人称颂，而他因深夜拒收王密礼金而说出的"四知"更是传为千古美谈。杨氏后人为纪念这位品德高洁贤良的先辈，纷纷以"四知"作为祖训，清白传家。"四知"可谓杨震留给其后世子孙的一份丰厚遗产，这也是杨氏家族传世的第一个家训。

(二) 杨万里"四字"家训

新都马家镇杨氏宗祠还保留有宋杨万里的"四字"家训：

> 吾今老矣，虚度时光。终日奔波，为衣食而不足；随时高下，度寒暑以无穷。片瓦条椽，皆非容易；寸田尺地，毋使抛荒。懒惰乃败家之源，勤劳是立身之本。大富由命，小富由勤。男子以血汗为营，女子以灯花为运。夜坐三更一点，尚不思眠；枕听晓鸡两声，全家早起。栽萱种麻，助办

---

① （晋）袁宏撰，张烈点校：《后汉纪·孝安皇帝纪》卷一七，北京：中华书局，2002年，第333—334页。

四时之衣食;耕田凿井,安排一年之种储。育养牺牲,追陪亲友。看蚕织绢,了纳官租。日用有余,全家快活。世间破荡之辈,懒惰之家,天明日晏,尚不开门,及至日中,何尝早食?居尝爱说大话,说得成,做不成;少年专好闲游,只好吃,不好做。男娶女嫁,家大难当。用度日日如常,吃着朝朝相似。欠米将衣出当,无衣出首卖田。岂知浅水易干,真实穷坑难填。不思实效,专好虚花,万顷良田,坐食亦难保守。光阴迅速,一年又过一年。早宜竭力向前,庶免饥寒在后。吾今训尔,莫效迪逭。因示后生,各宜体悉。

忠:上而事君,下而交友,此心不亏,终能长久。

孝:敬父如天,敬母如地,汝之子孙,亦复如是。

勤:日出而作,日入而息,凿井而饮,耕田而食。

俭:量其所入,度其所出,若不节用,俯仰何益?[①]

杨万里(1127—1206),字廷秀,号诚斋,江西吉州人(今江西省吉水县黄桥镇塘村),南宋大诗人。绍兴二十四年(1154)进士。历任国子博士、太常博士,太常丞兼吏部右侍郎,提举广东常平茶盐公事,广东提点刑狱,吏部员外郎等。反对以铁钱行于江南诸郡,改知赣州,不赴,辞官归家,闲居乡里。在中国文学史上,杨万里与陆游、范成大、尤袤并称"南宋四家""中兴四大诗人"。他的诗歌传世有4200余首,产量颇丰。宋光宗曾为其书"诚斋"二字,因而学者称为"诚斋先生"。他曾于庆元己未(1199)六月初一日,为重修杨氏族谱作序,他所作的《家训》亦刊于此时,此家训后多称为《诚斋文节公家训》。这篇家训归纳起来是用"忠、孝、勤、俭"四个字教育后代,流传了数

---

① 成都市新都区地方志编纂委员会办公室、成都市新都区文学艺术界联合会:《成都市新都区民俗志》,北京:方志出版社,2018年,第120页;此联也挂于成都市新都区马家镇杨氏宗祠中。

百年，甚至超越了姓氏，出现在很多非杨姓的家谱之中，可见《诚斋文节公家训》的影响之大。新都杨氏家族传承了该家训，也传承了杨氏家风。

（三）杨慎曾祖母熊氏与"四重"家训

杨慎曾祖母熊夫人，即杨玫之妻（继室）、杨春之母。史载杨玫一生三娶，元配郭氏，生远、政二子，后夭亡。再娶羊氏，无出。三娶熊氏，生春、惠、哲三子。杨玫去世后，熊夫人带领远、政孀妇并己之三幼子，负玫、远、政骸骨归葬四川新都城西，并肩负起了杨氏家族转危为安、扭转乾坤的重任。熊夫人尝作《贞寿堂遗训》曰"家人重执业，家产重量出，家礼重敦伦，家法重教育"，是其治家箴言，对工作、产业、礼仪和教育等做出规定，成为新都杨氏家族传世之家训。

（四）杨慎与"四足"家训

杨慎在流放云南前夕，借前人创作的《四足歌》教育子孙。其云：

> 茅屋是吾居，休想华丽的。画栋的不久栖，雕梁的有坏期。只求他能遮能避风和雨。再休想高楼大厦，但得个不漏足矣。

> 淡饭充吾饥，休想美味的。膏粱的不久吃，珍馐的有断时。只求他粗茶淡饭随时济。再休想鹅掌豚蹄，但得个不饥足矣。

> 丑妇是吾妻，休想美貌的。俊俏的招是非，妖娆的把命催。只求她温良恭俭敬姑嫜。再休想花容月色，但得个贤惠足矣。

> 蠢子是吾儿，休想伶俐的。聪明的惹是非，刚强的把人

欺。只求他安分守己寻生计。再休想英雄豪杰，但得个孝顺足矣。①

《四足歌》从居住、饮食、娶妻、育儿四个方面教育子孙。如今，每年冬至节，杨氏后人都会从四面八方汇合于新都杨氏宗祠祭祖，其中最为重要的一项议程就是齐声诵唱家训《四足歌》。

（五）杨慎"临利不敢先人，见义不敢后身"遗训

杨慎在20岁时写下一首小诗《自赞》："临利不敢先人，见义不敢后身。谅无补于事业，要不负乎君亲。"② 立定"临利不敢先人，见义不敢后身"的志向。此后他一直以自身言行践行此誓言。约50年后，当风烛残年的杨慎走向生命终点时，回顾自己一生，他同样以此为开头，作《自题像赞》曰："临利不敢先人，见义不敢后身。虽无补于事业，求不负乎君亲。遭逢太平，以处安边；歌咏击壤，以终余年。天之顾畀，厚矣笃矣；吾之涯分，止矣足矣。困而亨，冲而盈，宠为辱，平为福者耶！死亦不忧，生亦不喜，生顺死安，可谓云尔。死于此，葬于此，斯已矣！积善有报，在诸子师友相厚，故及此。"③ 虽是自勉自评之语，但杨慎此遗训也告诫子孙，要重义轻利、见义勇为。

"穷则独善其身，达则兼济天下"。新都杨氏家族始终坚守士人的自觉，为官恪尽职守，忠义守节；在乡则坚守礼义，造福一方百姓。因此，新都杨氏还有一条不成文的爱乡族规：凡是入朝或在外为官，均不能忘记新都父老乡亲，每次回乡，必捐资为故

---

① 曹新等：《我们的家训·新都杨氏家训》，兰州：敦煌文艺出版社，2018年，第195页。
② （明）杨慎：《青城五隐赞·自赞》，《升庵集》卷一一，清文渊阁《四库全书》补配文津阁《四库全书》本。
③ （清）程封：《明修撰杨升庵先生年谱》，清道光二十四年刻本。

乡做一件益民的善事,以报答家乡的养育之恩。

三、新都杨氏家训的勤俭清廉之道

2015年12月22日,中纪委监察委网站以《四川新都杨升庵:一曲诗词传天下"四重""四足"教子孙》为题报道发布要闻,这是该网站推出的"中国传统中的家规"第25篇。2016年初,杨氏家族的"四知""四重""四足"家训被评为"全国优秀家风家训"。新都杨氏家族以良好的家训,世代相传,形成了优良的家风。勤俭重教、清白传家的杨氏家风,不仅深刻地影响着杨氏后人,更是中华民族自古以来的传统美德,至今仍具有超越时代的教化作用和借鉴意义。

(一)勤俭重教

新都杨氏全面地传承了宋杨万里《诚斋文节公家训》的"四字"家训,尤其是"勤""俭"二字。其入川始祖杨世贤,一生克勤克俭,接济乡人。其吃苦耐劳、朴素尚俭的精神,无疑奠定了杨氏家风黄钟大吕的基调。二世祖杨寿山平生不好功名,勤勉治家,修德积善,乐善好施,颇为时人所称道。

三世祖杨玟作为新都杨氏书香门第的开创者,为当朝贡生,精研《春秋》,擅长欧书,立业兴家,重视教育。其继室熊氏有贤德,勤俭自强。杨玟膺贡入国学,熊氏"留居故庐,手自织辟,畜鸡豚易钱谷,为朝夕费,裁取自给,余悉致京师为旅资"。及杨玟为永宁吏目,熊氏从之,"岁所得禄奉,务节缩一钱,不妄费"①。杨玟逝世后,熊氏携两孀妇和三个幼子,把丈夫的遗

---

① (明)李东阳:《怀麓堂集》卷五〇《封太孺人杨母熊氏墓志铭》,清文渊阁《四库全书》本。

骸运回新都老家,"中途遇苗夷作乱,出入险阻,间道以行,虽在旅次,内外皆有区别,侨寓三年,乃得抵家"①。治葬后,面对家贫多故,熊氏卖掉自己的玉簪耳环,遣杨春就学。明朝宰辅李东阳曾作《贞寿堂诗》以称赞熊氏的勤俭重教。

杨慎的祖父杨春,为母亲熊氏的操行所激励,勤奋好学,成化年间考中进士,曾任行人司司正(掌管册封、传旨)等要职。他治家严谨,常以古圣先贤的言行事例教育诸子。他曾教导儿子杨廷和说:"汝官任重,凡事宜审择义理,以法度律身,以勤俭治家,勿苟狥人意,妄有所为。"② 正因为如此,他创造了多子登科的佳话。晚年辞官,杨春回家乡新都办学,培养了一大批人才。

杨廷和秉持其父杨春的理念,以正、直、忠、厚四字立身,居家从简、食不兼味,一生注重子孙教育,其"教子极严,诸子科第相望,公不为喜,曰:'读书登科是第二事,修身齐家乃第一事也。'"又曰:"为人不可不学道,但不可以道学立门户,汝辈观我平日,果有愧于道者乎?"③ 强调修身齐家。

杨升庵一生躬自俭约,天性知足。这从他的婚事中就可以看出。他的两次"洞房花烛"大喜事都在新都举行的。原配夫人王氏是礼部主事王溥之女,他们的婚礼本是当地大事,但却办得十分简朴,"清素仅如田家礼"④,体现了杨家勤俭清廉的家风。婚后,夫妻二人举案齐眉,感情甚好。可惜好景不长,王夫人因体

---

① (清)张奉书修撰:《新都县志》卷一〇《列女志·熊氏》,清道光二十四年(1844)尊经阁藏版。
② (明)刘春:《杨留耕行状》,(明)张奉书修,张怀洵纂:(道光)《新都县志》卷一一,清道光二十四年(1844)木刻本。
③ (明)孙志仁:《杨公廷和行状》,载焦竑辑《国朝献征录》卷一五,明万历四十四年(1616)徐象橒曼山馆刻本。
④ (明)简绍芳:《赠光禄卿前翰林修撰升庵杨慎年谱》,(明)杨慎撰,丰家骅校证《丹铅总录校证》附录,北京:中华书局,2019年,第1309页。

质单薄在正德十二年（1517）便因病逝世了。王夫人早亡，并未留下子嗣。因此家中再次为杨慎续娶了工部尚书黄珂之女黄峨为妻，于正德十五年（1520）完婚。此次婚事同样简朴，毫无当时官宦子弟操持婚事的奢华。杨慎与黄峨伉俪情深，婚后夫妻生活一直平淡简朴，并不耽于物质享受，而是追求精神方面的契合。杨慎借用前人的《四足歌》作为家训，"茅屋是吾居""淡饭充吾饥"等内容，对教育杨氏族人保持勤俭持家的家风起到了规范性作用。

在明代，官宦家族的男子往往为官在外，操持家务和教育后代的责任便落到家中夫人们的身上。熊氏是如此，其后的杨氏夫人们大多如此。如杨春之妻叶氏，孝顺贤惠，"其家政皆极详密，而子教尤谆切如此"[1]。李东阳铭文称赞其曰："从夫于儒，朝图暮编。持以教子，我居弗迁。从夫于官，命服在身。有禄有封，终向其勤。我食我力，匪求自天。若耨在耕，而获于田。若织之成，以岁以年。"[2]

杨慎母黄夫人乃眉山黄明善之女，出身"宿儒之英，大有时名"[3]之家，受过良好的家庭教育，文化素质比较高。杨慎七岁时，黄夫人教之句读，并授以唐绝句，辄成诵。又以笔管印纸作圈，令公书字于中，曰："吾虽不知书，然即此则楷正自可观矣。"[4] 黄夫人对杨慎的启蒙教育为其后来的治学之路打下了坚实的基础。

---

[1] （明）李东阳：《怀麓堂集》卷八三《封孺人杨母墓志铭》，清文渊阁《四库全书》本。

[2] （明）李东阳：《怀麓堂集》卷八三《封孺人杨母墓志铭》，清文渊阁《四库全书》本。

[3] （明）杨慎：《升庵文集》卷八《姨母黄淑人墓志铭》，清文渊阁《四库全书》补配文津阁《四库全书》本。

[4] （明）简绍芳：《赠光禄卿前翰林修撰升庵杨慎年谱》，（明）杨慎撰，丰家骅校证《丹铅总录校证》附录，北京：中华书局，2019年，第1308页。

在杨慎的原配王氏和继室黄峨身上，勤俭重教体现得更为明显。王氏贤良勤俭，她去世后，杨慎无限悲痛，深切怀念道："悲乎悼矣，安人生为孤女，终鲜兄弟，而孝敬出于天性。为妇十二年，勤生俭用，以佐理有家。待下有恩，予或时督过侍媵，亟为解释之。"① 赞其孝敬勤俭。黄峨为时任南京工部尚书黄珂之女，"博通经史，工笔札"②，是位难得一见的才女。在杨慎远谪云南尤其是在杨廷和病故后，黄峨便回蜀挑起了家庭重担达数十年，也以一己之力坚韧地支撑了整个家庭，操持着家中大小事务。赵贞吉曾说："公处浅土者四十年，纪纲家务以付慎继室黄氏""几几杨氏婴、臼矣，亦天以报公勤劳王家也。"③ 杨慎卒后，黄夫人亲自到泸州迎归，"抚教则夫人任之也"④，尽心抚养孤侄杨有仁（杨愃之子）。她教子有方，所以杨有仁于万历五年（1577）也登进士。可见黄峨在杨氏子弟成才上起着不可替代的作用。杨氏家族传承到杨慎辈，在明代已达到鼎盛。其后杨氏家族人才大有断层之势，黄峨悉心培养杨氏子弟，在一定程度上弥补了杨氏家族人才上的缺口，不但使杨氏家族不至于快速衰落，而且很好地传承了勤俭重教的杨氏家风。

（二）清白廉正

杨氏远祖杨震官至太尉，为官清廉，其子孙常蔬食步行，"故旧长者或谏，令为开产业。震曰：'使后世称曰清吏子孙，以

---

① （明）杨慎：《升庵集》卷八《亡妻王安人墓志铭》，清文渊阁《四库全书》补配文津阁《四库全书》本。
② （清）孙岳颁等：《御定书画谱》卷四四，清文渊阁《四库全书》本。
③ （明）赵贞吉：《太保杨文忠公神道碑铭》，（清）张奉书修撰《新都县志》卷一二《艺文志》，清道光二十四年（1844）尊经阁藏版。
④ （明）简绍芳：《赠光禄卿前翰林修撰升庵杨慎年谱》，（明）杨慎撰，丰家骅校证《丹铅总录校证》附录，北京：中华书局，2019年，第1317页。

此遗之，不亦贵乎！'"①杨震为子孙留下的家业是"清白"两个字，他也被后世喻为"清白吏"。杨氏子孙为缅怀其清正德操，取其堂名为"四知堂"。后世杨氏家族支派虽众，都以清白传家。

据《中国客家姓氏祠堂楹联》收集，广东杨氏祠堂通用门联有"四知世德，三相家声""四知门第，弘农世家"，客家杨氏宗祠祠联为"四知足畏，三喜同时"，广西柳州柳城大樟村杨氏宗祠联是"经纶盖代推三相，清白传家守四知"，台湾屏东六堆杨氏宗祠门联和堂联有"世泽传三相，家声凛四知""经纶光世第，清白振家声"等，湖南炎陵杨姓宗祠堂联为"三公世泽，四知家声"，陕西汉阴杨氏四知堂宗祠堂联是"四知传家永，三公世泽长"，四川成都新都马家镇杨氏宗祠横额为"四知家风"及堂联"节凛四知宗伯远，功推三相继文奂"，福建连城芷溪杨氏宗祠堂联有"顾祖当思三尺雪，光宗还凛四知金"句，等等。②

新都杨氏亦传承清白家风，"重义守节"是其中的灵魂和精粹。其精神世代相传，敦促代代子孙躬于时事而不空谈性命，积极入世却又恪守节义。杨玫为官期间，"廉洁平恕"③。永宁州地广人稀，杨玫便招佃邻境，与生民共耕，收其租。邻境的太守见有利可图，便想高价买之。杨玫当时署州印，持不可，认为这样做，将来"生齿渐繁，吾不为怨首乎"④？杨春中进士后的第一任官职是任行人司正。明代司正是个清望的职位，一般多由司副行人继任。杨春出仕便任此官，与其清廉品行是分不开的。

---

① （晋）袁宏撰，张烈点校：《后汉纪·孝安皇帝纪》卷一七，北京：中华书局，2002年，第333—334页。
② 陈平：《中国客家姓氏祠堂楹联》（上），北京：商务印书馆，2017年，第418、420、427、429、430、442页。
③ （清）张奉书修撰：《新都县志》卷九《人物志·杨玫》，清道光二十四年（1844）尊经阁藏版。
④ （清）张奉书修撰：《新都县志》卷九《人物志·杨玫》，清道光二十四年（1844）尊经阁藏版。

新都杨氏家族及其勤俭清白家训家风

杨廷和在朝期间不谋私权，廉正为官，历任户部尚书、吏部尚书、礼部尚书、文渊阁大学士、武英殿大学士、华盖殿大学士、内阁首辅，以及少保兼太子太保、少师兼太子太师等职，未有任何谋私权之举。其子杨慎正德六年状元、杨惇嘉靖二年进士、侄子杨恂嘉靖五年进士，皆是科第考试公正的结果，并未借用杨廷和之势。

杨慎为官，直言进谏，清正廉洁，忧国忧民，真正做到了"居庙堂之高，则忧其民；处江湖之远，则忧其君"①。其在进入翰林院后为人正直，不畏权势，针对当时明武宗朱厚照不理朝政的荒诞行为，常常犯颜直谏。嘉靖三年（1524），明世宗朱厚熜拟尊生身父母为兴献皇帝、皇太后而置先皇先后于不顾，首辅杨廷和偕诸大臣以违大礼极力谏阻，而桂萼、张璁则迎合帝意，超擢翰林学士。杨廷和等认为不合礼法，力争三年。杨慎偕群臣齐伏左顺门力谏，帝怒，下令将一百三十四人下狱，一百八十余人受杖责，廷杖致死者十七人。杨慎先后被廷杖两次，后被流放到今云南保山市。在放逐滇南三十余年的贬谪岁月中，杨慎虽"千里有家归未得，可怜长作滇南客"②，再也无缘政坛，但济世救民的热情始终充盈其心怀，为国建功立业的期冀从未泯灭。在短暂的失落后，他调整心态，开始寻找新的安身立命之所。他漫行云南安宁、大理、临安、阿迷、楚雄、丽江、澄江、江川、通海、高峣、永昌等地，守护一方平安，并在云南积极推行中原文化，结社唱和、广交友人，创办学校，著书立说，极大地推动了云南教育文化的发展。而在有明一代，云南最终完成了与中原文

---

① （宋）范仲淹：《岳阳楼记》，曾枣庄、刘琳主编《全宋文》卷三八六，上海：上海辞书出版社、合肥：安徽教育出版社，2006年，第18册，第421页。

② （明）杨慎：《渔家傲》，饶宗颐初纂，张璋总纂《全明词》，北京：中华书局，2004年，第789页。

化的融合，究其缘由，杨慎功不可没。杨慎的文治教化，使云南百姓逐渐接受中原汉文化，也使得清初雍正年间的"改土归流"得以顺利进行，使云南大部分地区得以废除土司制度，完全实行与内地一样的省府州县行政管理制度，促进了中华民族的发展。

杨氏家族的清廉，也有近年来的考古材料为证。史载嘉靖八年（1529）杨廷和病逝，杨升庵、黄峨夫妇以百姓庶人礼殓浅土薄葬。不久，果然有人欲中伤官服成殓，闻之乃止。杨慎逝世后，黄峨也坚持以薄葬之礼安葬。近年来，考古专家清理了埋葬有杨春、杨廷和、杨升庵的杨氏家族墓园，只发现了有关的明朝墓志铭，没有其他文物，用事实证明了杨氏家族的清正廉洁。

新都杨氏家族几百年来一直在传承清白勤俭的家训家风，杨氏后人和蜀中人民也深受熏陶。如今，杨氏家训跨越时空，历久弥新。2018年，由新都区纪委监委和《廉政瞭望》杂志社共同打造、讲述杨升庵始终保持清白丹心一生的升庵生平馆开馆，参观学习者络绎不绝。新都杨氏"四知""四重""四足"家训激起大家的共鸣，许多人都表示：学习杨氏家训家风，恪守初心，俭朴知足，清白廉正，恪尽职守，砥砺前行。

尹昌衡的道德哲学三要义略释[①]

闫孟祥[*]

摘 要 尹昌衡的道德论述主要从本体论对传统儒释道的有关思想予以阐释。与此有关，他强调儒释道会通，独创"白论""乐论"，并从白、乐阐释人类必须行道德。所谓"白"是真正自我之义；"乐"指人心之乐，而本质是白本性；道德则是白本性体现在人心中之相。尹昌衡通过对白本体、本性的阐释，揭示道德本相，从而使传统道德哲学更为完善。此外，他还贯通各家的阐释逻辑，在一定程度上弥补了以理学家为代表的一些学者论述的不足。

关键词 白 唯识 乐

尹昌衡（1884—1953），辛亥革命时期四川大都督。他在1916年32岁时发声明告别政治，潜心归隐，研究、体悟中国儒

[①] 学界对道德的定义有一定分歧，此处道德所指是传统概念，即个人与社会的行为准则、价值标准。道德哲学此处主要指道德的本体解释。

[*] 作者简介：闫孟祥，生于1960年，河北肃宁人，河北大学宋史研究中心教授。主要研究方向：佛教史、儒释道关系史。

本文系教育部基地重大项目"宋代儒释道三教关系文献资料普查、整理与研究"（17JJD770004）、四川省哲学社会科学重点研究基地儒学研究中心、四川大学国际儒学研究院尹昌衡研究所重大项目"尹昌衡五教合一思想研究"（RX18Y01）阶段性成果。

释道文化思想，有所体悟后写了多部作品阐发见解。比较当时的文化学者，他的自身修悟特征更为突出，在其成熟作品《惟白论》的序中就说道："吾以三十年日夜精思，心神已改，觉寓目动念，启口举趾，一芥一埃，一事一物，无非白（按：尹昌衡称万事万物实相为"白"，解释见下文）也。"① 与修悟有关，他特别注重佛学，如其云："惟佛为真，为高，为全，不必争，久自信矣。"② 同时，文论形式则强调儒释道会通一体。

他的道德哲学紧紧围绕本体论，以当代思维方式阐释。因之，本文选择其最具特点的三个方面：本体论、本体对道德规定的主体思想、乐论予以疏解。因我个人水平所限，恐本文疏解难免偏误，望能得到大家的雅正海涵。

一、"白"本体论

建立道德哲学思想的关键是打造丰厚的哲理基础和具备严密的逻辑推理能力。尹昌衡遵从传统儒释道的说理方式，把道德思想奠基在本体论之上，本体论建立在直接对现实世界的观察之上，并在逻辑结构关要处予以明晰化。

与立基会通各家的当代需要有关，尹昌衡把本体特称为"白"，并从"白"阐释包括世间道德在内的一切道理。因此，研究尹昌衡的道德思想，首先要对其"白"本体的论证及内涵予以分析。

关于"白"的概念，其从古义"自"引申得出：

---

① 尹昌衡：《惟白论》"说故"，见曾业英、周斌编《尹昌衡集》卷五，北京：社会科学文献出版社，2011年，第1664页。
② 尹昌衡：《惟白论》"宗教大同"，见曾业英、周斌编《尹昌衡集》卷五，北京：社会科学文献出版社，2011年，第1885页。

尹昌衡的道德哲学三要义略释

白音兹,即古自字,非白色之白,今从。①

"白"含"自"义,见《说文解字》"白"的解释,原文称:"白,此亦自字也。"② 尹昌衡又赋予"自"字万事万物唯一真实的、真正的代表自己的内涵,从而使其成为本体的代称。其言:

自者己也,言我之真体近于斯也。③

"我之真体",即儒释道中的"本体",是包括人身心在内现象界的最终真实。尹昌衡强调,一切万法都只是一个"白"字,这才是唯一真实。其云:

宇宙之中惟此理,众生之真惟此白。④

"白"是宇宙万有的本体,所以,只有立基在"白"之上的道理才是真实的道理,其云:

宇宙观、人生观、性命观、政教观、万物观、事理观,非此(指"白")莫彻,最正最真,最高最大,最精最显,最完最美之正学也。宇宙真理,非此何由而定乎?⑤

当然,人生社会究竟以什么为方向也应该决定于"白"本体。

通达儒释道的最高本体并非轻而易举之事,因而尹昌衡特别强调对本体的论证。他的论证在不同作品中采用了儒释道的种种

---

① 尹昌衡:《惟白论》"惟白论",见曾业英、周斌编《尹昌衡集》卷五,北京:社会科学文献出版社,2011年,第1673页。
② (汉)许慎:《说文解字》第四,上海:上海古籍出版社,2007年,第164页。
③ 尹昌衡:《惟白论》"原白",见曾业英、周斌编《尹昌衡集》卷五,北京:社会科学文献出版社,2011年,第1676页。
④ 尹昌衡:《惟白论》"述'颉罗经'",见曾业英、周斌编《尹昌衡集》卷五,北京:社会科学文献出版社,2011年,第1679页。
⑤ 尹昌衡:《惟白论》"说故",见曾业英、周斌编《尹昌衡集》卷五,北京:社会科学文献出版社,2011年,第1661页。

方法，尤以儒、道两家的阴阳相对观和佛教的唯识观使用较多。这里即对他如何以阴阳的观察接入唯识论论证本体的逻辑予以疏释。

现实世界阴阳关系的观察，与传统儒学的方式相似，即他以为现实世界都是在阴阳对立中存在，并由此递进可推展至本体。关于对现实世界在阴阳对立中存在，其云：

> 天地万物，无非阴阳。四时迭运，无非阴阳。身体发肤，无非阴阳。动静语默，无非阴阳。无阴不变，无阳不变。①

既然如此，循阴阳之理，以严密的逻辑深入追索，从而获得对现实世界本体的认识。其逻辑大要：阴阳彼此相对存在，相对作用，因而，现实世界的一切现象非一般人认为的真实。如左右相对，无左则无右，无右则无左，左和右都只是相对的存在。有相对的存在，必有其本体，本体超越相对中的两面。儒家学者以渐次深入的方式从阴阳发明本体，即：浅层的阴阳归结为深一层的本体；深一层的本体又在同层次中有相对，而属于阴阳；此深一层的阴阳又在更深一层的本体中。如此渐次深入，直到超越所有层次的阴阳，即为真正的本体。朱熹以《周易》六十四卦三百八十四爻的推展为例说："自三百八十四爻总为六十四，自六十四总为八卦，自八卦总为四象，自四象总为两仪，自两仪总为太极。"② 尹昌衡同样有此思想，他说：

> 超出一阴阳，必少一对待，而数减一半，升一层，八减

---

① 尹昌衡：《易钵》"体阴阳"，见曾业英、周斌编《尹昌衡集》卷五，北京：社会科学文献出版社，2011年，第661页。

② （宋）黎敬德编：《朱子语类》卷七五，北京：中华书局，1986年，第5册，第1930页。

为四,四减为二,二减为一,地上之物非无量数,又必偶数,屡经折半,必终于惟一。……每近皇(按:"皇"是尹昌衡形容人达到纯白的名称,如佛教的佛)一等一级,数必减一倍,而灭一对偶相焉。①

在理学家的推演中,从纷繁的现象世界阴阳回推到八卦到四象乃至两仪并不难,难的主要是两仪如何到太极。因到两仪续进就完全超越了有形物的范畴,所以宋代周敦颐称"无极而太极",朱熹力赞其说,认为:"若论'无极'二字,乃是周子灼见道体,迥出常情,不顾旁人是非,不计自己得失,勇往直前,说出人不敢说底道理,令后之学者晓然见得太极之妙不属有无,不落方体。"②但何为不属有无?又如何因此进入太极本体的认识?理学家强调从有形物的阴阳观察立论,能推知必有本体,而入本体的逻辑略模糊。尹昌衡引入"心"为观察阴阳的一方,即"形为阴,觉为阳;……形为坤,觉为乾"③。使这一难题清晰化。他说:

> 驰骛一生,而不入门者,今之为学者也,盲马瞎鸟,可哀矣哉!故欲示之以学,必先使之入门。入门者何?先知两仪。何谓两仪?形觉是也。试思宇宙万有,苟其与人有关者,何一非形觉二者之一?或形觉二者之合哉?思之万岁,不能出此,虽日月星辰在中也,虽飞潜动植亦在中也,虽五

---

① 尹昌衡:《惟白论》"物理",见曾业英、周斌编《尹昌衡集》卷五,北京:社会科学文献出版社,2011年,第1691页。
② (宋)朱熹:《晦庵集》卷三六《答陆子静》,见郭齐、尹波点校《朱熹集》三,成都:四川教育出版社,1996年,第1575页。
③ 尹昌衡:《通书》"天道通",见曾业英、周斌编《尹昌衡集》卷三,北京:社会科学文献出版社,2011年,第1027页。

行万象在中也，虽神天鬼怪亦在中也。①

尹昌衡此处所说的"觉"，是"觉知"的含义，指一般所说凡俗心上的"觉知"，亦即对物质等诸现象的感知、认识。据尹昌衡之说，套用到前文阴阳续进的观察，可知尹昌衡的说法是：一切无形的"觉知"，由浅到深为两仪中的"阳"；一切有形的"象"，由浅到深为两仪中的"阴"。

以"形""觉"为两仪，其初起必然是非清晰具象化的"形""觉"，尹昌衡以为，这正与佛教八识说的阿赖耶识相对应。他在谈到阿赖耶识时说：

> 藏识之说出于佛典，人生所染之识皆藏于第八识，谓之赖耶识。予以物比之，赖耶识如今照像镜之底片与留音器之腊版，本无象无音，一经照象留音，即藏象藏音，接以他器，其象其音又显。赖耶本识本无垢无净，一经赋形而生，即藏垢藏净，死后再生，其垢其净犹存。故藏识已失本来之性，而生生世世皆以六尘递染。②

八识说，是佛教唯识宗阐释世界现象及缘起的用语。八识分别是阿赖耶识、末那识、意识以及眼、耳、鼻、舌、身识。识的定义是"了别"，即分别（有思量、计度、区分之义）。佛教认为，一切万法的本体（佛教通常称为觉性、如来藏、本来面目、实相、本心等）具"分别"性，因"分别"而产生彼我的感受："或复内识转似外境，我法分别熏习力故，诸识生时，变似我法。

---

① 尹昌衡：《通书》"入门篇"，见曾业英、周斌编《尹昌衡集》卷三，北京：社会科学文献出版社，2011年，第1136页。

② 尹昌衡：《宇宙真理论》，见曾业英、周斌编《尹昌衡集》卷四，北京：社会科学文献出版社，2011年，第1405页。

此我法之相，虽在内识，而由分别，似外境现。"① 初起分别尚未清晰化，此即阿赖耶识，亦称第八识、藏识。明一如称："此识染净同源，生灭和合，而具有四分，如摩尼珠，体本清净。又如明镜，能含万像。"② 所说四分是相分、见分、自证分、证自证分，而以相、见二分续生后诸识。其中相分即被分别的形相，"根身世界及诸法名义、相状，皆由第八识此分而生，如镜中所现之影像也"。见分即分别者，"见，即照了之义。谓此识能照烛一切诸法，及解了诸法义理，如镜中之明，能照万像也"③。分别性必有分别，初起分别后，在此基础上续生明了分别，执初识为真实，称末那识，亦称第七识。之后在执为真实"我""法"的基础上，续生第六意识以及身、舌、鼻、耳、眼五识，于是，观彼观此，进入相对中的世界。由此，阿赖耶识是诸识及相对境象的依托，其他心识计较都在此识之上。尹昌衡的说法与此相同，故比喻阿赖耶识为照相的"底片"，其意：已有底片，尚未照相成形，而以后接外境成像即在此基础上。亦即：初起分别心，尚未明晰执着为自他，但已是本体分别性自觉，与本体不同。

本体无彼无我，初起分别虽未明晰化，但已具彼、我。之后续生分别，彼、我明晰化，并互为作用，所以续后的有形世界呈现阴阳相对。尹昌衡说：

白何以变为物？分别相为祟故也。分别相起，必呈阴

---

① （唐）玄奘译：《成唯识论》卷一，《大正藏》，台北：新文丰出版公司，1983年，第31册，第1页。
② （明）一如：《三藏法数》卷二四"阿赖耶识"，精缩新版《乾隆大藏经》，台北：台湾佛陀教育基金会。
③ （明）一如：《三藏法数》卷二四"阿赖耶识"，精缩新版《乾隆大藏经》，台北：台湾佛陀教育基金会。

阳，必入轮回。……物有万殊，全由分别。①

尹昌衡定本体义为"白"，"白"具分别性，因分别而生有形有相的现实世界和觉知此现象的觉知心。此说把儒家太极—两仪—四象—八卦之说，融入佛家如来藏—阿赖耶识—末那识—意及眼耳鼻舌身诸识之说，切合中国人的思维特征。

因现象界是本体分别性生分别而成，很容易得出本体是"觉性"的认识。即：本体有生分别的本能，分别之初起，没有分别的对象，只能自"分别"②，因分别而显现为阴阳两仪，以及续生的一切。所以前述由阴阳相对推回的最终本体只能说是"觉性"。他认为，佛家"觉性"为万事万物本体之说，最为得当。其云：

见前物理增一分小相，即呈一异形，合二异形，则失其故性。减之又减以消增，合之又合以祛分，必至惟一，乃是净白，则知惟白有觉，惟白有性。③

遍索宇宙诸有，惟知觉性为元。天地万物，苟不依元，立见腐涣，亦如八尸，因名此特元为白。④

进一步，"觉性"分别性生分别而化为现象界，这种化非化而为之，而是幻化。尹昌衡说：

---

① 尹昌衡：《惟白论》"物理"，见曾业英、周斌编《尹昌衡集》卷五，北京：社会科学文献出版社，2011年，第1691页。
② 对于"自生分别"，《楞严经》卷四有解释："性觉妙明，本觉明妙。……性觉必明，妄为明觉。觉非所明，因明立所。所既妄立，生汝妄能。无同异中，炽然成异。异彼所异，因异立同。同异发明，因此复立，无同无异。如是扰乱，相待生劳。劳久发尘，自相浑浊。由是引起，尘劳烦恼，起为世界。"见《大正藏》，台北：台湾新文丰出版公司，1975年，第19册，第120页。
③ 尹昌衡：《惟白论》"白性智"，见曾业英、周斌编《尹昌衡集》卷五，北京：社会科学文献出版社，2011年，第1750页。
④ 尹昌衡：《惟白论》"白性礼"，见曾业英、周斌编《尹昌衡集》卷五，北京：社会科学文献出版社，2011年，第1756页。

（一切现象）非有非无，非万非一，八识杂乱，妄自分别而已矣。有如水然，是总体耶，是分体耶？是一耶，是万耶？①

"幻化"是指本非该事却认为是该事，并予以"真实"化。"白"起识性，识性自分别而为各种不同现象，知现象为现象，知现象者则成为"我"。因现实中人认为"我"与"现象"是真实存在，从这一角度而言故称二者本无，皆是本体识性所生幻化。尹昌衡说：

> 佛有八识之说，以八识之皆非白也，故咸奴之，而咸弃之。眼以视色，离色则弃；耳以听声，离声则弃。鼻之于香，舌之于味，身之于触，意之于法，亦犹是焉。……比之照像之机，六根者（按：指前六识依赖的眼耳等器官）如六孔也，以接外尘者也；第七识如玻璃板也，以传像而映之者，故曰转识；第八识如药片也，以留像而住历劫之前尘也，故曰藏识。皆非真发光体，非真发光体者，非真觉体也。真觉体在机中之电灯，灯中之鎢线，知此理已，乃彻八识，乃知真我，谓之明心见性。②

不论哪一个层面的"识"都非真实，"识"不能生识别，识别都出自觉性。因而，似乎出自"识"的现象，事实上是"白"本体以初生识别的阿赖耶识为"真实"后，觉知心在觉性中的不断续生。亦即：现实世界的心、境等现象皆幻，惟"觉性"是真

---

① 尹昌衡：《宇宙真理论》，见曾业英、周斌编《尹昌衡集》卷四，北京：社会科学文献出版社，2011年，第1402页。

② 尹昌衡：《生民常识》"八识外遮"，见曾业英、周斌编《尹昌衡集》卷四，北京：社会科学文献出版社，2011年，第1612页。

实"自我"①。用尹昌衡的话说：眼耳鼻舌身意等凡识本空无，自己的各种觉知、念想等非出于凡识心，而是出于"白"，只是自己不知而认为出自"自心"。彻底通达"白"才是真正自己，谓之明心见性。

一切万事万物皆幻相，都是本体的本然之性所化，所以一切现象必须以"白"为归止，否则无意义："万法惟白，宇宙惟白。……外物幻影，色空同皈。"② 其道德哲学即奠立在此基础之上。

二、"白"规定世间道德的主体思想

在前述"白"即觉性，即真正自我的基础上，尹昌衡从不同方面阐述了世间道德出自"白"的道理。其中最基本之点是认为道德即是"白"在世间的表现，阐释方法可分两方面，其一、从生执着的角度，弃执着即道德，因而道德即是"白"本性的自然外露；其二，从本体的角度，道德即现在人心中的"白"相。而从所述内容而言，既有对善、仁等直接道德内涵的阐释，也有对智、理等道德不同侧面问题的开解。

善、仁历来被认为是道德最基本的内涵，在谈到善时，他说：

> 夫鬼因外壳以投境，而尘之相合，必以对待之阴阳，此阴阳必同中异者。……夫入于尘中，即见尘之高且大而自么

---

① 除前文所引"白"的解释外，尹多次谈及，如还称："白者，古自字也。……以示为自之宗源根本也。"见尹昌衡：《惟白论》"原白"，见曾业英、周斌编《尹昌衡集》卷五，北京：社会科学文献出版社，2011年，第1676页。

② 尹昌衡：《惟白论》"内篇·纲言"，见曾业英、周斌编《尹昌衡集》卷五，北京：社会科学文献出版社，2011年，第1668页。

么,以昏昧龌龊于其中,而百恶全矣;出于尘外,则见尘之卑且小而自光大,以阔达超于其上,而万善集矣。真空虽出于尘外,而无辩善恶之才。然则至善非合空之净白而何?沾尘则善减,微尘不沾,善全斯极。如有能善逾净白者,必将有大过于空虚者也。元外无尘,白外无物,安得不为至善哉?①

文中"鬼"在尹昌衡的表述中是末那识的另称。他曾说:"第七识名末那识,有传转之义,即由外加壳垢之意。……故颉圣以由人私示之,着为鬼字。"②"鬼"含私义出自《说文解字》:"鬼:人所归为鬼。从人,象鬼头。阴气贼害,从厶。"③"甶"《说文解字》是"鬼头"义:"甶:鬼头也。"④尹昌衡引此二字与佛教八识说相比附,称"甶"是阿赖耶识,尚未执着为自己,"鬼"则是第七识末那识,开始执着为自他。

前文已述,尹把觉性生阿赖耶识至眼耳诸识与太极生两仪乃至四象八卦等相比附,这种本体与现象的关系,亦即同和异的关系。由现象归本体是趋同,由本体续生各层阴阳则是同中生异。因而"鬼因外壳以投境,而尘之相合,必以对待之阴阳,此阴阳必同中异者",所言即前述觉性生两仪乃至阴阳的道理。分别之阳执着同中异入于阴,自身同时被形象化为某种具相的"动物"。既俱状貌,属同中抽异而成,故显现为取外境成身,即各以其执着大小,取阴境而成自不同状貌色身。但不论何种状貌,"自"之"异"相对于阴境之"同",总是"见尘之高且大而自么么",

---

① 尹昌衡:《惟白论》"白性至善",见曾业英、周斌编《尹昌衡集》卷五,北京:社会科学文献出版社,2011年,第1766—1767页。
② 尹昌衡:《惟白论》"八识规矩",见曾业英、周斌编《尹昌衡集》卷五,北京:社会科学文献出版社,2011年,第1683页。
③ (汉)许慎:《说文解字》卷九上,上海:上海古籍出版社,2007年,第449页。
④ (汉)许慎:《说文解字》卷九上,上海:上海古籍出版社,2007年,第450页。

自己永远小于作为共相的广大物象。沉在其中，又以自私心引生自私行，只能"昏昧龌龊"乃至"百恶全矣"。反之，如果不为"尘"相所拘，不为执着所缚，真正的自我并非诸尘相，则一切识皆是自性分别幻化，仅是自性无量分别中一分别而已，因而见"尘之卑且小而自光大"。不为我执拘束，无自私之心，自然心大而公正，当然"万善集矣"。以此道理，执着少则善多，全无执着则全善；心完全等同于本体觉性，即纯然"净白"的境界。能达到净白，应事所起之心无一切执着，无一切自私，纯然无恶，"安得不为至善哉？"应事而起是"白"本性，起而无自私的至善当然是本性的自然本相。

关于仁，先代思想家多从"生"① 的角度予以阐释。尹昌衡也从这一角度立论：

> 白有生识、带相二义，以生识言谓之智，以带相言谓之仁。智以觉体言，仁以生机言也。谓生识者，言能生出知识也；谓带相者，言能携带尘相也。夫生既为仁，而众生有生必有死，死又岂不仁哉？决仁之定义，近皇为仁，远皇不仁。一生一死同一，向皇而进耳。……赴皇则乐，违皇则苦，拯苦即乐，大仁之本旨也。白皇相引，以就极乐，故白性为大仁。……尤且白实同皇，皇之德，白之德也。大父无不爱子孙，净白无不爱众生，同气相求，白爱白也……白性纯仁，无可疑矣。②

据之，尹昌衡定仁为顺生，根本是"拯苦""与乐"。

---

① 朱熹解释"仁"："仁乃天地生物之心"。(宋)朱熹：《晦庵集》卷三二《答张钦夫论仁说》，见郭齐，尹波点校《朱熹集》三，成都：四川教育出版社，1996年，第1391页。

② 尹昌衡：《惟白论》"白性仁"，见曾业英、周斌编《尹昌衡集》卷五，北京：社会科学文献出版社，2011年，第1751页。

"白"本体觉性有生识和带相二义，指前所说觉性生觉、形两仪，因而其自解释："谓生识者，言能生出知识也；谓带相者，言能携带尘相也。""仁以生机言"意指："白"本体觉性自然，所以生生不已，体现在凡俗人心中即"仁"心。世间以顺生为仁，害人害物"毙物命"为不仁的基本观念，正是此"生生不已"在世俗人心上的体现。但仅以世间的仁定义"仁"尚未究竟，因为，在"尘相"中执为一生，而从"白"本体生生而言，某一生只是一相生灭，生生死死向"皇"而行才是仁。因为仁的本质是"拯苦即乐"，而"赴皇则乐，违皇则苦"，苦的产生在于执着，在于自私，所以达到纯"白"，减少执着，心地开通则乐，反之则苦。达到"极乐"即是达到"净白"的境界，所以"白皇相引，以就极乐"即是"白"性本相，也可以说"白性为大仁"。此外，从"皇"而言（尹昌衡时期，认可佛家的佛是大慈大悲的代表），本身是"白"本体的自然外现，因而"皇"所具有的德行，即是"白"的本性，他们起心只有仁、只有顺生而济渡受苦者，"大父无不爱子孙，净白无不爱众生，同气相求，白爱白也"。因此，不论从生生的本义，苦乐的本质，"皇"所具有的仁，都可以说明"白性纯仁"。

在尹昌衡这里真正的智慧与真正道德是一体的不同侧面，同样出自"白"本体。他说：

> 证白性之智者，易如反掌。白为发觉之真体，出理之渊泉，焉得而不智哉。所谓智者，觉性强之谓也。尘物无觉，无有自性，皇天众生，有知觉者皆凭此白。如月无光，镜亦无光，所以有光，皆凭于日。何以知之？见前物理增一分小相，即呈一异形，合二异形，则失其故性。减之又减以消增，合之又合以祛分，必至惟一，乃是净白，则知惟白有觉，惟白有性。白之有觉，如日之有光也。……日发光，无

蔽必大明。白发觉，无蔽必大智。更何待证？①

据前事物生成的道理，"白"本性是"觉性"，一切觉知皆发于此，也是"理"的出处，当然觉性即智（觉知及理以智为本）。智者"觉性强之谓"，所指是觉性发觉知圆满、准确、清晰，可以理解为受"障蔽"少，甚至不受"障蔽"。如前述觉性生阴阳两仪，再进生成而各种"小象"（即现象世界）。觉知的发出者只有觉性，但有直接从本体无执着发出，和以妄幻的各种"小象"为基础发出的不同，因而表现为智的圆满与偏蔽以及高与低的种种不同。对以"小象"为基础的世间之智，其比喻为月、镜对日光反射的道理："月无光，镜亦无光，所以有光，皆凭于日。"光出于日，但从月、镜反射出，因而有光的不同。如无"小象"影响，则本体觉性全然显露，亦即智慧圆满无缺，"无蔽必大智"。以此可知，智出"白"性，是"白"的本性之一。

除善、仁、智外，相似的论述还有白性元、白性诚、白性亨、白性利、白性贞、白性全、白性中和、白性大兦（尹昌衡自注"兦"为"古公字"②）、白性绝欲、白性惩忿、白性精一、白性良知、白性良能、白性兼成、白性清真、白性就净、白性合皇等二十五种道德相。甚至不仅二十五种道德相属"白"本性，世间一切道德相及美好皆出"白"性，"世之称为德行者，如忠孝廉节之类，人艳称之，不知皆白性之余绪也"③。

上述阐述的一个基本点是从本体本性分别执着而生成一切现象的角度论述。善、仁、智以及其他道德所对是人的自私诸心、

---

① 尹昌衡：《惟白论》"白性智"，见曾业英、周斌编《尹昌衡集》卷五，北京：社会科学文献出版社，2011年，第1750页。

② 尹昌衡：《惟白论》"白性大兦"，见曾业英、周斌编《尹昌衡集》卷五，北京：社会科学文献出版社，2011年，第1762页。

③ 尹昌衡：《惟白论》"总结白性全善"，见曾业英、周斌编《尹昌衡集》卷五，北京：社会科学文献出版社，2011年，第1776页。

行状态，自私来自于我执，我执起自于"白"本性妄识分别。因而，从本体而言，不同道德名相，亦即本体觉性对不同现象的相应回应；而同一名相，也有高低的不同。所以善、仁等彼此有差异，而善、仁等，也有一般的各种善、仁与至善、至仁的不同。最根本的至善至仁等，则是本体觉性完全无执的响应。尹云："撤去六识六根，自然所发之感，即真理也。……此一门也最直切，最真实。孔子曰：'惟天下至诚，惟能尽其性。'至诚者，白性自发也。"① 现象的本质是六识（眼耳鼻舌身意），是妄，所以不执着外相为真实所发之感被称为自然、真实、至诚。这最真实的不同侧面，即至善、至仁、大智等道德的终极之相。因从"白"具有能生能执本性的角度阐释，所以，尹昌衡称上述道德名相为"白性智""白性仁""白性元""白性诚"等二十五种道德相，都以"白"性为称。

除从本性分别执着的角度分析之外，尹昌衡也从万法皆空的角度，直接说明道德即"白"。即：既然万法本空，当空之时一切现象无非"白"本体自现，立基于空的基础而从现实语言名相的角度说道德，道德即"白"，"白"即道德。尹昌衡在谈到作为道德相表现之一的理②时，即明确表达了这一点，其言：

> 理之通达，在于知白。知白为智，智以究理。白净理明，如目朗而见日也；理明白净，如日出而目开也。然以目喻白，而日喻理，尚有内外之分，非至当之比也。圣佛知即

---

① 尹昌衡：《惟白论》"白性自发"，见曾业英、周斌编《尹昌衡集》卷五，北京：社会科学文献出版社，2011年，第1696—1697页。
② 按：尹昌衡所说理指世间道理，执着自我则背道德、理不畅，所以理与道德是最高真理表现在世间一体的不同侧面。有关论述见《惟白论》"真理""物理""究事理"等篇。

白即理，即理即白，如即光即日，即日即光，庶几近焉。①

日与光非一非异，"白"与理亦非一非异。从超越名相的角度，"白"性与"白"本体其实本身就是一体两面。

细思诸道德相的产生，实质是人心的无执境界。无执之时自性自然显现，自性自现亦即本相自现。"水有外囿，我杯我池之相着，去外囿皆洋海也；气有翳蔽，我囊我球之相着，去翳蔽皆太浮也。皇天之白，洋海也、太浮也，而众生以外囿翳蔽，自外于皇天。"②觉性自体广大圆成，如海如空。性中生执着，如海中水珠，空中气团，本即海空，只是自生识赏而已。而无论如何识赏，也未成为海空之外的他体。一旦知自本空无，"气团""水珠"只是一种太空和水的动相。达到空的境界，一切无执，自然如如，所行现出即诸道德相。因而，其云：

> 博施济众，圆融一片。是谓理无碍，事无碍。理事两端也，事理无碍，中也。事事无碍，和也。中和约义，更简言之，己欲立而立人，己欲达而达人，忠恕也。忠中心，中也。恕如心，和也。……约之至也，一净白中和至矣。③

一旦本身净"白"，外现则中和，则合理，则道德。诸道德相即现象层面的"白"相，行世间道德即行"白"。

据上述，在尹昌衡的思想中，觉性圆成本性自然外现，从凡俗心的角度表达，即是至善、至仁等诸道德相，亦即是智、是中和等诸美好。这种思想直接从"白"本性、本体阐释出，无疑是

---

① 尹昌衡：《惟白论》"究事理"，见曾业英、周斌编《尹昌衡集》卷五，北京：社会科学文献出版社，2011年，第1685页。
② 尹昌衡：《惟白论》"惩私欲"，见曾业英、周斌编《尹昌衡集》卷五，北京：社会科学文献出版社，2011年，第1684—1685页。
③ 尹昌衡：《惟白论》"中和简守"，见曾业英、周斌编《尹昌衡集》卷五，北京：社会科学文献出版社，2011年，第1865页。

其道德哲学的主体。

三、尹昌衡的"乐"说

"乐"说是"白"外尹昌衡强调的另一个重要概念。考其内涵,主要有两方面:从现实人性角度以"乐""统众志";从"白"本性角度为"乐"立哲理依据。"乐"说同时为私欲以及道德心产生之理做了精密阐释,为道德本体论与现实人心之间架起关联的桥梁。

以乐统众志是立基于现实而言的。他说:

> 人有恒言,皆曰众生之情杂而周极,众生之志歧而无纪,安知其大不然欤。统而计之,仙佛恋乐国而厌秽土,圣贤劭大顺而弭剧乱,流俗喜富贵而畏贫贱,欲人爱淫侈而恶淡泊……倘使比而究真,众志同哉。乐国秽土,苦乐分也;大顺剧乱,苦乐分也;富贵贫贱,苦乐分也。……趋乐避苦,乃真志也。①

此言"志",指人的根本心志。心志决定人的言行,甚至在一定程度上决定苦乐,这是大家都能理解的。从现实人生而言,人之所以有某种心的取向,肯定是决定于自己的基本要求、基本爱好,以"趋乐避苦"包揽各种志,成为各种志心的本体,这一点毋庸赘释。进一步,尹昌衡导入各种不同的"乐"。其言:

> 乐有大有小,有永有暂,有众有独。而苦受亦然,大永众真乐也,靡有弗从。小暂独伪乐也,靡有弗捐。……立小乐、暂乐、独乐为伪,绝之,逆之;立大乐、永乐、众乐为

---

① 尹昌衡:《惟白论》"惟乐统万",见曾业英、周斌编《尹昌衡集》卷五,北京:社会科学文献出版社,2011年,第1672页。

真，取之、修之，全乐为鹄。①

乐既然有大有小，有永有暂，有众有独，当然人应求大乐、永乐、众乐、全乐，舍弃小乐、暂乐、独乐、伪乐。解释、求弃这些不同"乐"，仍然要从"唯一真理"上立基，厘清道理，然后"纳之觉路"："以惟乐收众心，莫或不同。以惟乐统众志，莫或不汇。既得同汇，纳之觉路，犹导百川，以归瀛海。"② 也就是说，懂得了"乐"的本质，才能善于把握自我行为而成为真正的智者。

从其阐释中可知，他给"乐"的定义是"白"的一种根本属性。他说：

> 白之于乐，如纲之于网也，如轴之于辐也，如日之于光也，如雷之于雷也。乐不离白，湿不离水，咸不离盐……。③

网必有纲，无纲不成网；轮轴必有辐，无辐不成轮轴；日必有光，无光不成日；雷必有雷声诸相，无雷声等相则不成为雷。"白"之于"乐"也是如此，有"白"必有"乐"，无"乐"不成"白"。

在上述乐的表述中，乐可以细分为两种，即以乐统众志的"乐为"和得到乐的"乐受"。在现实的心行中，两者互为作用，不需要详加剖明。主要问题在于如何理解乐属于"白"根本属性的道理，在尹昌衡的阐述中，用繁体"乐"象形字义的解释较清晰：

---

① 尹昌衡：《惟白论》"惟乐统万"，见曾业英、周斌编《尹昌衡集》卷五，北京：社会科学文献出版社，2011年，第1672—1673页。

② 尹昌衡：《惟白论》"惟乐统万"，见曾业英、周斌编《尹昌衡集》卷五，北京：社会科学文献出版社，2011年，第1672—1673页。

③ 尹昌衡：《惟白论》"惟白论"，见曾业英、周斌编《尹昌衡集》卷五，北京：社会科学文献出版社，2011年，第1673页。

尹昌衡的道德哲学三要义略释

苟无元主,何由发附相哉!苟无知觉,何由感苦乐哉!故"乐"之为字也,从白从丝从木。①

文中"元主"指"白",因"白"而发附相(事物的状貌)和知"附相"的"知觉",由有知觉而有苦乐的感受。此义联系前文本体生两仪乃至四象八卦,或觉性生阿赖耶识乃至其他七识,显然所指乐是"生"之性现在自心之相。"乐之为字也,从白从丝从木",《周易》八卦方位中,东方属木,象征生,用繁体"樂"表达,含义即"乐在生中",根本属于"生"。"白"在中主,指"乐"生于"白",而从所生具体的丝微象上现出。

他还曾用《周易》八卦中的兑卦予以说明:

易以一阳为震,二阳为兑,阳乾健也,有白之物也,动物之原也。二阴压之则能动,掀去一阴则感乐。震,动也;兑,乐也。阴盛乘阳,阳弱载阴,则虽克动而不乐;阳盛冲阴,阴衰让阳,则已生乐而又动。阴尘类也,阳白党也,阴尘轻而乐自裕白,非求福于外也;云霾薄而耀自辉日,非求光于外也;土障疏而泉自涌,渊非求水于外也。乐本自具,于兑卦中见其义矣。虽不如纯阳白净,保合太和,万国咸宁,尘蔽小开,尚兴怡慰。夫乃知苦全在尘,乐尽在白矣。②

八卦中的兑卦,诸家解释多含"悦"义,宋人胡瑗《周易口义》即称:"兑以说之。义曰:兑能和说万物,使之成就也。"③尹昌衡把《周易》卦象看成是"白"本体化现在世间的表述,从

---

① 尹昌衡:《惟白论》"惟白论",见曾业英、周斌编《尹昌衡集》卷五,北京:社会科学文献出版社,2011年,第1673页。
② 尹昌衡:《惟白论》"白乐合",见曾业英、周斌编《尹昌衡集》卷五,北京:社会科学文献出版社,2011年,第1676页。
③ (宋)胡瑗撰,倪天隐述:《周易口义》"说卦",清文渊阁《四库全书》本。

而借此卦象说明乐在"白",而非从外生。其解如下:

据前述,尹昌衡把形、觉归结为阴阳,形属阴,觉知属阳。觉知属分别性,直接出于"白",被分别的象虽然根本也出于"白",属"白"性被分别执着而成。相对而言,阳象虽也属执着,但与阴相比,与"白"本性更为接近,所以"阴尘类也,阳白觉也"。以本体生执着的方式解释八卦:震卦一阳初生,二阴盖覆,仍然阴盛阳衰,执相多于通达,故"虽克动而不乐";阳生阴减至兑卦,则二阳之上尚有一阴,觉起顺通,所以"掀去一阴则感乐","尘蔽小开,尚兴怡慰"。尹昌衡意:兑卦的卦象表明,阳生执减,故而有乐。执减即"白"复,因而"白乐相从",有"白"即有乐,乐从"白"生。与此相同,尹昌衡还说:"众人不知性中之有乐,乃寻于外。譬如木然,接火而燃,遂谓燃性在火,不知其自具也。人接尘而得乐,遂谓乐性在尘,亦不知其自具也。"[①]

据上两段论述,可知其对乐的定位:乐从本体生,是本体生性顺遂的自然外现。生性顺遂即无障蔽或障蔽少,直从"白"本体流出,"兑"的解释及下文"白在中本自全至乐"都说明这一点。

同时,尹昌衡还说到另一种"乐":

> 我今之乐,必身内之尘,与外粗合乃能感乐。土合则味甘,水合则饮沁,气合则嗅馥。[②]

此语可做如下理解:外相是心识的幻化,以幻化为基础的执着,实际也出自觉性。因而觉性感应,也表现在执着的层面上,

[①] 尹昌衡:《阴符经详解》下篇,见曾业英、周斌编《尹昌衡集》卷四,北京:社会科学文献出版社,2011年,第1517页。

[②] 尹昌衡:《理海初集》"真乐天福",见曾业英、周斌编《尹昌衡集》卷四,北京:社会科学文献出版社,2011年,第1554页。

尹昌衡的道德哲学三要义略释

即在以幻化为实的境况下,与之相应时也会有"乐为"之乐,以及达到之时的"乐受"之乐。食有"甘"受,饮水有"沁"受,鼻嗅有"馥"受等,即是这种内外相应合而有乐感的表现。

这种乐虽也出自本体觉性,但属于执着而生,因而是短暂之乐,甚至可能成为因贪执而使觉性受障碍而成为"邪乐"。尹昌衡在前文"苟无元主,……故'乐'之为字也,从白从丝从ㄠ"一语之后接着说:

> 言白在中本自全至乐,若属傍枝,丝然微矣。丝从两ㄠ,ㄠ而又ㄠ,微乎其微矣。用木在下,以示中本傍枝也。纯白中正,真乐通天。傍枝丝丝,ㄠㄠ邪乐。①

据前述,因万物是觉性生觉知而成,所以在具象化的层面,觉性顺遂则生乐觉。觉性顺遂即前文所说的没有妄起自私扰乱,没有自私扰乱,亦即心在"白"本性,心在"白"本性则现象只是"白"性的自然外现,所以"白在中本自全至乐"。"白"生万物,如树有枝叶,执万物为实,则觉性被误为知、识和各种欲求,达到时也会有乐受,但这种乐受"属傍枝,丝然微矣";进一步的"ㄠ而又ㄠ",则乐更"微乎其微矣"。所以,乐直从"白"本体出,"纯白中正,真乐通天";乐从丝、ㄠ出,此乐就只是短暂的一闪而逝之乐,随之而来的甚至可能是苦痛,所以是"ㄠㄠ邪乐"。

综而言之,"乐"是分别性达到相应时在心上的反应。分别本身没有善恶,因而生乐也没有善恶的问题。但与"白"相合则正而长久,与"白"相悖则邪而短暂。也就是说,知心本"白"性,一切无执,所感之乐是"白"本性自然所发,最为真实,是

---

① 尹昌衡:《惟白论》"惟白论",见曾业英、周斌编《尹昌衡集》卷五,北京:社会科学文献出版社,2011年,第1673页。

大乐、永乐、众乐、全乐；而从执着相出的乐受（因追求自私暂时所得乐受），则是小乐、暂乐、独乐。之所以是大乐，因此"乐"从"白"本体出，超越现象，故是无上之乐；永乐，则因感事所生未曾离"白"，没有执着，所以由此动再现于"白"本性中，仍然自然而出没有执着，所以此"乐"不会变异而永存；众乐则因"白"本性是众生共性，此"乐"发出即与至诚至善、大公、慈悲相协，所以众生同乐；此"乐"因从"白"本体自然而出，犹如前文所引的比喻，如阳光不被遮障，故是全乐。相反，如果从枝叶丝么而出，即暂时起执着的层面而出，则是自私执着，自私必然损害觉性自然，那么一时之乐为，因违背本性，终归会陷入苦受。所以，此种乐是小乐、暂乐、独乐，也是伪乐，甚至是邪乐。

据前文对道德的阐释，道德的高低与执着的大小相应，因而道德与"乐"实际是一体两面。尹昌衡说：

> 然有德而后能乐天，无德者，乐物而戕天和耳。……《传》曰："有德则乐，乐则能久。"又曰："心易则乐，窕则不咸。"《礼》曰："仁近于乐。"又曰："乐者，德之华也。"孔子曰："智者乐。"庄子曰："中纯实而反乎情乐也。"言乐由心生，心有德而后能乐也。①

其引用《左传》《礼记》《庄子》文，与原文文义相合与否，非此文考察目标，而其所述"乐"与德的关系甚为分明。据之，在他看来得乐的途径要在弃执着而非自私的追逐。

尹昌衡的"乐"说在其道德哲学中，起码有两方面意义：一是从本体的角度说明了人为什么生乐，使引导心行的乐奠立在本

---

① 尹昌衡：《圣学渊源诠证》"乐天"，见曾业英、周斌编《尹昌衡集》卷二，北京：社会科学文献出版社，2011年，第755页。

体论的基础上；其二，乐有大乐、永乐与小乐、暂乐的差异，小乐、暂乐不仅小还会招致苦痛。这些乐的差异，实际与道德的差异是相同的，有德则乐，无德则苦；德大则得乐大，德小则得乐小。阐理的意义在于清晰，理明方能立义并付诸实施，因而，"乐"说是其道德哲学完善的重要方面。

结　语

上述三方面是尹昌衡道德哲学的主体，对本体的观察分析是其思想的基础，对本体自然所出即道德的思想是其道德思想的主体，乐的说法和分析则对人的行为取向做了本体性解释，是必须行道德的重要根据。三方面结合，形成理性、严密的逻辑。

三方面之外还有对因报、福德的阐释，以及关于道、心性等的论述，都与道德思想有密切关联，并形成互为辅助的哲理体系。如关于福德说即阐释了行道德必然有福德跟随，其云："至净之白，福德大全，一入于尘，次第减衰。"[①] 如前文所述，不善、苦痛皆因执着而有，无执着的"至净之白"，福德自然纯全无亏，一起执着，随着执着的加强而次第衰减。显然，这种说法合入三方面之中，对求福之人行道德具有助成意义。与此类似，因报、福德思想的其他方面、道、性等的阐释都与本文所述三方面结成一体，从而形成较完备的道德哲学思想。

此外，他的道德思想从形式上是以本体论会通儒释道，而从具体阐释可以看出，他的道德哲学特别强调佛教哲理，在一定程度上是以佛理会通儒道。如他得出觉性是唯一真实的结论，即来自对大乘佛教的悟解，在最初获得感悟时就曾说："吾于一年以

---

① 尹昌衡：《惟白论》"白性福德"，见曾业英、周斌编《尹昌衡集》卷五，北京：社会科学文献出版社，2011年，第1722—1723页。

前,均疑白为阳,而地为白之原矿。及静考《瑜伽》《楞伽》,又征之于万物,乃知不然。白在阴阳之外,而地为白之假器也。"①他的道德哲学以"白"为根本,白既定性,其他都属于"白"基础上的合理阐发。

历史上以道体为核心,以佛理为主会通儒释道的思想,从佛教传入即逐渐展开,唐宋以后逐渐成为中国思想文化的主流。尹昌衡的道德哲学可以说是这种传统在近代的典型表现。因历史上有不少学者以为儒佛不通,如朱熹中年传儒学时以为佛教"无用",基本原因即以为佛教仅仅是"空"说,缺少伦理道德内涵:"释氏说空,不是便不是。但空里面须有道理始得,若只说道我见个空,而不知有个实底道理,却做甚用得?"② 尹昌衡的道德阐释无疑为释除两大思想不兼容的问题具有参考价值,对中国文化正形具有意义。

---

① 尹昌衡:《理海初集》"假阴阳",见曾业英、周斌编《尹昌衡集》卷五,北京:社会科学文献出版社,2011年,第1556页。
② (宋)黎敬德编:《朱子语类》卷一二六,北京:中华书局,1986年,第8册,第3015页。

成都的两个河南人

向以鲜[*]

摘　要　本文从城市与人的历史脉络，梳理来自中原河南的两位代表性人物诗人杜甫与政治家王建对成都所带来的深刻影响，两人极大地拓宽和掘深了成都这座历史文化名城的心灵空间。

关键词　成都　杜甫　王建

引言：如果没有这两个河南人

河南简称豫，不需要翻检什么字典，就可以望文而生义，豫字一定与大象相关。《说文解字》中也说得明明白白，豫就是大象，而且是指成年的、体格强壮的象。从生物考古学上也得到了多方证实，远古的河南一带，确实生活着亚洲大象群落。这种情形和成都极其相似，古蜀的成都平原，也同样游荡着大象的身影。所以，才在三星堆及金沙遗址中出土了大量象牙。当然，也不排除这里面的一部分象牙，可能来自遥远的南方。

为什么会提及大象呢？《易经》中有《豫卦》，所以王弼解释

---

[*] 作者简介：向以鲜，生于1963年，四川万源人，四川大学古籍整理研究所研究员，当代诗人。主要研究方向：中国古典文学、历史文献学。

说:"谓之豫者,取逸豫之义,以和顺而动,动不违众,众皆悦豫也。"大象是陆地上幸存的最大型动物,性情"和顺",温厚而雄伟,进退有仪,给人带来好心情。河南人以"豫"为名,其骨子里当具有此种风度。

历史上的河南人,是很了不起的。河南是中原文明的发祥地之一,若要追寻华夏文明,尤其是夏商文明,离开了河南那片广袤大地,几乎无从说起。这话说远了,就说成都吧。如果没有我们要说的这两个河南人,成都将会失去很多宝贵的城市品格。

河南是个人口大省,现在的中国,每十个人中就有一个河南人,地球上每六十个人中就有一个河南人。如果这个说法大体不差的话,那么仅在成都的河南人,至少在百万人以上。的确,成都的各行各业都能听到地道的河南话。成都的大街小巷,也能看到河南人开的各种面食店或者别的营生。成都的河南人,是成都离不开的兄弟和姐妹。

时间向上回溯一千多年,两个河南人分别来到成都。

他们为成都带来无尽的诗意,让清洗绸缎的江水,也清洗出灿烂的诗篇。

他们为成都带来繁华和安逸,让成都的歌舞升平,半入江风半入了白云。

这两个外乡来的河南人,虽然不是成都人,却比很多成都人还爱成都。

其中一个来了就不想走,虽然最后还是走了,但他却一刻也未曾忘怀过成都。

另外一个来了就真的不走了,与成都彻底融为了一体。

两个河南人,都为成都留下了辉煌的遗产——都在成都的西边,一个在一环路内,一个在二环路内。

今天及未来的成都人,都将沐浴在他们的光芒之中,受惠于他们的恩泽。

一、成都的诗歌底色：锦江边的大诗人

（一）希望的蜀道

杜甫（712—770），祖籍襄阳，河南巩县（今巩义市）人。杜甫字子美，取这个名字，显然意味着杜氏一门对他的某种人格魅力的期待。杜甫虽然长得并非是玉树临风般的型男，但就其沉郁顿挫的风格素养来看，还是担得起这个美名的。杜子美到过很多地方，几乎把整个中国走了个遍。杜甫的一生，是飘如转蓬的一生，一直处于迁移动荡之中。杜甫的童年是在出生地河南巩县度过的，后来结婚时还在故乡那儿打造过一处简单的窑洞（土室）；杜甫的青少年主要在洛阳姑妈家晃荡，并混迹于各种官场社交活动中。又曾浪游吴越、齐赵、梁宋之间，过着一种类似于纨绔子弟的生活，用杜甫的话说："放荡齐赵间，裘马颇清狂。"① 这期间还结识了大诗人李白和高适等人。经过一番折腾，杜甫觉得不能再这样游荡下去了。中年的杜甫重返长安，本想施展自己宏伟的政治理想，却没有料及世事的风云突变，一切来得那样突然，势不可挡：战争、混乱、饥荒、逃亡、贬谪，一个接着一个的来。从华州（今陕西省华县）到秦州（今甘肃省天水市），再到同谷（今甘肃省成县）。每到一处，杜甫都以为那就是终点，以为在那儿可以安定下来，结果每一处都是虚幻的不真实的不可靠的。杜甫在《发同谷县》诗中绝望地写道："奈何迫物

---

① （唐）杜甫撰，（清）仇兆鳌注：《杜诗详注》卷一六，北京：中华书局，2015年，第1185页。

累,一岁四行役。"① 华州待不了到秦州,秦州待不了到同谷,同谷待不了又到哪儿?我们知道杜甫后来到了成都,住了几年,接着杜甫又沿江而下,在夔州(今重庆市奉节县)、潭州(今湖南省长沙市)、衡州(今湖南省衡阳市)之间徘徊,最后病殁于自潭州摇向岳阳的小船上,诗骨埋于湖南耒阳。

　　肃宗乾元二年(759)的腊月初,杜甫决定带着全家老小,从同谷向成都进发。蜀道之艰险他是有心理准备的,杜甫一定读过李白的《蜀道难》。但是杜甫决定到成都生活,仍然是一种理性的选择。除了投亲靠友的考虑之外,对于蜀道的各种可能性,他也有过认真的权衡。他不是一个人去闯成都,而是拖儿带女一家人去生活(包括妻子杨氏、两个儿子宗文宗武、两个小女儿和至少一个仆人共七人),不能说走就走。蜀道是难,但是随着唐玄宗的避难入蜀,蜀道的艰险已有相当程度的改观,在当时甚至形成了一种入蜀寻找相对安稳生活的浪潮。史书描述说:"关中比饥,士人流入蜀者道路相系。"② 可以想见,杜甫挈妇将雏奔走于蜀道之上,他们并不是唯一的历险者。

　　艰难的蜀道,对杜甫一家来说,实在是一条充满希望的道路。

(二)第一个来了就不想走的人

　　经过长途跋涉,杜甫全家于是年岁暮抵达成都。杜甫初至异乡成都,被朋友(杜甫称之为"故人"的这个人很可能就是时任成都尹兼剑南西川节度使的裴冕)安排在浣花寺里暂时居住。这

---

① (唐)杜甫撰,(清)仇兆鳌注:《杜诗详注》卷九,北京:中华书局,2015年,第587页。
② (宋)欧阳修、宋祁等撰:《新唐书》卷一四三《高适传》,北京:中华书局,1975年,第4680页。

个冷寂的古寺，似乎让杜甫对初识的成都颇有点失望，其中也包含着对故人的部分失望。虽然那个故人给杜甫一家找了个临时栖身之所，还送来了一些禄米："古寺僧牢落，空房客寓居。故人供禄米，邻舍与园蔬。"① 但是，故人的帮助十分有限，杜甫一家不得不从好心的邻居那儿，获得一些聊以充饥的蔬菜之类。杜甫心中的失落感，我们还可以在他初到成都时所写的第一首成都诗作《成都府》中，寻觅到隐约的痕迹。在这首五言诗中，我们几乎看不到杜甫对繁华成都的真诚赞美。初到成都的杜甫，患着深深的怀乡病，身在成都，却有一种梦游的陌生感觉："翳翳桑榆日，照我征衣裳。我行山川异，忽在天一方。"②

是什么东西彻底改变了杜甫对成都的看法，并且从生命本质层面上拨动了杜甫那股敏感的诗歌神经呢？草堂！是的，是杜甫的茅屋，是杜甫的草堂。有了草堂之后，杜甫渐渐爱上了这座城，这片土地，这方人民。

有了草堂之后，杜甫就打算不走了，杜甫应该是成都历史上第一个著名的来了就不想走的异乡人。他在《为农》诗中写道："卜宅从兹老，为农去国赊。"③ 杜甫在浣花溪畔的草堂岁月，是杜甫一生中最静好、最悠游不迫的岁月。史书上说："甫于成都浣花里种竹植树，结庐枕江，纵酒啸咏，与田畯野老相狎荡，无拘检。"④ 杜甫并非口头上说说不想走（从兹老），而是立即付诸行动：为了长住久安下来，杜甫开始精心营造着自己的草堂。杜

---

① （唐）杜甫撰，（清）仇兆鳌注：《杜诗详注》卷九，北京：中华书局，2015年，第604页。

② （唐）杜甫撰，（清）仇兆鳌注：《杜诗详注》卷九，北京：中华书局，2015年，第602页。

③ （唐）杜甫撰，（清）仇兆鳌注：《杜诗详注》卷九，北京：中华书局，2015年，第615页。

④ （后晋）刘昫等撰：《旧唐书》卷一九〇下《文苑传下》，北京：中华书局，1975年，第5054—5055页。

甫在很多地方都曾产生过安居的幻觉,但都没有付诸具体的行动,即使行动了,也没有用心过,因为杜甫知道那不过是一个风雨飘摇的临时住所,自己永远是一个过客。但是对于成都的草堂,杜甫的认识和行为迥然不同:这儿将是他的家,永远的家。杜甫的草堂绝不是一个随意的暂避风雨的简陋之所,而是一个颇具匠心的诗意栖居。

(三)草堂:异乡的"新巢"

杜甫到达成都的次年,也就是肃宗上元元年(760)的春天,杜甫开始着手修建他在成都府的正式住所。毫无疑问,草堂倾注了杜甫在建筑与园艺方面的全部热情和才华。我们从杜甫诗歌中,可以获得大量的关于营造草堂的背景信息:草堂的空间、环境、邻里、修建资金和艺术品味等等。比如构筑草堂的起动资金就来源于杜甫的表弟,一个小小的军事官员王司马,而不是那位享有国家丰厚禄米的故人。除了表弟的资助之外,杜甫也会向朋友们求助,但并不是每一个朋友的应诺都可以兑现,有个叫王录事的人就是这样。不得已,杜甫只好写诗催问。但是,这些物质生活中的琐屑之事,并没有影响杜甫构筑草堂的兴致,不仅没有影响,由于是杜甫平生第一次真正下功夫建筑自己的家园,反而让杜甫从中体味到了别样的艰辛与甜蜜。

经过一番苦心经营,杜甫在成都的草堂,终于初具规模,可以安心住下来了。为此,杜甫写下著名的《堂成》一诗,以歌颂这异乡的"新巢"——"背郭堂成荫白茅,缘江路熟俯青郊。桤林碍日吟风叶,笼竹和烟滴露梢。暂止飞乌将数子,频来语燕定新巢。旁人错比扬雄宅,懒惰无心作解嘲"[1]。成都给了杜甫这

---

[1] (唐)杜甫撰,(清)仇兆鳌注:《杜诗详注》卷九,北京:中华书局,2015年,第611页。

样一片小小的天地，虽然也有秋风肆虐，使茅屋破败，但更多的时候是安静、安适、安稳的。再加上还有老友、一方军政要人高适（任彭州刺史、蜀州刺史和成都尹）或严武（任绵州刺史、成都尹兼御史大夫和东西川节度使）的不时照顾，中间还夹杂着战乱，但总的来说，杜甫在成都度过的近四年生活，是他一生中最值得留恋的岁月。成都就像是一个慈爱的母亲，给杜甫这样饱经忧患，一身是伤的异乡游子带来无尽的身心抚慰。成都又像是一位秘密的情人，唤醒了杜甫沉睡的抒情的审美意识，让杜甫的人生，在悲苦之中多了几分明亮之色，多了几分生动之气。

（四）锦江边的大诗人

杜甫深爱自己的家人，尤其热爱那对不知名的小女儿。在整个唐代诗人中，依我之见，杜甫是最疼爱自己女儿的一个大诗人。虽然李白也曾在言谈中提及自己的女儿明月奴，但仅仅是一笔带过。杜甫就不同了，在诗中不仅常提及，并且有着生动的细节呈现。在杜甫的认识中，天府成都不仅是最后的避难之所，也是能让家人安稳过日子，能让儿女们得以苦壮成长的地方——果然，我们在写于上元元年（760）的《江村》诗中，看到了一幅杜甫在到达成都之后的诗歌里，十分罕见的大自然与天伦之乐完美融洽在一起的夏日图景："清江一曲抱村流，长夏江村事事幽。自去自来梁上燕，相亲相近水中鸥。老妻画纸为棋局，稚子敲针作钓钩。多病所须唯药物，微躯此外更何求？"[①] 清澈的浣花溪（锦江在西郊一段的名字）环绕着城外小小的村落；漫长的夏天无所事事，安静而寂寥；那些梁上的燕子，水中的沙鸥们是多么自由、亲爱、无拘无束啊！岁月和沧桑虽然刻满妻子的面容，她

[①] （唐）杜甫撰，（清）仇兆鳌注：《杜诗详注》卷九，北京：中华书局，2015年，第620页。

仍有一颗青春的心,画纸为棋局,在想象的对弈中,体味来之不易的幸福;可爱的孩子们,把缝纫衣被的铁针敲成弯曲的鱼钩,他们要从成都的江水中,钓出银色的欢乐……彼时的杜甫,内心中一定洋溢着对成都满满的爱和感激。

  杜甫的家安在了成都的草堂,在这儿,风景淳朴,景色宜人。在写下《江村》的次年,也就是上元二年(761),即杜甫入川的第三个年头,杜甫在《进艇》诗中,再一次为我们描绘了相似的锦江天伦图,可视为《江村》诗的姐妹篇:"南京久客耕南亩,北望伤神坐北窗。昼引老妻乘小艇,晴看稚子浴清江。俱飞蛱蝶元相逐,并蒂芙蓉本自双。茗饮蔗浆携所有,瓷罂无谢玉为缸。"① 这儿的"南京"就是成都,因唐明皇幸蜀,号成都为南京置尹。杜甫似乎已经习惯了成都的安逸生活,这儿有田可供自己耕种,有小艇可供与妻子杨氏一起乘兴坐游,有清澈的江水可供两个淘气的孩子(此时宗文已经十一岁,宗武也已八岁了)游泳嬉戏,天空还有翻飞追逐的蛱蝶,溪水有并蒂的芙蓉相爱相亲。这还不够,不仅有可口的甘蔗汁儿当茶饮,还有绿瓷玉缸中的醪酒散发着芬芳。

  这样的幸福,是之前的杜甫从未曾体会过的。仇兆鳌《杜诗详注》引葛常之的话说:"《北征》诗云:'经年至茅屋,妻子衣百结。恸哭松声回,悲泉共幽咽。'是时方脱身于万死一生,以得见妻儿为幸。至秦州,则有'晒药能无妇,应门亦有儿'之句,已非北征时矣。及成都卜居后,《江村》诗云:'老妻画纸为棋局,稚子敲针作钓钩。'《进艇》诗云:'昼引老妻乘小艇,晴看稚子浴清江。'其优游愉悦之情,见于嬉戏之际,则又异于客

---

① (唐)杜甫撰,(清)仇兆鳌注:《杜诗详注》卷十,北京:中华书局,2015年,第680页。

秦时矣。"① 由此可以想见，那对在《北征》中学母亲化妆的小女儿，到了成都，此时该有多么的开心快乐啊！

从杜甫对儿女们的爱，我们可以真切感受到诗人内心中最柔软的那一部分。这种爱，和杜甫在成都茅屋中所生发出来的"安得广厦千万间"的爱是一脉相承的。可以说，不仅杜甫和妻子在成都的锦江边找到了乱世中的快乐，他的儿女们，在成都的锦江，也找到了属于他们自己的珍贵的美好时光。

锦江边的大诗人杜甫，他是多么热爱这条江水啊！

（五）杜甫的血

成都毫无保留地接纳了杜甫，杜甫也毫不吝啬地赞美着成都，歌唱着成都——如同翠柳上的黄鹂，青天中的白鹭。因此，我们凭借杜甫的史诗之笔，看见了生动的，鲜活的唐代成都；看见了花径和蓬门；看见了在城中十万户此地两三家的对照中，鱼儿在细雨里出没，燕子在微风中快乐翻飞；看见了一场好雨，看见了野径上的黑云，看见了江船上的渔火，还看见了黎明中的沾满雨露的花朵。我们还看见了唐代成都幕府中的梧桐、蜡炬、月色，看见了城外柏树森森的诸葛武侯祠堂；还看见了来自天地之间的锦江春色，看见了变幻古今的玉垒浮云。当然，成都也不是世外桃源，我们从杜甫诗中，听见了萧瑟的秋风，看见了破败的茅屋，看见了人间的悲伤。我们还从杜甫诗中知道了唐代成都人以槐树叶制作成的绿色凉粉，以及成都很多已遗失的市井风俗。

杜甫离开成都时，曾写有《去蜀》一诗："五载客蜀郡，一年居梓州。"② 杜甫在成都居住时间不到四年，只有三年零九个

---

① （清）仇兆鳌：《杜甫全集》，长春：时代文艺出版社，2001年，第863页。
② （唐）杜甫撰，（清）仇兆鳌注：《杜诗详注》卷一四，北京：中华书局，2015年，第1005页。

月。中途避乱到了梓州、阆中等地,在这些地方待了一年零八个月。加上这些时间,杜甫一共在四川境内待了差不多五年半的时间(759—765)。

在杜甫待过、走过、住过、爱过、恨过的众多地方中,为何只有成都如此重要,不可或缺?

很难想象,如果杜甫不到成都,我们还能看到如此瑰奇多姿,汪洋恣肆的杜甫吗?离开成都之后的杜甫,再也没有找到一处像成都这样让他心安的地方,直到他死去,再也没有找到。杜甫虽然终究还是离开了成都,但成都人民一刻也没有忘记这位伟大的诗人。

同样的,我也很难想象,如果成都没有杜甫,将会是一种什么景象。

河南人杜甫的血,已深入到成都的血管和骨髓。

杜甫构成了成都诗歌基本的不可更替的底色。

二、成都的王者气象:
热爱诗歌艺术的"兔子皇帝"

(一)烧饼师或贼王八

我们要说的第二个河南人,在杜甫入蜀的125年后,首次踏上成都的土地,那一年他刚好三十八岁。虽然比杜甫晚到了百多年,对成都的感情可能比杜甫还要深。他把余生都给了成都,来了就没有再走,成都成了他最辉煌的地方,也是他最后停留的地方。

前蜀王王建(847—918),字光图。杜甫的出生还是很光鲜的,享受着并不算菲薄的俸禄。王建就不同了,王建是地地道道的草根人家。唐宣宗大中元年(847)二月初八,王建出生于许州舞阳(今河南漯河舞阳)一个社会底层的家庭。王建的祖父辈

成都的两个河南人

都靠烤制烧饼来维持生计，是一个不折不扣的烧饼师的儿子。由于在兄弟姐妹中排行第八，左邻右舍叫他小名儿王八。又由于这个王八打小不学好，对卖烧饼一点儿兴趣也没有。成天游手好闲，不是杀了别人家的牛，就是盗走乡亲的驴子。更爱干的事则是贩卖私盐，这个利大，刺激。因此，王建又被人叫做"贼王八"。这些江湖手艺（杀牛盗驴贩盐）看起来都不咋的，但对于磨炼一个心怀高远的乱世之人的意志，无疑是相当有效的，江湖从来就是一所最好的学堂。

和少年"无赖"行为形成强烈反差的，是王建的英俊形象。《新五代史·前蜀世家》记载：王建"隆眉广颡（额），状貌伟然"[①]。据说其身高达七尺，这在千年前的中国，实在堪称伟岸的男人。我们今天还能看到的成都永陵王建墓出土的王建石刻坐像，与史书的记载相当吻合。石像中的王建虽然戴着冠冕，仍能看见宽广的额头，眉宇之间英气勃勃，眼神安详，嘴角内收，鼻梁挺拔，酷酷的感觉，流露出几分希腊气质。石坐像具有高度的写实风格，和通常所见的中国人物造像那种模式化的手法完全不同，一定出自名匠之手。

我们知道，晚唐时代，很多中原及关中的绘画与雕塑大家，随着唐僖宗李儇入蜀而来到成都，和成都本土的艺术家相互切磋交流，一时之间，西蜀的绘画蔚然成风，名家辈出。其中以画人物闻名于世者首推长安画家常粲的儿子常重胤。重胤先为唐僖宗驾前翰林待诏，后又成为王建的翰林写貌待诏，相当于现代的御用摄影师。

王建石像的粉本，极有可能出自人物肖像画家常重胤之手。

烧饼师的儿子，长得真俊。

[①] （宋）欧阳修撰，徐无党注：《新五代史》卷六三《前蜀世家》，北京：中华书局，1974年，第783页。

(二)墓语与僧言

贩私盐似乎是王建青年时代最爱干的一件事,前面说过,因为贩私盐利益很大,又刺激,所以很多人会铤而走险。大约在他二十七八岁时,因一起私盐的复仇事件,王建被官府抓住治重罪下了狱。可是,王建不知使出了什么江湖手段,看管他的狱吏竟然将他给放了。趁着夜色,王建躲进舞阳郊外的一座古墓中。避过风头之后,王建一路东躲西藏,逃到了湖北武当山。所以,在王建的生命中,古墓是个好地方。在成都称王之后,把自己的陵墓修得那么华丽,可能与他对古墓的好感有些关系。宋人曾慥在《类说》中记载了一则故事,说弘农郡的王晋晖,年轻时与王建一起当强盗,夜泊舞阳古墓中。闻人呼墓中鬼:"颍川设无遮会,可同往否?"墓中应曰:"蜀王在此,不得相从。"[①] 这番诡异墓语的故事,肯定是王建后来让人给编的,以证明其蜀王的神秘合法性。但由此也可以看出来,王建内心中对古墓的感恩之情,连他要当蜀王的预言,也是从舞阳古墓中发出来的。

如果说放走王建的狱吏算是王建生平所遇到的第一个贵人的话,那么他逃到武当山遇到的僧人处洪,则是他命中的第二个贵人。处洪见到王建后,觉得这个年轻人虽然衣裳破旧,却自有一种遮掩不住的光芒所在。据《十国春秋·高祖本纪》记载:精通相术的僧人处洪对王建建议:"子骨法甚贵,盍从军自求豹变。"[②] 这句僧言有若醍醐灌顶,真是应了那句老话:听人劝,得一半。王建突然醒了过来,拉开了自己的"豹变"序幕——从

[①] (宋)曾慥编纂,王汝涛等校注:《类说校注》上册,福州:福建人民出版社,1996年,第824页。
[②] (清)吴任臣:《十国春秋》卷三五《高祖本纪上》,北京:中华书局,1983年,第481页。

一个逃犯摇身而变成为许州忠武军（河南淮阳）队正，相当于一个拥有五十名士兵的小队长。又在讨伐黄巢的战事中"机略拳勇出于流辈"①，深得忠武军监军杨复光赏识，迅速成为拥有上千人的忠武八都头之一。

（三）随驾的干儿子

唐僖宗广明元年（880）十二月，黄巢的军队攻破长安，唐僖宗仓皇逃往巴蜀。这个事件对于唐朝几乎是灭顶之灾，但对于王建来说，则未尝不是一个巨大的机会，王建一直在等待这样的机会来临。三年后，也就是中和四年（884），王建与另外四个都头一起，长途奔徙成都，带着士卒归附于僖宗。僖宗如获重兵，可以想象那时的唐朝，已经虚弱到了何等地步，区区几千人也被大唐天子看得上眼。僖宗赐封五都头为"神策军宿卫"和"随驾五都"②。时任神策军的统帅观军容使是大权在握的宦官田令孜，僖宗称田令孜为"阿父"，他哥哥就是时任西川节度使的陈敬瑄。在以后的岁月中，王建不断和这对蜀地兄弟打交道。说来也巧，陈敬瑄年轻时也做过烧饼师呢，不知王建对此有什么心理阴影没有？相传王建的死还与烧饼有关：王建宠臣唐文扆与徐妃等人密谋，让尚食在鸡烧饼中投毒。看来一个人的出身印记，是很难摆脱掉的。

田令孜为了笼络人心，以泛血缘的方式大打亲情牌，收王建等五都头为干儿子。事实证明，在巨大权利的诱惑之下，什么亲情都是浮云。两年之后，王建兵临成都城下，眼中根本就没有这个义父了。最终，兄弟均死于王建之手。

---

① （宋）王钦若等撰：《册府元龟》卷二二〇，清乾隆十九年（1754）刻本。
② （清）吴任臣：《十国春秋》卷三五《高祖本纪上》，北京：中华书局，1983年，第482页。

王建奔蜀的次年即光启元年（885），又随僖宗摆驾返回长安，僖宗任命王建等人统领神策军，宿卫于宫中。这一年快要结束时，唐室再起风云。事情因田令孜而起，田令孜与河中节度使王重荣争夺盐池，王重荣联手河东节度使李克用举兵直犯长安。可怜的僖宗，在长安的龙椅上还没有坐热，又不得不逃向凤翔（今陕西省凤翔县），不久又被田令孜挟持逃往兴元（今陕西省汉中市）。僖宗任命王建为清道使，负责沿途安全事宜，并重点保护传国玉玺。逃亡途中险象环生，王建出生入死，为保卫僖宗立下汗马功劳。最让僖宗感动的是，疲惫不堪的僖宗竟然以王建的大腿为枕睡着了，王建成了名副其实的股肱大臣。僖宗夜半醒来，动情地将御衣赐予王建以抵御寒气。次年的光启二年（886）三月，僖宗一行人才到达兴元，任命王建遥领壁州（今四川省通江县）刺史。所谓遥领，一种象征性的拥有，人并不用亲往，就是一个名头而已。

（四）大蜀王王建

光启三年（887）冬天，受义父田令孜兄弟之请，王建携五千兵马进发成都。史书上说，当王建的军队抵达德阳鹿头关时，烧饼师陈敬瑄感到情况不妙，不能让足智多谋且善战的王建来到成都，那样可能会引狼入室，于是派兵阻止王建南下成都。王建觉得受了侮辱，于是，迅速破鹿头关，直取汉州和彭州，以五千人败了陈敬瑄的五万人，兵锋逼拢成都。但是，成都城并不好攻，久攻不下。王建并不着急，而展示了一个军事家和政治家的谋略和耐心，一边攻城，一边发展自己的力量。同时以僖宗继任者唐昭宗李晔的名义，讨伐逆臣捍卫唐室，获得道义上的支持。北守剑门南攻成都，切断中原与成都的联系，王蜀之心昭然若揭。实际上，即使当时陈敬瑄兄弟没有反悔，以笔者的判断，王建也是来者不善,一定会把田、陈兄弟灭了。

差不多四年之后的唐昭宗大顺二年(891),王建终于拿下心仪已久的成都。接着用了不足两年的时间,又占据了东川三峡,坐拥六十四个州。此时的王建,可谓兵强马壮,领土辽阔。景福二年(893),唐昭宗敕封王建为蜀王。王建始终没有反过唐朝,不仅没有反过,一直在维护着唐朝的面子。这个出身低下的人,对大唐文明有着刻骨的热爱。直到十四年后的兔年,也就是唐哀宗李柷天佑四年(907),朱温以梁代唐,正式宣告大唐的终结时,六十岁的王建在成都恸哭三天后,才正式称帝,国号"大蜀",曾短暂称为"大汉",史称"前蜀",以区别于孟氏父子的"后蜀"。前蜀掌控的地理空间,北接汉中,西邻川藏边界,南至云贵高原,东达白帝城。实力堪与中原朱温、河东李克用、淮南杨行密相比肩,而富饶繁华则远在诸地之上。

河南人王建在成都称帝,一共做了十二年(907—918)大蜀(前蜀)国皇帝。以自己的勇敢、坚韧和精明的判断,完成了从烧饼师的儿子到一方帝王的传奇人生。

(五)热爱诗歌艺术的"兔子皇帝"

成都永陵墓中后室王建石像前的双重宝盝中,藏着一件造型奇特的兔首龙身玉谥宝(刻有谥号的玉玺)。为什么会将玺钮刻成兔首龙身呢,龙身好理解,是帝王的象征。前面说过,王建出生于唐宣宗大中元年(847),那一年的干支属丁卯,正是十二生肖中的兔年——原来,前蜀王王建也是一只兔子呢!宋人秦再思《洛中记异录》记载说,王建正式登基之前,蜀地广泛流传着一首名叫《兔子上金床》的谶谣[①]——当然这样的歌谣肯定也是王

[①] (清)俞正燮撰,涂小马校点:《癸巳类稿》卷一二,沈阳:辽宁教育出版社,2001年,第400页。

建让人创作的,为自己当皇帝造势。五代人何光远的笔记小说《鉴诫录》还记载了一则与兔子相关的故事:前蜀光天元年(918),王建病重不起,文州有人进贡白鹰,茂州有人进贡白兔。这可不一个好兆头:王建的本命是兔子,鹰是要吃兔子的啊!群臣便把贡鹰给退了,只留下那只兔子。结果,兔子皇帝还是走了。我们还记得,王建登基那年六十岁,刚好一个甲子,又是兔年。

王建本人虽然没有什么文化,却并不是一个粗人。他敬重知识,重用文人,喜欢诗歌、音乐、舞蹈和绘画艺术,是一个值得尊敬的热爱诗词艺术的兔子皇帝。王建行事相当懂得分寸,不自大也不自轻,不穷兵黩武,不劳民伤财,进退有度,左右逢源。在他的统治之下,西蜀是五代乱世中罕见的安详之地,与南唐一同成为当时中国东、西文化的中心。名僧贯休在诗中赞叹说:"河北江东处处灾,唯闻全蜀少尘埃。"①

成都学者王瑛认为:较之江南政权而言,前、后蜀在文化事业上所取得的成就及在承唐启宋的历史进程中所发挥的作用更为巨大:学校的恢复,蜀石经的镌刻,雕版印刷术的广泛流行,我国最早的文学词派——"花间词"派的诞生,音乐歌舞的繁盛,绘画艺术的辉煌,医药科技方面取得的成就等等,无一不对宋以后的文化发展产生了深远的影响。② 这个认识基本上是符合历史真实的。史学家司马光评价王建说:"蜀主虽目不知书,好与书生谈论,粗晓其理。是时唐衣冠之族多避乱在蜀,蜀主礼而用之,使修举故事,故其典章文物有唐之遗风。"③ 王建由草莽而

---

① (清)廖元度选编,湖北省社会科学院文学研究所校注:《楚风补校注》上,武汉:湖北人民出版社,1998年,第760页。
② 王瑛:《论前后蜀文化的发展及影响》,《中华文化论坛》2007年第1期。
③ (宋)司马光编著,(元)胡三省音注:《资治通鉴》卷二六六《后梁纪》,北京:中华书局,2013年,第8916页。

为帝王，功成之后，一洗江湖之气，视自己为大唐文明薪火的传人，从宫廷礼仪到园林建筑、音乐舞蹈等，都保留着鲜明的中原大唐基因。

前蜀王王建，为成都重续了非同寻常的王者气象。这种气象，自蜀汉灭亡那一年算起，至少已经中断了六百多年。最重要的是，王建为这种气象注入了诗歌、音乐、绘画、舞蹈、繁华和理想的元素，从而极大地拓宽和掘深了成都作为一座历史文化古城的心灵空间。

（六）伎乐·24

光天元年（918）六月，王建驾崩，享年七十二岁。葬于现在成都的西郊三洞桥永陵路，世称"永陵"。20世纪40年代初期，由中央研究院历史语言研究所、中央博物院筹备处、四川省博物馆联合发起，并以考古学家冯汉骥为主持，开始王建永陵的发掘工作。此次发掘工作影响颇巨，在当时也是中国首次展开的大规模地下墓室发掘工程。建国之后，冯先生先后撰写了《前蜀王建墓发掘报告》[①]及《前蜀王建墓内石刻伎乐考》[②]等重要论著及论文，其中对永陵石刻伎乐的精深研究，迄今仍是研究中国古代雕刻、艺术、音乐、舞蹈等方面的经典文字。永陵石刻中最为著名的是伎乐浮雕石刻（墓中室置须弥座式棺床，座身周围凹进处刻歌舞乐伎共24人），属唐代宫廷乐舞的坐部伎。浮雕中有舞伎二身，分别置于正面中间二宽格内，姿态基本对称。其余伎乐如击拍板者、弹琵琶者、吹篪者、吹排箫者、吹筚篥者、弹筝者、弹竖箜篌者等，均挽高髻，着宽袖长裙，腰束飘带，肩披帔巾，足

[①] 冯汉骥：《前蜀王建墓发掘报告》，北京：文物出版社，1964年。
[②] 冯汉骥：《前蜀王建墓内石刻伎乐考》，《四川大学学报》（哲学社会学科报）1957年第1期。

着云头复底鞋。面颐丰腴，略露笑意，提腕侧身，一膝微屈，姿态优美。雕刻技法娴熟流利，风格上则显出质朴之风，隐隐有大唐盛世气象。优美地充满中原与异域色彩的二十四伎乐，再现的正是代表盛唐文化盛景《霓裳羽衣曲》入破时最惊艳的一瞬！

当下，成都正欲打造中国音乐之城，这些地下地上的音乐文献，弥显珍贵。由成都天姿国乐领衔打造的国乐观念剧《伎乐·24》，即以此石刻艺术为蓝本，颇具有实验意义。不仅是向前蜀的音乐舞蹈艺术成就致敬，也是向代表古代华夏文明高度的大唐致敬。

结语　成都应该感谢两个河南人

我们应该感谢这两个河南人，感谢河南人大诗人杜甫，感谢河南人前蜀王王建。

他们虽然没有出生在成都的土地上，但却因为历史的机缘，个人的命运，来到了成都。

成都毫无保留地接纳了两个异乡人，并且以自己的富饶、美好和神性，打开了他们各自的王国，诗歌的王国，幸福的王国，政治的王国，艺术的王国。

成都的包容和富于想象力，成就了两个河南人的伟业。

两个河南人的非凡表现，也成就了成都独特的历史人文空间。

从今以后，我们成都人，应该对河南人心怀感恩和敬意。

因为，成都离不开这两位伟大的河南人。

马一浮与四川

张宏敏[*]

摘　要　马一浮与四川尤其是巴蜀学术之关联，可从以下三个方面来把握：一是祖籍浙江上虞的马一浮，其祖父、父辈曾供职于四川，而其本人则生于成都并在此度过了六年的童年岁月；二是抗战期间，马一浮在乐山筹办复性书院达七年之久，通过讲学、刻书方式推动了以"六艺之学"为代表的"国学"在蜀地的传播；三是马一浮与蜀籍国学大师谢无量之间通过面晤、诗行、书信等方式，进行了长达六十余年的交往，可谓"翰墨情深"，也堪称二十世纪文人交往的"典范"。

关键词　马一浮　复性书院　国学　谢无量

20世纪杰出的"国学大师"马一浮是源远流长的"浙学"与"蜀学"在近代交涉互动的一个具有典范性意义的个案。马一浮与四川包括巴蜀学术之关联，可从以下三个方面来把握：一是祖籍浙江上虞的马一浮，其祖父、父辈曾供职于四川，而其本人

---

[*] 作者简介：张宏敏，生于1982年，哲学博士，浙江省社会科学院哲学研究所、浙学研究中心副研究员。主要研究方向：中国哲学与浙江思想史学派。

本文系浙江省社科规划"之江青年课题"《浙学与蜀学的互动及比较研究》（编号：19ZJQN09YB）阶段性成果。

则生于成都;二是抗战期间,马一浮在乐山筹办复性书院,通过讲学、刻书方式推动了以"六艺之学"为代表的国学在蜀地的传播;三是马一浮与蜀籍国学大师谢无量之间的交往,堪称二十世纪学者之间交往的典范。

一、马一浮生于四川成都

马一浮(1883—1967),籍贯浙江上虞,但因祖、父在四川为官,遂生于四川成都西府街1号。马一浮祖父马楚材,清咸丰年间因平"滇寇"而牺牲于四川仁寿县县尉任上,其生子亦从父就义,葬于叙州庆符县;侄马廷培(马一浮之父)继为后,弱冠即入川佐幕,光绪初年署潼川府通判、仁寿县知县。马一浮6岁时,随父母出川返乡上虞;出川前,至叙州庆符县南岸坝展拜祖父母之墓。

光绪二十七年(1901),马一浮曾致书在四川叙府的姑表兄鲁同,告以离川返乡后父母病故等家事。① 马一浮母亲何定珠,陕西沔县人;马一浮一家离川后,其母系亲属则留置在川。光绪三十三年(1907),两次致书三舅父何稚逸,告知自己近况。② 宣统元年(1909)六月,何稚逸因"左迁"而进京"陈情",甥男马一浮为声援舅父,乃赴京觐谒,事竟又护送舅父回川。③

1935年5月,因思亲之念,马一浮致书四川庆符县政府及

---

① 马一浮著,吴光主编:《马一浮全集》,杭州:浙江古籍出版社,2013年,第2册(上),第286页。
② 马一浮著,吴光主编:《马一浮全集》,杭州:浙江古籍出版社,2013年,第2册(上),第292—295页。
③ 丁敬涵:《马一浮先生年谱简编》,《马一浮全集》,杭州:浙江古籍出版社,2013年,第6册(上),第14页。

县长戴宝荪,请求保护南岸坝之祖茔。① 因为与三舅父之子何茂桢失去联系,1935 年 5 月,马一浮还草发《寻表弟何茂桢启》;② 1937 年 7 月,何茂桢自川来杭,由于三十年未见母系亲属,马一浮见之,欣喜不已。因日寇侵华,杭城告急,何茂桢在川有老母、妻儿,乃返川。返川前,马一浮跋表弟所携《董文敏早朝诗卷》,在盛赞董文敏书法的同时,叙三舅父得此诗卷之始末。1939 年,马一浮为避寇,至四川乐山创办复性书院。在乐山,由表弟何茂桢安排住宿,先住城外武圣祠,后因病移居城内;至乐山即叩见三舅母,行跪拜礼。③ 1942 年 8 月 4 日,何茂桢为复性书院购油,因船失事而不幸殉职。为安排表弟后事,马一浮写《为何茂桢招魂辞》④,并临江亲自主持招魂仪式。

1943 年 5 月,仁寿县徐子静来函询及马一浮祖父祠堂事,马乃抄寄当时专祠碑记诸文,以及 1935 年致庆符县政府感谢立案保护祖茔函,同时表示:"此事存废,系于贵邑民意",自己"尤不欲轻事干求"。⑤ 1946 年 3 月 31 日,马一浮离乐山回杭,途经叙府时,特留一宿,往南岸坝拜谒祖茔。⑥ 这也是马一浮最后一次祭拜滞留蜀地的先祖坟茔。

---

① 马一浮著,吴光主编:《马一浮全集》,杭州:浙江古籍出版社,2013 年,第 2 册(下),第 1011—1013 页。
② 丁敬涵:《马一浮先生年谱简编》,《马一浮全集》,杭州:浙江古籍出版社,2013 年,第 6 册(上),第 37 页。
③ 丁敬涵:《马一浮先生年谱简编》,《马一浮全集》,杭州:浙江古籍出版社,2013 年,第 6 册(上),第 45 页。
④ 马一浮著,吴光主编:《马一浮全集》,杭州:浙江古籍出版社,2013 年,第 2 册(上),第 270—273 页。
⑤ 马一浮著,吴光主编:《马一浮全集》,杭州:浙江古籍出版社,2013 年,第 2 册(下),第 1010 页。
⑥ 丁敬涵:《马一浮先生年谱简编》,《马一浮全集》,杭州:浙江古籍出版社,2013 年,第 6 册(上),第 65 页。

二、马一浮在乐山创办"复性书院"

1937年"七七事变",日本发动全面侵华战争。1938年,杭州沦陷,辗转桐庐、开化避难的马一浮应浙江大学校长竺可桢之聘,至浙大"特约讲座"为学生讲授国学,并随校转移至江西泰和、广西宜山。由于对现行教育体制不满,马一浮无意长期滞留浙大,遂有创办传统古典书院、自由讲学的设想,后得到友生寿毅成、刘百闵、张立民等人及国民政府的支持与资助。在《书院之名称旨趣及简要办法》中,马一浮建议以"复性书院"为名开展自由讲学活动,且心目中的书院"为纯粹研究学术团体,不涉任何政治意味。凡在院师生,不参加任何政治运动"[①]。在与国民政府接谈之际,马一浮提出三项条件:一、书院不列入现行教育系统;二、除春秋祭奠先师(孔子)外,不举行任何仪式;三、不参加任何政治活动。蒋介石、陈立夫等明确表示"名义章制俱候尊裁""始终以宾礼相待",并在办学经费上予以资助。

1939年2月,马一浮应聘赴川;3月,书院董事会成立,聘马一浮为主讲,"统摄学众,总持教事"。由于复性书院是社会学术团体,筹委会、董事会、基金保管会均由赞成书院宗旨的社会贤达组成,如谢无量、熊十力、陈布雷、屈映光、梁漱溟、寿毅成、沈尹默、贺昌群、梅迪生、沈敬仲等。[②] 为支持马一浮筹建书院,时任浙江大学史地系教授贺昌群(四川马边人)辞去教职,追随马一浮前来书院任书院筹备委员、讲友、监院。[③] 书院

---

① 马一浮著,吴光主编:《马一浮全集》,杭州:浙江古籍出版社,2013年,第4册,第328页。

② 丁敬涵:《永怀集:怀念一代儒宗、舅祖马一浮》,成都:西南财经大学出版社,2016年,第41页。

③ 丁敬涵:《马一浮交往录》,杭州:浙江大学出版社,2013年,第194页。

选址乐山（嘉州）乌尤山，以乌尤寺内旷怡亭为讲习之所。马一浮不赞成现代学术分科，复性书院课程设置分"通治""别治"二门：前者共同修习，以《孝经》《论语》为一类，诸子附之；后者为选修，以《尚书》《周礼》《仪礼》《礼记》为一类，名法墨三家附之；《易》《春秋》又一类，道家附之。

《复性书院》的学规是"主敬""穷理""博文""笃行"："主敬为涵养之要，穷理为致知之要，博文为立事之要，笃行为进德之要。"[①] 根据贺昌群草拟的《复性书院征选肄业生细则》，学生分肄业生和参学人两种：肄业生需先送文字请求甄别，文字合格，方准入院，书院津贴膏火，每年课试两次；参学人只要赞同书院宗旨、有志于学、经主讲许可即可入学，书院不补贴膏火，课试听其自便。[②] 书院成立之初，学员人数本欲多取，招生简章发出后，慕名求学者达数百人。马一浮对寄来文章，逐一甄别，最后录取 30 人，加上参学人亦不足 40 人。1939 年 9 月 1 日，书院正式开讲，马一浮开讲词为《开讲日示诸生》，就抗战时期设立书院讲学之旨趣，阐明时势常变因应之理。[③] 讲唯识论的熊十力、讲德国哲学的张真如、讲儒道名墨杂家诸子的黄离明，及讲儒家思想与中国传统政治的钱穆，先后以"讲友"身份执教书院。书院教学以自由讲习与悉心体究为主，每周讲习一个上午，另外四个半天安排学生向主讲自由请益，请益者预告典学，由典学具体安排进谒请益时间。请益时，由学生自由提问，主讲作引导式回答。其余时间各人自习，写读书札记。札记，每半月呈阅

---

① 马一浮著，吴光主编：《马一浮全集》，杭州：浙江古籍出版社，2013 年，第 1 册（上），第 86—102 页。
② 马一浮著，吴光主编：《马一浮全集》，杭州：浙江古籍出版社，2013 年，第 4 册，第 331—333 页。
③ 马一浮著，吴光主编：《马一浮全集》，杭州：浙江古籍出版社，2013 年，第 1 册（上），第 84—86 页。

一次，由主讲阅批。每半年举行一次课试。比如，1940 年 1 月 4 日第一届课试、6 月 20 日第二届课试、12 月第三届课试，1941 年 6 月第四届课试①，系开卷考试。复性书院学生受马一浮及诸讲座教育，对六经义理之学有较深理解，不少人在通治群经的基础上专治一经。书院还刻印有书院教辅人员张立民选编的学生论文集《吹万集》②，于 1941 年排印。

抗战期间的国民政府欲把书院置于"官办"地位，不再"以宾礼相待"，这与马一浮创办书院的初衷冲突，遂萌生罢讲之念。1941 年暑期，马一浮开始罢讲。③ 从 1939 年 9 月开讲，到 1941 年 5 月 25 日停止讲学，复性书院讲学活动共持续了一年零八个月。马一浮先后主讲"群经大义"，包括《论语大义》《孝经大义》《诗教绪论》《礼教绪论》《观象卮言》《洪范约义》等④。

办学之初，马一浮就有书院"刻书与讲学并重"的理念，认为："刊刻书籍，不特为书院必办之事，亦稍存广书院于天下之意"，"多刻一板，多印一书，即使天地间能多留此一粒种子"。⑤ 复性书院在乐山办学期间，马一浮拟出《复性书院拟先刻诸书简目》200 余种，分《群经统类》《儒林典要》《文苑菁英》《政典

---

① 马一浮著，吴光主编：《马一浮全集》，杭州：浙江古籍出版社，2013 年，第 4 册，第 339、345、349、353 页。
② 《吹万集》影印版，见王强主编《复性书院丛刊选辑》第 3 辑，成都：四川大学出版社，2016 年；以及翟奎凤主编《复性书院丛刊》，扬州：广陵书社，2019 年，第 25 册。
③ 关于马一浮罢讲原因，可以参考丁敬涵：《永怀集：怀念一代儒宗、舅祖马一浮》，成都：西南财经大学出版社，2016 年，第 48 页。
④ 马一浮著，吴光主编：《马一浮全集》，杭州：浙江古籍出版社，2013 年，第 1 册（上），第 134—393 页。
⑤ 马一浮著，吴光主编：《马一浮全集》，杭州：浙江古籍出版社，2013 年，第 1 册（下），第 568 页。

先河》《诸子会归》五大类予以刊刻①，由于刊刻成本较高、底本选择不易等原因，实际刊刻了《四书纂疏》《系辞精义》《春秋胡氏传》《毛诗经筵讲义》《延年答问》《上蔡语录》《太极图说》《先圣大训》《朱子读书法》等；还有马一浮著作《泰和宜山会语》《复性书院讲录》《避寇集》《蠲戏斋诗编年集》《尔雅台答问》《濠上杂著》等 28 种 38 册。②

罢讲后，马一浮仍允许好学之生继续留院，自由请益，亦时加指点。直至 1946 年春，马一浮离开乐山，将书院迁往杭州西湖葛荫山庄，易名为"儒林图书馆""智林图书馆"，专以刻书为事，不再招收学生。总之，马一浮主讲的复性书院，肇始于四川乐山，终结于浙江杭州。

三、"嘤其鸣矣，求其友声"：马一浮与谢无量之间的交谊

马一浮与谢无量（1884—1964）为"总角交"，共同经历了清王朝、中华民国以及中华人民共和国三个大时代，通过面晤、诗行、书信等方式，进行了长达 60 余年的交往，可谓"翰墨情深"，也堪称二十世纪文人交往的"典范"。

马一浮、谢无量同为近现代杰出的国学大师，博古通今，学贯中西，于诸子百家、儒、佛、道学乃至考据学、医学、西学等皆有探究，兼擅诗词、书法。"天下文章推马谢"，作为新儒家思

---

① 马一浮著，吴光主编：《马一浮全集》，杭州：浙江古籍出版社，2013 年，第 4 册，第 356—371 页。
② 丁敬涵：《永怀集：怀念一代儒宗、舅祖马一浮》，成都：西南财经大学出版社，2016 年，第 43 页；王强主编：《复性书院丛刊选辑》36 册，2016 年由四川大学出版社影印出版；翟奎凤编：《复性书院丛刊》30 册，2019 年由广陵书社影印出版。此外，何俊主编《群经统类》，2017 年起由上海古籍出版社陆续出版。

想家的马一浮,系"当代理学大师""中国现代唯一的理学家"(周恩来语①),为中华传统文化(国学)的传承做出了努力;而"一直是站在时代的前沿,是历史的先驱"(冯其庸语②)的谢无量,则对传统文化的系统研究与现代转型贡献了心力,是谓现代学术研究的开拓者。③

(一)早年:志同道合

马一浮长谢无量一岁,二人均在四川出生,童年生活经历相似:马一浮籍贯浙江上虞,但是因祖、父在四川为官,出生于成都,直至6岁时随父母离川返乡(浙江上虞);谢无量祖籍四川梓潼,生于四川乐至,4岁时因父亲(谢维喈)转至安徽芜湖任知县,遂与父母至芜湖定居。谢、马二人早慧,童年即在父母的启蒙下学诗作文,谢无量10岁时作诗《咏风筝》:"儿童心怀巧,剪纸作飞鸢。不是麻绳系,乘风直上天。"④ 马一浮11岁受母命,做菊花诗:"我爱陶元亮,东篱采菊花。枝枝傲霜雪,瓣瓣生云霞。本是仙人种,移来高士家。晨餐秋更洁,不必羡胡麻。"⑤ 这两首诗作均表达了少年马一浮、谢无量所具有的追求真我、向往自由的志趣。

马一浮早年名"福田",后因连遭父、姐、妻丧亡,乃取

---

① 丁敬涵:《马一浮交往录》,杭州:浙江古籍出版社,2013年,第185页。
② 冯其庸:《怀念国学大师谢无量先生:谢无量先生文集序》,《冯其庸文集》卷五《剪烛集》,青岛:青岛出版社,2014年,第44页。
③ 按:论者以为"谢无量是最早用现代学术观念、方法来研究《诗经》的学者之一,是现代诗经学发展的先导"见徐铭垫主编《神霄真逸:谢无量诗书文稿》,上海:上海书画出版社,2017年,第9页。
④ 彭华:《谢无量年谱》,见《儒藏论坛》第3辑,成都:四川大学出版社,2009年,第133页。
⑤ 丁敬涵:《马一浮先生年谱简编》,见《马一浮全集》,杭州:浙江古籍出版社,2013年,第6册(上),第3页。

《庄子·刻意》"其生若浮,其死若休"义,改名"浮",字"一佛";后又取《楞严经》"如湛巨海,流一浮沤,起灭无从"义,改字"一浮",号湛翁,并以字行。谢无量原名"蒙",字大澄,后易名为与"澄"音相近的"沉",字"无量",别署啬庵,亦以字行。谢无量由"蒙"更名为"沉",即受马浮的"浮"名影响,二人名字,一"浮"一"沉"(马"浮"、谢"沉"),且均以字行;再有"无量"出自佛教经典《佛说无量寿经》之"无量",而"一浮"出自《楞严经》"流一浮沤",据此,也可见二人确实是"志同道合",且都与佛教有因缘。

马一浮与谢无量的结识,源于"晚清立宪派的领袖人物"汤寿潜(1856—1917,字蛰仙,浙江萧山人)。光绪二十四年(1898),15岁的谢无量在芜湖,因喜欢汤寿潜的治学精神和政治态度,遂拜汤为师;① 光绪二十五年(1899),17岁的马一浮遵父命,娶汤寿潜长女汤仪为妻。② 在此前后,谢、马二人通过汤寿潜的介绍而彼此熟知,尔后又义结金兰,开始了长达60余年"翰墨情深"的交谊,成为终身至交。谢无量晚年《自传》手稿中有云:"综计我之一生,幼时受家庭教育,以后从学浙江汤寿潜先生。在上海读书,获交马一浮先生,共同研究学术,颇受其影响。"③ 光绪二十七年(1901),二人在上海正式见面:这年夏天,谢无量报考上海南洋公学,并被录取,同学有李叔同(弘一法师)、黄炎培、邵力子等;而在这年十月下旬,马一浮赴上海游学,习英、法语。缘此,马一浮与谢无量正式会面,二人还

---

① 彭华:《谢无量年谱》,见《儒藏论坛》第3辑,成都:四川大学出版社,2009年,第133—134页。
② 丁敬涵:《马一浮先生年谱简编》,见《马一浮全集》,杭州:浙江古籍出版社,2013年,第6册(上),第4页。
③ 徐铭鋆主编:《神霄真逸:谢无量诗书文稿》,上海:上海书画出版社,2017年,第184页。

和马君武、邵廉存等共同创立"支那翻译会社",编辑出版《二十世纪翻译世界》杂志,向国人介绍西洋文学和社会新思潮。[①]光绪二十八年(1902),马一浮、谢无量二人曾同游杭州西湖。[②]

光绪二十九年(1903),马一浮受雇于清政府,离开上海赴美国中央密梭立省圣刘易斯,成为兼办留学生监督公署中文文牍,协助清政府筹办即将在圣刘易斯举办的第十二届世界博览会。同年,上海"苏报案"发生,谢无量因撰文声援章太炎、邹容、章士钊等,被迫离开上海,逃亡至日本东京,补习日、英、德文。[③]马一浮赴美时,谢无量尚在上海;抵美后并不知谢无量已流亡日本,有不少写给谢无量的书信、诗歌,寄到上海后杳无音讯,遂以为谢无量是因为自己受雇于清政府而有损人格,"盖将与之绝矣"。乃叹曰:"嗟乎,无量亦知浮之此来,盖非得已邪""无量亦知四万里外有一人者,独坐孤思,忆无量甚苦乎?"[④]是年十月,马一浮收到了谢无量寄自日本的书函,喜极夜不成寐,成书数千言以致无量。因马一浮、谢无量、马君武先后离国,"翻译会社"由邵廉存独自支撑半年后,在《二十世纪翻译世界》出至第六期,单行本发行数种后,不得不停刊。[⑤]

在美期间,马一浮学习英语、研究英文文法,阅读亚里斯多

[①] 丁敬涵:《马一浮先生年谱简编》,见《马一浮全集》,杭州:浙江古籍出版社,2013年,第6册(上),第5页。

[②] 丁敬涵《马一浮先生年谱简编》云:"次年(光绪二十九年,1903),(马一浮)在八月十九日的日记中记道:'念去年此时方在杭州与无量恣游西湖,其乐可忆。'"据此,丁敬涵推断马、谢二人同游西湖。丁敬涵:《马一浮先生年谱简编》,见《马一浮全集》,杭州:浙江古籍出版社,2013年,第6册(上),第6页。

[③] 彭华:《谢无量年谱》,见《儒藏论坛》第3辑,成都:四川大学出版社,2009年,第135页。

[④] 马一浮著,吴光主编:《马一浮全集》,杭州:浙江古籍出版社,2013年,第5册,第15页。

[⑤] 丁敬涵:《马一浮先生年谱简编》,见《马一浮全集》,杭州:浙江古籍出版社,2013年,第6册(上),第8页。

德、莎士比亚、斯宾塞、赫胥黎、马克思等西方著作；还跑遍了圣刘易斯的书店购书，并寄给在日本的谢无量，常以不能与谢无量共读为憾。并有不少《寄无量》的诗歌。① 而后，二人之间的交往，多以诗歌为媒，马一浮认为自己的诗歌只有谢无量能全懂，马一浮把谢无量历年所赠诗辑为《谢啬庵先生诗翰集》，二人还互为对方的诗集作"序"（《谢无量诗集序》《避寇集序》）。

光绪三十年（1904）三月，马一浮病中得《资本论》英译本，日记中记道："此书求之半年矣，今始得之，大快、大快，胜服仙药十剂，予病若失矣。"② 四月底，在世博会开幕前夕，马一浮被世博会中国馆监督强行解雇、驱逐回国，离美之时，带有两部《资本论》，一部英译本、一部德文版。回国途中，转道至日本，与谢无量会合，以英译本《资本论》赠谢无量，谢无量认真阅读。在日本期间，马一浮居西京、游江户，与谢无量、马君武共学日、德文，研究西方哲学、文艺，间事译著。九月，谢无量由日本回国，应芜湖安徽公学之聘任文科教授；③ 同年底，马一浮也回国，以德文版《资本论》赠上海国学扶轮社，冀其能翻译出版。④

光绪三十一年（1905），马一浮至芜湖寻访谢无量，同游南

---

① 丁敬涵：《马一浮先生年谱简编》，见《马一浮全集》，杭州：浙江古籍出版社，2013年，第6册（上），第7页。
② 马一浮著，吴光主编：《马一浮全集》，杭州：浙江古籍出版社，2013年，第5册，第50页。
③ 彭华：《谢无量年谱》，见《儒藏论坛》第3辑，成都：四川大学出版社，2009年，第135页。
④ 丁敬涵：《马一浮先生年谱简编》，见《马一浮全集》，杭州：浙江古籍出版社，2013年，第6册（上），第9页。

京、镇江等地，谈论中外革命形势，还同在镇江焦山海西庵读书①；秋冬水落，入焦山下石洞中，手拓《瘗鹤铭》残刻，临摹之。②翌年（1906），马一浮回杭州，借宿外西湖广化寺，广阅文澜阁《四库全书》，有大量读书札记，致力于训诂考据之学。谢无量亦来杭，一同翻阅文澜阁《四库全书》，同时博览西方社科名著，学问因之精进③，还与马一浮同游虎跑寺，结识肇庵法师。④

光绪三十四年（1908），马一浮多次致书谢无量，称"其文则葩，其志则圣"，认为"世称扬雄直是汉兴第一人"，"非今日无量之谓而谁谓"，故思"退居北面"；还把谢无量与其胞弟谢希安，比作昔日的苏轼、苏辙二兄弟。同年，还有诗作《代简寄无量》二首、《寄无量》。⑤

宣统元年（1909），谢无量至南京金陵刻经处"祇园精舍"，与太虚一同从杨文会学佛；⑥闲暇之余，谢无量来杭会晤了三载未见面的马一浮，偕游西湖。⑦是年，马一浮诗作有《次韵答无量见寄》《寄无量》等。宣统二年（1910），谢无量返回蜀地，任

---

① 按：谢无量父亲谢维喈在安徽任知县期间，在江苏镇江焦山修建有别墅，其中藏书供子女读书（见《谢无量年谱》，载徐铭壑主编《神霄真逸：谢无量诗书文稿》，上海：上海书画出版社，2017年，第278页）。马一浮、谢无量此时在焦山读书，当同住宿在谢家别墅，共读谢家家藏图书。
② 丁敬涵：《马一浮先生年谱简编》，见《马一浮全集》，杭州：浙江古籍出版社，2013年，第6册（上），第9页。
③ 彭华：《一代名流谢无量》，《关东学刊》2016年第7期。
④ 丁敬涵：《马一浮先生年谱简编》，见《马一浮全集》，杭州：浙江古籍出版社，2013年，第6册（上），第10页。
⑤ 丁敬涵：《马一浮先生年谱简编》，见《马一浮全集》，杭州：浙江古籍出版社，2013年，第6册（上），第13页。
⑥ 彭华：《〈谢无量年谱〉订补》，见《儒藏论坛》第10辑，成都：四川大学出版社，2015年，第311页。
⑦ 丁敬涵：《马一浮先生年谱简编》，见《马一浮全集》，杭州：浙江古籍出版社，2013年，第6册（上），第14页。

存古学堂监督（校长）并任教，同时还著书立说，名声大噪，马一浮曾两次致书表敬佩之情。① 是年，马一浮诗作有《无量还蜀自峡中寄诗见怀作此答之并示其弟希安三十韵》。②

（二）中年：惺惺相惜

民国期间（1912—1949），为弘扬国学、传承六艺之学，谢无量、马一浮先后在蜀地筹办国学院（馆、会）复性书院。先是在1912年，由谢无量任校长的存古学堂改名为国学馆，而后谢无量受聘出任四川军政府筹办的国学院副院长，与刘师培、廖平等人发起成立四川国学会，创办《四川国学杂志》。谢无量还撰文《蜀易系传》《蜀学原始论》在《四川国学杂志》上刊发。翌年（1913），谢无量以疾离任四川国学院③，而后游历至上海，任《神州日报》主笔，又到上海中华书局从事编辑工作。上海、杭州相距甚近，马一浮、谢无量二人之间继续交往。先是在1912年，马一浮向友人王钟麒主办的《独立周报》，推荐刊登谢无量的诗作，认为谢无量之诗可以"振起颓俗"。④ 1915年，先是马一浮有诗歌《永福寺见怀》《游西溪》，谢无量次韵和之成《和一浮永福寺见怀之作》《和一浮游西溪之作》⑤，并有书函抄寄；马一浮赋诗《啬庵书来见和西溪诗有春日重游之约，因书此

---

① 马一浮著，吴光主编：《马一浮全集》，杭州：浙江古籍出版社，2013年，第2册（上），第298页。
② 马一浮著，吴光主编：《马一浮全集》，杭州：浙江古籍出版社，2013年，第3册（下）第633页。
③ 彭华：《谢无量年谱》，见《儒藏论坛》第3辑，成都：四川大学出版社，2009年，第138—139页。
④ 丁敬涵：《马一浮先生年谱简编》，见《马一浮全集》，杭州：浙江古籍出版社，2013年，第6册（上），第17页。
⑤ 1915年12月15日刊发的《青年杂志》第1卷第4号，收录谢无量诗《春日寄怀马一浮》，见彭华《〈谢无量年谱〉订补》，《儒藏论坛》第10辑，成都：四川大学出版社，2009年，第316页。

简之》。① 1915年3月出版的《南社》第13集中，录谢无量《与马一浮书》四通②，足见1915年前后，马、谢二人间交往频率之高。

谢无量、马一浮二人对佛教皆有研究。1912年，中国近代第一个佛教团体中华佛教总会在上海成立，与此同时，谢无量在四川发起成立佛教大同会③；1914年，马一浮在杭州发起成立浙江最早的学佛同好组织般若会，而且还与杭州禅僧密切交往，形成了对中国佛学的独特理解。④ 1916年，谢无量佛学著作《佛学大纲》初版，这是一部系统介绍佛教理论的书籍，"曾经受到太虚法师的高度赞扬"⑤。

1917年，北大校长蔡元培邀马一浮至北大教学，有《致蔡元培书》婉辞，并举荐谢无量，称谢"淹贯众学，理无不融"，"先生若为诸生择师，此其人也"⑥。是年，另有与谢无量论学书。⑦ 1918年，蔡元培数次邀请谢无量往北京大学任教，因忙与孙中山商量北伐事宜，并为中华书局编撰《中国大文学史》《诗

---

① 马一浮著，吴光主编：《马一浮全集》，杭州：浙江古籍出版社，2013年，第3册（下上），第635页。

② 彭华：《〈谢无量年谱〉订补》，见《儒藏论坛》第10辑，成都：四川大学出版社，2015年，第316页。按：查《马一浮全集》第2册（上），第298—299页所录马一浮《与谢无量书》，1911至1916年，马一浮竟无一书与谢无量。唯一的一种解释是，1911至1916年间，马一浮与谢无量之间的往来书函下落不明。

③ 彭华：《〈谢无量年谱〉订补》，见《儒藏论坛》第10辑，成都：四川大学出版社，第311页。

④ 陈永革：《马一浮的般若会及其"知性佛学"取向》，《杭州师范学院学报》（社会科学版）2007年第2期。

⑤ 彭华：《一代名流谢无量》，《关东学刊》2016年第7期。按：谢无量《佛学大纲》，见《谢无量文集》第四卷，北京：中国人民大学出版社，2011年。

⑥ 马一浮著，吴光主编：《马一浮全集》，杭州：浙江古籍出版社，2013年，第2册（上），第401页。

⑦ 丁敬涵：《马一浮先生年谱简编》，见《马一浮全集》，杭州：浙江古籍出版社，2013年，第6册（上），第21页。

学指南》《词学指南》《骈文指南》等书，故未克前往。《中国大文学史》出版后，生平颇少许可于人的鲁迅，在撰写《中国小说史略》时，将谢无量著《中国大文学史》列为重要参考书。①

1920年，马一浮赋诗多首寄赠在上海的谢无量，如《寄怀谢无量二首》《用前韵寄答无量二首》《再用前韵成七言律十章六言绝八章寄答无量兼讯其弟万慧法师》《前三三曲二十首仍寄无量万慧》《以前三三曲寄无量索和系此述意仍限"三"字》《再简无量四首》等。② 1921年，谢无量在上海居所变更，马一浮赋诗《无量徙居上海武林里以书见告杭故有武林山今上海亦有武林里以其名偶同戏为此篇遗之》。③ 1922年，马一浮在杭县北郊皋亭山觅得先茔墓地，借住农家修墓，作迁葬准备。其间，谢无量从上海至皋亭访问，共坐松下，纵论古今，夜宿古寺。次年（1923）马一浮《简谢啬庵五十韵》诗云："昔子来杭州，视我皋亭山。我适治先垄，畚锸役不闲。坐子松树根，饮子手掬泉。荒村鲜客至，萧飒百物屡。夜寻古寺宿，僧榻寒无毡。"④

1923年，为协助孙中山筹划北伐，谢无量离开上海至广州大学任教，一度出任大元帅府特务秘书（机要秘书），并追随孙中山北上；1925年孙中山去世后，谢无量悲痛之余，乃潜心于教育学术：1926年应东南大学之聘任历史系教授，1927年任教

---

① 彭华：《谢无量年谱》，见《儒藏论坛》第3辑，成都：四川大学出版社，2009年，第143—144页。
② 马一浮著，吴光主编：《马一浮全集》，杭州：浙江古籍出版社，2013年，第3册（下），第638—643页。
③ 马一浮著，吴光主编：《马一浮全集》，杭州：浙江古籍出版社，2013年，第3册（下），第735页。
④ 马一浮著，吴光主编：《马一浮全集》，杭州：浙江古籍出版社，2013年，第3册（上），第8—9页。又及：1923年12月刊出的《南社》第22集，录谢无量诗《次韵答马浮》，见彭华：《〈谢无量年谱〉订补》，《儒藏论坛》第10辑，成都：四川大学出版社，2015年，第316页。

于上海中国公学，1930年受国民政府监察院长于右任之邀出任监察委员。1930年12月，谢无量再来杭州，面晤马一浮，二人偕游西湖。

谢无量、马一浮二人在彼此亲人过世后，都有诗歌书函予以慰问。先是1934年马一浮大姐去世，为遣悲怀，马一浮于翌年（1935）出游天台并有记游诗《登天台观石梁瀑布》①；谢无量得闻，有诗《和一浮游天台即次其韵》，同时成《致一浮道长书》，有"知方有姊之丧，以子之踽踽于斯世，而天又夺其所亲宜，子之悲也"云云②。1936年，谢无量母病卒，马一浮闻讯，即作《谢母唐太夫人哀赞》附慰状，寄至成都。③

1931年"九一八"事变，谢无量等在上海创办《国难月刊》，主张抗击日寇；1932年"一·二八"事变，谢无量与鲁迅、蔡元培等发起组织中国民权保障同盟④；1936年5月，谢无量、马一浮一起参加了沈钧儒在上海组织的全国各界救国联合会的活动。⑤ 1937年"七七事变"后，抗战全面爆发。谢无量被迫离开上海，先到安徽芜湖避难，后返回四川；1938年春赴澳门、香港讲学，并欲往缅甸仰光，与弟弟万慧法师晤面（未成行）。⑥ 1938年2月，逃离杭州在开化避难的马一浮，致书谢无量，寄

---

① 马一浮著，吴光主编：《马一浮全集》，杭州：浙江古籍出版社，2013年，第3册（上），第6—7页。

② 徐铭堃主编：《神霄真逸：谢无量诗书文稿》，上海：上海书画出版社，2017年，第146页。

③ 丁敬涵：《马一浮先生年谱简编》，见《马一浮全集》，杭州：浙江古籍出版社，2013年，第6册（上），第39页。

④ 彭华：《一代名流谢无量》，《关东学刊》2016年第7期。

⑤ 彭华：《谢无量年谱》，见《儒藏论坛》第3辑，成都：四川大学出版社，2009年，第149页。

⑥ 彭华：《谢无量年谱》，见《儒藏论坛》第3辑，成都：四川大学出版社，2009年，第149页。

往成都,此时的谢无量已在澳门讲学,二人一度失去联系。①

1939年3月,马一浮到四川乐山,筹备复性书院,并于9月在乌尤寺正式开讲,授课内容见《复性书院讲录》《尔雅台答问》。同年6月,有人告知谢无量在香港九龙的寓址,并抄示谢无量的《见怀》律诗。马一浮喜甚,作《次韵答无量见怀》,并原作《寄怀老友谢无量》及《复性书院缘起叙》一并寄往九龙。逾两月,信被退回,并有传言说谢无量已去世,马一浮做诗《或传无量顺化》。② 10月,见到谢无量写与友人敬仲的信函,函中有"还蜀"云云;马一浮急致书,请谢无量至嘉州(乐山)相聚,赋诗《见无量与敬仲书知其无恙前有人谓其已逝者讹也喜而作此并前诗寄之》。③ 谢无量也有诗寄马一浮:"有迹缘身累,无私觉命轻。书来三峡晚,国望一星明。长物真天纵,余生托夜行。故人相慰藉,失春恣平生。"附记云:"己卯在香港,时有讹言谓余病殁于香港,马君武为文述余生平志哀,湛翁亦为诗吊之,后知其妄,复作诗见寄,次韵答一首。"④

1940年,谢无量与陈雪湄女士回川,马一浮函电复性书院董事会,聘谢无量为书院董事,在《与刘百闵书》中,马一浮这样推荐谢无量:"浮与谢君四十年交旧,知之甚深。谢君风度玄远,有时近于玩世,恒情莫知其涯。"⑤ 4月,谢无量应邀,为马

---

① 丁敬涵:《马一浮先生年谱简编》,见《马一浮全集》,杭州:浙江古籍出版社,2013年,第6册(上),第43—44页。
② 马一浮著,吴光主编:《马一浮全集》,杭州:浙江古籍出版社,2013年,第3册(上),第66页。
③ 马一浮著,吴光主编:《马一浮全集》,杭州:浙江古籍出版社,2013年,第3册(上),第66页。
④ 徐铭塈主编:《神霄真逸:谢无量诗书文稿》,上海:上海书画出版社,2017年,第281页。
⑤ 马一浮著,吴光主编:《马一浮全集》,杭州:浙江古籍出版社,2013年,第2册(下),第544页。

一浮《避寇集》作序,有"仆于湛翁,把臂服膺,始于童冠,忘形悦义,垂老弥笃,诚如卢生之于伯玉,四海之内,一人而已"云云。① 同年 12 月 19 日,谢无量自蓉来乐山,留十四日,至 1941 年 1 月 3 日返成都。谢无量在乐山期间,到复性书院,对学生有所开示,还由学生自由提问请益。谢、马二人偕游东山,寻东岩书院故址。② 返回成都,谢无量赋诗《自嘉定还成都寄湛翁》以致谢。③ 1941 年,马一浮又聘请谢无量为复性书院"自由讲座",6 月 2 日,谢无量又来书院,开讲"书院人之责任"。④

1942 年 1 月 22 日至 29 日,谢无量又至乐山寻访马一浮,谢无量在嘉州(乐山)冷摊购《南龛碑》以赠,马一浮临摹之,并题跋说明碑帖之由来及作者不以书名,但字体雄放、绰有郑道昭、陶隐居遗意。⑤ 同年,因复性书院讲学活动停止,闲暇之时,马一浮以刻章自娱,为谢无量刻"啬庵""神霄真逸"二印。⑥ 是年,谢无量久郁成疾,在青城山养病期间,通读《道藏辑要》而对道教产生兴趣,并有对道教经典中修炼(养生)工夫的节录⑦,故而马一浮书信中也称谢无量为"啬庵道长"。在青城山期间,谢无量先赋《飞仙亭诗》,马一浮次韵即《次韵和啬

---

① 马一浮著,吴光主编:《马一浮全集》,杭州:浙江古籍出版社,2013 年,第 3 册(上),第 46 页。
② 丁敬涵:《马一浮先生年谱简编》,见《马一浮全集》,杭州:浙江古籍出版社,2013 年,第 6 册(上),第 51 页。
③ 徐铭堃主编:《神霄真逸:谢无量诗书文稿》,上海:上海书画出版社,2017 年,第 21 页。
④ 丁敬涵:《马一浮先生年谱简编》,见《马一浮全集》,杭州:浙江古籍出版社,2013 年,第 6 册(上),第 53 页。
⑤ 丁敬涵:《马一浮先生年谱简编》,见《马一浮全集》,杭州:浙江古籍出版社,2013 年,第 6 册(上),第 55 页。
⑥ 丁敬涵:《马一浮先生年谱简编》,见《马一浮全集》,杭州:浙江古籍出版社,2013 年,第 6 册(上),第 57 页。
⑦ 徐铭堃主编:《神霄真逸:谢无量诗书文稿》,上海:上海书画出版社,2017 年,第 152 页。

庵飞仙亭诗》①，谢诗以境语胜，马诗则以理语胜。实则马一浮与道教之间亦有渊源，推崇并实践过道教的养生方式②，谢无量晚年致马一浮书函中多有"湛翁道长"的称谓，即是例证③。同年10月，弘一法师圆寂，好友谢无量、马一浮闻讯，均有挽诗痛悼友人：谢无量做诗《闻弘一法师顺化》"渡水终相见，连墙竟不知。儒林才昨日，僧腊便多时。淡漠平生尽，庄严一念持。全归同启足，免却辙中泥"，附记中有"师为少时同舍生"云云④；马一浮成《哀弘一法师》诗及《弘一律主衣钵塔记并铭文》，称弘一为"法界之干城，人天之师范"。⑤

1943年，马一浮再邀谢无量至复性书院讲学。值得一提的是，因生活窘境，在1945年谢无量一度靠卖字维持生计⑥；而马一浮为支持复性书院的刻书事业，撰有《蠲戏老人鬻字刻书启》⑦，即鬻字来筹资刻书。抗战胜利，1946年4月，马一浮由乐山返回杭州，事后谢无量有《与湛翁道长书》，对复性书院东迁杭州表示挂念。⑧ 1948年7、8月间，谢无量来杭州寻访马一

---

① 马一浮著，吴光主编：《马一浮全集》，杭州：浙江古籍出版社，2013年，第3册（上），第133页。
② 张宏敏：《马一浮与道家哲学研究》，《中共宁波市委党校学报》2011年1期。
③ 徐铭墼主编：《神霄真逸：谢无量诗书文稿》，上海：上海书画出版社，2017年，第143—144页。
④ 徐铭墼主编：《神霄真逸：谢无量诗书文稿》，上海：上海书画出版社，2017年，第53、97页。
⑤ 马一浮著，吴光主编：《马一浮全集》，杭州：浙江古籍出版社，2013年，第2册（上），第273页。
⑥ 彭华：《谢无量年谱》，见《儒藏论坛》第3辑，成都：四川大学出版社，2009年，第151页。
⑦ 马一浮著，吴光主编：《马一浮全集》，杭州：浙江古籍出版社，2013年，第2册（上），第202—204页。
⑧ 徐铭墼主编：《神霄真逸：谢无量诗书文稿》，上海：上海书画出版社，2017年，第171页。

浮于玄亭,中秋月夜,二人还泛舟西湖。① 来访杭州前后,谢无量均有书函赠诗与马一浮,比如 7 月 12 日的《俚句奉怀湛翁道长即希教正》诗作中有"乍诵新篇含妙乐,待乘秋月访烟萝"句②;8 月 21 日,谢无量作《与湛翁道长书》,致谢马一浮与复性书院同仁在西湖的款待。③ 马一浮评论自己与谢无量"共抱蝉蜕尘埃之志,老而不改",好比"史迁爽然于屈贾,晦翁托慕于参同",称颂谢无量是自己"平生所遇友朋之间,天才之高莫能先之","脱尽俗气者,谢先生足以当之"。④

(三)晚年:老骥伏枥

1949 年 10 月,中华人民共和国成立。谢无量、马一浮支持新中国的文教事业,积极参加新政权的国家建设。比如,1950 年,谢无量受聘为川西文物管理委员会主任委员⑤;1950 年 4 月,在时任上海市长陈毅的关照下⑥,马一浮被聘为上海市文物

---

① 丁敬涵:《马一浮先生年谱简编》,见《马一浮全集》,杭州:浙江古籍出版社,2013 年,第 6 册(上),第 70 页。按:据汤寿潜先生之孙汤彦森先生回忆:"谢无量到'玄亭'来住过一个月,每天晚上喝酒,可以听到他们开怀大笑。"(见杨际开《马一浮先生事迹拾遗:访民国浙江首任都督汤寿潜先生之孙汤彦森》,载《杭州师范学院学报》2002 年第 5 期)

② 徐铭堃主编:《神霄真逸:谢无量诗书文稿》,上海:上海书画出版社,2017 年,第 144 页。

③ 徐铭堃主编:《神霄真逸:谢无量诗书文稿》,上海:上海书画出版社,2017 年,第 170 页。

④ 马一浮著,吴光主编:《马一浮全集》,杭州:浙江古籍出版社,2013 年,第 1 册(下),第 689 页。

⑤ 彭华:《谢无量年谱》,见《儒藏论坛》第 3 辑,成都:四川大学出版社,2009 年,第 153 页。

⑥ 马一浮与陈毅之间的关系,多多少少也与谢无量有关。汤寿潜先生之孙汤彦森先生回忆:"马老在四川出生并度过童年时代,所以有四川口音,陈毅也是四川人,所以他们很谈得来。……谢无量的妻子叫陈雪湄,是陈毅的姑妈。"见杨际开《马一浮先生事迹拾遗:访民国浙江首任都督汤寿潜先生之孙汤彦森》,载《杭州师范学院学报》2002 年第 5 期。

管理委员会委员。1950 年 8 月，马一浮以特邀代表身份出席浙江省第一届人民代表会议；1952 年，谢无量任川西博物馆馆长、四川省政协委员。

1952 年，由于年老，马一浮眼疾白内障加剧，谢无量闻讯，先寄眼药说明书，后寄药于千里之外；马一浮为感谢友人作《答啬庵见寄并谢示药》《啬庵惠眼药赋谢》诗，其中有"敢劳佳句慰衰迟""金镳遗我故人情"等句。① 是年 7 月 12 日，谢无量还有诗《和湛翁》。②

1953 年 3 月，浙江省文史研究馆成立，马一浮受聘为馆长；而在 1952 年，谢无量受聘为四川省文史馆研究员，1960 年谢无量受聘任中央文史研究馆副馆长。1954 年 12 月，全国政协第二届委员会召开，马一浮为特邀委员，以后连任全国政协第三届、第四届委员；1955 年 2 月，马一浮任浙江省政协第一届委员会常委。1956 年 1 月，马一浮至京参加全国政协第二届第二次会议；谢无量也以特邀委员身份与会，得与马一浮等故交会晤，同时受到毛泽东主席接见。

1956 年 8 月，由周恩来总理提名、中国人民大学校长吴玉章聘请，谢无量任中国人民大学特约教授和顾问，讲授《文心雕龙》《中国哲学史》等课程。嗣后，谢无量由四川迁居北京。③ 1957 年 3 月，马一浮赴京参加政协会，与时定居北京的好友谢无量再次相聚。1957 年 4 月，周恩来总理陪苏联最高苏维埃主席团主席伏罗希洛夫至杭州蒋庄访问，介绍马一浮为"我国当代

---

① 马一浮著，吴光主编：《马一浮全集》，杭州：浙江古籍出版社，2013 年，第 3 册（下），第 439、441 页。
② 徐铭犟主编：《神霄真逸・谢无量诗书文稿》，上海：上海书画出版社，2017 年，第 131 页。
③ 彭华：《谢无量年谱》，见《儒藏论坛》第 3 辑，成都：四川大学出版社，2009 年，第 154 页。

的理学家"（或曰"中国现代唯一的理学家"）。

1956年5月，马一浮出席浙江省第一届人民代表大会第四次会议，1958年当选为浙江省第二届人大代表。1958年，马一浮的题跋文字独多，曾作《蒼庵杂佩一斑题记》，叙谢无量好蓄古玉事。① 1959年春，马一浮学生蒋苏盦编《蠋戏斋文集》毕，蒋欲请谢无量审定、作序，马一浮婉拒之，告曰："吾无意为文，士友间酬答不容己者，则有之"，"古来文集编类，多首辞赋，或先论辩，今吾二者皆阙。诗既别刊，亦不必选入，若欲备体，势不可能"。且认为自己所言"不足以传后"，故"请姑扃之篋中，勿汲汲流布也"②。1959年，谢无量有诗答马一浮"己亥长至之咏"③。

1960年3月下旬，马一浮至京参加全国政协会议，再访谢无量。谢无量患眩晕，马一浮把脉开处方，不数剂而病除。马一浮于清明后一日离京，谢无量赋诗赠别，有"三年欣一见，半剂息诸风""莫烦诸友问，谈笑已融融"句。④ 马一浮在"清明后二日"即有《答谢无量诗札》。⑤ 是年，谢无量弟万慧法师在缅甸往生，应谢无量之请，马一浮撰《万慧法师塔铭》转寄缅甸，11月又应缅甸灵光法师之请补作《万慧法师塔铭并后记》，叙万

---

① 马一浮著，吴光主编：《马一浮全集》，杭州：浙江古籍出版社，2013年，第2册（上），第48页。
② 丁敬涵：《马一浮先生年谱简编》，见《马一浮全集》，杭州：浙江古籍出版社，2013年，第6册（上），第82页。
③ 徐铭墾主编：《神霄真逸：谢无量诗书文稿》，上海：上海书画出版社，2017年，第283页。
④ 徐铭墾主编：《神霄真逸：谢无量诗书文稿》，上海：上海书画出版社，2017年，第167页。
⑤ 徐铭墾主编：《神霄真逸：谢无量诗书文稿》，上海：上海书画出版社，2017年，第7页。

慧法师之生平、离俗本末等事。①

　　1963年11月,马一浮去京参加全国政协会议,带去自己历年书法作品354件赠全国政协,并在政协礼堂展出还拍摄有新闻纪录片。会议期间,陈毅请马一浮、熊十力、沈尹默等六位老人宴饮,名之为"文酒会"。②"文革"后,全国政协将马一浮书法作品移交中国第一历史档案馆收藏。

　　1964年12月10日,谢无量因心脏病去世,马一浮闻讯,十分伤感,立撰挽联:"在世许深交,哀乐情忘,久悟死生同昼夜;乘风何太速,语言道断,空余涕泪洒山丘";又作挽诗:"冥智遗身得返真,郢人从此绝风斤。日中视影犹羁我,雪夜回舟一梦君。入理深谈唯自肯,拈花微笑更无邻。平生庄惠成空负,槁卧穷湖独怆神"。12月18日,马一浮赴京参加政协会议之时,又亲去吊唁,并答应谢夫人陈雪湄女士为《谢无量诗集》作序的请求。③ 1965年夏,马一浮成《谢无量诗集序》,回顾他与谢无量之间的诗文之交:"予辱与啬庵交最久,不可以不文辞。……始予与啬庵相识,年俱未冠,以言诗相得,及乎耆艾。更历世变多,其所涉益广,所感益深。……予于啬庵,虽未敢谓同得同证,然予之知啬庵,犹啬庵之知我,殆可谓无间然。……后之君子欲知啬庵之为人者,求之其诗而已足;欲知其诗者,观于吾言而可信。"④ 时马一浮因眼疾,已不能作字,乃口授嘱人记之。1966年5月,马一浮还为《谢无量遗集》题签,自谓"手眼俱

---

　　① 马一浮著,吴光主编:《马一浮全集》,杭州:浙江古籍出版社,2013年,第2册(上),第279—280页。
　　② 丁敬涵:《马一浮先生年谱简编》,见《马一浮全集》,杭州:浙江古籍出版社,2013年,第6册(上),第87页。
　　③ 丁敬涵:《马一浮先生年谱简编》,见《马一浮全集》,杭州:浙江古籍出版社,2013年,第6册(上),第88页。
　　④ 马一浮著,吴光主编:《马一浮全集》,杭州:浙江古籍出版社,2013年,第2册(上),第50—51页。

敝，下笔不能辨""恐不能用"①。

1967年6月，马一浮在留下《拟告别诸亲友诗》"乘化吾安适，虚空任所之。形神随聚散，视听总希夷。沤灭全归海，花开正满枝。临崖挥手罢，落日下崦嵫"后②，在忧病交加中溘然长逝。

同为国学大师的马一浮、谢无量，学识渊博，在诗学、词学、佛学、书法等诸多领域，为中华国学的传承与弘扬做出了重要贡献。正如马一浮弥甥女丁敬涵所云："（马一浮、谢无量作为）我国学术界的两颗巨星已陨落五十多年了，但他们的学术成就、他们的诗歌、他们的书法艺术，以及他们翰墨情深的友谊典范，将万古长存！"③他们的著作文献以及书法作品，也为后人编辑整理：1988年，四川美术出版社出版《谢无量书法》；1996年，河北教育出版社、广东教育出版社出版《二十世纪书法经典·谢无量卷》；2005年，北京师范大学出版社出版《二十世纪书法经典·马一浮卷》；2012年，浙江古籍出版社出版《马一浮书法集》。1996年，浙江古籍出版社、浙江教育出版社联合出版《马一浮集》（三卷本）；2011年，中国人民大学出版社出版《谢无量文集》（九卷本）。2012年，浙江省文史研究馆主持编校整理的《马一浮全集》（六册本），由浙江古籍出版社出版；2019年3月，四川省文史研究馆正式启动了《谢无量全集》的编校整理工作。

---

① 丁敬涵：《马一浮先生年谱简编》，见《马一浮全集》，杭州：浙江古籍出版社，2013年，第6册（上），第90页。

② 马一浮著，吴光主编：《马一浮全集》，杭州：浙江古籍出版社，2013年，第3册（下），第617页。

③ 丁敬涵：《永怀集：怀念一代儒宗、舅祖马一浮》，杭州：浙江古籍出版社，2013年，第192页。

附：马一浮与万慧法师（谢无量弟）的交往

万慧法师（1889—1959），俗名谢善，字希安，谢无量三弟。原籍四川，生于安徽安庆。早年留学日本，在学术上颇有造诣，后因反对包办婚姻，愤然离家出走，并在四川大慈寺削发为僧。出家后云游四方，经云南出国至缅甸，后又赴印度钻研佛法。学成后在缅甸仰光定居，因精通英语、梵语等六国语言，又对历史、佛学、哲学有着极深的研究，故在缅甸得到了社会各界的尊敬，在华人圈中有着极高的地位。

因与谢无量系至交，马一浮与谢无量三弟谢希安（万慧法师）也有诸多交往。光绪三十三年（1907），赠诗谢无量《传希安归贻无量》。[①] 宣统元年（1909）十月，因传闻谢希安且为沙门，乃致书谢无量询问此事。[②] 宣统三年（1911），谢希安出家，法号万慧，旋游印、缅求法。1917年，马一浮修葺杭州永福寺禅房，备万慧归国后驻锡之用。1941年，马一浮学生吴敬生作为中国农民银行驻仰光工作人员，得遇万慧法师并从之学禅。是时，日帝入侵缅甸之战争开始，马一浮乃于1942年1月1日致函吴敬生，嘱其劝万慧法师返国。[③] 同时，致书谢无量商谈万慧法师回国事，谢无量遂于同年1月22至29日访乐山，决定力促万慧返国，回国后住乐山在武汉大学讲授印度哲学和梵文。马一浮、谢无量分头作汇寄旅费、托人代购机票等工作，万慧亦同意

[①] 马一浮著，吴光主编：《马一浮全集》，杭州：浙江古籍出版社，2013年，第3册（下），第728页。
[②] 丁敬涵：《马一浮先生年谱简编》，见《马一浮全集》，杭州：浙江古籍出版社，2013年，第6册（上），第14页。
[③] 丁敬涵：《马一浮先生年谱简编》，见《马一浮全集》，杭州：浙江古籍出版社，2013年，第6册（上），第55页。

返国。不意，临行前，其徒遭车裂，万慧法师乃坚留不归。① 对此，谢无量亦有诗歌《舍弟万慧和尚旅仰光言归未果次湛翁韵》："一春闲事苦追寻，离乱风花离乱心。卅载衲衣终去国，普天黔首敢非今。洪流竟阻扳芦渡，虚囷空凄变柳吟。惭负殷勤濠上老，每看书札感艰难。"②

中华人民共和国成立，万慧甚感欣慰。他在《送耶舍灵光同学远筹叙》中写道："大地回春，日添一线，人民广播，夜沸新声……世纪百岁当中，中华宏运斯转"等语；《木兰花慢》词"镰挥锤就，赤帜金星，解放歌扬前进，唤起来携手话同情……"表达了对新中国的热爱。1959 年 3 月，万慧法师在缅甸坐化，信众就山建塔，远征题咏，马一浮乃赋七律一首，以志悲仰。末联为："孤峰遥礼安禅处，百鸟衔花绕塔回。"③ 1960 年，应谢无量之请，马一浮撰《万慧法师塔铭》寄谢无量再转缅甸，后又应缅甸灵光法师之请，于同年 11 月补作《塔铭后记》，叙万慧生平、离俗本末等。④

---

① 丁敬涵：《马一浮先生年谱简编》，见《马一浮全集》，杭州：浙江古籍出版社，2013 年，第 6 册（上），第 55 页。
② 徐铭墏主编：《神霄真逸：谢无量诗书文稿》，上海：上海书画出版社，2017 年，第 84 页。
③ 马一浮著，吴光主编：《马一浮全集》，杭州：浙江古籍出版社，2013 年，第 3 册（下），第 515 页。
④ 丁敬涵：《马一浮先生年谱简编》，见《马一浮全集》，杭州：浙江古籍出版社，2013 年，第 6 册（上），第 84 页。

从"耕读之家"走出来的抗日英烈

——读陈修文烈士父亲遗训感怀

俞荣根*

摘 要 抗日英烈陈修文出身于四川南充一个耕读之家。陈父德斋公从小教导他树立儒家"民胞物与"情怀,长大后每每督促他忠勤国事、建功立业,临终前留下《遗训》,并念念不忘叮嘱老妻、儿媳,要支持修文"出门做事"。修文谨遵父训,安葬父亲后,忍痛离别病榻上的老母、怀胎十月即将临盆的贤妻和三个年幼需要父爱的女儿,北上延安,不久成为一名甘愿献身中国革命事业的共产党员,奔赴苏北抗日前线,最后为掩护伤病员和医护人员撤退而牺牲于日寇汽艇之下,年仅34岁。

文末附有陈修文烈士冥诞110周年中秋祭英烈时本文作者撰写的祭文。

关键词 陈修文 德斋公 《遗训》 祭英烈文

---

* 作者简介:俞荣根,生于1943年,浙江诸暨人,西南政法大学教授。主要研究方向:中国法律史、儒学与中国法文化、法学理论及立法学等。

陈志灵老师是我在西南政法大学的同事，也是隔壁邻居那种关系。按照礼数，他的父亲，我应尊称为伯父。这位伯父叫陈修文，是顶天立地的抗日英烈。

2016年，陈志灵老师赠我《抗日英烈陈修文》一书[1]，拜读再三，感切肺腑，深受教益。

《抗日英烈陈修文》载有烈士手迹《遗训》一文[2]，记录1936年9月丙子年七八月间，烈士父亲德斋公弥留之际对他和家人的教诫。

为读懂这则《遗训》，先介绍一下它的背景。

陈家系耕读世家。陈修文烈士父亲讳学溥，字德斋，崇尚儒学，抱忧国拯民之志。[3] 修文从小接受的父训就是"出门做事"，诸如"好男儿志在四方""建功立业，忠勤国事，弘扬祖德"之类。

人生探索往往艰难曲折。1934年，陈修文听了川军"强兵救国"的招兵宣传，满怀报国之志"出门"投军。1936年，他已是陆军二十军一二三师二旅三团团部助理员，随军驻防贵州毕节。他对川军围堵红军已心生疑窦，颇有"报国无门"之感。

这年8月16日，他得知祖父已去世数月，父亲病重卧床不起，即于次日请假返家，从此脱离军阀部队，为后来成就自己人生的重大转折奠定了基础。

---

[1] 中共四川省委党史研究室、中共南充市委党史研究室、中共南充市嘉陵区委：《抗日英烈陈修文》，成都：四川人民出版社，2015年。

[2] 即中共四川省委党史研究室、中共南充市委党史研究室、中共南充市嘉陵区委：《抗日英烈陈修文》，成都：四川人民出版社，2015年，第174—175页。

[3] 德斋先生，"熟读诸子经典，一生崇尚儒学，擅长书法，奉行孝悌忠信，明辨大义，通晓礼仪，在当地行善济困，克己为人，乐善好施，加之对人谦恭亲善，被当地乡民亲切尊称为'陈恭敬'。他富有传统的爱国爱民思想，满怀报国之志，但因不愿贿赂官府而终身以教书为业。"见《抗日英烈陈修文》，成都：四川人民出版社，2015年，第5页。

从"耕读之家"走出来的抗日英烈

历经种种险境,长途跋涉15天,9月1日(农历七月十五日),陈修文终于回到家中。在父亲病榻前,他千里探病父的孝心,不但没能让父亲有喜出望外的慰藉,反而受到严厉的责备:

尔归来为何?尔在外面做事,专心做事就得了,为什么要回家?尔回家看我服事我,就算孝我么?全不是孝我。民,吾胞也;物,吾与也。尔算是我一人之子么?尔才只有我一人为父么?天下人的父母都是你的父母,天下人的子女都是尔的子女。尔为国做事,以此为心,不惟孝顺了我一人,就是百代先祖在泉下亦要受你超荐,这才是我的肖子。①

老人熟读儒家经典,"民,吾同胞;物,吾与也",出自北宋关学儒宗张载(张横渠)的《西铭》。"老吾老以及人之老,幼吾幼以及人之幼",则为儒家亚圣孟轲名句,出自《孟子·梁惠王上》。

陈修文对父亲教诲一再表示"谨记,永永不忘。"

老人训斥道:

"尔回来以为是讨我欢喜的么?反为讨老子恶气。"②

老人转而教诫儿媳贾氏云:

"望尔贤如赵五娘,事亲终老,鬻发以葬,使其夫能专

---

① 中共四川省委党史研究室、中共南充市委党史研究室、中共南充市嘉陵区委:《抗日英烈陈修文》,成都:四川人民出版社,2015年,第174页。文中未注明出处的引文均见《抗日英烈陈修文》第174—175页。
② 中共四川省委党史研究室、中共南充市委党史研究室、中共南充市嘉陵区委:《抗日英烈陈修文》,成都:四川人民出版社,2015年,第174页。

志于外，成其事业，方为肖媳。"①

贾氏同样向老公公表示"敬听教诲！记下了。"

四天后，9月9日（农历七月二十四）夜，德斋公再次叮嘱自己的老妻：

"吾殁要准之武出外，不准不要之武出外。"②

陈修文写道，自他回家后这段时间，"亲不许儿问病，不许儿视病状，不许儿服事一切。说：'儿是国家上的人，为父不要你事奉。'"③

这是20世纪30年代一位深谙儒家文化的四川农村老父亲临终前对自己的独子、对家人留下的最后遗训。半月以后，9月23日（农历八月初八），德斋公去世。

说到这里，还得插上几句。从《遗训》可知，这位德斋公育有四女一子。换言之，陈修文是他的独子。陈修文婚后，妻子贾氏生育了三个女儿。在受过男女平等的现代文明教育的今天，这都不是个事。年轻读者也许还会有这样的疑问：写这些有意思吗？但时光倒退到上个世纪三十年代的中国农村，法律和习惯都认可"宗祧继承"，祖宗血食香火得由男性裔孙传承，不然，光宗耀祖便失去根基。这也是儒家礼法传统的重要内容。已经是一

---

① 中共四川省委党史研究室、中共南充市委党史研究室、中共南充市嘉陵区委：《抗日英烈陈修文》，成都：四川人民出版社，2015年，第174页。"赵五娘千里寻夫"是一个民间传奇故事，被编成各种戏剧、曲艺形式广为传唱。故事的大致情节是：赵五娘借银钱送夫蔡伯喈上京赶考，蔡一去十年音讯全无。五娘在家服侍公婆，遇灾荒公婆冻饿而死，她剪下一头长发鬻卖换得棺木埋葬公婆，然后踏上千里寻夫之路，历经千难万险，却闻知其夫已成为状元，被当朝牛宰相招为女婿。赵五娘万念俱灰，最后化身一缕青烟升上天空。

② 中共四川省委党史研究室、中共南充市委党史研究室、中共南充市嘉陵区委：《抗日英烈陈修文》，成都：四川人民出版社，2015年，第175页。

③ 中共四川省委党史研究室、中共南充市委党史研究室、中共南充市嘉陵区委：《抗日英烈陈修文》，成都：四川人民出版社，2015年，第175页。

从"耕读之家"走出来的抗日英烈

代单传,修文"出门",可能造成陈家无孙可传。德斋老人不可能对此不了解、不关切、无所谓。老人的贤德大义、目光高远、见识过人之处正在于此:不斤斤于小家之宗祧,而急急于国家之福祉。"儿是国家上的人",这一句平实的言语,掷地有声,气撼霄汉,至大至高。

这以后,陈修文一边守父丧,一边谨遵"出门做事"之父训,加紧寻求为国效力的途径。这一年,"七七事变"震惊国人,全面抗战爆发。在与朋友反复磋商之后,他认定北上延安,跟着中国共产党抗日救国,才是正确的道路。

1937年8月27日,陈修文顶着寥落晨星毅然北上。其时,守父丧不满周年,母病卧床,三个乖巧的女儿需要父爱,贤妻挺着大肚子,11天后就将临盆。陈修文深受儒家"孝悌忠信"文化影响,有情有义,面对一门妇孺,能不牵肠挂肚,去留两难?再说这一家老小,只有他是顶梁主事的户主,他这一走,在传统农业社会,种种生计问题必将凸现,能不让他不生后顾之忧而反复权衡?

其实,陈修文心里明白,这次"出门",不知何时能回,也不知今生是否能回。他的老母、贤妻虽不知道他要去做什么事,但心里也不得不有最不利的认知,这一去凶吉难料。后来发生的事确实如此,这一去成为母子永诀!夫妻永别!三个女儿永远失去了父亲!作为农家子弟,他还是盼望有个儿子,这也是人之常情。他临行时吩咐妻子,若生下的是儿子,取名"志灵"。他是何等的报国心切,没能再等十几天看到自己心爱的儿子出生。他与这个叫"志灵"儿子只能梦里相见。

我们来个换位思考,设身处地,扪心自问,如果是我、是你、是他,面对老母贤妻幼女,会不会"儿女情长,英雄气短"?能不能像陈修文那样毅然决然?有没有立定那个保国拯民的初心?

伟大出自平凡，英雄原本常人。孟子称："人皆可以为尧舜。"（《孟子·告子下》）明儒王阳明说："人人皆可为圣人"（《传习录》下）当29岁的热血青年陈修文别母离妻、"出门"奔赴延安"做事"的那个早晨，他的立志献身抗日救国之举，即是成仁成圣之举！即是不平凡的伟大之举！即是超越常人的英雄之举！

陈修文烈士父亲的遗训，真实地表达了这位恪守耕读传统、践行"修齐治平"之道的儒家知识分子的家国情怀。陈修文进入延安陕北公学前，接受就是这种以儒家思想为本的父训与教育。

德斋先生的遗训和陈修文烈士谨遵父训、抛家别妻、慷慨赴难的壮举，山河动容，天地增辉，真切切、活生生地让人们懂得：

这就是中国传统乡村的耕读之家！

这就是中国农村奉行"孝悌忠信"的农民子弟！

这就是中华传统文化中的家国情怀！

这就是不屈不挠的中华儿女！

这就是不可战胜的中华精神！

这就是生生不息的中华民族！

陈修文，一位从传统耕读之家中走出来的抗日英烈！一位深受儒家孝悌忠信教育而蝶化成长起来的优秀共产党人！

陈修文烈士的家庭教养及其成长的故事，还真切切、活生生地告诉我们：

在中国农村，儒家文化已扎下深深的根须，成为朴实农民兄弟的一种信仰。它是中华民族源源不绝的优秀儿女的精神摇篮，它是中国革命和建设用之不绝人才的文化基因。

儒家文化的价值取向与现代文化、社会主义核心价值观之间有着由此达彼的桥梁和纽带，诸如其中孝悌忠信、修齐治平的家国情怀等，存在着阐旧义而辅新命的现实可能。

阐旧辅新，需要知行合一，陈修文父亲德斋公这些先贤们是这样做的！陈修文烈士和无数先烈们是这样做的！承担时代使命的一代代华夏儿女，不会辜负先贤和先烈的期盼，要继续这样做下去的。

附：

2018年4月5日，时值抗日英烈陈公修文烈士诞辰110周年、牺牲76周年。得悉陈志灵老师将率陈氏族裔回故里祭奠陈修文烈士，我胸中翻涌起对这位抗日英烈无限崇敬的思绪，久久不能平息，情之所至，不写不快，草拟了一通祭文，竟得到志灵老师和他的三位姐姐，及他们子侄的肯定和采纳，并在烈士灵前宣读。

祭陈修文烈士文

维公元2018年4月5日，岁在戊戌，节届清明，时值抗日英烈陈公修文诞辰110周年、牺牲76周年之际，谨肃立于青林翠竹之间，备以鲜花瓜果，恭祭陈公修文烈士。

其文曰：

青松苍劲，兰草芬芳。烈士之风，山高水长。英灵圣魂，天老地荒。

英烈陈公，名修文，号之武，投身革命后改名心平，出身于耕读世家，以仁义孝悌立身，幼承庭训，怀精忠报国心志。其青春之年，遭逢倭日侵华，杀我父兄，污我姐妹，山河破碎，生灵涂炭，饿殍遍地，满目苍夷。凡中华血性男儿，无不拍案而起，救国拯民，舍我其谁？

国家兴衰，匹夫有责；危亡之秋，时不我待。陈公修文经与志同者商议，认定北上延安方是正道。别离之日，其为先父守丧尚不满周年，母病卧床不起，膝下有六岁、四岁、两岁三个嗷嗷待哺乖巧女儿，贤妻体弱，且已是仅剩11天即将临盆之孕妇。此情此景，古往今来，曾使多少志士"儿女情长，英雄气短"，抱憾终生。然陈公修文于1937年8月26日清晨抛家别亲之时，只对临产贤妻留下一句话："如果你生下的是男儿，就取名志灵。"便披着星星北上而去，那是何等毅然决然！正所谓"仗剑出门去，三边正艰厄""报国行赴难，古来皆共然"。

忠孝两全，向为贤人所慕，实乃志士所两难，自古已然。故《礼》云"大孝尊亲"。何谓"尊亲"？修文公遵从其先父"你是国家的人，要为国家专心做事，为民造福"之遗教和"外出做事"之遗训，便是"尊亲"，便是"大孝"。1939年1月，陈公修文从延安寄照片予其岳母，背面题字曰："昆仑山之高，黄河水之长，打走日本帝国主义，再回来与母祝寿称觞。"这誓言荡气回肠，气吞山河，明孝子思亲尽忠之情，抒男儿以身许国之志，铿锵有力，掷地有声。

子曰："岁寒，然后知松柏之后凋也。"1942年7月，我新四军总医院突遭大批日伪军袭击，警卫部队陷于敌人三面包围之中，战斗惨烈异常，失去保卫之医护人员和伤病员危在旦夕。当此一发千钧之际，正在总医院卧病治疗的陈公修文，挺身而出，立即组织轻伤病员投入战斗，从侧翼猛攻日伪军，有力支援警卫队突出重围，迅速掩护医护人员和伤病员安全转移。而陈公修文及其战斗队则因此成为敌方重兵进攻目标，隐藏在芦苇丛中的陈修文被日寇汽艇发现，身中数弹，血染芦荡，壮烈牺牲于苏北射阳河畔，年仅34岁。

苍松低垂，江河呜咽。长天失色，大地含悲。

太史公曰："人固有一死，或重于泰山，或轻于鸿毛。"

从"耕读之家"走出来的抗日英烈

烈士战死于抗日疆场,死得其所!死得光荣!死得伟大!浩然正气,铮铮铁骨,名垂青史,光昭千秋。

英名永铸丰碑,功德兆民仰望,事迹世代传承,精神万古不朽!

幸看今朝,国族齐心,山河新颜,百业俱兴,物阜民康。东方醒狮起舞,中华巨龙腾飞。烈士遗愿,正成现实。

今祭奠英灵,愿继承烈士遗志,弘扬烈士精神,为中华复兴,为人民福祉,不忘初心,恭尽绵薄,以告慰陈修文烈士在天之灵。

清明之祭,哀思绵长,缅怀无尽。

有道是:

仁孝传家家风正;

忠诚卫国国运昌。

百姓家躬耕躬读世泽长;

丈夫身成仁成义英名远。

安息吧!陈公修文烈士!

伏维尚飨。

2021.04.16

于海南盈滨双栖居

笔底天音画外功
——陈子庄与音乐

胡 蔚*

摘 要 著名画家陈子庄之所以取得极高的艺术成就,与他对画外功夫的重视分不开。他既重视对哲学、史学、文学等各学科的兼修,又对音乐、民间艺术、戏剧等格外青睐。他多次在理论上强调音乐修养的重要,其作品也体现出鲜明的音乐性。

关键词 陈子庄 音乐 戏剧 民间艺术

陈子庄(1913—1976),20世纪中国最杰出的画家之一,也是巴蜀地区出类拔萃的优秀艺术家。原名陈富贵,字子庄,早中期号兰园、南原、下里巴人、十二树梅花书屋主人等,1968年改号石壶,另有老朽、阿九等号。自幼习画,曾受齐白石、黄宾虹等启发。其人生历程丰富而坎坷,早期有心于政治,后期专力于艺术,遭遇"文革"浩劫与家庭变故,饱经困厄,却在非常时期"为往圣继绝学",克服种种困难,努力登上了创作高峰。在

---

* 作者简介:胡蔚,女,生于1973年,四川遂宁人,四川博物院副研究员。研究方向:文物保管与研究工作。

那个文化凋零、艺术低迷,尤其是传统文化备受摧残的特殊时代,陈子庄克服种种困难,继承并发扬了传统文化的精髓①,其作品如奇花异卉凌霜破雪,创造了艺术的奇迹。

一、重视各学科与艺术门类的融会贯通

(一) 对各学科的重视

陈子庄以一幅幅内蕴丰富、境界奇高的作品,诠释了哲学、历史、文学、音乐、戏剧、绘画等学科的融会贯通对成就某一项专门学问的重要性。

陈子庄能成为一代绘画大家,除了与其天资卓著、悟性超强、勤于绘事、生活经历独特而丰富等因素有关外,还得益于他对画外功夫的特别重视与修炼。他说:"绘画一道有两个要素,一是性灵,一是学问。无性灵不能驾驭笔墨,有学问才能表达思想。……必须于性灵中发挥笔墨,于学问中培养意境,两者是一内一外的修养功夫,笔墨技法是次要的东西,绘画光讲技法就空了。"②他曾经评价一位知名画家:"他只在画中学画,画外的工作(文学、美学、历史学、科学知识等)做少了。因此,他的画

---

① 《石壶论画语要》一书系陈子庄的学生陈滞冬将他平时授徒教学时的谈艺录稿整理而成。他在书中指出:"他不管外界如何贬低、践踏传统文化,置自身所受冲击与磨难与不顾,始终坚持对艺术的信念,对未来充满乐观的精神:"艺术的目的就是要给民众指出前进的方向,指示未来的理想……艺术应使我们中华民族能以中华文化的悠久和精美而自豪,并使中华文化长存于天地之间,不让她趋于消亡。……必须要以民族、国家的前途和民族文化的长存不衰为前提,从事绘画艺术才有意义。"陈滞冬:《石壶论画语要》,桂林:广西师范大学出版社,2015 年,第 3 页,第 2、3 条。

② 陈滞冬:《石壶论画语要》,桂林:广西师范大学出版社,2015 年,第 9 页,第 29、30 条。

没有思想内涵，还处在讲求技法的阶段。"①

陈子庄主张："学画要深究哲学。初成'画家'，后来要脱离画家，否则最终只是画匠，最多'巨匠'而已。""只以画法学画不行，需从文学、书法、哲学、历史学等各方面全面提高，才能在画业上有进步，道理很简单：大力士不能举起自己。""科学的智识，美学的修养，道德的素质，这三者画家均应具备。"② 其对科学、美学、道德孜孜不倦地求索，体现的就是对真、美、善的追求。陈子庄反复强调哲学对艺术的指导作用："我们搞艺术不能单凭天赋那一点东西，需读书来涵养性灵，最后还要进入哲学境界……中国的文学、医学、音乐、舞蹈都是哲学的体现。最高境界的山水画，常人看不懂，因为它也是哲学。"③

如何培养这些中国特有的哲学素养？陈子庄认为，需要通过这样的途径：

> 中国的诗歌、音乐、绘画、舞蹈都讲气化，有一种气氛在感染着你。学习中国传统艺术应当首先从"气"上去体会。
>
> 学画须平日养气。……养气从两方面进行：一、直接的养气，如看山，写生。二、间接的养气，如读画，读书，涉猎各种艺术，游历山川。如没有间接的修养工夫，直接的养气也不会成功。④

---

① 陈滞冬：《石壶论画语要》，桂林：广西师范大学出版社，2015年，第79页，第352条。
② 陈滞冬：《石壶论画语要》，桂林：广西师范大学出版社，2015年，第7页、第8页，第16页，第18、25条。
③ 陈滞冬：《石壶论画语要》，桂林：广西师范大学出版社，2015年，第16、18页，第64、71条。
④ 陈滞冬：《石壶论画语要》，桂林：广西师范大学出版社，2015年，第12页，第33页，第40、122条。

笔底天音画外功

具体说来，养气必须长期坚持苦练基本功，这些基本功包括画内、画外两方面，既要动手，更需要动脑。陈子庄自己是每天清晨都起来练习的。他说：

> 基本功包括：一、操作。拿起笔来将昨夜所想的形象反复画出。二、观察。看实物。三、阅读。看别人的画，看诗歌、戏剧、舞蹈，听音乐，看文物。以上所举前两项是直接的练习，第三项是间接的练习。这样画内、画外融成一体，眼界开阔，思想才会有深邃的可能。一般学画者常用画内功夫而不用画外功夫。学画之初，画内功夫要用得多，晚年则画外功夫要用得多。①

为了说明画外功夫的重要，陈子庄还举了一个戏剧界的例子：

> 名伶余叔岩演《击鼓骂曹》，胡琴圣手陈彦衡观之曰："未得三昧。"余往请教，陈曰："君予一千元，吾言之。"余不肯。退思期年，复往诣陈，自云愿出一千元。陈曰："今则须三千元，吾乃言。"余自念，无乃戏我，且嫌其索值之昂。将辞，陈曰："明年来，便一万元；往后，即一万元亦不之言也。"余退而告诸友。或曰："君便与三千，看彼何言。"余复之陈所，愿与三千。陈之教余也，先讲《鹦鹉赋》，教他从赋中体会祢衡性格，复言鼓应如何击，动作应如何做，然后又自着戏装为作示范。由是，余之技艺大进。其后陈并未要余的钱。或问陈云："君初时何索价之昂？"陈

---

① 陈滞冬：《石壶论画语要》，桂林：广西师范大学出版社，2015年，第144页，第639条。

云:"我不是真要他的钱,而是看他是不是真好艺术。"①

陈子庄的这些理论,给国画创作者指明了一条通向艺术高峰的极为重要的道路。从事中国书画创作的人,其文、史、哲修养一定不能低。而我国现在美术界录取新生时,却跟这一要求正好相反。文化课不佳者往往转事艺术类,艺术类文化考试分数线偏低的现象很普遍,这一结果甚至导致了在许多人心目中"艺术类考生文化课一般都不行"偏见的产生。正如陈传席先生所言:

> 艺术是自我表现的,你深沉,作品也深沉,你浅薄,作品也浅薄。你自己没有深沉的文化内涵,没有哲学头脑,你力求在你的绘画中有多深的内涵和哲学意义,这是不可能的事情。……出现上述现状,我想有很多原因,其中一个原因跟招生有关系……不画画的小孩在读书,而画画的小孩光是画画,不看书。画画只是技巧的提高,年龄大了,技巧还可以学,但读书效果就非常差。②

这一现状亟待得到改变,不然中国书画的专门院校浪费大量精力,培养的只是成批的技师、画匠和写手,而难出大家。

(二)对民间艺术的重视

陈子庄曾经自号"下里巴人",其画从生活中来,反映生活之趣,与巴渝地区普通人的生活息息相关。他不仅大量写生,师法自然,又从传统绘画汲取营养,还广泛涉猎其他艺术,古器物铭文、秦权量诏版、画像砖、封泥、瓦当等都在他的学习范围内。他非常重视民间艺术,说"我学习的系统与黄宾虹比较是民

---

① 陈滞冬:《石壶论画语要》,桂林:广西师范大学出版社,2015年,第182页,第827条。
② 陈传席:《陈子庄的画天真烂漫,画得很松》,《收藏与投资》2019年第3期。

间艺术的路子,学的范围是春秋战国铜器、漆器、古泉、汉画像砖、唐人壁画"①。他甚至反对"书卷气"的说法,不推赏文人画,而是激赏民间艺术的魅力:

> 我不同意"书卷气"的说法。这是过去假文人妄图伸手霸占画坛而胡诌出来的,意思不外乎是:"我是读书人,画得再孬都好。"京剧名家中,谭鑫培、杨小楼都不识字,艺术造诣却很高。四川贾树三既是瞎子,又是文盲,竹琴却打得很好。再如瞎子阿炳,二胡拉得多动人,为什么那么多读书人比不过他呢?梅兰芳扮演女角,女人还能赶上他么?古希腊的荷马是个三千年前喊街的瞎子,恐怕也未必上过盲哑学校,但他唱的史诗多好啊!

> 我平生推赞民间艺人,而不推赞文人画,以其习气太重,且背离形象过远。民间文艺则生气勃勃,从古迄今,青史无名而才艺兼绝之民间艺人,不知埋没了多少!②

但是,我们要看到,陈子庄对民间文艺及其他艺术类别的重视,并不代表他反对读书,反对文化修养——相反,他是最重视文化修养的。他往来的师友多是在专业上成就很高的饱学之士;而他在知识分子被批判得体无完肤的时代,竟逆流而动,把他的学生送到四川大学谢慕沙等"臭老九"那里学习古典文学,因此他不少弟子都在古诗词方面有所造诣,这是非常了不起的远见卓识。他之所以说"不推赞文人画",是反对文人以学识故步自封、自命清高,脱离民间艺术,希望将文人深厚的学养与民间艺术中最有生命力、最动人之处有机结合起来。可以说,民间文艺、曲

---

① 陈滞冬:《石壶论画语要》,桂林:广西师范大学出版社,2015年,第142页,第634条。
② 陈滞冬:《石壶论画语要》,桂林:广西师范大学出版社,2015年,第14页,第53、54条。

艺等是他借以培育与丰富艺术修养的养料,与其他各种修养一起共同滋养了他成长为大家。

二、日常生活中重视音乐等艺术修养

因为有这样卓越的见识,陈子庄的画才有超乎寻常的意境。他对各方面的修养都相当重视,对音乐、戏剧尤为喜好。他指出:

> 画与书法通,与读书通,前人已屡述之。画还须与音乐、戏剧通,画面上要有强烈的节奏感,布置安排也要有戏剧性。①

据陈子庄六妹之子唐德强先生回忆:

> 我妈妈说,舅舅当年在荣昌当袍哥时②,别人以为袍哥都是"超社会"的,而他特别爱学习、在家里基本上都是在学习,除了自己学,还要请很多名流上门来讲,包括书画界、戏曲界、儒释道乃至伊斯兰教等的各路高人,请到他的兰园别墅。他是很讲究的,总要将茶泡起,让侍女端上怪味碗豆、冬瓜糖等侍候。他很尊敬这些请上门的各色老师。这其中请的川剧名角,除了当地的,还有重庆的当红名角。当时重庆离荣昌交通远远不如现在方便,舅舅依然请他们上门来。③

陈子庄的弟子陈滞冬的母亲静环是成都川剧名角,当年"四大名旦"之一。50年代,陈子庄与静环同为省政协委员,静环

---

① 陈滞冬:《石壶论画语要》,桂林:广西师范大学出版社,2015年,第49页,第194条。
② 《年表》:"1942年,29岁,在荣昌。任哥老会'叙荣乐社'社长、青帮'进德社'名誉社长。"见陈滞冬《石壶论画语要》,桂林:广西师范大学出版社,2015年,第223页。
③ 按:此据2019年8月17日上午录音整理。至于请了哪些具体的名角、是否在家中演出、演出或讨论了哪些戏目等,唐德强先生说他妈妈记不住,只能说个大概情况。

在文艺组，陈子庄在美术组，往来颇多。静环解放前已经成名，其演艺深受群众喜爱，所参演的《杜十娘怒沉百宝箱》《乔太守乱点鸳鸯谱》《梁红玉》《柜中缘》等传统戏目，有的还被峨眉电影制片厂搬上银幕，产生了较大影响。据陈滞冬先生介绍，他出身于川剧艺术之家，其父是春熙路三益公剧场的老板，是搞戏曲音乐的。1949年以后，传统戏剧逐渐走上较艰难的改造之路，演出较少。这并未阻碍陈子庄对戏曲的喜爱，一旦有机会，他就会与时任文史馆馆长的刘孟伉等人邀约去听川剧。在与静环等名角交往中，有时会听他们当面清唱。

据陈子庄之女陈寿梅讲述：

> 我父亲和章伯钧的关系很亲近。章伯钧当时是交通部长，想在北京给我父亲安排个职位，他谢绝了，说自己不适合当官。章伯钧的女儿章怡和"文革"前，大约六四年、六五年，在宁夏街的时候，经常到我家里来，我那时才几岁。她是川剧院搞创作的，在状元街川剧院的宿舍住。我父亲很喜欢川剧，对人很好，对她也挺好。"文革"前我很小，我父亲不带我去看川剧，他都是和刘孟伉等人一道去。七几年我大一些了，但他都病得比较凶了。[①]

陈子庄学生刘炳贤曾说：

> 陈老师喜欢戏。谈到川剧《秋江》，非常兴奋地给我们比划，讲得绘声绘色。他以前在仁厚街住时，和一位名叫曾荣华的川剧艺术家有交往。粉碎"四人帮"以后，我和同门罗巨白一起还去看过曾荣华的演出。

音乐与戏剧关系非常密切。陈子庄对音乐有很高的欣赏能力

---

① 按：据2019年8月17日上午录音整理。

与独到的见解。他认为音乐与普通的声音有本质区别,最关键的在它的思想性:

> 音乐有高低抑扬顿挫,工人弹棉花的声音也有高低抑扬顿挫,但前者是艺术,后者不是,因为前者有艺术语言,有意境,有作者思想的内容在里边。因此可悟出一些画理。①

他非常注重艺术之间的通感,认为某种艺术若具其他艺术所长,将更具感染力,绘画和音乐、文学等应当互相取鉴:"一幅好画应当不只是诉诸视觉,还要有'声',即有艺术语言。譬如音乐,能诉诸听觉,还要看得见形象。""构图是音乐,内容是诗文。"②

据陈寿梅回忆:

> 我父亲很喜欢音乐。住仁厚街时,院子里有个人,会弹吉他,也姓陈,排行第五,住上房,整个院子是他们的。他父亲留学回来开了个儿童医院。此人三十多岁的样子,他母亲有文化,曾向我父亲要过画。父亲喜欢听他弹吉他,他弹得很好,我印象深的是《鸽子》《红河谷》和一些苏联歌曲。每次欣赏的时候,父亲就闭上眼睛,静静品味。③

陈子庄学生刘炳贤讲述:"陈老师曾经专门去听一位叫李芳洲的盲人演奏风琴、唱歌,可见他对音乐的喜好。"

陈滞冬对子庄艺术与音乐的密切关系有深刻的认识:

> 陈子庄已经超越了绝大多数国画家还在追求诗书画三位一体、似与不似之间这些阶段。西方人说,最好的艺术,不

---

① 陈滞冬:《石壶论画语要》,桂林:广西师范大学出版社,2015年,第31页,第111条。
② 陈滞冬:《石壶论画语要》,桂林:广西师范大学出版社,2015年,第50、87页,第197、383条。
③ 按:据2019年8月17日上午录音整理。

论哪一类，最终的指向是音乐。为什么最终的指向会是音乐呢？因为音乐和人性的本质是非常契合的，它的最大特点是时间性，由节奏、韵律等组成，这跟生命的本质是一样的，人的生命就是一段不可逆的时间。所以指向时间性、指向音乐会成为艺术最根本的东西。陈子庄继承传统，借助书法入画，但并不停留在表面，并不程序化地说"石如飞白木如籀"或是"这一笔像隶书，那一笔像草书"，他悟到书画结合关键点在于用笔的节奏感、韵律感。所以你在他的画中间容易发现音乐感。他的造型都统一在他用笔的韵律中间，这个是中国绘画现代化的一个很重要的标志，他在这点上超越了所有的当代中国画家。[1]

陈子庄的学生杨桂林（那木尔·羊角）谈起，那时候老师经常去他家，他想办法给老师搞了些旧唱片，并借了个留声机放给他听，其中就有梅兰芳的戏曲。有时候，老师还经常邀约一位叫王华德的朋友前来弹古琴，听琴谈艺，对画艺也有促进。[2]

三、在创作理论与实践中对音乐的强调

陈子庄对音乐不仅有很高的欣赏水平，还将其上升到理论高度，并善于把音乐的韵律与节奏运用到创作实践中。

首先，他从理论上探讨了绘画中的"节奏""韵律"等问题：

> 如果笔笔是画，就不是画；笔笔不是画，而是书法，那才是画。线条的粗细是根据韵律的需要，而不是物象的需要。
>
> 山水画技法的应用中，注意讲究阴阳关系，画面的节奏

---

[1] 按：据2012年5月12日上午录音整理。
[2] 按：据2019年8月23日录音整理。

感易强。

> 石上之点,应有浓淡、虚实、疏密、高低的区别,总之要有抑扬顿挫,构成节奏感、音乐感、诗意。①

他还以此为标准,对其他画家的画提出批评:

> 大笔画要涵敛。李晴江的墨梅太粗疏②,缺乏内涵,缺乏组织,没有节奏感,有时可说是凌乱。乱倒不怕,但要乱中有整,有韵律感,有音乐感,这就是法。③

其次,他的绘画实践,也贯彻着这一理论。他刻画的山、树千变万化,有时简到极致,有时密不透风,那些留白,好似乐曲中激发想象的停顿,而密密叠叠的笔触,又似乐曲激昂低首,回旋往复的状态。有人说他画得乱或杂,那是没理解到这些笔触的内在关系。他很多作品都好似有一种韵律的流动感。比如下面这幅画因听王华德弹古琴而作(图1),我们可以看到满纸跳动着音乐的韵律与节奏。

图1 以琴韵写山水(龙泉山册之四)

---

① 陈滞冬:《石壶论画语要》,桂林:广西师范大学出版社,2015年,第105页、第124页、第127页,第467、566、582条。

② 按:李方膺(1695—1755),字虬仲,号晴江,别号秋池、抑园、白衣山人等,通州(今江苏南通)人,"扬州八怪"之一,能诗擅画,尤长写梅。

③ 陈滞冬:《石壶论画语要》,桂林:广西师范大学出版社,2015年,第63页,第274条。

传统音乐十分崇尚流畅而又自由生动的线条变化,强调其旋律线条要有轻重、缓急、曲直、刚柔等种种丰富的变化,这些变化的实现依赖于上下起伏的旋律线条走向、节奏速度的快慢、力度的强弱以及音域的高低等。传统音乐的节奏往往即兴性较强,结构自由潇洒,没有明确的、周期性的节拍重音循环,也即所谓"弹性节奏"。这种节奏的安排与运用是随着音乐表现的需要由创作者自主决定的,古琴音乐中常常使用的"散起—入调—入慢—复起—散出"的这种速度格局,体现了中国传统音乐对富于线性变化的"弹性节奏"的强调。而陈子庄的画作正是融合了线条的高低起伏状态、节奏速度的快慢、力度的强弱等多种创作技巧,以绘画的语言表现出音乐之特点。他笔下那自由生动、跌宕多姿、动感流畅的线条展现了音乐的自由生动性,契合了音乐的线性旋律结构,仔细体味,画中也存在一种"弹性节奏"。"以琴韵写山水"一画是有意以画笔表现音乐,陈子庄还有很多作品虽未明言与音乐的关系,也都有意无意地创造出了具有音乐特质的画境。如这幅《天籁和鸣》(见图2)。

图2 天籁和鸣

图3 蜀山册之三

这幅画明显打破了传统的皴法,以轻松娴熟的勾勒表现出山势的起伏及山石的体积感,用色用墨也非常灵活自如,给人一种松动不滞塞的感觉。这种不拘成法可谓是"无法之法",使画面灵动而富有生趣，充分体现着谢赫所说的"气韵生动"，整个画面流动着的气韵如音乐的旋律一般有感染力，而那些看似随意点染的树木，则像一个个跳动的音符，传达着生命的活力。

又如《蜀山册》中这幅画（见图3），上题"蜀山玲珑巧峭为难状之境，不明此意无从下手也。甲寅之夏于成都，石壶"钤白文印"石壶"。当时陈子庄赴夹江欲改良造纸工艺，当地派肖科长陪同子庄先生一行到几个造纸作坊去参观。路过马村，见山川秀美，竹树郁茂华滋，画家顿生灵感。此画表现了坐落于两山之间山泉跌落处的造纸水碾房正在开工捣浆的情景。"玲珑巧峭"传达出人文与自然相结合的天人合一的精神，此画中无论是树木还是山石的线条，都充溢着一种与音乐相通的欢快之情，看似密不透风之处，却繁而不乱，笔墨组织饱含内在规律，如迅疾的节奏一般，给人鼓舞，富有生机。一般画家对于草木茂密，难见山石肌体的蜀山是很难落笔的，因为传统表现山石的技法，不论是以披麻皴为主的线皴，还是以斧劈皴为主的面皴，在这满目苍翠面前，都失去了用武之地。如何才能既表现出山川植被丰美的表象，又刻画出其秀润玲珑的内在气质？陈子庄以带有音乐感的画笔，笔墨生节奏，点线成韵律，巧妙地处理好了这一难题，表现出了蜀山的"玲珑巧峭"。

陈子庄的画富有音乐感，既是对传统的继承，也有大胆的创新。在中国画的发展历程中，具有节奏感与韵律特点的佳作并不罕见。例如明代画家史忠[1]《澄江飞帆图》（见图4，上海博物馆藏）。[2]

---

[1] 史忠，字端本，一字廷直，号痴翁，本姓徐，上元人。少不慧，十七始能言。忽通诗翰，画山水树石，纵笔挥写，不拘материалами，动能神合，与沈周交善。参见清徐沁《明画录》卷三，王云五主编《丛书集成初编》，北京：商务印书馆，1936年，第29页。

[2] 中国古代书画鉴定组编：《中国绘画全集》第12卷明3，杭州：浙江人民美术出版社，2000年，第4页。

图 4　史忠《澄江飞帆图》

　　史忠画山水树石纵笔挥洒不拘家数，粗笔写意，有云行水涌之趣，极简率放逸。作为画家，史忠与元末明初画家方从义一样思想较自由，他们只是为了画而画，不会去考虑太多理论与条条框框。此画表现山石、树木不求形似，甚为传神，其行笔快速跳宕，石纹与树的枝叶间涌动着一种音乐的节奏感。史忠的画风受方从义影响，后来的石涛、八大对此有所继承。而方从义、八大、石涛都是陈子庄推赏的画家，他从这些前人那里汲取了不少营养。

　　再看这幅石涛的代表作《搜尽奇峰打草稿》（见图5）[1]。石涛的山水画善于用点，皴擦较少，画法不拘一格，千变万化，纵笔恣肆，从这幅画可以窥见，其线条变化多端，山势跌宕起伏，富有节奏感，线与点都传达着一种音乐的美感。

---

[1]　按：拍摄于故宫 2017 年 6 月 "清初四僧" 书画展。

图5　石涛《搜尽奇峰打草稿》局部

再看黄宾虹的这两幅作品（见图6、图7）①，反映了黄宾虹晚期"黑宾虹"的面貌，以自由多变、富有节奏感的点和短线代替长线皴法，使物象更抽象、更有活力。其墨色虽厚重却有舞动之感，似有生命力在律动。这种静中寓动的特点与音乐的时间感非常契合。画家用层层积染的墨法，着力表现浑穆深邃、滋润淋漓之感，极密极黑处注意留白，这种充溢着虚实明暗对比的留白，好似音乐中"此时无声胜有声"的停顿，在苍墨浓郁的画面中，起到了"一烛之光，通体皆灵"的艺术效果。尤其这幅《桃花溪图》，作于黄宾虹90岁时，当时画家因白内障几致失明，但他凭借深厚的笔墨功底与胸中丘壑，随性挥毫，笔墨节奏与音乐的韵律暗合，具有"无法不法，乱中不乱，不齐之齐，不似之似"的特点，达到了"随心所欲，不逾矩"的境界。

---

①　宁夏博物馆、浙江省博物馆编著：《墨气如虹——黄宾虹书画精品集》，北京：文物出版社，2015年，第87页、第110页。

图6 黄宾虹《山水图轴》　　图7 黄宾虹《桃花溪图轴》

　　陈子庄对石涛、黄宾虹等人的艺术成就多有赞许,他通过不断的观察与思考,批判性地继承了他们的优点。正是在吸收了这些优秀作品之长的基础上,他不为传统所囿,不为成法所拘,大胆师法造化,独具慧眼,从寻常山水中见人所未见之美,随性走笔,在对各种艺术尤其是音乐的深刻领悟的基础上,创造出一幅幅富有内涵、流动着韵律与节奏、能充分调动观者情绪的佳作。其作品流露出的音乐性,是他重视各学科与艺术门类相结合,转益多师的结果,也是他注意音乐修养,善于融会贯通,铸众艺于一炉,以臻化境的具体表现。

巴蜀国医大师李仲愚

邓又新*

摘 要 李仲愚先生为成都中医药大学已故著名教授,享受首批国务院政府特殊津贴,国家级中医大师,与成都中医学院(即今成都中医药大学)首任院长李斯炽齐名。其出生于蜀中著名中医世家,精于医道,善家传独创"杵针疗法"、指针与气功,且饱读诗书,集儒释道于一身,并将之贯穿于医道中。行医60余载,救人无数。不仅如此,先生还总结其丰富的临床经验,著书立说,泽被后学。他晚年献出祖传"杵针疗法",呼吁各方重视中医药事业,为中医药事业的发展作出了杰出的贡献。他的"杵针疗法",被列为国家级非物质文化遗产。

关键词 巴蜀国医 李仲愚 杵针

一、前 言

蜀中乃天府之国,群山环抱、丘陵平原,富饶秀美,特殊的

---

* 作者简介:邓又新,生于1951年,四川成都人,职工医院主任中医师、成都中医药学会传统与自然疗法研究学专家,国医大师李仲愚教授私传弟子、国家非物质文化遗产中医"杵针疗法"第十五代传人。

地理环境优势、多民族聚集的风土人情,自古名人、豪杰辈出,文化底蕴非常厚重,孕育出了中华传统文化之独特分支,即巴蜀文化。其中传统中医药文化,兼容百家(如藏医、彝医、苗医等),较之中原医道更为细腻,在全国独树一帜;加之西南地貌多样,享有"亚热带基因库"美称,盛产名贵药材,川药在全球占有重要地位。数千年积淀,形成了巴蜀中医药流派,历代诞生出众多名医大师,如宋代成都名医唐慎微、清代进士出身的大医家唐容川①、还有近代如沈绍九、任应秋、李斯炽以及曾被周总理专调进京、并誉满京城的四川名医蒲辅周等。中华人民共和国成立之初,国家规划中医学院时,全国布局五个,成都中医学院便在其中。吾师李仲愚先生就是成都中医药大学最著名的教授之一、当代蜀中最杰出的国医领军大师。

李仲愚(1920—2003),祖籍四川彭县九尺乡(今成都彭州市九尺镇),出生于医道世家。5岁即入当地私塾就读,攻儒术,因勤奋好学,聪明伶俐,学得广博学识。13岁时入医门,即拜堂叔、晚清秀才李培生先生研读岐黄之术,熟读《黄帝内经》《伤寒论》《针灸甲乙经》及《本草纲目》等医学经典。后师从姑父,天彭名医刘国南先生及刘锐仁先生研读历代名医专著,并开始随师应诊。17岁即悬壶于彭县医馆。其间还深得祖父的表兄海慧禅师儒、释、道、医真传。海慧禅师俗姓范,四川彭县云华山人。是一位精修密法、又对《周易》《内经》及道家学术很有研究的道家静明派高人。先生19岁在成都获国民政府注册中医师资格。次年入成都国医学院学习深造。1950年,四川彭县解放,他获任县卫生工作者协会主任,县人民委员会委员。1955年,他奉调成都中医进修学校(成都中医学院前身),次年调入

---

① 按:唐容川,著有《血证论》《中西医汇通医经精义》等。

成都中医学院，从事中医、针灸教学和临床工作。

先生曾是四川省文史馆馆员、历任省政协委员、中国针灸学会常务理事、四川针灸学会会长、四川省针灸学校荣誉校长、全国医用气功学会副会长、《四川中医杂志》编委、成都中医药大学教授、主任医师、被国务院授予的有突出贡献专家、国家首批政府特殊津贴获得者，被收入《中医学专家》《中国名老中医专家学术经验集》《中华名医特技集成》。著有《李仲愚临床经验辑要》《杵针治疗学》《气功灵源发微》《李仲愚先生诗选》等。先生工于书法，其字敦厚而骨力内蕴，有苏体之态。

先生医道精纯、道德高尚，他虚心好学，若遇医技高人必虚心请教，广采所长，博学多才，为其成就一代名医奠定了坚实的基础。他不仅精于医道、针术，更饱学中国传统文化，集儒释道一身，且与医道相辅相成，故医道厚重高深，非泛泛之辈可比。从医60多年，治病活人无数。他著书立说，振兴中医，留下很多宝贵的医学经验及人生佳话，是祖国历史上值得一提的巴蜀名医。

人之有幸得遇明师。吾师为当代国医，有大贡献。吾随师多年，直至先生逝世，所见亲闻甚多。然限于篇幅，仅简略记之一二而已，挂一漏万，不足以反映先生全貌，谨希望读者能从中对先生有一个大致的了解。

二、先生医道行持

先生精于脉学，善于针灸、汤药及膏丹丸散，尤善祖传绝技杵针、指针，内外合治，针药互补。在长期医疗实践中，治疗疑难杂症，疗效卓著，活人无数。先生铭记唐代医圣孙思邈"大医精诚"誓言，终生行持。晚年传有247字的医道祈愿文：

顶礼上师三宝！顶礼一切护法空行！弟子六如仲愚[①]，谨于上师三宝及一切护法空行前敬慎发愿：愿以菩提心为因，大悲为根本，方便为究竟。住心华严三昧，行持普贤行愿，指归弥陀净土；全面融通伏羲易学、黄帝经络并本草之学，通达医道一切理、法、方、药、术，汇通西学，难行能行，勇猛精进。临证之间，视一切众生为父母，视众生病患，如己之病患，不起贪、嗔、痴、慢诸念诸语及一切不如法之行；竭精毕能，拔苦予乐，施以健康、从容之道；并示以认知生命、升华生命之方便。果如是，愿我及我心传弟子，得上师三宝，护法空行无上护持与加被，使生命与医道升华，直至任运、无我、唯一、圆成，传述无上、无尽之菩提医道，利益无量众生。

先生一生禀持菩萨心肠，以出世精神，做入世事业，有大智慧、大情怀、大成就。这是先生的立世之道。吾每当诵习祈愿文，便心潮起伏，如恩师在前，感念无上无尽的护持加被。

1945年抗战结束时，成都地区流行霍乱，先生故乡及邻近诸县瘟疫流行，沿门阖户死者甚多。先生根据霍乱发病特点，辨证分型立方，并配以祖传大灸法，治愈、救活者甚多。他还以慈悲心将治疗方法无私奉出、推广。他在家乡悬壶时，常以张仲景《伤寒论》学术理论，孙思邈《备急千金要方》，傅山《傅青主女科》等等典籍结合临床实践探索，治愈了很多疑难杂症。

临床一例：先生初独立应诊时，病人是当地的一位大户人家，患吐血病，兼咳嗽不止，渐至病情危笃，遍请远近名医诊治，但其效果不明显。当时有人推荐先生诊治，病员家人见先生年少而感到为难，出于侥幸姑且请为诊之。先生诊后道：病人虽

[①] 按：先生中年有悟《金刚经》"六如诀"，遂自号"六如居士"。

然吐血多日，但面色红润明亮，吐出之血色紫而有血块，且脉滑而有力。前医多以凉血止血之法治之，或者虑其吐血多日恐伤其正气，而又以补气摄血之法治之，是未明病因之本，故未见效。先生诊后拟方仅三味药：葶苈、五味、生大黄。病人勉强试服。谁知一剂血止，三剂咳嗽亦止，后续调理而愈。病人大为称赞，称先生为"童医"。其时年纪轻轻即以医德、医名盛传蜀中，被病人尊称为"救命活菩萨"。这也是1956年成都中医学院成立时，先生作为名医被首批选入的缘故之一。

下面再举一病例。先生曾于1952年调温江地区医生进修班学习西医。当年一位西医老师的儿子患麻疹合并肺炎，疹闭不出，病情危重，西医已经束手无策。情急之下，请先生用中医中药治疗，以求一线希望。先生看后即以张仲景麻黄附子细辛汤两剂，一剂疹出，二剂神志清楚，转危为安。后以甘平清润之剂调理而愈。这位西医老师感激不尽，原本小看中医的他不但重新认识了中医，改变了对中医的看法，还开始学习中医。此类救人救命诊事很多，不胜枚举。

我的父亲邓岳高先生（四川大学老教师）与李仲愚先生系多年至交。在我年少时，家父将我托拜在先生门下，从师学艺，学习中医理论、背诵汤头……后常随先生应诊实践，抄写方剂，目睹先生救死扶伤经历太多。

有一次在门诊，曾见到一位中年男子候在先生诊室门口，一脸愁容。直到中午先生看完病人，那人才走过来突然跪在地上，恳求先生救救他妻子，称病人现就住在医院住院部，已被判定无救，叫家人准备后事。其听说先生医术高超，特赶来求救。先生总是慈悲为怀，将他拉起来就走。原来这是一名40来岁的晚期肝癌患者。先生到了病房，见患者躺在病床上，面容憔悴，萎黄无神。只见先生捏住病人右脚，用指针手法取了两个穴位，静静地治疗了几分钟后就离开了。次日一早,患者家属赶来兴奋告之:"老师太神奇了!病人好些了!原来滴水难吞,要吐出来,今天居然喝了米汤。"先生又连续去了两次。第四天上午,那人带来一名女子。我正想怎么又带个病人来,一问才大吃一惊,就是那个女病人,竟然自己从住院部走来了,恳请先生开方、诊治。后来她情况慢慢好转出院,听说又生存了好些年。

又有一次诊室来了一位年轻孕妇,怀孕已经 30 多周,因妊娠腿肿前来就诊,顺便谈到自己胎位不正,胎儿如果不能自行转正,会带来难产,不知中医有没有办法。先生随即在病人足小趾上取一穴,用米粒艾柱连灸三壮,不一会儿,病人说好像腹内胎儿在动。先生嘱其次日去妇产科检查一下再说。第二天病人高兴地前来告知,经检查胎位已经转正。

先生还长期担任四川省领导的保健医生。据我所知,当年的廖志高、廖井丹、许梦侠……都是先生的病人。

先生秉承不论常见病或是疑难杂症的诊治,必须基于中医辨证施治原则,综合运用中医的多种治疗手段,包括杵针、指针,以及先生独特的"嘘字"气功、祛病延年锻炼等等。只有调整人的阴阳、气血、脏腑、经络的失调,才能合于病机,立起沉疴痼疾、治愈疾病。正如先生在《李仲愚临床经验辑要·自序》中写到:

> 中医药学,本源于易理,易天地准,故能弥纶天地之道,凡八达之外,六合之内,放之无不准也。因此,西医应该学习中医,以西医的先进检查手段,辨病施治,和中医的卫气营血,三焦五体,脏腑经络,五官九窍,二阴八奚,三因六淫,五运六气,四诊八纲十六目,三才学说等整体理念相结合,以促进全球医学及健康事业的发展。
>
> 吾行医 60 余年,长于用中药配合针、杵针、指针、气

功等手段综合治疗常见病及奇难杂症症……①

这也算是中医的综合治疗吧。可见，全面掌握中医的哲学理论，治疗的科学药理方法和精湛、准确的手法非常重要。先生治病，如十八般武艺在身，很早就被人广传为"多宝道"人。

20世纪八十年代初，先生曾多次赴京参加中央领导、老干部的诊疗保健工作。就因为其多样、神奇的治疗手段，尤其是杵针、指针的配合，解决了很多疑难杂病，在中南海内传为佳话。工作之余，先生还作了一件振兴中医的大事。他致信中央，提出了《对发展中医事业的十点建议》，受到有关方面的高度重视，促成了全国"振兴中医"工作的开展。如先生所在的成都中医学院，最明显的变化就是国家拨专款修建了门诊大楼和住院大楼，改善了学校教学、科研条件，并新建了教师家属楼。

当时先生做出了一个重要的决定，毅然公开了家传十四代的杵针、指针之学。先生被誉为成都中医学院成立以来对国家作出重大贡献的功臣，与成都中医学院首任院长李斯炽教授齐名。

三、杵　针

至于针灸神器"杵针"，如果不是由先生传承下来，并公之于世，也许就失传了。

杵针是一种独特的针灸治疗工具，不见于历代医学记载。是先生家族入川始祖李尔绯太祖公少年时师从湖北武当山道人如幻真人所传。入蜀后于家族口口单独秘传，不立文字，传至先生手中为第十四代。杵针因其工具奇特，取穴及应用总体理论虽同于

---

① 李仲愚著，钟枢才、钟磊、钟颖、李淑仁整理：《李仲愚临床经验辑要》卷首《自序》，北京：中国医药科技出版社，2001年。

针灸，但一些特殊的穴位及使用方法与道家关系密切。其使用4种不同形状非刺入性的工具，分别是：金刚杵、七曜混元杵、五星三台杵、奎星笔，运用独特的布阵取穴和行针手法，具有无损伤、无疼痛、无感染和操作简单、安全有效、易于应用、易于接受、有病治病、无病保健等优点。所以，与传统针灸也有区别。更独特的是，其依据《易经》独创了诸多新穴，如"八阵""河车""八廓"及"奇穴""鬼穴"等等，以杵针运用于临床治疗，疗效卓著。

杵针的公开，创新、发展、丰富了中医针灸的内容和治疗手段，成为博大精深的中医宝藏中的精华之一，这是中华民族智慧的结晶，赖先生而免于失传。鉴于杵针的重要意义，国家已将杵针列为世界非物质文化遗产而受到保护。

先生的"指针疗法"，是在中医针灸基础上的创新和杰出的贡献。指针，即以手指代针作用于人体穴位。先生指针同样来自祖传，必具备相当的气功修养和指力，才能达到治疗效果。先生自幼练"嘘字"气功，功底敦厚，指力运气能直达腧穴深部，进入高深境界。先生在赴京给中央领导治病时，多用指针。如彭真委员长神经性耳聋，多年来佩戴助听器，先生即用指针方法进行治疗，第一次治疗就有明显感觉，彭真大为惊讶。多个疗程下来，彭真听力大为好转。由此，他们结下友谊。彭真对先生称赞有加。先生发愿振兴中医，致信彭真委员长，反映中医发展现状诸多问题及中医队伍后继乏人等，彭真委员长看信后，当即批示给卫生部长崔月犁，批示中指出："李仲愚大夫是一位有真才实学，年逾花甲，学而不厌，诲人不倦的传统医学专家，他反映的情况，不是个别，值得注意，可供你们考虑，作为发展现代医学和传统医学的参考。"① 于是就有了前面提到的一系列有利于中医发展政策的变化。此事也体现了先生高超的医术和高尚人格魅力。

四、医道与中国传统文化

先生儒释道兼修并蓄，不带门户之见。中医、包括杵针、针灸及气功，更多是与道家传统文化有关。史有"十道九医"之说；不少名医精通道学，身为道教中人，如晋代葛洪、唐代孙思邈。蜀人自古敬畏自然，信仰仙道、神道及崇敬祖宗。三星堆文明、金沙文明可以反映出蜀地神教祭祀文化的起源和演化。后来道教的兴起与其有一脉相承的关系。汉代张道陵创正一道教并隐修于大邑鹤鸣山，道教盛于蜀中。道教文化的影响根植蜀中至今不衰，促进了蜀人中医文化的发展。

先生自称三清道人、云水居士。20世纪九十年代初，四川道教协会在青城山天师洞开办了道学院。时任全国道教协会会长的傅元天大师特邀先生上山给学员讲授《道德经》及内养功夫，我每次都随同先生一起上天师洞，先生让我给学员上针灸基础课。那时傅大师年岁已高，不幸身患肿瘤，但是在先生的治疗调养下，情况一直很好。先生每次上山一般都会住上两天，课余给大家看看病。一次有学员父亲患食道癌，先生用指针给他治疗，效果很好。那学生私下悄悄问我："你师傅给我父亲治病是不是念了什么咒？"我还真不好回答，即便知道也不能随便讲，只说

---

① 李明富：《成都中医药大学中医学家专集》，北京：人民卫生出版社，1999年，第75页。

可能是"祝由"①吧。

佛学与道家中有"神通"一说，但不主张执着，也就是现在所谓的第六感观、灵异事件之类。这些并不奇怪，现代也有人从事这方面研究，如时空理论、量子纠缠……先生对"神通"似乎持反对态度，从不谈及。先生运用杵针、指针、气功治病常有奇效，其深刻原因虽不得而知，但却真实存在，姑且存疑吧。先生离世那天凌晨，我梦见先生满脸笑容过来在我头上抚摸了一下，好像要说什么。我突然醒来，顿感先生离世，至今仍然历历在目。

一般人认为佛教与道教信仰不同，佛道相争好像水火不容。历史上确也发生过佛道互抵。先生曾经说："真的修行人没有这些顾虑，不论出世入世，佛教的成佛或道教的长生久视，都是解决一个以我来认识的这个世界的问题……人从何而来，何处去。并且佛与道只是仁者见仁，修心养性方式之不同而已，观音菩萨不就是道家慈航真人吗。"据我观察，确实那些道士们对于佛教、道教并没有门户之见。很多人还经常去佛教寺院参拜，研究佛法，尤其是佛教密法，或是道教与佛教相互兼容更多的原因吧。

先生精于易学。他曾经给我谈起，他师傅是易学高人，解放前他随师应诊时，若有重病家人来请，师傅必先占一卦，以判定病能不能治，方才决定去与不去。

他认为："医者，易也。"医学是中国传统文化有机组成部分。自古医家，尤其是大家，莫不具有深厚的传统文化根基。所以古人有云：秀才学医如笼中捉鸡。

除了以上谈到的杵针、指针外，先生的气功修养在治疗疾病过程中起到的作用是不容忽视的。气功曾风靡全国，后又悄然消

---

① 按："祝由"，中医十三科之一。以符咒等方法祛病，今人指为迷信，已趋向失传。但近代也有人认为其当属精神疗法，有其合理性。

失,至今学术界尚有争议。许多人弄不懂气功究竟是怎么回事。20世纪八十年代有个所谓气功大师严氏(当时是中医学院学生),一下红得发紫,却很快又谬论频出。他曾经多次找到先生,以拜师名义,想扩大自己"气功大师"的影响。先生认为其人心术不正,搞邪门歪道,十分生气。先生从不轻易收徒,何况这种情况,故坚决不允。后来证实先生的做法是正确的。现在想起来,先生似乎一直都具有这样对人和事的感知和判断能力。

先生立志为传统气功、内功养生正名。故专门撰写了《气功灵源发微》一书,公开了先生祖上海慧禅师所传的内养秘功"嘘字功法"。该功法取佛、道两家锻炼之精华,与中医哲学思想相结合,不仅有利于疾病的治疗,还有利于强身健体,延年益寿。他以历年亲身实践,全面客观分析了中国传统内养功夫的真貌。先生本人和他的许多患者都从中受益。书中还附出河图与洛书说明。当代名人南怀瑾大师曾称赞其道出了气功真经。

尽管当年全社会气功鱼龙混杂、乱象丛生,但先生的"嘘字养生功法"却得到了政府特别批准,长期在成都中医学院康复中心开展教学,辅助康复治疗,至今仍深受欢迎。

先生以医者立功、立德、立言,更以修心为立身之本。他从小根植于传统文化,深受儒释道文化熏陶,形成了独特的世界观。

先生是一名医者,更是虔诚的佛家弟子。幼时他身体瘦弱多病,受海慧禅师加持传授"嘘字功法",身体渐渐强壮。随着年龄增长,因缘和合及自身的探索,佛法精神深植于心,先生与当代清定法师、济尘法师、云登嘉措等高僧大德亦师亦友。先生主张禅静双修并深入密法,尤重医学与佛法的圆融、相得益彰。由此,先生医道如虎添翼。

先生于改革开放前,怕引人误解,不好表露见解。20世纪八十年代初，国家宗教政策渐次放开。先生工作之余便积极投身汉传佛教事业的振兴。当代高僧大德清定法师入驻成都昭觉寺时，先生利用与赵朴初的关系，积极向统战等有关部门反映，落实宗教政策，促成动物园退还了部分原昭觉寺庙产。后来他当选成都佛教协会副会长，又筹集成立成都居士林，并请全国佛协会长赵朴初题写了"成都居士林"匾牌，宣扬爱国、爱教。先生推荐冯丹成和李素芳两位老居士主持居士林，会同众居士念佛诵经。先生让我常去参加，并嘱咐说，要尊重这些善良的居士老人，顺便给大家谈谈健康，看看病。

早年抗战时，袁焕仙居士在成都创建维摩精舍。其首座弟子为南怀瑾先生。南先生后来到了台湾，他于改革开放后辗转通过成都张文树、秦敏初夫妇，联系上在成都的维摩精舍几位老朋友及师兄弟，包括大居士邓岳高、袁素平、杨光岱、杨志坚、李自申等，他与众师兄情义深厚，并支持大家修行佛法，不忘维摩精舍法缘。因家父邓岳高与先生的关系，大家曾多次到居士林，有将维摩精舍与居士林共同发展之意，先生及老居士们都非常赞同，其间也开展了一些佛事活动。

为发扬、推广佛教慈善精神，先生还提议并促成文殊院开办了对外中医诊所，方便群众就医，并与众生结缘。先生也常常利用星期天休息时间去文殊院诊所给病人看病，我也常跟随在寺内义诊。记得有一段时间，美国驻成都总领事馆一些外交官员也来文殊院找先生看病。原来美领馆领事艾德（Marshall Adair），是南怀瑾的学生，是南先生告诉他们："你们有病可以去找李仲愚医生。"

南怀瑾大师与家父邓岳高是维摩精舍袁焕仙大师的开山弟子，关系甚密，互有书信往来。最初南怀瑾将他的部分著作寄给家父，家父后借给先生，先生看后笑云："南先生怎么知道那么多野史",对南先生学问称赞有加。南先生与先生似乎有神交,对先生医道及学问有很高的评价。后来先生托南先生师兄通永老和尚带信,希望南先生能来成都,遗憾未能成行。另南先生还让精于中医的弟子宏忍法师学习杵针,曾专门找我帮忙,求购杵针工具及先生《杵针治疗学》。

先生历来为人低调,不重名利地位,不管是医道还是佛学平常都不事张扬,常常默然,少言寡语。先生常说:"信言不美,美言不信。善者不辩,辩者不善。知者不博,博者不知。"(《道德经》)立身处世总是遵循古训,见贤思齐。然他当说则说,必引经据典。如带教各层次学生(包括港澳台及海外学生),多从传统中医理论及针灸、气功学说出发,联系儒、佛、道知识,结合临床,不用讲稿,顺手拈来,随口进行讲授,很受欢迎。

改革开放后,每年都有数批外籍学员及港澳台地区学员随先生学习中医、针灸、气功,并随先生临床实习。先生还应邀到德国讲学。听先生说,外国人很崇拜中医,而且学习非常努力,他们也有自己传统的草本药物。有一次先生去参观德国的草本植物,随手拿了两种,看了看,闻了闻,再尝了一下,就告诉德国人,大概对什么病有效。德国人大惊,说您怎么知道!先生笑着说,不奇怪,这就是中医理论的独到之处。中医理论博大精深,历史悠久,理法方药体系全面,对药物的认识有四气五味理论。任何一种中药的性和味,比如辛、甘、酸、苦、咸与五脏六腑都有对应关系,先好好学习中医理论吧。让外国人对中医大为赞叹,不可思议。

先生已离我们而去,所幸一生建树尚存于著述文字,人生行迹感于后人,愿后学者共勉。

今年正值先生百年诞辰。谨以此文以为纪念。

巴蜀国医大师李仲愚

李仲愚先生

图前排右一为李仲愚先生,右二为李老女儿李淑仁

李仲愚先生部分中医学专著

《巴蜀文献》征稿启事

《巴蜀文献》是由《巴蜀全书》编纂组独家主办的学术集刊，主要刊载蜀学、巴蜀文献、巴蜀文史、巴蜀历史人物（包括采访、自传、评传等）及其他巴蜀文化相关研究的文章，旨在弘扬巴蜀悠久而丰富的历史文化，及时报道巴蜀文献整理、研究、利用及文化传承与弘扬情况。《巴蜀文献》热忱欢迎海内外学者赐稿。现将相关事宜公告于下：

一、来稿须未曾在任何公开出版物或网站上发表过，字数以8000~15000字为宜，统一使用简体字。文稿内容包括：文章题名、作者姓名（脚注作者简介：姓名、出生年、籍贯、工作单位、职称、主要研究方向等）、关键词、摘要、正文、注释。

二、引文注释采用文中注（夹注）和当页脚注两种形式。文中注（夹注）中的文献资料，一般应是常见的经典文献，且名称比较简短，非常见文献，以及名称较长的文献，不适合用于文中注（夹注）。当页脚注用阿拉伯圈码数字（①②③……）统一编码，编码置于引文右上角，具体格式如下：

1. 现代专著，依著者、文献题名、出版地、出版者、出版年、册数、页码标注。

武则天研究会、乾陵博物馆：《武则天与乾陵》，西安：三秦出版社，1986年，第1—11页。

［日］长泽规矩编著，梅宪华、郭宝林译：《中国版本目录学书籍解题》，北京：书目文献出版社，1992年，第239页。

2. 古籍类，依著者、文献题名及卷次、版本、出版地、出版者、出版年、册数、页码标注。

（宋）李心传：《建炎以来系年要录》卷一，文渊阁《四库全书》本。

（清）黄云鹄：《粥谱·食粥时五思》，清光绪七年成都刻本，第 2—3 页。

（宋）苏轼：《禹之所以通水之法》，见《苏轼文集》卷一〇八，曾枣庄、舒大刚主编《三苏全书》，北京：语文出版社，2001 年，第 14 册，第 316 页。

3. 析出文献，依作者、析出篇名、文集编纂者及题名与卷次、出版地、出版者、出版年、册数、页码标注。

胡戟：《浅谈武则天研究》，中国唐史学会编《中国唐史学会论文集》，西安：三秦出版社，1991 年，第 66—72 页。

4. 期刊文章，依作者、文献题名、刊名、年期、页码标注。

曾毅平：《再论汉语修辞学的显科学化》，《四川大学学报》（哲学社会科学版）1996 年第 1 期。

叶舒宪：《比较文学到比较文化——后文学时代的文学研究展望》，《东方丛刊》第 3 辑，桂林：广西师范大学出版社，1995 年，第 116 页。

5. 报纸文章，依作者、文献题名、报名、日期、版次标注。

周扬：《三次伟大的思想解放运动》，《人民日报》1979—05—07 第 X 版。

6. 西文书名、刊名采用斜体，文章篇名用双引号。

Parrick H. Hutton, "The Role of Memory in the Historiography of the French Revolution", *History and Theory* 30 (1991), 59.

说明：凡同篇文章中脚注，再次出现时，请不要省略出版地、出版社、出版时间等。

三、本刊对来稿实行专家匿名审稿。凡在寄出后的三个月内（以当地邮戳为准）未接到采用通知，作者可自行处理；在此期限内，若因一稿多投产生不良后果，概由作者负责。

四、来稿文责自负，但本刊有权删改；重大删改当与作者商量，不愿删改者请注明。

五、稿件一经采用发表，即付稿酬。作者著作权使用费与稿费一次性付清，优稿优酬。

六、来稿请同时发送 word 和 PDF 版至：scwx028@126.com。

《巴蜀文献》编辑部

2022 年 1 月

图书在版编目（CIP）数据

巴蜀文献．第七辑／王小红主编．—成都：巴蜀书社，
2022.1

ISBN 978-7-5531-1591-7

Ⅰ.①巴…　Ⅱ.①王…　Ⅲ.①地方文献－汇编－四川
Ⅳ.①K297.1

中国版本图书馆 CIP 数据核字（2022）第 013827 号

巴蜀文献（第七辑）

主　编　王小红
副主编　汪　璐　王　芳

责任编辑	徐庆丰　且志宇
封面设计	冀帅吉
出　　版	巴蜀书社
	（成都市锦江区三色路 238 号新华之星 A 座 36 层　邮政编码：610023）
发 行 科	（028）86361856
网　　址	www.bsbook.com
经　　销	新华书店
照　　排	四川宏丰印务有限公司
印　　刷	成都东江印务有限公司
	电话：（028）82601551
成品尺寸	148mm×210mm
印　　张	13.625
字　　数	400 千字
版　　次	2022 年 1 月第 1 版
印　　次	2022 年 1 月第 1 次印刷
书　　号	ISBN 978-7-5531-1591-7
定　　价	60.00 元

本书如有印装质量问题，请与印厂联系